연옥약설

연옥약설

펴낸 날	2021년 5월 14일 초판 1쇄 발행
펴낸 이	정순택
지은이	이문어(李問漁)
옮긴 이	임치균, 조현범
펴낸 곳	한국교회사연구소
	서울시 중구 삼일대로 330 평화빌딩
	대표전화 02-756-1691
	팩시밀리 02-2269-2692
	홈페이지 www.history.re.kr
인쇄·제본	분도출판사
등록번호	1981년 11월 16일 제10-132호
교회인가	2021년 2월 5일
ISBN	979-11-85700-31-1 (93230)
정가	20,000원

ⓒ한국학중앙연구원, 2021

이 책은 2016년 한국학중앙연구원 연구·교육연계과제로 수행된 연구임 (AKSR2016-RE01).

본 책 제3부에 수록된 영인본의 일부 또는 전체 내용을 편집, 복제, 게재하려면 (재)한국교회사연구소의 허가가 있어야 합니다.

연옥약설

이문어(李問漁) 지음 | 임치균 · 조현범 옮김

한국교회사연구소

간행사

 이번에 간행하는 『연옥약설』은 한국 천주교회에 전승되고 있는 서적 가운데 하나로, 연옥에 관한 교리와 예화가 담겨 있는 책입니다. 한국 천주교회는 그 출발에서부터 중국으로부터 전해진 한문서학서의 영향을 받아 발전하기 시작하였습니다. 초기에는 주로 예수회 선교사들에 의해 저술된 서적들을 받아들였고, 평신도 지도자들과 선교사들의 노력으로 한글로 번역되면서 천주교 서적이 전파되었습니다.

 한국교회사연구소에는 한문본과 한글본으로 된 옛 서적을 많이 보유하고 있습니다. 그중 한문본 『煉獄畧說』은 1871년 중국인 예수회 신부 이문어(李問漁 또는 이체[李杕])에 의해 저술된 것으로 알려져 있습니다. 이것이 한국교회에 전해졌고, 그 후 한글로도 번역되어 필사본 형태로 전해지면서 본 연구소에 보관되었습니다. 연옥에 관한 교리는 천주교가 들어온 시초부터 지금까지 이른바 사말(四末) 교리(죽음, 심판, 천당, 지옥)와 함께 죽음 이후의 신자들의 모습을 묵상하게 합니다.

이 책의 구성은 한국교회사연구소에 소장되어 있는 한글 필사본 『련옥략셜』을 토대로 먼저 현대 한국어로 옮기고, 옛 한글의 판독 자료와 한문본(1871년, 한국교회사연구소 소장)의 순서로 함께 묶어놓았습니다. 개항기 이후 비교적 늦게 전래되어 한국어로 필사된 이 자료는 중국인 예수회 신부가 엮었다는 것과 개항기 이후 한글로 번역되어 유통되었다는 특징이 있습니다.

우리나라 천주교 서적은 필사본, 목판본, 활판본이라는 단계를 통해 발전해 나간 것이 일반적입니다. 그러나 천주교 서적 가운데 필사본으로만 전해지는 것들도 많습니다. 이러한 필사본 가운데 하나인 『련옥략셜』을 연구자들이 잘 활용할 수 있도록 한국학중앙연구원의 임치균·조현범 교수가 함께 잘 다듬어주었습니다. 자세한 해제를 통하여 판본과 저자에 대해 논리적으로 추적함으로써, 향후 연구를 위한 비판본 역할도 하게 될 것입니다.

모쪼록 이러한 연구 자료를 간행할 수 있도록 노력해 주신 두 분 교수님과 연구소 직원들에게 감사드립니다. 이번 비판본을 통해서 옛 신자들이 배우고 익혔던 연옥에 대해 다시 생각해보고 새롭게 연구하는 계기가 되기를 희망합니다.

2021년 5월
한국교회사연구소 소장
조한건 신부

역자 서문

　교회는 초기부터 죽은 이들을 위하여 기도하는 것을 권장하였다. 사도신경에 나오는 통공(通功)의 교리에 따라서 살아 있는 사람들의 기도와 선행이 죽은 이들에게 영적인 도움을 줄 수 있다는 것이다. 이러한 가르침이 교회의 전통 속에 자리를 잡으면서 연옥(煉獄, purgatorium) 교리로 체계화하였다. 특히 트리엔트 공의회를 거치면서 연옥에 대한 가르침은 믿을 교리로 정착하였다.
　근대 이후로 천주교회 내에서 연옥에 대한 신학적 견해가 조금씩 변하기는 하였다. 특히 제2차 바티칸 공의회가 표방한 현대화(Aggiornamento)의 정신에 따라서 오늘날의 신학자들은 더 이상 연옥을 지하에 있는 특정한 공간으로 바라보지 않는다. 다만 죽은 이들의 영혼이 정화의 과정을 거치면서 겪고 있는 상태로 여긴다. 그렇다고 연옥 자체를 부정하지는 않는다. 돌아가신 분들을 위하여 기도를 바치고 선행의 공을 나누는 신앙 실천의 면으로 보자면 연옥은 여전히 천주교 신자들의 신앙생활에서 중요한 역할을 한다.

『연옥약설』은 1871년 중국 상해에서 간행된 천주교 신앙 서적인데, 연옥 교리의 핵심적인 내용을 체계적으로 설명하고, 연옥에 관한 옛이야기들을 모아서 소개하고 있다. 조선 천주교에서도 신자들의 신앙생활에 유익한 책이라고 판단하여 서둘러 우리말로 번역한 것 같다. 한문본의 저자와 저술 경위, 그리고 한글 필사본의 형성 과정에 대해서는 뒤에 나오는 「해제」에서 자세하게 다루었다. 그러므로 누가 왜 『연옥약설』을 썼으며, 언제 한글로 번역되었는지 등이 궁금한 독자들은 「해제」를 읽어보시기 바란다.

이 책의 전반부에 해당하는 현대문을 어떻게 읽으면 좋을까 하는 점에 대해서 간단히 말씀을 드리고자 한다. 먼저 『연옥약설』에는 박해시대에 신앙 선조들이 배웠던 연옥 교리들이 일목요연하게 잘 정리되어 있다. 그뿐만 아니라 연옥에 대한 가르침을 생생한 현실로 체험하게 해주는 감동적인 이야기들이 많이 들어 있다. 물론 『연옥약설』 자체는 중국이나 조선에서 신앙의 자유가 보장된 이후에 나온 책이다. 그렇기는 해도 연옥을 교리적으로 해설한 글이나 연옥을 실제 체험한 이야기들은 『성경직해』나 『성년광익』 등에 단편적으로 실려 있었다. 이에 비해서 『연옥약설』은 연옥 교리와 연옥 체험담을 한데 모아서 정리한 책이라는 점에 그 의의가 있다. 그러므로 독자들은 이 책을 펼쳐 읽어가면서 신앙 선조들이 혹독한 탄압 속에서도 천주 신앙을 지켜나갈 수 있었던 힘을 발견할 수 있으리라 믿는다.

다만 『연옥약설』에 등장하는 연옥 교리의 내용은 오늘날 보편 교회에서 공식적으로 가르치는 연옥 교리와는 차이가 있다는 점을 알아야 한다. 특히 연옥이 지하의 어느 곳에 있는 장소라고 설명하는 부분은 오늘날의 연옥 이해와는 사뭇 다르다. 그리고 연옥에서 받는 형벌과 고통을 상세하게 설명하는 대목은 현대인의 감수성에는 잘 다가오지 않을 수도 있다. 그러니까 옛날에는 연옥을 이렇게 이해했구나 하고 생각하면서 읽기를 권한다.

또한 『연옥약설』의 각 장 다음에는 연옥과 관련한 생생한 체험이 담긴 이야기가 한두 편씩 실려 있다. 연옥이 실제로 존재한다는 사실을 보여주기 위한 예화들인데, 유럽 교회에서는 이런 종류의 이야기들이 중세 때부터 오랫동안 전승되어 내려왔다. 그런데 연옥에 관한 예화들을 읽을 때에는 조심할 필요가 있다. 섣불리 참인지 거짓인지, 실제 벌어진 일인지 지어낸 공상인지를 판별하려는 태도를 앞세우지 말아야 한다. 일단 연옥을 생생한 현실로 경험할 수 있도록 도와주는 신앙의 언어로 쓰인 이야기들이라고 받아들이자. 그러면 거룩한 진실에 대한 경험이 담긴 진술로 여길 수 있게 될 것이다.

다음으로 이 책의 후반부에 실린 한글 필사본이 지니는 학술적 의의에 대해서도 몇 마디 거론할 필요가 있다. 우선 한글 필사본의 판독문은 국어학적으로 연구할 가치가 있다. 가령 초성의 된소리를 표기할 때 전통적인 합용병서(ㅅㄱ, ㅅㄷ, ㅅㅂ)를 주로 쓰면서 각자병서(ㄲ, ㄸ, ㅃ)도 혼용하여 합용병서에서 각자병서로 이행하는 과도기의 모습을 보여주고 있다. 또한 '앗스딩'과 '밟오로'라는 표기도 주목할 현상이다. 奧斯定(아우구스티노), 保祿(바오로)의 첫 글자 奧(ao)와 保(bao)를 하나의 음절로 나타내기 위하여 '앗' '밟' 등으로 쓴 것이다. 이런 표기 방식은 19세기 한글 천주교 문헌에 자주 나타난다. 그뿐만 아니라 한글 필사본에 등장하는 천주교 관련 번역어들도 흥미로운 연구 대상이 된다. 주로 한문본에 나오는 낱말을 그대로 가져온 경우가 많지만, 조선 사람들이 이해할 수 있게 새로운 번역어로 바꾼 경우도 적지 않다. 그러므로 이 책에 실린 한글 판독문은 개항기 한국인들의 어문 생활을 연구하는 데 가치 있는 자료라 할 수 있다.

나아가서 『연옥약설』에 실린 예화들은 비교문학 내지 비교종교학의 관점에서도 매우 흥미로운 텍스트이다. 수많은 세계 종교들은 각기 나름대로 사후세계에 대한 관념을 가지고 있으며, 이를 이야기 형식으로 담아낸 문헌들도 다양하게 전승된다. 특히 동아시아 불교에서는 사후세계와 관련한 영험담(靈驗談)이 많이 발견된다. 가령 중국 당나라 때 승려 도세(道世)가 편찬한 불교 유서(類書) 『법원주림(法苑珠林)』에는 각 편의 말미에 감응연(感應緣)이라는 항목을 두어 각종 고사를 모아 놓았다. 그러므로 『연옥약설』의 예화들을 다른 종교의 유사한 이야기들과 비교하는 연구도 충분히 가능하리라 본다.

이 책은 역자들이 근무하는 한국학중앙연구원의 대학원 수업에서 이루어진 판독과 번역의 결과물이다. 열정적으로 수업에 참여하여 즐거운 기억을 남겨준 수강생 모두에게 감사의 인사를 전한다. 아울러 한국학중앙연구원 연구처에서 공모한 '연구 교육 연계 사업'에 선정되어 연구 지원을 받았기에 원활하게 수업을 진행할 수 있었음도 밝혀둔다.

임치균 교수님은 옛 한글로 된 필사본을 판독하고, 현대 한국어로 옮기는 작업을 담당하였다. 한국 고전문학을 전공하였으며 오랫동안 고전소설의 교주본과 현대어본을 간행하는 연구를 하였기 때문에 옛 한글 문헌에 해박하여 『연옥약설』의 한글 필사본을 완벽하게 판독하고 주석을 붙였다. 그러므로 이 책의 후반부에 실린 한글 판독문은 앞으로 박해시대 한글 천주교 문헌을 판독하여 역주본으로 간행할 때 반드시 참고해야 할 모범적인 사례가 될 것이다.

한편 본인은 『연옥약설』에 등장하는 지명과 인명, 그리고 천주교 교리 용어들을 정확하게 다듬는 일을 주로 하였다. 하지만 아직 제대로 밝히지 못한 고유 명사들이 많이 남아 있다. 한자로 표기된 서양의 지명과 인명이 원래 무엇이었는지를 찾아내는 일이 쉽지 않았기 때문이다. 이는 전적으로 본인의 부족함에서 오는 것이다. 앞으로 기회가 되면 더 완벽하게 다듬어서 개정판을 낼 수 있기를 바랄 뿐이다.

2020년 11월 2일 위령의 날에
조현범이 역자를 대표하여 씀

차 례

간행사 · 4
역자 서문 · 6
해제 · 17
일러두기 · 35

제1부 『연옥약설』현대문 · 37

연옥약설 상

서 문 · 39
자 서 · 42

제1편 연옥의 있고 없음을 논함 · 44

1. 천주교에서 정한 뜻은 연옥이 있음을 믿는 것이다 · 44
   ✢ 옛이야기 · 46
2. 성경으로 연옥이 있음을 증명하다 · 48
   ✢ 옛이야기 · 50
3. 성전으로 연옥이 있음을 증명하다 · 52
   ✢ 옛이야기 · 54
4. 연옥이 있음은 본성의 이치에 부합한다 · 56
   옛이야기 · 57
5. 연옥은 어디에 있으며 언제 만들어졌는가? · 59
   ✢ 옛이야기 · 61

제2편 연옥 형벌에 대하여 논함 · 64

    6. 연옥 불은 분명한 모습이 있다 · 64
       ✠ 옛이야기 · 65
    7. 연옥 불은 아주 맹렬하다 · 68
       ✠ 옛이야기 · 69
    8. 연옥 영혼이 받는 가장 큰 고통 · 71
       ✠ 옛이야기 · 73
    9. 연옥 영혼이 스스로 뉘우치다 · 75
       ✠ 옛이야기 · 77
    10. 연옥의 영혼은 마귀의 해를 받는가, 받지 않는가? · 79
       ✠ 옛이야기 · 80
    11. 연옥의 괴로움은 지극히 무겁다 · 82
       ✠ 옛이야기 · 84
    12. 연옥의 괴로움은 줄어들지 않을까? · 87
       ✠ 옛이야기 · 88

연옥약설 하

제3편 연옥 영혼의 모습에 대한 논의 · 90

    13. 어떤 사람의 영혼이 연옥에 들어가는가? · 90
       ✠ 옛이야기 · 92
    14. 영혼은 언제 연옥에서 나오는가? · 94
       ✠ 옛이야기 · 96
    15. 연옥 영혼은 공덕을 쌓지 못한다 · 97
       ✠ 옛이야기 · 98
    16. 연옥 영혼은 죄도 없고 악도 없다 · 100
       ✠ 옛이야기 · 101
    17. 연옥 영혼이 사람을 대신하여 주께 기구하다 · 102
       ✠ 옛이야기 · 104

제4편 연옥 영혼의 기쁨에 대하여 논함 · 106

18. 연옥 영혼은 반드시 승천한다는 사실을 안다 · 106
   ✠ 옛이야기 · 107
19. 연옥 영혼은 주님의 뜻을 행하기를 원한다 · 109
   ✠ 옛이야기 · 110
20. 연옥 영혼이 고통을 참아 주님을 영화롭게 한다 · 111
   ✠ 옛이야기 · 112
21. 연옥 영혼이 천주께 결합하다 · 114
   ✠ 옛이야기 · 115
22. 괴로움과 즐거움이 어떻게 함께 할 수 있는가? · 115
   ✠ 옛이야기 · 117

제5편 연옥 영혼을 구하는 이유에 대하여 논함 · 119

23. 연옥 영혼을 구하는 일은 천주를 기쁘게 한다 · 119
   ✠ 옛이야기 · 120
24. 연옥 영혼을 구하는 공덕이 가장 아름답다 · 121
   ✠ 옛이야기 · 122
25. 연옥 영혼을 구하면 크게 이익을 얻는다 · 123
   ✠ 옛이야기 · 125

제6편 망자를 위해서 대신 보속함에 대하여 논함 · 127

26. 대신 보속한다는 것이 무슨 뜻이며 무슨 이로움이 있는가? · 127
   ✠ 옛이야기 · 128
27. 대신 보속을 하는 자는 마땅히 어떻게 해야 하는가? · 129
   ✠ 옛이야기 · 130
28. 대신 보속하는 이로움은 누구에게 돌아가는가? · 133
   ✠ 옛이야기 · 134
29. 흉하게 죽은 사람을 위하여 대신 보속한다 · 135
   ✠ 옛이야기 · 137

30. 대신 보속하는 책임이 매우 크다 · 138
　　✠ 옛이야기 · 140

제7편 영혼을 구원하는 착한 노력에 대하여 논의함 · 141
　　31. 미사에서 주님을 받아 모시다 · 141
　　　✠ 옛이야기 · 142
　　32. 기도문을 외우고 마음속으로 기도하다 · 144
　　　✠ 옛이야기 · 145
　　33. 자선으로 어려운 이를 구제하다 · 148
　　　✠ 옛이야기 · 149
　　34. 자기를 이기는 괴로운 노력 · 151
　　　✠ 옛이야기 · 152
　　35. 베풀고 사양하는 큰 은사 · 154
　　　✠ 옛이야기 · 155

제8편 두 장을 합하여 논함 · 156
　　36. 증망회의 규칙 · 156
　　37. 자비와 애덕은 으뜸 공덕이다 · 157
　　　✠ 천주(泉州) 고을의 옛이야기 · 159

제2부 『련옥략셜』 판독문 · 165

제3부 『煉獄畧說』 한문본 · 313

색인 · 358

해 제

1. 한문본 『煉獄略說』

1) 저자 및 저술 경위

1871년에 처음 간행된 한문본 『연옥약설』에는 중국인 예수회원 이문어(李問漁, 1840~1911) 신부가 저자로 기록되어 있다. 『한국가톨릭대사전』에는 그의 이름이 이체(李杕)로 나와 있다.[1] 즉 그는 강소성(江蘇省) 출신으로서 원래 이름은 호연(浩然)이고, 세례명은 라우렌시오이며, 문어는 자(字)라고 한다. 이문어는 12세에 상해 서회공학(徐匯公學)에 입학하여 1862년에 졸업하였다. 그리고 졸업한 직후로 보이는데, 1862년 5월 29일 예수회에 입회하였다. 당시 그와 함께 예수회에 입회한 중국

---

1 장정란, 「이체」, 『한국가톨릭대사전』 9, 한국교회사연구소, 2002, 7066~7067쪽 참조.

인은 10명이었으며,² 이들 11명은 19세기에 예수회에 입회한 최초의 인물들이었다고 한다.³

1872년에 사제로 서품된 이문어 신부는 6년 정도 선교 업무에 종사하다가 1878년부터는 상해 동가도(董家渡) 소수도원(小修道院)의 라틴어 교수로 일하면서 출판 활동과 저술 활동에 종사하였다. 1879년 3월 16일 가톨릭 회보인 『익문록(益聞錄)』을 창간하였다가 1898년 8월 17일 『격치신보(格致新報)』와 합병하여 『격치익문회보(格致益聞滙報)』를 간행하였다. 나중에 '회보'라고만 불렸던 이 간행물은 이문어 신부가 1911년 6월 8일 72세로 선종하자 8월 12일 자로 정간되었다. 이외에도 이문어 신부는 1887년 6월 1일 『성심보(聖心報)』라는 월간지도 간행하였다.

이문어 신부가 남긴 저술과 번역은 총 60종에 달하는데, 『이굴(理窟)』, 『철학제강(哲學提綱)』, 『신경역의(信經譯義)』, 『객문록존(客問錄存)』, 『천연론박의(天演論駁義)』, 『경자교난기(庚子敎難記)』, 『권화기(拳禍記)』 등이 유명하다.⁴ 이문어 신부는 서광계(徐光啓, 바오로, 1562~1633)의 글을 모아서 1896년에 『서문정공집(徐文定公集)』을 편찬하기도 하였다.⁵ 이런 연

---

2 이문어 수사가 예수회에 입회한 날짜 및 동료 입회자에 대한 설명은 예수회 한국관구의 김민(金旻) 신부가 예수회 중국관구 문서고 담당자에게 문의한 결과를 알려준 것이다.
3 마상백(馬相伯)도 그 가운데 한 명이었다.
4 이문어 신부가 펴낸 서적들에 관해서는 다음을 참조할 것. Joachim Kurtz, "The Works of Li Wenyu(1840–1911) : Bibliography of a Chinese-Jesuit Publicist", 『或問(Wakumon)』 11, 關西大學 近代東西言語文化接觸硏究會, 2006, pp. 149~158.
5 이문어 신부가 지은 한문본 『연옥약설』에는 서광계에 얽힌 연옥 이야기가 한 편 들어 있다. 부인 오 씨가 병에 걸렸을 때 서광계가 하늘에서 내려와 부인을 위로하면서 죽은 아들 아무개가 지금 연옥에 있으니 산 사람들이 함께 기도하여 아들을 옥에서 나오게 하라고 했다는 이야기이다. 이문어 신부는 서광계에 관한 글들을 정리하면서 이런 이야기를 알게 된 것으로 보인다.

유로 이문어 신부는 "성직자로서 평생을 저술·번역·교육 사업에 바쳤고, 특히 출판물을 통하여 그리스도교를 널리 선교하며 대중 계몽 운동을 펼친 중국의 개화 선각자"라는 평을 받고 있다.[6] 또한 그가 지녔던 문필가의 자질에 대해서는 "청대 후기에 가장 많은 저작을 남긴 중국인 그리스도교 저술가이자, 근대 중국의 신생 출판 중심지 상해에서 중국어로 된 신문을 간행한 최초의 중국인 출판인"이라는 평가가 있다.[7]

『연옥약설』은 이문어 신부가 쓴 저술들 가운데 최초의 것이다. 이문어 신부가 책을 쓰게 된 경위는 자세히 알려져 있지 않다. 다만 『연옥약설』의 서문을 쓴 동료 예수회원 허빈(許彬, 요한, 1840~?[8])이 기록한 바에 따르면 이문어 신부는 신미년(1871) 여름에 피서차 와 있으면서 이 책을 지었다고 한다. 그리고 허빈[9]이 서문을 쓴 것은 1871년 성 바르톨로메오 축일이었으며,[10] 장소는 성 이냐시오(依納爵) 학관이라고 되어 있다.[11] 이문어 신학생이 사제로 서품된 것은 1872년이었다. 그

6   장정란, 앞의 글.
7   Joachim Kurtz, "Messenger of the Sacred Heart : Li Wenyu and the Jesuit Periodical Press in Late Qing Shanghai", Cynthia Brokaw and Christopher Reed, eds., *From Woodblocks to the Internet : Chinese Publishing and Print Culture in Transition, Circa 1800 to 2008*, Leiden: Brill, 2010, p. 81.
8   허빈은 나중에 예수회를 떠났기 때문에 사망 연도는 알 수가 없다. 다만 예수회 입회 연도가 1862년 5월 29일로 이문어 신부의 입회 연도와 동일한 것으로 보건대, 19세기에 최초로 예수회에 입회한 11명의 중국인 가운데 한 명이었다.
9   19세기 말과 20세기 초 상해에서 간행된 천주교 관련 서적들에서 허빈은 허채백(許采白)이라는 이름으로 자주 등장한다.
10 현재 바르톨로메오 축일은 8월 24일이다.
11 위에서 이문어 신부가 12살(1852년)에 입학하여 1862년에 졸업하였다고 말한 서회 공학은 1850년에 프랑스 예수회 선교사 클로드 고틀랑(Claude Gotteland, 南格祿, 1803~1856) 신부가 세운 아동 교육기관이었는데, 그 별칭이 성 이냐시오 공학이었

러므로 이문어 부제는 신학교를 다니면서 틈틈이 적어 두었던 원고를 1871년 여름에 상해 서가회(徐家匯)에서 피정하면서 완성하였던 것 같다. 그리고 동갑내기 친한 벗이었던 허빈에게 원고를 보여주고 서문을 지어 달라고 청했을 것이다.

한문본『연옥약설』에는 저자 이문어 신부, 서문을 지은 허빈과 더불어 몇 명의 중국인 예수회원들이 더 등장한다. 책의 속표지를 보면 예수회원 고조림(顧照林)이 점검[閱]하였고, 심예문(沈禮門)이 바로잡아 고쳤다[校]고 되어 있다. 고조림에 대해서는 자료가 남아 있지 않아서 어떤 인물인지 알 수 없다. 다만 이문어와 함께 서회공학을 나와서 예수회에 입회한 중국인으로 추정된다. 한편 심예문에 대해서는 약간의 정보가 남아 있다. 그의 다른 이름은 심칙공(沈則恭)인데, 이문어와 서회공학에서 함께 공부하고 예수회에 입회하였으며, 중국인 사제로 활동하였다. 1871년 상해의 자모당(慈母堂)에서 일본 순교 역사를 역편한 『관광일본(觀光日本)』이라는 책이 심칙공을 저자로 하여 간행된 바 있고, 1879년에는『복녀마리아납전(福女瑪璃亞納傳, 마드리드 태생의 복녀 마리아나 전기)』이 심예문을 역자로, 1885년에는『성의납작전(聖依納爵傳, 성 이냐시오 로욜라 전기)』이 심칙공을 역자로 간행되었다. 그리고 심칙공 신부의 동생은 심칙관(沈則寬) 신부인데, 샤를르 달레의『한국 천주교회사(Histoire de l'Église de Corée)』를 발췌 번역하여 1900년 자모당에서『고려치명사략(高麗致命事略)』이라는 이름으로 간행한 인물이었다.

한문본『연옥약설』과 관련된 마지막 인물은 이 책을 정식 교회 서적

다고 한다. 그러므로 허빈이『연옥약설』의 서문을 쓴 성 이냐시오 학관은 서회공학을 가리키는 것 같다. 따라서 이문어 부제가 1871년 여름 피정을 하면서 책을 완성한 곳 역시 모교였던 서회공학이었을 것이다.

으로 출판하도록 인가한 주교이다. 『연옥약설』의 속표지에는 "주교 랑아제앙(郎亞弟盎) 준(准)"으로 나와 있다. 이 인물이 누구인지를 알기 위해서는 당시 상해 지역의 교계 제도를 살펴볼 필요가 있다. 당시 상해 지역은 강남 대목구 관할이었다. 남경 주교좌는 1856년 1월 21일 포교성성(布敎聖省, 현 인류복음화성) 교령에 의해서 폐지되었고, 이를 대신하여 강남 대목구가 설치되었다. 1871년 당시 강남 대목구를 관할하던 대목구장은 프랑스 출신의 예수회원 아드리앵-이폴리트 랑기아(Adrien-Hippolyte Languillat, 1801~1878) 주교였다. 1831년에 사제로 서품되었고 1841년 예수회에 입회한 랑기아 신부는 1844년 상해에 도착하여 강소성과 산동성 지역에서 선교사로 활동하였다. 1856년 시리아에 있던 옛 지명 세르지오폴리스 명의 주교로 임명되었고, 직예(直隸) 동남 대목구의 첫 대목구장으로 발령을 받았다. 1857년 3월 22일 프랑스 라자리스트이자 몽골 대목구장이었던 조셉 마르시알 물리(Joseph-Martial Mouly, 1807~1868) 주교에 의해서 안가장(安家庄, Ngan-kia-tchoang)에서 주교로 성성되었다. 그리고 1864년 9월 9일의 칙서에 의해서 강남 대목구장으로 전임되었다. 랑기아 주교의 중국식 이름은 낭회인(郎懷仁) 또는 후보(厚甫)로 나온다.[12] 이 이름은 한문본 『연옥약설』에 나오는 랑아제앙(郎亞弟盎)이라는 이름과 유사하다. 랑기아 주교와 랑아제앙 주교가 동일 인물임을 보여주는 또 다른 증거도 존재한다. 프랑스 출신의 예수회 선교사 샤바냑(É. de Chavagnac, 沙守信, ?~1717)이 저술하여 그의 사후 1718년 북경에서 초간된 『진도자증(眞道自證)』은

---

12 Joseph de Moidrey, *La Hiérarchie Catholique en Chine, en Corée et au Japon(1307-1914)*, Zi-Ka-Wei(prĕs de Chang-Hai) : Imprimerie de l'Orphelinat de T'ou-Sé-Wé, 1914, p. 98.

1868년 상해 자모당에서 중간되었는데, 이때 발간을 인준한 주교의 이름도 랑아제앙으로 나와 있다. 이것을 보면 한문본 『연옥약설』의 출판을 인가한 주교는 당시 강남 대목구장이었던 랑기아 주교였다고 해도 무방할 것이다.

2) 판본들

① 『연옥약설』

이문어 신부가 쓴 연옥 관련 서적으로는 한문본 『연옥약설』이 가장 먼저 나온 것이다. 처음 간행된 것은 1871년이며, 목판본(木版本)이다.[13] 간행한 곳은 상해 자모당(慈母堂)으로 되어 있다. 그런데 상해 자모당이라는 이름에 대해서는 약간의 설명이 필요하다. 왜냐하면 개항 이후 조선에 들어온 천주교 관련 한문 서적과 각종 성물들은 바로 이 상해 자모당과 밀접한 관련이 있기 때문이다. 그런데도 자모당의 실체에 대해서 아직 자세한 사정이 밝혀지지 않아 연구자들에게 혼란을 가져오는 경우가 많다.

1840년 중국의 문호가 개방되자, 1841~1846년 사이에 예수회 선교사들이 상해에 진출하였다. 이들은 1847년에 서광계의 무덤이 있는 서가회(徐家匯, Zi-Ka-Wei) 및 인근의 토산만(土山灣, T'ou-Sé-Wé)으로 이주하여 천주당을 짓고, 수도원·서회공학·장서루·박물관·천문대

---

13 1871년에 간행된 한문본 『연옥약설』이 목판본인 것은 그 형태를 보면 알 수 있다. 비록 글자체는 활자처럼 보이지만, 어미(魚尾)와 판심(版心)의 좌우 계선(界線)이 붙어 있고, 광곽(匡郭)의 사주(四周), 테두리도 붙어 있다. 일반적으로 고문헌 서지학에서는 이런 특성을 보이는 판본을 목판본으로 본다.

등을 세웠다. 1864년에는 채가만(蔡家灣)에 있던 고아원을 토산만으로 옮겨왔다. 이 고아원 내에는 공예실과 인쇄소 등이 갖추어져 있어 고아들의 자립을 위한 기술 전수가 이루어졌다. 또 각종 성물도 제작하고 서적도 출판하였다. 이 고아원 내에 있던 경당 이름이 '자모당'이었다.[14] 그래서 이 고아원 인쇄소에서 간행하는 서적의 출판지는 처음에 상해 자모당으로 찍혔다. 그러다가 나중에 가서 토산만 인서관(印書館)이라는 이름으로 변경되었다. 따라서 상해 자모당과 토산만 인서관은 동일한 인쇄소를 가리킨다.[15]

자모당에서 간행한 『연옥약설』은 동료 예수회원 허빈의 서, 이문어의 자서(自序), 그리고 총 8편으로 이루어져 있었다. 8편의 제목과 세부 장절을 보면, 연옥 교리에 관한 모든 가르침을 집대성하여 주제별로 배치했다고 볼 수 있다. 그런데 중요한 것은 연옥에 대한 교리적 설명들을 모두 모았다는 점과 더불어, 각 편의 세부 장절 아래에 연옥 관련 예화들을 고적(故迹)이라는 제명으로 한두 편 실어 놓았다는 점이다. 그래서 1871년 자모당 판본 『연옥약설』에는 총 58편의 연옥 관련 예화들이 실려 있다. 그 예화들은 대부분 서양에서 전해지는 이야기들인데, 단 두 편만이 중국 예화들이다. 하나는 앞서 언급한 서광계 관련 예화이고, 다른 하나는 『연옥약설』 마지막에 첨부된 천주 고적(泉州故迹)이다.

그런데 1871년 상해 자모당에서 간행한 『연옥약설』과 관련하여 두 가지 상이한 판본이 발견되었다. 첫째 판본은 현재 상해 복단(復旦)대

---

14 張偉, 張曉依, 『土山灣 : 中國近代文明的搖籃』, 台北: 秀威資訊科技, 2012, p. 42.
15 위의 12번 각주에 나오는 인쇄소(Imprimerie de l'Orphelinat de T'ou-Sé-Wé)도 같은 곳이다.

학교 도서관에 소장된 것이고, 둘째 판본은 현재 한국교회사연구소 자료실에 소장된 것이다. 복단대학교 도서관 소장본 『연옥약설』 제1편 '論煉獄有無(연옥의 유무를 논함)'의 다섯째 장인 '煉獄何在何時受造(연옥은 어디에 있으며 언제 만들어졌나)'에 딸린 예화는 두 편이다. ① 성 마저락(瑪低諾, 마르티노)이 기록한 일다달(日多達, 제르트루다) 수녀의 이야기, ② 대요포록(戴凹抱祿) 주교가 겪은 기이한 치병 이야기가 그것이다. 그런데 한국교회사연구소 자료실 소장본 『연옥약설』에는 해당 부분에 세 편의 예화가 실려 있다. ①은 복단대학교 도서관 소장본과 같고, ②는 복단대학교 도서관 소장본과 달리, 가포제회(加布濟會, 카푸친회)의 어떤 수사가 최근 죽은 벗을 성당에서 만난 이야기이며, ③ 제사덕회(濟斯德會, 시토회)에서 기록한 글에 나오는 이야기가 추가되어 있다. 두 판본을 자세히 확인한 결과, 간행 연도는 모두 1871년으로 되어 있고 글자체도 모두 동일하지만, 각기 다른 예화가 실린 부분만 목판이 교체되어 있었다. 그러니까 두 판본 중 하나는 목판을 갈아 끼운 수정보판(修訂補板)인 셈이다. 그러면 두 판본의 선후 관계는 어떻게 되는가? 아래에서 다시 논하겠지만 이문어 신부는 『연옥약설』을 개정하여 1886년에 『연옥고(煉獄考)』라는 제명으로 다시 간행하였다. 이 1886년판 『연옥고』에는 한국교회사연구소 자료실 소장본의 예화들이 그대로 실려 있다. 이러한 사실로 보아 복단대학교 도서관 소장본이 처음 나온 것이고, 한국교회사연구소 자료실 소장본이 나중에 나온 것이라고 하겠다.

『연옥약설』은 1877년에 가서 북경 근방의 직예성(直隸省) 하간부(河間府) 헌현(獻縣)에 있던 승세당(勝世堂)에서 중간본(重刊本)으로 간행되었다. 중간본은 1871년 초간본, 그러니까 복단대학교 도서관 소장본 『연옥약설』과 완전히 같은 형태로 되어 있고, 내용 구성도 동일하다. 다만 속표지에 첫 쪽을 삽입하여 1877년 하간 승세당에서 중간하였으며 예수회원 액도아두(厄都亞杜) 주교가 승인하였다는 내용을 실어 놓았다. 간행을 인준한 액도아두 주교는 에두아르 뒤바(Edouard Dubar, 1826~1878) 주교를 말한다.[16] 앞에서 보았듯이 1871년 『연옥약설』 초간본을 인가한 랑기아 주교는 강남 대목구장으로 전임되기 이전에 1856년부터 1865년까지 직예 동남 대목구장으로 재직하였다. 그러므로 뒤바 주교는 랑기아 주교의 뒤를 이어서 제2대 직예 동남 대목구장에 착좌한 인물이었다. 그리고 1865년 2월 19일 하간부 헌현 장가장(張家莊, 일명 張庄)에서 열린 뒤바 주교의 성성식을 집전한 이도 랑기아 주교였다. 랑기아 주교와 뒤바 주교는 같은 예수회원으로서 긴밀한 연결 관계를 가지고 있었으며, 각각 상해의 자모당과 헌현의 승세당이라는 출판 인쇄 기구를 운영하고 있었다. 이런 연유로 1871년 자모당 초간본 『연옥약설』이 1877년에 헌현 승세당에서 중간본으로 나오지 않았나 생각된다.

당시 하간부 헌현은 교계 제도상으로는 직예 동남 대목구에 소속되어 있었다. 비오 9세 교황이 1856년 1월 21일 칙서를 반포하여 북경 교구를 폐지하고 관할 구역을 직예 북부 대목구, 직예 동남 대목구, 직예 서부 대목구로 나누었기 때문이다. 헌현 승세당은 헌현 천주당 인서관, 장장총당(張庄總堂) 인서관, 헌현 인서방(印書房) 등으로도 불렸는데, 당시 중국 천주교의 주요 출판 인쇄 기구 중 하나였다. 헌현 승세당은 1874년에 만들어졌고, 헌현 장장 천주당 내에 설치되었다가 1944년에 문을 닫았다. 그러니까 약 70년 동안 천주교 교회 서적과

---

16 Joseph de Moidrey, op. cit., p. 143.

서양 문물 소개의 창구 역할을 하면서 다양한 서적들을 대량으로 간행하였다. 특히 헌현 승세당에서 출판한 신학과 기타 교회 서적들은 학술적으로도 높은 수준이었고, 상해 서가회 토산만 인서관과 북경 라자리스트 인서관과 함께 중국 천주교의 대표적인 출판 기관이었다. 통계에 따르면 승세당이 1941년 이전에 출판한 각종 도서의 숫자는 모두 21만 1,233종이었다고 한다.[17] 하지만 문화대혁명 당시에 모두 불타서 현재 헌현에는 승세당 관련 자료나 흔적이 거의 남아 있지 않다.

② 『연옥고』

이문어 신부는 1885년에 가서 『연옥약설』의 개정판을 내기로 결심하였다. 이전에 냈던 책의 문장이 누추[淺陋]하고 16년이 흐르면서 판각한 글자가 알아보기 어려워서 이제 새로 활판을 사용하여 간행하기로 했다는 것이다. 그래서 교회 사무를 보는 중에 여가를 내어 간단히 수정을 가하고 옛이야기들 가운데 지나치게 기이한 것들은 삭제하고 고쳐서 『연옥고』를 낸다고 하였다. 이 개정판은 1886년 상해 자모당에서 나왔다. 그리고 1905년에 다시 재판이 간행되었다. 중인본(重印本)으로 되어 있는 이 재판본의 간행은 강남 주교 요(姚)가 인준하였다. 이 이름은 프랑스 출신의 예수회원이면서 1900년에 강남 대목구장에 임명되었던 프로스페르 파리(Prosper Paris, 1846~1931) 주교를 가리킨다. 그는 요종리(姚宗李) 또는 사백(思白)이라고도 불렸다.[18]

저자 이문어 신부가 1911년에 선종한 이후에도 『연옥고』의 간행은

17　常莉俊, 「献县胜世堂的刻书事业」, 『兰台世界』 16, 2011, p. 72.
18　Joseph de Moidrey, op. cit., p. 98.

계속 이루어졌다. 아마 중국 천주교회에서는 신자들의 영적 유익에 도움이 된다고 판단하였던 것 같다. 그래서 1921년에는 자모당에서 이름을 바꾼 토산만 인서관에서 제3판이 간행되었고, 1927년에 제4판이, 그리고 1936년에는 제5판이 발행되었다. 제5판의 간행을 인준한 것은 상해의 혜(惠) 주교였다. 그는 예수회원으로서 1936년 당시 상해 대목구장이었던 오귀스트 아위세(Auguste Haouisée, 1877~1948) 주교를 가리킨다.[19] 한편 상해에서 『연옥고』의 제4판이 간행되던 1927년에 하간부 헌현 승세당에서도 동일한 제목으로 『연옥고』가 간행되었다고 한다.[20]

1905년에 나온 중간(重刊) 활판본(活板本) 『연옥고』의 목차를 살펴보면 1871년 초간 장판본(藏板本) 『연옥약설』과 큰 차이는 없다. 모두 8편으로 구성되어 있는데, 연옥의 유무를 논하는 제1편, 연옥에서 받게 되는 형벌을 논하는 제2편, 연옥에서 영혼들이 겪게 될 상황을 논하는 제3편, 연옥에서 영혼들이 얻을 수 있는 희망과 기쁨을 논하는 제4편, 연옥 영혼을 구하는 일의 유익함을 논하는 제5편, 살아 있는 자들이 이미 죽은 이를 위하여 대신 보속하는 일을 논하는 제6편, 영혼 영혼을 구하는 여러 가지 방법을 논하는 제7편, 연령 구제회인 증망회(拯亡會)의 규칙과 기타 기도문을 소개하는 제8편은 『연옥약설』과 같다. 다만 편명과 세부 장절의 제목을 조금씩 바꾸어 그 뜻이 더 분명하게 드러나도록 하였다. 그런데 이보다 더 중요한 변화는 각 장절 아래에 소개된 예화들 가운데 일부 변경된 부분이 있다는 점이다. 즉 이문어 신

---

19 http://www.catholic-hierarchy.org/bishop/bhaou.html (2016년 6월 6일 18시 47분 검색)
20 하간부 헌현 승세당에서 1927년에 간행한 『연옥고』는 현재 북경대학교 도서관에 있는 연경대학 기독교서목에 들어 있다. 그 실물을 확인하지는 못하였다.

부가 『연옥고』의 서문[弁言]에서 밝힌 것처럼 옛이야기 가운데에서 지나치게 기이하다 싶은 것들은 삭제하고 다른 이야기들로 바꾸었던 것이다. 가령 『연옥약설』에 들어 있던 단 두 편의 중국 예화 가운데 하나인 천주 고적(泉州故迹)이 『연옥고』에서는 삭제되었다. 그리고 앞서 말한 바와 같이, 복단대학교 도서관 소장본에 실려 있던 예화들 가운데 일부를 변경한 한국교회사연구소 자료실 소장본 『연옥약설』의 내용 구성은 『연옥고』로 그대로 이어졌다. 중국에서 간행된 한문본 『연옥약설』과 기타 관련 문헌들에 대한 소개는 여기서 마무리하고, 한글 필사본 『련옥략셜』에 대한 문헌 검토로 넘어가도록 하겠다.

2. 한글 필사본 『련옥략셜』

1) 소장처

이제 한글 필사본 『련옥략셜』에 관하여 살펴보겠다. 현재 『련옥략셜』의 원본은 한국교회사연구소 자료실에 소장되어 있다. 이와 더불어 1871년 초간 한문본 『연옥약설』과 또 다른 한글 필사본인 『련옥고남』도 함께 소장되어 있다. 하지만 『련옥고남』은 『련옥략셜』에 비해서 그 내용이 훨씬 소략하며 필사한 종이도 한지가 아니라 외국에서 수입된 펄프 용지여서 외형상으로도 『련옥략셜』보다 후대에 필사된 것이 분명하다. 아마도 『련옥략셜』이 필사된 이후에 그것을 모본으로 하되 다시 축약하여 필사한 것으로 추정된다. 『련옥략셜』과 『련옥고남』의 상호 관계는 내용 분석을 통해서 더 논의되어야 할 여지가 있다. 본고는 한문본 『연옥약설』과의 문헌 비교를 통하여 『련옥략셜』의 문헌적인 성격을 규명하려는 것인 만큼 『련옥고남』은 논의에서 제외하고자 한다.

한국교회사연구소 자료실의 서지 사항을 보면 한글 필사본 『련옥략셜』은 저자 불명으로 나와 있다. 누가 이 필사본을 만들었는지 추정할 수 있는 자료가 전무한 형편이다. 따라서 현재로서는 한문본 『연옥약셜』의 번역본이라는 사실만 알 수 있지, 그 밖의 사항은 전혀 알 수가 없다. 그러면 한국교회사연구소 자료실이 소장하기 이전에 『련옥략셜』은 어디에 있었던 것일까? 『련옥략셜』을 최초로 언급한 자료, 그러니까 그 실물이 최초로 모습을 드러낸 흔적은 어디에 남아 있을까? 말하자면 『련옥략셜』은 언제 태어나서 어디서 살다가 지금의 그 장소까지 오게 된 것일까? 이 대목에서 우리는 모리스 쿠랑(Maurice Courant)의 저서 『조선서지(朝鮮書誌)』에 주목하게 된다. 쿠랑은 자신의 저서에서 분명하게 『련옥략셜』이라는 필사본 문헌을 다음과 같이 소개하였다.[21]

2756. 련옥략셜

煉獄略說

Ryen ok ryak syel (Lien yu lio choe).

PETIT TRAITÉ SUR LE PURGATOIRE.

2책, 12절판, 한글 필사본, 1871년

Miss. Etr. Seoul

로랑 리(Laurent Li), 이문어 신부의 『연옥약셜』을 번역함(Changhai,

---

21 Maurice Courant, *Bibliographie Coréenne*, Tome Troisičme, pp. 356~357(『근세 동아세아 서양어 자료 총서』 3, 경인문화사, 2000) ; 모리스 꾸랑, 『한국서지—수정번역판』, 이희재 옮김, 일조각, 1994, 693~694쪽.

1871, 1책, 12절판, 84장)

Cf. Catalogus, No 60.[22]

위에서 인용한 서지 사항은 한국교회사연구소에서 소장하고 있는 한글 필사본 『련옥략셜』과 정확하게 일치한다. 그러므로 현재까지는 쿠랑의 저서가 『련옥략셜』의 존재가 처음 기록된 자료라고 보아도 무방하다. 그런데 위의 "Miss. Etr. Seoul"은 소장처를 가리킨다. 쿠랑 저서의 약어표에 따르면 이것은 서울에 있던 외방전교회 건물 도서관 (Bibliothèque de la maison des Missions Etrangères, à Seoul)을 말한다.[23] 그러므로 쿠랑이 『조선서지』에 실린 자료들을 수집하고 또 집필하던 시기에 『련옥략셜』이 조선 대목구 주교관의 도서관에 있었다고 해석해도 어긋나지 않을 것이다.[24] 그것은 구체적으로 언제일까? 쿠랑이 서울에 체류한 것은 1890년 5월부터 1892년 3월이다. 2년이 채 되지 않는다. 그리고 『조선서지』 자체는 쿠랑의 개인적인 계획에서 나온 책이 아니

---

22 위의 참고 서지는 1889년 상해 서가회 토산만 고아원에서 판매용으로 간행한 도서목록(*Catalogus Librorum Venalium in Orphanotrophio Tou Sai Wai*)을 말한다. 아마 이문어 신부의 『연옥약설』에 대한 소개가 실려 있는 것으로 보인다.
23 Maurice Courant, *Bibliographie Coréenne*, Tome Premier, p. 217(『근세 동아세아 서양어 자료 총서』 1, 경인문화사, 2000).
24 조선 대목구 주교관이란 명동 주교좌성당의 부속 건물로 존재하던 주교관을 말한다. 명동 성당 자체는 1898년에 가서야 완공되었다. 하지만 1888년에 인쇄소 건물이 세워져서 임시 성당 및 사제 숙소로 사용되었고, 이듬해인 1889년에는 주교관이 건립되었다. 이 주교관에는 주교와 사제들의 숙소도 있었고, 또 조선 대목구의 사무를 관장하는 경리부도 있었다(천주교 서울대교구 주교좌 명동성당 편, 『명동본당사』 I, 한국교회사연구소, 2007, 94~103쪽). 아마 이 경리부 내에 도서관이 있지 않았을까 한다. 그러므로 쿠랑이 서울에 체류하던 시기에 명동 성당은 아직 완공되지 않았지만, 주교관에서 뮈텔 주교를 만날 수 있었을 것이다.

다. 그 편찬 계획은 쿠랑의 상관이었던 초대 프랑스 공사 콜랭 드 플랑시(V. Collin de Plancy, 葛林德, 1853~1922)의 머리에서 나온 것이었다. 그리고 쿠랑이 조선의 서적들에 관한 정보를 수집하는 과정에서 뮈텔 주교가 큰 도움을 주었던 것은 이미 잘 알려진 사실이다. 심지어 뮈텔 주교는 쿠랑이 조선을 떠난 이후에도 계속 연락을 주고받으면서 쿠랑이 자신의 저서를 완성할 수 있도록 각종 정보를 제공하였다.[25]

그러므로 쿠랑이 『련옥략셜』을 소개할 수 있었던 가능성은 두 가지일 것이다. 쿠랑이 뮈텔 주교를 방문하여 주교관의 도서관에서 실물을 직접 보았거나, 쿠랑이 떠난 뒤에 뮈텔 주교가 쿠랑을 위해서 조선의 문헌 자료들에 대한 목록을 작성하여 보내줄 때 천주교 문헌 목록도 함께 만들어 보내주었을 것이다. 전자의 경우라면 1892년 이전에 『련옥략셜』이 주교관의 도서관에 비치되어 있었다는 말이 된다. 뮈텔 주교가 조선 대목구장이 되어 서울에 부임한 것은 1891년 2월 23일이었다. 그러므로 쿠랑과 뮈텔 주교가 직접 대면하고 교분을 나눌 수 있었던 기간은 1891년 2월부터 1892년 2월까지로 약 1년 정도였다. 이런 상황이라면 블랑(J. Blanc, 白圭三) 주교의 재임 기간에 누군가에 의해서 필사본 『련옥략셜』이 제작되었거나, 뮈텔 주교 부임 이후 1년 사이에 만들어졌다는 이야기가 된다. 그런데 쿠랑이 나중에 뮈텔 주교로부터 천주교 문헌 목록을 받았을 것이라는 후자의 가능성에 더 무게를 둔다면 『련옥략셜』의 성립 시기를 모리스 쿠랑이 일본에서 『조선서지』 제3권의 색인 작업을 하던[26] 1896년 4월 이전의 어느 시기까지

---

25 다니엘 부셰, 「모리스 꾸랑과 뮈뗄 主敎」, 『최석우 신부 화갑 기념 한국교회사 논총』, 한국교회사연구소, 1982, 341~345쪽 참조.
26 쿠랑이 1896년 4월경 일본 동경에서 『조선서지』의 색인 작업을 하였다는 것은 뮈텔

로 내려 잡을 수도 있을 것이다.[27]

한편 쿠랑의 『조선서지』에 실린 내용은 한글 필사본 『련옥략셜』의 성격을 규명하는 데에도 중요한 시사점을 던져준다. 즉 파리외방전교회 선교사들이 관할하던 건물의 도서관에 소장되어 있었다는 사실에 주목할 필요가 있다. 한문 해독 능력을 지닌 어느 조선인 신자가 개인적인 관심으로 한문본 『연옥약설』을 구득하고 이를 번역하여 『련옥략셜』을 만들었다고 보기는 어렵다. 적어도 한문을 잘 아는 조선인 신자가 프랑스인 사제나 주교의 감독 아래 교회의 공적인 목적을 위하여 번역하였을 것으로 추정된다. 말하자면 한문본 『연옥약설』이 조선인 교우들의 신앙생활에 유익한 점이 많다고 판단하여 조선에서도 이를 번역·간행할 의향을 갖고 준비하는 중이었다는 것이다. 이렇게 해석할 때에라야 『련옥략셜』이 서울의 주교관 도서실에 보관되어 있었던 이유가 설명될 수 있을 것이다. 하지만 어찌 된 연유인지는 알 수 없으나 필사본만 남아 있을 뿐이고 『련옥략셜』의 인쇄 간행은 이루어지지 않았다.

주교의 일기에 근거한 말이다(『뮈텔 주교 일기』 II [1896~1900], 한국교회사연구소, 1993, 60쪽 참조).
27 쿠랑이 『조선서지』 집필을 언제부터 언제까지 했는지, 각 분야 문헌 목록을 언제 어디서 입수했는지, 특히 천주교와 개신교 관련 문헌 목록을 누구로부터 얻었는지에 대한 연구는 필자가 과문한 탓인지 아직 발견하지 못하였다. 김봉희의 연구에서도 천주교 문헌 출처에 대해서는 답을 하지 않는다(김봉희, 「모리스 꾸랑의 『韓國書誌』 중 〈天主敎類〉 硏究」, 『서지학연구』 6, 1990). 쿠랑의 저서에 뮈텔 주교가 기여한 바에 관한 자세한 사정은 뮈텔 문서 속에 들어 있는 쿠랑과의 왕복 서신을 분석해야만 알 수 있을 것 같다.

2) 한글본과 한문본의 관계

쿠랑의 『조선서지』에도 한글 필사본 『련옥략셜』이 1871년 상해에서 나온 이문어 신부의 저서 『연옥약설』을 번역한 것이라고 되어 있다. 그리고 한국교회사연구소에서 간행한 영인본의 해제에서도 "『련옥략셜』은 중국인 예수회 신부인 이체가 저술한 책으로서 1871년 상해 자모당에서 간행되었다."고 하였다.[28] 이런 추정에 따른다면 한글 필사본 『련옥략셜』은 1871년 상해 자모당 간행 한문본 『연옥약설』의 번역이라고 하겠다.

한글 필사본 『련옥략셜』의 목차를 위에서 제시한 1871년 상해 자모당 간행 한문본 『연옥약설』과 대조하면 거의 직역에 가깝게 번역되어 있음을 알 수 있다. 그러므로 굳이 그 내용을 상세히 비교하지 않더라도 『련옥략셜』이 『연옥약설』을 모본으로 하여 탄생한 것으로서, 두 문헌의 상호 관계가 모녀지간이라고 말할 수 있겠다. 그렇다면 『련옥략셜』은 복단대학교 도서관 소장본과 한국교회사연구소 자료실 소장본 가운데 어느 것을 모본으로 하여 번역한 것일까? 앞서 소개했던 두 가지 『연옥약설』 판본의 예화들을 『련옥략셜』과 비교하면 한국교회사연구소 자료실 소장본 『연옥약설』이 한글 필사본 『련옥략셜』과 일치한다. 그러므로 한국교회사연구소 자료실에 소장된 한문본과 한글 필사본은 직접적으로 인과 관계를 지닌 문헌들로 확인되는 셈이다. 한국교회사연구소 자료실 측은 한문본 『연옥약설』과 한글 필사본 『련옥략셜』의 소

---

[28] 안홍균, 「해제」, 『ᄉᆞ후묵상·사말일언·련옥략셜·련옥고남』, 한국 교회사 연구 자료 제17집, 한국교회사연구소, 1986, 25쪽.

장 경위를 밝히고 있지 않으나, 두 문헌은 모두 모리스 쿠랑이 방문하였던 파리외방전교회 서울 선교지 건물 또는 조선 대목구 주교관의 도서관에 소장되어 있다가 나중에 한국교회사연구소 측으로 이관되었다고 봄이 타당할 것이다.

결국 한글 필사본 『련옥략셜』의 제작 경위는 이러하다. 1871년 이후의 어느 시점에 수정보판으로 간행된 『연옥약설』이 조선 천주교에 입수되었다. 하간부 헌현 승세당 판본이 들어오지 않은 것으로 보자면 북경을 거쳐 조선으로 반입되는 경로는 아니었을 것이다. 그보다는 상해에서 해로로 반입되었을 가능성이 더 크다. 그리고 블랑 주교나 뮈텔 주교, 또는 지도적인 위치에 있던 프랑스 선교사의 명령으로 한문을 잘 아는 조선인 신자가 번역하기 시작하여 쿠랑이 뮈텔 주교의 도움을 받아 『조선서지』 제3권을 완성한 1896년 이전에 완성하였을 것으로 추정된다.

일러두기

1. 이 책은 한국교회사연구소에 소장된 『련옥략셜』(000.1 연65)을 저본으로 하였다.
2. 일반 독자와 전문 연구자가 모두 사용할 수 있도록 『련옥략셜』의 현대문과 판독문, 그리고 한문본 『煉獄畧說』의 순서로 배치하였다.
3. 이 책은 2016년도 한국학중앙연구원 연구교육연계사업으로 수행된 연구 결과물이다(AKSR2016-RE01).

[현대문]
1. 독자들이 이해할 수 있는 현대 한국어로 바꾸었다.
2. 장 제목 앞에 번호를 붙이고 차례를 만들어서 찾기 편하게 하였다.
3. 천주교 역사에서 널리 알려진 인물이나 지명인 경우에는 한국교회사연구소에서 간행한 『한국가톨릭대사전』의 표기법을 따랐다.
4. 옛이야기에 등장하는 유럽 각국의 인명과 지명은 해당 나라의 표기법을 따랐다.
5. 유럽 각국의 인명과 지명 가운데 원어를 밝히지 못한 경우에는 한글 필사본에 나와 있는 한글 발음을 현대 한국어로 옮겨 적고, 한문본에 나와 있는 한자를 병기하였다.

[판독문]
1. 필사본 원문을 그대로 입력하되 띄어쓰기를 하였고, 한문본을 참조하여 괄호 안에 한자를 병기하였다.
2. 현대 한국인이 잘 쓰지 않는 오래된 표현이나 개념, 천주교 고유의 용어, 그리고 유럽 각국의 인명과 지명에는 주석을 달았다.
3. 원본의 쪽수를 표시하여 원문과 대조하기 편하게 하였다.

제1부

『연옥약설』 현대문

연옥약설
상

서문

　우주 사이의 일 가운데 주님을 공경하는 것이 가장 중요하다. 주님을 공경하는 것 이외에는 사람을 구하는 것이 중요하다. 그런데 사람을 구할 때 죽어서 연옥에 가 있는 영혼들을 구하는 것이 가장 중요하다. 왜 그러한가? 살아 있을 때에는 옛 잘못을 버리고 새로운 행실을 이루어 나갈 수 있고, 또 공로를 쌓아서 모자란 것을 채울 수도 있다. 하지만 이미 죽은 사람은 자기 힘으로 할 수 있는 것이 없어 반드시 교우들의 도움을 기다려야 한다.
　세상 사람들이 비록 죽은 사람을 불쌍히 여기고 얼마간 그를 생각하는 마음은 가지고 있다고 해도, 참으로 연옥의 괴로움이 얼마나 깊으며 연옥의 형벌이 얼마나 심한지는 알지 못한다. 그래서 죽은 사람을 구하고자 하는 마음이 혹 희박해지기도 하고, 통공하는 은혜가 혹 부족해지기도 한다. 그렇다면 자신을 구해주기를 바라는 죽은 사람들의 마음을 어떻게 하면 위로할 수 있겠는가?
　신미년(1871) 여름에 이문어 군이 피서 차 왔다가 마침 자신이 지은 『연옥약설』을 나에게 보여주었다. 글은 모두 여덟 편이었다. 제목은 비록 '간략히 설명한다'는 뜻으로 "약설"이라고 붙였지만 실제로는 필요한 내용을 남김없이 다 포함하고 있었다. 내가 이 책을 훑어보니 하늘의 별이나 바둑판의 바둑돌처럼 넓게 펼치고 낱낱이 분석하여 세세히 진술하고 있었다. 그리고 무릇 증거로 삼은 것들을 보면 널리 캐고 두루 찾아 사람의 심장을 적시고 간과 폐를 채찍질하였다. 나는 이 책이야말로 영혼을 건지는 참으로 오묘한 뜻과 세상을 경계하는 바른말을 담고 있음을 곧 깨달았다.

실속은 없이 겉으로만 화려한 것은 모두 없앴기에, 글은 평탄하고 뜻은 알기 쉬웠다. 이는 모든 사람이 한 번 보고 알 수 있도록 하여 깨닫기에 편하게 한 것이다. 깊은 뜻에 있어서는 밝히지 못할 것을 밝혔고, 논설에 있어서는 드러내지 못할 것을 드러내었으며, 옛사람의 말과 행동을 확실한 증거를 가지고 말하였고, 또 자세하게 하지 못할 것을 자세히 하였다. 가령 죽은 이를 구하려는 뜻은 간절하면서도, 자기만 스스로 어질게 되는 것에 마음을 쓰는 사람이 항상 이 책을 곁에 두고 읽는다면 눈과 마음으로 놀라 자기를 구하려는 마음만큼 남 구하기를 생각하게 될 것이다. 그렇게 되면 뜻이 더욱 분발하게 되어 능히 스스로 그만두지 못할 것이다.

옛이야기를 기록한 것에서는 수도자들에 관한 것들이 많다. 이들에 대한 내용은 또한 우리를 놀랍게 하고 깨닫게 한다. 틀림없이 누구보다도 빠르게 천국에 오를 것으로 생각되는 수도자들도 작은 허물로 인하여 연옥에 빠지는 경우가 많다. 그러니 평범하게 믿는 사람들이야 얼마나 두렵겠는가? 이문어 군이 수고롭게 아침저녁으로 천주교를 전하고 사람들에게 권하면서도 남는 시간에 『연옥약설』을 지어 세상 사람들로 하여금 두려워하고 감동하게 하였다. 이는 뛰어나고 선한 사람이나 악한 사람 모두 큰 도(道)인 천주교를 함께 하여, 그들 모두가 천국에 이르러 진정한 즐거움을 누리게 하고자 해서이다. 이에 서문을 쓴다.

천주 강생 1871년

같은 수도회 동기인 채백 허빈은 공경하는 마음을 담아서 바르톨로메오 성인 축일에 성 이냐시오 학당에서 쓴다.

자서

이 세상에 있는 천주교 신자 가운데 연옥이 있다는 것을 모르는 사람은 없다. 헤아려 보건대 이 세상에 있을 때 이미 죄를 용서받은 사람이라도 보속이 온전하지 못하면 죽은 후에 연옥에 들어가게 된다. 얼마나 슬픈 일인가! 연옥은 과연 어떠한 곳인가? 뜨겁고도 뜨거운 맹렬한 불이 영혼을 태우고 지지며, 매우 다양하고 괴로운 형벌이 헤아릴 수 없이 많은 곳이다. 가장 한탄스러운 것은 대부분의 사람들이 공을 세워 이름을 드러내는 일만 간절히 원하거나, 마음이 재물에 얽매여 있어, 진실로 연옥에 있는 영혼을 생각하는 경우는 백 명, 천 명 가운데 하나나 둘도 되지 않는다는 사실이다.

가만히 생각해 보면 연옥에 있는 영혼이 슬프게 부르짖고 통곡하며 살아 있는 우리에게 도움을 청하지 않은 적이 없었다. 하지만 특별히 땅이 막혔기 때문에 그 슬픈 소리가 이 세상에 들리지 않는 것이다. 그래서 우리가 그들을 잊어버리는 것은 당연한 듯도 하다. 내가 지금 지은 이 책은 연옥의 영혼을 대신하여 그들이 우리에게 슬피 알리려는 뜻을 담고 있다. 어리석고 몽매한 사람도 함께 깨닫고 영리한 사람은 흔들림이 없게 하려고 글의 의미는 쉽게 그리고 문맥은 평이하게 하였다.

내용은 성경이나 성경 밖에 기록된 하느님의 말씀인 성전을 근본으로 하면서, 신학에서 가르치는 요지와 신령스럽고 밝은 본성에 따라 교리에 합당한지 따져본 후에 합당하면 그와 관련된 옛이야기를 추가하였다. 그 옛이야기들은 모두 유명한 사람들의 행적을 실어 놓은 것이니, 의심 없이 믿을 만하다. 이 책을 보는 자는 신기한 뜻과 화려한 문장과 구절을 바라지 말라. 그저 눈으로 읽고 마음으로 생각하며, 속으로 믿고 행동에 옮겨야 한다. 내 몸으로 실천하고 두려워하며 조심하는 한편, 나아가 죽은 이를 구하는 것까지 생각한다면 어찌 자기를 사랑하는 것과 남을 사랑하는 것을 한꺼번에 하는 유익함이 없겠는가?

제1편   연옥의 있고 없음을 논함[1]

1. 천주교에서 정한 뜻은 연옥이 있음을 믿는 것이다

　꼼꼼히 검토해 보면 천주교가 처음 세워질 때부터 사특한 말이 횡행하지 않은 때가 없었다. 곧 연옥에 관한 교리 한 가지만 놓고 보더라도 그렇다. 옳은 듯하지만 틀린 말이 적지 않아, 사람들을 의심에 들게 하고 어리석은 사람을 속이는 경우가 많았다. 예수회 로베르토 벨라르미노 추기경의 글에 자세히 실려 있으니 분명히 따져 알아볼 수 있다. 대개 천주교는 참된 도리의 나침반이요, 승천하는 올바른 길이다. 그렇기에 이단이 사람들을 잘못되게 하는 것을 보면 매우 미워하며 단호히 끊어 버렸다. 옛날 200년 전에 트리엔트 공의회에서 논의하고 다음과 같이 온 천하에 공표하였다.

　이번 천주교의 공의회에서는 주님의 묵시하심에 힘입어 성경에 실린 것과 예전 성인들이 전해준 것과 공론으로 정해진 것을 자세히 검토하여, 온 천하의 교우들에게 연옥 있음을 믿게 하고, 연옥에 있는 영

---

[1] 필사본에는 제1편의 제목이 들어 있지 않다. 독자의 편의를 고려하여 번역문에는 한문본을 참고해서 제목을 넣었다.

혼들은 살아 있는 벗의 기도와 미사의 도움을 받는다는 것을 널리 알린다. 세상의 주교들은 마땅히 예전 성인들이 전하고, 공론에서 드러난 연옥의 교리를 곳곳에서 외워서 밝히고 때때로 친히 전파하여, 모든 교우로 하여금 깊이 믿어 의심하지 않고 굳게 가져 잃지 않도록 하여야 한다. 그러나 무릇 뜻이 깊어 밝히기 어려워서 사람을 설득하기에 무익한 내용은 어리석은 사람들의 앞에서는 거론하지 말아야 할 것이다. 또 참인지 거짓인지 분별할 수 없어서 틀린 것 같지만 옳은 것 역시 구태여 사방에 전하지 말아야 한다. 피차 경솔하게 논란이 되어 말이 신기한 듯하면서 그 뜻은 이익을 추구하는 내용, 혹은 일이 이단에 가려 본래 참되지 않은 내용 등은 일체 엄하게 물리쳐서 전하지 말아야 한다. 이런 것들은 천주교를 신실하게 믿는 길에서 조당(阻擋)이 되고 해를 끼치는 행위와 다름이 없다. 연옥의 영혼을 살리는 공덕에 대하여 말하자면, 모든 주교는 믿는 사람들이 미사와 송경 기도와 애처롭고 가엾게 여기는 애긍(哀矜)과 은혜를 베푸는 시사(施捨)와 같은 것들을 부지런히 행하여 교회에서 정한 규범에 합당하도록 하여야 한다. 무릇 죽은 사람이 부탁한 바에 혹 특별히 선한 공로가 될 만한 것이 있으면 그 책임이 사제에게 있건 없건 따지지 말고, 마땅히 모든 것을 삼가 온전히 행하여 만의 하나도 잃지 말라.

이것으로 말미암아 보건대, 천주교 공의회에서는 연옥이 있음을 깊이 믿어, 온 세상 교우들에게 죽은 사람 구하는 마음을 다하도록 하고 있다. 그래서 천주교에는 죽은 사람들에게 양도할 수 있는 대사(大赦)들이 매우 많다. 그리고 특별히 죽은 이를 사랑하여 드리는 미사도 적지 않다. 매년 위령의 날이 있으며, 때때로 장사를 지내는 기도문이 있어, 자비와 애덕의 으뜸 공덕이 세상에 행해진다. 또한 죽은 사람을 위한 기도를 날마다 성당에 모여 외운다. 이는 모든 나라에서 공통으로 행해지고 있어 사람들이 모두 볼 수 있다. 그러므로 연옥이 있다는 것은 천주교의 보편적인 의론이 아니겠는가?

옛이야기

영국에 타이드(Tide)라는 이름을 가진 천주교인이 있었다. 본디 천주교의 가르침을 지켜 몸을 닦고 본분에 맞게 편안히 지내다가 후에 중병을 얻어 해가 질 때쯤에 죽었다. 이튿날 친한 친구들이 일제히 와서 함께 염습하는 예를 행하고 있는데, 생각지도 못하게 타이드가 다시 살아났다. 곁에 있던 사람들은 모두 놀라 흩어지고 그 아내만 홀로 남았다. 그러자 타이드가 말하였다.

"두려워하지 마라. 나는 진짜 타이드다. 내가 죽고 난 후에 어떤 젊고 아름다운 선비가 깊은 곳으로 나를 이끌고 갔다. 그곳의 깊이는 헤아릴 수 없었는데, 한쪽에는 맹렬한 불이 활활 타오르고 있었고, 다른 한쪽에는 얼음과 서리가 차갑게 서려 있었다. 그곳에서 수많은 영혼이 대단히 괴로워하고 있었는데, 모습은 더럽고 지저분하였다. 영혼들은 문득 불에서 나와 얼음으로 옮겨가고, 또 얼음에서 나와 불로 옮겨갔다. 나는 이곳이야말로 분명히 지옥일 것이라고 생각했다. 그런데 천사께서 이렇게 말씀하셨다."

"이곳은 지옥이 아니라 연옥이다. 고해만 하고 보속을 행하지 못한 자들은 모두 마땅히 이렇게 될 것이다."

다시 살아난 타이드는 재산을 셋으로 나누어 하나는 아내에게 주고,

하나는 아들에게 전하고, 나머지 하나는 가난한 이를 구제하는 데 썼다. 그러고는 집을 떠나서 수도 생활을 하며 온갖 고초를 마다하지 않았다. 타이드는 늙고 힘이 없게 되었을 때에 편안히 세상을 떠났다.

　서양의 어진 임금인 오당(奧當)이 왕위에 오른 지 여러 해가 되자, 그 은혜가 온 세상에 두루 퍼졌다. 그런데 오당 임금이 죽기 1년 전에 마침 흉년이 들었다. 그러자 오당은 창고의 곡식을 내어 백성들을 돌보아 구해주었는데, 온 나라의 수도원들이 은혜를 더욱 많이 입었다. 왕이 백성들을 가련히 여기어 돌보는 것 외에도 고행으로 공을 쌓고 참된 마음으로 잘못을 뉘우치니 사람들이 감동하였다. 이에 의이등(依爾滕) 주교가 말하였다.
　"오당 대왕같이 끊임없이 선을 행하는 사람은 죽으면 바로 천당에 오를 것이다. 잠시도 연옥에서 고된 시간을 겪지 않을 것이다."
　하지만 천주의 엄한 심판은 사람의 생각 밖에 있어 헤아릴 수가 없다. 오당은 죽은 후에 연옥에 들어갔다. 오당의 고모가 수녀원의 원장이 되었는데, 하루는 일찍 일어났다가 창밖에서 두드리는 소리를 들었다. 급히 창을 열고 보니 오당 대왕이 서 있었다.
　오당 대왕이 말하였다.
　"나는 죽은 후로부터 지금까지 연옥에 있습니다. 오늘 온 뜻은 고모님에게 저를 구원해 주기를 청하기 위해서입니다. 부탁드립니다. 수녀원에 알려서 저를 위하여 다윗의 시편 모두를 일천 번 외우도록 해주십시오. 매번 시편을 외운 후에는 채찍으로 열 대씩 때리고, 주님의 기도와 성모송 그리고 참회 시편 제130편 등을 한 번씩 읽되, 참회 시편은 채찍으로 치면서 외워야 합니다."

이에 모든 기도를 그대로 다 마치니, 오당 대왕이 또 모습을 드러내어 자신을 위해 대신 기도한 사람들에게 감사하였다.

2. 성경으로 연옥이 있음을 증명하다

비록 성경에는 연옥이라는 말이 나오지 않지만, 사람이 죽은 후에 죄를 씻어 정화하는 곳이 있음은 분명히 증명할 수 있다. 구약성경을 보면, 마카베오기 (하권) 제12장에 "유다 마카베오가 군사를 거느려 적국을 치다가 많은 사람이 죽자, 은전 일만 이천을 내어 예루살렘에 보내어 죽은 사람을 위하여 제사를 받들게 하였다."라고 기록되어 있다. 그리고 이 일에 대하여 성경에서는 "죽은 사람을 위하여 죄를 벗겨주고 벌을 면하게 한 것은 거룩하고 유익한 아름다운 뜻"이라고 정확하게 평가하였다. 이를 통해 살펴보건대, 사람이 죽은 후에 모두 천당에 오르는 것도 아니요, 모두 지옥에 떨어지는 것도 아니다. 만약 이미 천당에 올라갔다면 제사를 받들고 죽은 이를 위하여 대신 기구할 필요가 없다. 지옥에 떨어졌다면 영원히 그곳에서 벗어나지 못할지니, 대신 기구한들 그 이로움을 얻을 수 있겠는가?

만일 이러한 이치가 없는데도 제멋대로 대신 기구하였다면, 유다 마카베오의 죄는 죽음으로도 용서받지 못할 것이다. 그러니 어떻게 성경에서 아름다운 뜻이라고 평가할 수 있겠는가? 이미 아름다운 뜻이라고 칭찬하였다는 것은 지옥 외에 또 형벌을 받는 곳이 있으며, 비록 그곳에 들어가더라도 벗어날 때가 있다는 사실을 분명하게 보여주는 것이다. 그곳이 곧 내가 말하는 연옥이다.

구약성경에 나오는 성인(聖人) 토빗은 그의 아들 토비야를 가르치며 이렇게 말하였다. "너는 술과 밥을 가져다가 의인(義人)의 무덤에 둘지 언정, 죄인과 함께 음식을 먹지 말라." 이 말에 대하여 성현(聖賢)이 다음과 같이 해설하였다. "옛날 사람들은 무덤 위에 음식을 펼쳐 놓고 가난한 사람들을 불러서 먹게 하였다. 이는 죽은 사람을 위하여 천주께 대신 기구하는 것이다. 그러므로 죽은 사람의 영혼이 잠시 연옥에 있을 때 가난한 사람의 기도가 도움이 된다는 것을 증명한다."

다윗 성왕이 주께 기구하면서 이렇게 말하였다. "나의 주님, 성나셨을 때 저를 꾸짖지 마시고, 또한 노하셨을 때 저를 벌주지 마소서." 이를 아우구스티노 성인이 풀어서 다음과 같이 말하였다. "이 말씀의 뜻은 생전에 내 죄를 씻어 주시어 내가 죽은 후에 연옥 불로 정화될 필요가 없기를 하느님께 기구함이다."

신약성경 마태오 복음서 제12장에서 예수께서 사람을 가르치며 말씀하셨다. "성령을 거스른 죄는 생전에도 사후에도 용서받지 못한다." 이에 대하여 아우구스티노 성인과 그레고리오 성인과 베르나르도 성인은 다 같이 이렇게 말하였다. "우리 주님의 말씀과 같으면 세상을 떠난 후에도 또한 죄를 덜 수 있다. 하지만 지옥에 들어간 자는 영원히 죄를 용서받지 못한다. 그러니 지옥 외에 또 연옥이 있음을 알 수 있다."

성 바오로 사도가 코린토 사람에게 글을 주어 말하였다. "어떤 이가 큰 공을 세운 후에 이를 영원히 보존하면 반드시 보답을 받게 될 것입니다. 그러나 만일 쌓은 공이 오래가지 못하면 재앙을 받게 될 것입니다. 그 사람은 비록 죽음을 면한다고 하더라도 불 속에서 사는 것과 다름이 없을 것입니다."[2] 이 성경 구절은 풀이하는 사람마다 해석이 각각 달랐다. 그러나 벨라르미노 추기경의 연구를 살펴보면, 교부(敎父)들 가운데 태반은 이렇게 말하였다. "이 불은 다른 불이 아니라 연옥 불이요, 잠시 고통받는 불이요, 죄를 보속하는 불이다." 만일 그렇다면 연옥이 있다는 사실은 분명히 구약성경과 신약성경에 나온다고 하겠다. 그러니 다시 의심하여 재론할 것이 없다.

✟ 옛이야기

옛날 이탈리아의 페라라(Ferrara) 성에 크고 화려한 집이 있었다. 그런데 매일 밤중이면 쇠사슬 소리가 들려서 살펴보았으나 그 원인을 알 수가 없었다. 그러자 사람들이 말하였다.

"마귀로 말미암아 생긴 재앙이니, 감히 살지 못할 것이다. 주인이 크게 해를 입을 것이다."

이로 인하여 높고 화려한 집이 문득 변하여 쓸모없는 곳이 될 지경에 이르렀다.

그때 어떤 가난한 선비가 이 소문을 듣고 스스로 담대함을 믿어 주인에게 말하였다.

"다른 사람은 살지 못하겠지만 나는 살 수 있습니다."

그러자 주인이 몹시 기뻐하며 집세도 받지 않고 말하였다. "이 집에

---

[2] 코린토 신자들에게 보낸 첫째 서간, 3장 14–15절. 현재의 성경 구절은 다음과 같다. "어떤 이가 그 기초 위에 지은 건물이 그대로 남으면 그는 삯을 받게 되고, 어떤 이가 그 기초 위에 지은 건물이 타 버리면 그는 손해를 입게 됩니다. 그 자신은 구원을 받겠지만 불 속에서 겨우 목숨을 건지듯 할 것입니다."

서 살려면 사시오."

　주인과 선비는 구두로 계약을 하였다. 주인은 선비를 집으로 들여보내고는 밤 지내기를 기다렸다. 비록 두려운 것이 없다는 듯이 큰소리를 친 선비지만, 마음속으로는 겁이 나서 밤에 잠을 이루지 못하였다. 이에 축성(祝聖)한 촛불을 하나 켜 놓고 홀로 앉아 글을 짓기도 하고 책을 보기도 하였다.

　한밤중이 되자 사람의 발소리가 점점 가까워지면서 아울러 쇠사슬 소리도 들렸다. 그것은 분명 발에 묶인 쇠사슬이 땅 위로 끌리는 소리였다. 선비는 문 앞으로 지나가기를 기다렸다가 그가 가는 곳을 엿보려고 하였다. 그런데 갑자기 어떤 검은 사람이 방안으로 들어와 작은 의자에 앉았다. 이런 경우에는 아무리 담대한 척하던 사람도 또한 역시 놀라고 두려워 어찌할 줄을 몰랐을 것이다. 그러나 축성한 촛불이 앞에 있으니 마귀가 능히 해치지 못할 것이라고 믿은 선비는 일어나 물었다.

"너는 누구냐?"

　그러나 대답이 없었다. 또다시 물었으나 여전히 대답하지 않았다. 선비는 다음 날에 있을 과거를 대비하기 위하여 다시 글을 지으며 책을 보았다.

　선비가 잘 지어진 아름다운 글귀를 오랫동안 생각하고 있을 즈음에, 검은 사람이 갑자기 물었다.

"무엇을 찾고 있는가?"

　선비가 답하였다.

"이러이러한 구절을 찾고 있다."

　그러자 검은 사람이 답하였다.

"이러이러한 책 아무 권 아무 편에 있다."

선비가 실제로 그곳에서 구절을 찾고는 더욱 놀랍고 괴이하게 여겼다. 먼동이 틀 무렵 검은 사람이 일어서 나갔다. 선비도 촛불을 잡고 뒤를 따라가서 구석진 모퉁이에 있는 구멍에 이르렀다. 그러자 검은 사람이 구멍으로 들어가더니 다시 나오지 않았다.

선비는 축성한 촛불을 구멍 입구에 두고 급히 달려와 주인과 이웃의 벗들에게 이 일을 알렸다. 그러고는 함께 와서 살펴본 후에 그 땅을 깊이 파니 마른 시신 하나가 나왔다. 하지만 어디에서 온 누구인지 알 수 없었다. 사람들이 모두 말하였다.

"아마 이 집의 옛 주인이 지금 연옥에 있는데 도와줄 사람이 없는 까닭에 이렇게 와서 구해달라고 청한 것 같다."

주인은 곧 신부를 모셔와서 거룩한 미사를 거행하고 시신을 공동묘지에 옮겨 장사지냈다. 이후로 다시 나타나지 않았다.

3. 성전으로 연옥이 있음을 증명하다

내가 말하는 성전(聖傳)은 다름 아니라 옛 성인들이 우리 후대 사람들에게 전하여 보여주는 말과 행적이다. 거룩한 교회의 초창기를 꼼꼼히 검토해 보니, 디오니시오 성인은 죽은 사람을 간절히 생각하였는데, 연옥에 있는 뭇 영혼을 위하여 주께 기구할 때면 반드시 눈물을 흘리며 슬피 울어 주위 사람들까지 감동하였다. 클레멘스 성인도 말하였다. "사도이신 베드로 성인은 늘 사람들에게 죽은 벗을 생각하라고 권하였다."

그리고 교회가 생기고 400년 후에 태어난[3] 테르툴리아노 역시 당시 신자들에게 말하였다. "이미 죽은 친한 벗을 위하여 매년 축일에 맞추어 미사를 드리도록 하여라." 그 후, 아타나시오 성인이 말하였다. "우리가 연옥 영혼을 돕는 것은 분명 깊은 사랑을 품은 것이다." 바울리노 성인은 그 아우가 죽자 다윗 성인에게 편지를 썼다. "우러러 바라오니, 제 동생에게 한 점의 서늘함을 주시도록 주님께 대신 기구하여 주십시오."

이시도로 성인도 다음과 같이 글을 썼다. "죽은 자를 위하여 주님께 미사를 봉헌하고 기도문을 외우는 것은 교회에서 예로부터 해오던 것이었으니, 어찌 사도들로부터 전하여 온 것이 아니겠는가? 그리고 교회에서 연옥이 있음을 믿지 않는다면 무엇 하러 죽은 이를 위하여 거룩한 제사를 받들며 자선을 행하겠는가?" 요한 크리소스토모 성인도 말하였다. "죽은 이를 도와 이롭게 할 수 있는 것은 내가 흘리는 눈물이 아니라 자선을 베풀고 기도하는 공덕이다."

치릴로 성인은 말하였다. "빛나고 빛난 거룩한 제사가 연옥 영혼에게 크게 유익함을 알기 때문에, 세상을 떠난 사람이라면 누구인지를 따지지 말고 모두 마땅히 주님께 기구하여야 한다." 그리고 암브로시오 성인은 누이가 죽자 아우구스티노에게 편지를 썼다. "청하오니, 눈물을 흘리며 통곡하지 말고 오직 주님께 도움을 빌어주십시오." 이 모든 것을 근거로 생각하면 역대의 성인들은 모두 연옥이 있음을 믿고 연옥에서 영혼을 건져 내어 구하고자 하였다.

---

3 한문본 『煉獄略說』의 1936년 개정판인 『煉獄考』에는 "천주 강생 245년에 선종한"으로 수정되었음.

✝ 옛이야기

　톨렌티노의 니콜라오 성인은 수도원에 있을 때, 날마다 지극히 공경스럽고 겸손하게 미사를 거행하였다. 어느 주일에 수도회 장상이 니콜라오 성인에게 오로지 수도원을 세운 은인만을 위해 거행하는 미사를 나누어 맡겼다. 그런데 주일 미사를 봉헌하기 전날인 토요일 저녁이 되자, 어떤 연옥 영혼이 나타나 큰 소리로 불렀다.
　"니콜라오야! 나를 알겠느냐?"
　니콜라오 성인이 돌아보았으나 전혀 모르는 사람이었다. 연옥 영혼이 말했다.
　"나는 본래 너와 알고 지냈던 아무개의 영혼이다. 나는 비록 천주의 인자하심을 입어 지옥은 면했으나 아직 승천하지 못한 채 연옥에 있다. 너에게 부탁한다. 내일 나 대신 미사를 봉헌하여 내 영혼을 구해다오."
　니콜라오 성인이 대답했다.
　"그렇게 할 수 없다. 장상이 이미 나에게 정해준 미사가 있으니 따르지 않을 수 없다."
　그러자 연옥 영혼이 니콜라오 성인을 끌고 어느 깊은 감옥으로 갔다. 그곳에 이르러서 보니, 무수한 영혼이 온갖 고초를 겪고 있었다.
　이튿날 아침에 니콜라오 성인은 자기가 본 것을 장상에게 말하였다. 이에 장상은 전날 저녁에 나타났던 그 영혼만을 위한 미사를 허락했다. 또 니콜라오 성인은 연이어 7일 동안 연옥의 영혼들을 위하여 미사를 거행하였다. 그렇게 7일이 지난 후에 전에 나타났던 영혼이 다시 와서 자신을 도와준 니콜라오 성인의 은혜에 감사를 표하고는 천국으로 올라갔다.

파니카 성녀는 사람이 죽었다는 소식을 들을 때마다 대신 주님께 기구하지 않은 적이 없었다. 그러나 오직 아버지가 세상을 떠난 후에는 도리어 기도하는 일을 잊어버렸다. 나중에 위령의 날이 닥치자 파니카 성녀는 문을 닫고 기도문을 외우며 죽은 벗을 구하고 있었다. 바로 그날에 수호천사가 나타나서 파니카 성녀를 연옥으로 인도하여 아버지의 영혼을 보여주었다.

부친은 파니카 성녀를 부르며 말했다.

"내 딸아! 너는 다른 사람을 위해서는 주님께 기구하면서 어찌하여 오직 나만 잊어버렸느냐? 슬프다, 내 괴로움이 지극하다. 너는 그것을 생각하여라."

파니카 성녀가 듣고는 슬피 울며 말했다.

"슬프다, 내 잘못이다. 이후는 내가 장차 힘을 다하여 아버지를 도와 다시는 잊지 않으리라."

그러고는 파니카 성녀는 수호천사에게 물었다.

"어찌하여 제가 아버지가 돌아가신 후 주님께 기구하는 일을 잊은 것입니까?"

수호천사가 대답했다.

"무엇이 이상하겠느냐? 네 아버지가 세상에 살아 있을 때 오직 세상의 이익만 도모하고 기도와 선행에 힘쓰지 않았다. 이에 천주께서 벌하시어 네 도움을 받지 못하게 한 것이다."

4. 연옥이 있음은 본성의 이치에 부합한다

대체로 연옥이 있다는 것은 사람의 본성상 이치인 성리(性理)와도 매우 부합한다. 성리라는 것은 사람의 본성이 갖추고 있는 떳떳한 이치이다. 대개 죄에는 크고 작은 데에 따른 차이가 있다. 작은 죄에 대해서는 오래 형벌을 내리지는 못하더라도, 한 번 꾸짖는 정도의 벌이 없을 수 없다. 만일 작은 죄를 지은 사람에게 영원한 지옥 벌을 주면 지나친 면이 있어 천주의 지극히 옳음에 어긋난다. 그렇다고 벌을 주지 않으면 선악의 구별이 없어져 천주의 지극히 공평함에 맞지 않다. 그러므로 작은 죄를 지은 사람에게는 부득이 기한을 정하여 잠시 당하는 벌을 내리는 것이 당연하다. 그런데 만약 이 세상에서 그 잠시 당하는 벌을 완전히 다하지 못하고 갑자기 세상을 떠난다면, 이 세상에서 벌을 더 이상 받을 수 없게 된다. 이 세상에 벌을 줄 수 없다면 저세상에서 받아야 하는 것 또한 분명하다. 따라서 이는 연옥이 마땅히 있어야 하는 첫 번째 근거이다.

사람이 큰 죄를 지은 후에 이미 고해하여 다행히 용서받았어도 그 벌까지 다 면할 수는 없으므로 반드시 따로 보속을 행하여야만 한다. 만약 사람이 생전에 죄를 용서받았어도 보속을 온전히 다하지 못하면, 죽었다고 해도 그 벌이 다 사라지지 않는다. 그렇다고 지옥에 보내는 것으로 그 죄를 벌할 수도 없다. 이는 연옥이 마땅히 있어야 하는 두 번째 근거이다.

한평생 죄를 범하다가도 임종 때에 회개하는 사람도 있고, 일생토록 덕을 닦다가도 어느 정도 작은 허물에 물드는 사람도 있다. 만일 죽은 이후에 가볍게 혹은 무겁게 잠시의 벌을 내리지 않는다면, 많은 잘못이나 적은 잘못이나 다름이 없게 된다. 이는 연옥이 마땅히 있어야 하는 세 번째 근거이다.

세상 사람들이 공을 세우는 것은 보답을 바라기 때문이고, 악을 피하는 것은 형벌이 두렵기 때문이다. 만일 큰 죄가 없다고 하여 모두 곧바로 승천한다면, 작은 선행과 미미한 허물을 소홀히 여기게 되어 천주의 영광을 더욱 훼손하게 될 것이다. 이는 연옥이 마땅히 있어야 하는 네 번째 근거이다. 이러한 논리에 근거를 두고 추론하면, 연옥이 있다는 것을 깊이 믿어 의심치 않게 될 것이다.

✝ 옛이야기

상해가 고향이었던 문정공(文定公) 서광계(徐光啓)는 정성을 다해 진실하게 천주교를 받들었으니, 참으로 중국에서 제일 먼저 천주교를 믿은 교우였다. 그 부인 오 씨도 일생토록 적선을 좋아하였으니 그 남편의 어진 짝이라고 할 만하였다. 하루는 중병에 걸린 오 씨가 하늘을 우러러보고 있었다. 다른 사람들이 그 원인을 물으니 이렇게 대답하였다.

"성모께서 강림하셔서 나에게 승천하는 것을 허락하셨다."

또 하루는 문정공이 하늘에서 내려와 부인 오 씨를 위로하니, 오 씨가 물었다.

"죽은 아들 아무개는 어디에 있어요?"

문정공이 말하였다.

"아들은 연옥에 있으니, 부인이 대신 고행으로 공덕을 쌓고 열심히 천주께 기구하여 벌을 면할 수 있게 해주시오."

오 씨가 듣고는 급히 집안사람들에게 알리고, 함께 힘을 다하여 간절히 기구하여 죽은 아들을 구하여 연옥에서 나올 수 있게 하였다.

옛적에 도미니코 수도회에 한 수도자가 있었는데 덕이 높고 범상치 않았다. 그러나 오직 죽은 사람을 구하는 공에 대해서는 전혀 마음에 두지 않고 말하였다.

"연옥의 영혼은 죄를 다시 지을 일이 없는데 왜 그들을 위하여 슬퍼해야 하는가? 도리어 살아 있는 죄인을 알아듣도록 타일러서 신앙에 힘쓰도록 권하면 더 아름다운 일이 될 것이다. 나는 오직 이것만을 천주께 기구하여 길 잃은 사람이 올바른 길로 돌아오게 하겠다."

그러던 어느 날, 연옥의 영혼들이 그 수사 앞에 나타났다. 그 모습은 형용할 수 없을 정도로 추악하였다. 연옥 영혼들은 수사의 주위를 둘러싸고 곁을 떠나지 않았다. 수사는 놀랍고 두려워 밤낮으로 잠을 이루지 못하였다. 그리하여 뜻을 고치고 마음을 돌리니 전과 크게 달라졌다. 천주께 기도를 바치면서 고행을 하고, 또 교리를 가르칠 때는 신자들에게도 연옥 영혼들을 위하라고 권하였다. 그 열정이 밖으로도 드러나서 말과 행동 하나하나가 모두 연옥 영혼을 돕는 것이 되었다.

참으로 복되신 마르가리타 성녀가 어느 해 성체 축일에 성체 앞에 있었다. 문득 주변을 보니 이미 죽은 베네딕토 수도회 원장의 영혼이 온몸에 불이 붙은 채로 있었다. 마르가리타 성녀가 이를 보고는 슬픈 마음에 눈물을 비처럼 흘렸다. 원장의 영혼이 말했다.

"내가 일찍이 원장으로 있을 때 네 간절한 기도를 듣고 영성체를 허락하였다. 그런 연고로 천주께서는 내가 이렇게 와서 너에게 도움을 구하는 일을 허락하셨다. 그리고 네가 석 달 동안 기도를 바치면 그 공덕을 내가 양도받을 수 있도록 약속하셨다."

마르가리타 성녀가 형벌을 받는 이유를 묻자, 원장의 영혼은 이렇게 대답하였다.

"그 이유는 오직 세 가지다. 내가 명예를 지나치게 사랑하고 천주의 영광을 드높이지 않은 것이 첫 번째 이유이다. 사람들과 함께 화목과 사랑으로 지내지 못한 것이 두 번째다. 나 자신을 지나치게 아끼고 사랑하여 스스로 행한 착한 일을 감추지 못한 것이 세 번째다. 세 가지 중에서 마지막이 천주를 가장 노엽게 하였다."

이후 원장의 영혼은 석 달 동안 성녀의 곁을 떠나지 않았다. 마르가리타 성녀는 원장의 영혼을 불쌍히 여기는 마음이 깊어 더욱 정성을 다하였다. 그리하여 오래지 않아 마르가리타 성녀의 몸과 마음이 모두 힘들어졌다. 원장의 영혼은 성녀의 고됨을 덜어주려고 이제 그만하라 하였다. 그러나 마르가리타 성녀는 온갖 기도와 공덕 쌓기를 잘 지켜서 행하여 마침내 천주의 노여움을 가라앉게 하였다. 석 달 후 원장의 영혼은 연옥 형벌을 벗어나게 되자 기쁘게 작별하고 승천하였으며, 이후로도 결코 은혜를 잊지 않겠다고 하였다.

5. 연옥은 어디에 있으며 언제 만들어졌는가?

연옥이 어디에 있는지에 대해서 교회가 공식적으로 정한 바는 없다. 신학자들의 의견 또한 서로 같지 않다. 어떤 사람은 말한다. "연옥은 정해진 곳이 없다. 사람들이 저마다 죄를 지은 곳이 바로 연옥이다." 이 말을 한 사람은 옛일을 들어 증거로 삼았으나, 대체로 나타나 보인 연옥 영혼들은 다음과 같이 말하기도 한다. "연옥은 산속에도 있고 물가에도 있다." 그러나 이러한 한두 가지 옛일로는 증명할 수 없다.

천주께서 설령 한두 명의 영혼을 연옥에서 나오게 했다 하더라도, 나머지 영혼들이 있는 곳은 이미 정해져 있을 것이다. 또한 사람들이 다만 한 곳에서만 죄를 저지르는 것은 아니다. 그러니 만약 죄를 지은 곳이 연옥이 된다면, 죄를 지은 곳마다 있는 연옥을 찾아 여러 번 옮기게 될 터이니 너무나 번거로울 것이다. 그러므로 이는 두루 통하는, 받아들일 수 있는 견해가 아니다.

그러자 어떤 사람은 이렇게 말한다. "연옥에 가는 영혼은 지옥에 떨어지는 영혼에 비하면 매우 높은 이들이다. 지옥으로 내려가서 악마와 함께 같은 곳에 있으면서 형벌을 받지 않을 것이다. 그러니 연옥은 반드시 공중 어딘가에 있을 것이다." 하지만 이 또한 믿지 못할 말이다.

구약성경에는 이런 구절이 있다. "내가 지하에 내려가서 천주의 구원을 바라는 사람을 불쌍히 여기고 밝은 빛으로 비출 것이다." 아우구스티노 성인은 이를 해석하여 말했다. "이 성경 말씀을 살펴보면, 예수께서는 못 박혀 돌아가신 후에 연옥으로 내려가 연옥 영혼을 구하셨다. 그리고 위령의 날에 사제가 미사를 봉헌하면서 천주께 '천주여, 깊은 옥에 있는 영혼들의 형벌을 면하여 주소서.'라고 기구한다. 여기서 깊은 옥이란 지하에 있는 연옥이다."

토마스 아퀴나스 성인이 말하였다. "성경에서는 비록 연옥이 어디에 있는지 분명히 말하지 않았다. 하지만 예전 성인의 말씀과 나타났던 연옥 영혼의 자취를 고찰해 보면, 연옥은 두 개가 있다. 하나는 지옥과 가까운 땅 아래에 있으니, 이곳이 연옥의 원래 장소이다. 다른 하나는 이 세상에서 잠시 살던 곳이다. 천주께서 특별한 은혜를 베풀어 간혹 영혼이 연옥에서 세상으로 나오는 것을 허락하신다. 그러면 연옥 영혼은 사람들을 타일러서 주의하게 하고, 사람들이 죽은 친구를 구할 수 있게 한다." 이렇게 보면 교회에서 공적으로 논의하는 바와 신학자의 말은 대체로 토마스 아퀴나스 성인의 뜻과 서로 같다.

그렇지만 만일 연옥이 언제 만들어졌고 언제 없어질 것인지를 묻는다면 살펴볼 만한 증거가 없다. 그래서 어떤 사람은 이렇게 말한다. "연옥은 천주께서 처음에 세상을 만드실 때 지으셨고, 소멸하는 때는 없을 것이다. 이 같은 천주의 기묘한 큰 위업이야말로 천주의 지혜로운 능력과 만물의 빛남을 분명히 나타내는 한 단서이다. 그러므로 연옥은 하늘과 땅처럼 끝나는 때가 없을 것이다."

또 어떤 사람은 이렇게 말한다. "그렇지 않다. 천주께서 만드신 온갖 물건들에는 각각 쓰임이 있다. 세상이 처음 시작되었을 때는 벌을 받을 사람이 없었다. 그래서 연옥은 쓸 데가 없어 만들지 않으셨다. 그리고 마지막 심판 후에는 사람들을 천당에 올려보내기도 하고 지옥에 떨어뜨리기도 하실 것이기에, 다시 죄를 정화해야 할 사람이 없을 것이다. 그렇게 되면 연옥이 쓸모가 없으므로 그대로 두지 않으실 것이다."

이러한 온갖 주장에는 모두 한 가지씩은 일리가 있다. 그러므로 어느 주장이 옳고 또 어느 주장이 그른지 함부로 판단할 수는 없다. 지혜로운 자가 스스로 분별하는 것이 옳다.

✚ 옛이야기

마르티노 성인이 기록하였다. 옛날에 제르트루다(Gertrude)라는 수녀가 있었다. 제르트루다 수녀가 죽은 후에 영혼으로 나타나서, 기도문을 외우고 있는 친한 친구 옆에 꿇어앉았다. 친구가 물었다.

"친구야. 무엇 때문에 여기에 왔느냐?"

제르트루다 수녀가 말했다.

"내가 살아 너와 함께 이곳에 있었을 때, 수도회 법규를 크게 어기는 말을 하였기 때문에 천주께서 나를 벌하여 연옥에서 형벌을 받고 죄를 단련하게 하셨다. 너는 나의 괴로움을 불쌍히 여겨 천주께 대신 기구하여 주기를 바란다."

제르트루다 수녀의 영혼이 이같이 여러 날 계속해서 나타났다. 이에 친구 수녀가 덕을 쌓고 공을 세워 제르트루다 수녀의 영혼을 연옥에서 구해주었다.

카푸친 수도회에 아무개 수사가 있었다. 깊은 밤에 성당에 들어가니 금방 죽은 벗이 성당 모퉁이에 무릎 꿇고 정성스럽게 기도하고 있었다. 수사가 이상하게 여겨 물어보니, 그 벗이 대답하였다.

"내가 살아 있을 때 성체 앞에서 성경을 읊으면서 다른 마음을 갖는 바람에 정성을 다하지 못하였다. 그 때문에 연옥에서 죄를 받고 있는 중이다. 만일 특별한 제대 위에 나를 위하여 대신 거룩한 미사를 한 번만 드려주는 사람이 있다면, 곧 나는 구원받아 연옥에서 나갈 수 있다. 그러니 그대는 제발 나를 위하여 그렇게 해주게나."

또 카푸친 수도회에 실비오(Silvio)라는 수도자가 있었다. 어느 날 문득 보니, 어떤 연옥 영혼이 성체대 앞에서 슬피 울며 고백하였다.

"안타깝구나, 나 자신이여! 안타깝구나, 나 자신이여! 내 어떠한 벌도 마땅히 받고 어떠한 괴로움이든 마땅히 견디겠지만 슬프구나! 크게 공정하고 의로우신 주님께서는 장차 언제 이 연옥의 형벌을 면하게 하실까? 슬프구나! 수사 여러분이 만약 이 형벌의 혹독함을 안다면 얼마나 놀라고 두려워할까? 나는 아무개의 영혼이다. 내가 지금 받고 있는 연옥 형벌은 입으로 다 말하지 못할 것이다. 그 원인을 따져보면 내가 말을 삼가지 못한 데 있다. 어질고 사랑함에 어김이 있고, 또 장상에게 사사로이 시비를 걸어서 순명하지 못했기 때문이다. 우러러 바라니, 대신 수도원 원장에게 부탁하여 내 죄를 용서하고 미사 삼십 대를 드리면 내가 구원을 받아 형벌에서 벗어날 수 있을 듯하다."

수도원 원장이 실제로 연옥 영혼의 소원을 들어주어, 수도회의 신부에게 사흘 안에 30대의 미사를 거행하게 하였다. 그러자 영혼이 연옥에서 나와 수도회의 형제들에게 대신 기도해 준 은혜에 감사하고 영화롭게 천국으로 올라갔다.

시토 수도회의 기록에 따르면, 생전에 영광송을 바칠 때에 머리를 숙이지 않은 어떤 사람이 죽은 후 연옥에 가서 벌을 받았다고 한다.

제2편　　　　　연옥 형벌에 대하여 논함

6. 연옥 불은 분명한 모습이 있다

　교회의 성인들은 대체로 연옥 불을 '형상이 있는 불'이라고 하였다. 토마스 아퀴나스 성인이 말했다. "지옥 불은 악인을 태우고, 연옥 불은 의인을 태우니 두 가지 불은 같은 불이다. 교회의 공론을 자세히 살펴보면, 지옥 불은 실로 모습이 분명한 불이다. 그러므로 연옥 불도 또한 '형상이 있는 불'이라는 것을 알 수 있다." 그레고리오 성인도 말하였다. "'형상이 있는 불'은 사악한 마귀도 상하게 하는데, 어찌 연옥 영혼을 상하게 하지 못하겠는가?"
　그런데 어떤 사람은 이렇게 말한다. "'형상이 있는 불'은 형체가 없는 영혼을 태우지 못할 것이다. 왜 그런가? 불의 성질은 물건의 형체에 의존하고 불의 쓰임은 물건에 붙는 데 있다. 불은 물건의 형체에 의존하기 때문에 물건과 하나가 되고, 불이 물건에 붙게 되면 그 물건을 태운다. 물건이 탈수록 불은 더 커지고 빛은 더 밝아지며 열은 더 뜨거워진다. 그러다가 물건이 다 타버리고 나면 불은 더 이상 나지 않고 빛도 사라지며 열도 나지 않는다. 반면에 형체가 없는 것에는 불이 붙지 않으며, 태울 수도 없다. 그러니 어떻게 '형상이 있는 불'이 형체가 없는 영혼 속으로 마구 들어가서 이를 태울 수 있겠는가?"

나는 말한다. "그렇지 않다. 모든 물건의 쓰임에는 항상 본래의 이치와 상황에 따라 변하는 이치가 있다. 불에 있어서 본래의 이치는 반드시 물건을 태우는 것이지만, 상황에 따라 태우지 않는 변화의 이치도 있다. 그러므로 구약시대에 어린이 세 명(다니엘의 세 동료)이 불가마에 들어갔으나 조금도 상하지 않았던 것이다. 물에 있어서 본래의 이치는 반드시 흐르는 것이지만, 역시 상황에 따라 흐르지 않는 변화의 이치도 있다. 그러므로 모세 성인이 지팡이로 홍해를 치자 바닷물이 갈라져서 두 언덕을 이루었던 것이다. 이와 같은 기적은 바로 천주의 전지전능함을 나타내는 것이다. 천주께서 만일 세상 물건의 본래 이치가 아니라 변화의 이치로 행하려 하신다면, '형상 있는 불'로 형체가 없는 영혼을 태우는 일 정도야 어찌 불가능하시겠는가?"

아우구스티노 성인이 말하였다. "형체가 없는 물체가 '형상 있는 불'을 받는 그 자체가 비록 기이하나, 그 일은 실로 믿지 않을 수 없다. 비유하자면 형체가 없는 영혼이 형체가 있는 육신과 서로 합하여 사람이 되는 것은 누구나 아는 바이다. 하지만 어떻게 서로 결합하여 어떻게 사람이 되는지 묻는다면, 아무리 현명한 사람이라도 능숙하게 설명할 수 없는 법이다. 또 사람이 주님께 죄를 짓는 일은 대부분 형체가 있는 물건을 사랑하기 때문이다. 그러므로 천주께서 '형상이 있는 불'로 벌하시는 것이 또한 마땅하지 않는가."

✠ 옛이야기

천주께서 강림하신 후 1641년 되던 해에 카나리아에 있는 프란치스코회 수도원에 한 수도사가 있었는데, 그 이름은 장 드 비아(Jean de

Via)였다. 비아 수사가 병들었을 때, 같은 수도회의 친구 아상시옹(Ascension)이 항상 보살피고 약을 달이며 잠시도 곁을 떠나지 않고 간호하였다. 그러다가 비아가 죽은 후에도 친구를 생각하며 간절히 기구하였다. 그러던 어느 날, 아상시옹은 수도원 식당에서 온몸에 불이 붙은 사람을 보고 급히 물었다.

"너는 누구냐?"

이에 대답하는 말이 들렸다.

"나는 비아의 영혼이다. 다행히 천주의 인자하신 덕으로 천국에 오를 수 있는 사람에는 들었다. 하지만 아직은 연옥에 있는데, 그 괴로움을 견디지 못하겠다. 오히려 순교하는 형벌보다도 비교할 수 없을 정도로 심하다. 내가 연옥에 있는 이유를 말하자면, 살아 있을 때 여러 차례 죽은 사람을 위하여 기도를 올리는 일에 온 마음을 다하지 못했던 탓이다. 그러니 너는 내 죄를 대신 보속하여 내가 하루라도 일찍 승천할 수 있게 도와다오."

이 말을 들은 아상시옹은 수도원의 형제들에게 전하였다. 그러자 수도사들이 일제히 비아를 위하여 기도와 선행을 실천하였다. 오래 지나지 않아 비아의 영혼이 다시 나타나서 자신을 구원해 준 은혜에 감사 인사를 올린 후 하늘에 올라 복을 누렸다.

에밀리아 성녀는 연옥 영혼이 나타나는 것을 여러 번 보았다. 마래당(磨來當)이라는 처녀는 어려서부터 부지런히 수도하고 열심히 주를 섬기며 세상의 일은 마음에 두지 않았다. 또 가난한 이를 구제하고 위험에 빠진 이를 붙들어주는 일을 게으름 없이 오랫동안 행했다. 하지만 어찌 된 일인가? 불행하게도 힘이 넘치고 나이가 젊었음에도 일찍 죽고 말았다. 에밀리아 성녀가 기도하고 있을 때 슬퍼하며 탄식하는 소리가 들렸다. 자세히 들어보니 마래당의 소리였다. 그 말은 이러했다.

"에밀리아야! 내가 불 가운데 있으니 네가 도와주었으면 한다."

에밀리아 성녀는 그 말을 들었지만 돌아보지 않고 무시하듯이 잊어버렸다. 수도원의 지도 신부가 이 사실을 알고 에밀리아 성녀가 지나치게 겁먹었던 것을 꾸짖고는 명하였다.

"다시 나타나거든 그 연옥 영혼이 누구인지 물어보라."

에밀리아 성녀가 명에 따라 물어보자 마래당의 영혼이 사실대로 답하였다. 온몸에 붙어 있는 맹렬한 불을 보여주며, 그 괴로움을 이길 수 없어서 더 이상 말을 할 수 없다 하였다.

아우구스티노 수녀회의 베로니카 성녀는 천사의 인도로 연옥의 괴로움을 직접 본 후에 깨달으며 탄식했다.

"슬프다. 이 어떤 형벌인가? 영원한 고통을 받는 지옥의 불과 똑같은 불이며 똑같은 형벌이구나."

베로니카 성녀는 말을 마치자마자 땅에 거꾸러졌다. 베로니카 성녀를 본 사람들은 말했다.

"성녀의 몸 전체에 손바닥 정도 크기의 불붙은 자국이 가득했다. 그리고 몸에서는 열이 나고 피부는 뜨거워서 마치 불속에서 나온 것과 다름이 없었다."

7. 연옥 불은 아주 맹렬하다

천지간의 만물 중에 불만큼이나 맹렬하고 지독한 것은 없다. 이 세상에서 옥이 가장 단단하지만 오로지 불로는 녹일 수 있다. 이 세상에서 쇠가 가장 강하다고 하지만 오로지 불로는 부드럽게 할 수 있다. 그러나 이 세상의 불은 천주께서 은혜로 만들어 사람에게 주신 것이지 징벌을 목적으로 한 것이 아니다. 그런데도 그 맹렬함이 이 정도라면, 연옥에서 사람을 벌하는 불이야 어떠하겠는가? 요즘 물리학에 능통한 사람들은 불의 힘을 일반 불보다 수백 배 이상 강하게 하는 방법을 알고 있다. 그러니 전능하신 천주께서 불의 힘을 천만 배 더 강하게 하여 사람들의 죄를 벌하지 못하시겠는가?

아우구스티노 성인이 말하였다. "직접 체험하기도 하고, 눈으로 보기도 하고, 생각해 보더라도 이 땅의 모든 어려움은 연옥의 괴로움에는 비할 수 없다." 그레고리오 성인도 말하였다. "내가 생각하기에 연옥 불은 세상의 모든 괴로움과는 비교 대상이 되지 않는다. 또 연옥 불은 컴컴하여 빛이 없으면서도 연기를 피워 해를 끼친다. 항상 성대하게 불이 붙어서 꺼지지 않고, 오랫동안 쉬지 않고 타면서 영혼에 붙어 사람 몸의 형체를 이룬다. 영혼은 원래 모습이 없는데, 연옥 불이 영혼의 귀와 눈이 되고 손과 발이 되고 오장육부가 된다. 온몸이 다 그렇게 되니 그 괴로움이 어떻겠는가?"

예전에 들은 말이 있다. 수십 년 전에 어떤 고을에 도적이 일어났다. 이에 고을 사람들이 일제히 들고일어나 물건을 약탈하는 도적을 잡아다 결박하여 불덩이 위에 던져서 살과 뼈를 태웠다. 그때 도적들은 손과 발이 묶여 있었음에도 너무 아픈 나머지 불 위로 수십 척이나 뛰어

올랐다고 한다. 불이 이렇게 지독하지만 연옥의 괴로움에 비하면 한 잔의 물을 큰 바닷물에 비교하는 것과 같다. 왜 그러한가?

토마스 성인이 말하였다. "맞는 사람이 얼마나 아픈지는 때리는 사람의 힘으로 판단할 수 없다. 맞은 사람의 몸을 보아야 얼마나 아픈지 알 수 있다. 몸이 예민할수록 아픔은 더 심하고, 몸이 둔할수록 아픔은 좀 덜하다. 같은 힘으로 치더라도 눈을 치는 것과 등을 치는 것은 그 아픔이 다르다. 그런데 몸에서는 영혼보다 예민한 것은 없고, 맹렬한 힘 가운데서는 연옥 불보다 강력한 것이 없다. 그러니 연옥 불로 당하는 죽은 사람의 괴로움을 어찌 말로 표현할 수 있겠는가?"

✠ 옛이야기

옛날 납모랄(拉毛辣) 지방에 있는 도미니코 수도원에 덕이 높은 사람이 있었다. 그는 프란치스코 수도회의 수도사와 매우 친하게 지내면서 여러 번 교리를 토론하고 서로 공부에 힘쓸 것을 격려하였다. 그러던 어느 날 서로 언약하였다.

"우리 두 사람 중에 먼저 죽는 사람이 세상에 나타나서 사후가 어떤지 알려주기로 하자."

오래지 않아서 프란치스코 수도회의 수도사가 세상을 떠났다. 그는 약속을 저버리지 않고 나타났는데, 마침 친구는 수도원 식당에서 빗자루질을 하고 있었다. 죽은 사람이 말하였다.

"천주의 인자하심으로 지옥은 면하였지만 작은 허물을 뉘우치지 못해서 연옥에서 형벌을 받고 있다."

말을 마치고 자기 손을 독서대 위에 얹었다. 그러자 마치 불붙어 있는 손을 얹은 듯, 독서대 표면에 손 모양이 깊이 새겨졌다. 이를 통해서 연옥 불이 얼마나 맹렬한지를 알 수 있을 것이다.

베르나르도 톨로메이 성인의 누이는 그 이름이 안젤라였다. 안젤라는 병으로 매우 위독하였는데 문득 영혼이 연옥에 갔다가 수많은 영혼을 보았다. 어떤 영혼은 깊은 얼음 속에 있고 어떤 영혼은 맹렬한 불 가운데에 있으며 어떤 영혼은 사나운 짐승에게 물려 찢기기도 하고 또 어떤 영혼은 쇠로 만든 빗으로 긁혀 상처를 입기도 하였다. 갖가지 괴로운 형벌을 말로 다 기록하지 못할 정도였다.

그때에 어떤 사람이 안젤라에게 말하였다.

"너도 앞으로 이곳에 와서 형벌을 받을 것이다."

이 말을 듣고 잠에서 깨어난 안젤라는 놀라 온몸을 떨었다. 안젤라는 괴로워하며 죽음을 면하기 위해 톨로메이 성인에게 자기 대신 주님께 기구해 달라고 청하였다. 하지만 주님의 명은 어길 수 없는 것이었다. 안젤라는 결국 세상을 떠났는데, 염습할 때에 톨로메이 성인이 시신을 향해 말하였다.

"내가 예수의 이름으로 너에게 부활을 명하노라."

말을 마치자 안젤라가 명에 따라 다시 살아났는데, 모습이 전에 병들었던 사람과 같지 않고 건강했다.

이로부터 안젤라는 고행을 배로 더하였다. 몸을 상하게 하면서 극기를 실천하고, 그리스도의 고행을 생각하며 입는 고의(苦衣)와 고대(苦帶)를 항상 몸에서 떼지 않았고, 늘 밤을 새워 엄격하게 재를 지켰다. 몸에 병이 많이 생겼어도 불평 없이 달게 받았다. 한겨울에 얼음 구덩이 속으로 몸을 던지기도 하고, 심지어 가시 위에 누워 피부가 찢어지고 피가 흐르기도 하였다. 불에 들어가는 바람에 몸이 타고 살이 문드러진 적이 한두 번이 아니었다. 사람들이 지나치게 고행을 한다고 책망하자, 안젤라는 말하였다.

"이런 괴로움은 죽은 후의 괴로움에 비하면 오히려 달고 달다. 그러니 무엇이 괴롭겠는가?"

8. 연옥 영혼이 겪는 가장 큰 고통

연옥 불의 고통이 아무리 크다고 하여도 주님을 떠난 고통에 비하면 오히려 옅고 적은 것이다. 참된 복을 누린 마르가리타 성녀는 말했다. "주님을 떠난 연옥 영혼의 고통을 알 수 있는 사람은 고금에 아무도 없다." 토마스 아퀴나스 성인이 말했다. "온갖 괴로움 중에 주님을 떠난 고통이 가장 심하니 왜 그러한가? 말하자면, 물건을 잃어버린 근심은 그 물건의 아름답고 아름답지 않음에 따라 달라진다. 잃어버린 것이 매우 아름다우면 근심도 더욱 깊어진다. 그런데 이 연옥 영혼이 잃어버린 것은 만물의 참된 근원이며 영혼이 돌아가야 할, 무궁히 아름다운 천주이다. 잃어버린 것이 무궁하니, 마음의 슬픔이 또한 무궁하다. 임금이 나라를 잃고, 상인이 이득을 잃고, 부친이 자식을 잃으면 잠을 편하게 자지 못하고 음식을 달게 먹지 못하며 우울한 마음에 병이 들게 된다. 그러다가 이로 인하여 죽는 자도 적지 않다. 그러나 저들이 잃어버린 것은 미미한 것이다. 그런데도 이처럼 슬퍼하니, 천주를 잃은 사람이야 어떠하겠는가? 세상 사람들이 육신의 욕망에 단단히 가리면 주님에 대한 사랑이 간절하지 않기 때문에 주님을 멀리하면서 근심이 없다. 하지만 한번 육신을 떠난 영혼은 천주의 무궁한 아름다우심이야말로 정말 사랑해야 할 것임을 알게 된다. 그리하여 마치 이전에는 어두운 밤에 있다가 지금 밝은 빛을 보는 것과 같이, 일시에 신령한 정신을 보는 눈이 크게 열리고 참된 마음이 빠르게 생겨서 천주 뵙기를 바라는 마음을 억제할 수 없게 된다. 그 급한 마음은 돌이 공중에 매달려 있는 것과 같으니, 어찌 잠시라도 우물쭈물할 수 있겠는가?"

다윗 왕이 주님께 기원하며 말하였다. "왜 세상에 머물러 있는 때가 이리 오래며, 승천할 날이 어찌 그리 멀리 있습니까? 제가 목마르듯이 주님을 생각하는 마음은 진실로 목마른 사슴이 샘물을 바라는 것과 같습니다." 바오로 성인도 말했다. "나의 영혼이 나를 떠나 그리스도와 한곳에 함께 있기를 원합니다."

그러나 주님과 함께 있기를 원하고 바라는 옛 성인들의 은근한 간절함은 연옥 영혼들이 원하는 것에 비하면 만분의 일에도 미치지 못할 것이다. 또 생각해 보면, 이 세상의 근심은 대충 풀릴 때가 있다. 밤에 잠이 들어서 근심을 잊을 수 있고, 음식을 먹음으로써 근심을 잊을 수도 있으며, 벗과 나누는 다정한 이야기와 친척의 위안으로 근심을 잊을 수 있다. 이처럼 교제하고 접대하면서 근심을 없애버릴 때가 많다. 하지만 연옥 영혼의 괴로움은 그렇지 않다. 밤과 낮의 구별이 없고, 위로하며 도와줄 사람이 없으며, 괴로움을 덜 계기나 조건이 없고, 마음을 딴 데로 돌릴 만한 일도 없다. 이에 점점 주님만을 생각하게 되고, 뵈옵지 못하는 것을 슬퍼한다. 한결같이 더욱 주님만을 생각하니 더욱 애모하게 되고, 애모하면 할수록 더욱 슬퍼진다. 하루가 3년 같을 뿐 아니라 한순간도 몇 년처럼 느껴진다."

일찍이 가타리나 성녀는 이렇게 비유하였다. "가령 온 세상에 큰 떡

이 하나 있는데 사람이 보기만 하면 곧 굶주림을 채울 수 있다고 하자. 그리고 입에 풀칠할 것이 없어 배고픔을 견디기 어려운 사람이 있다고 하자. 세월이 지나도 죽지 않는다면 생명이 연장될수록 이 사람의 배고픔과 목마름은 더욱 심해진다. 그러다가 이 신령스러운 떡의 소문을 듣고는 절박하게 한 번 보고 굶주림을 채우려고 하지만 그럴 수가 없다. 떡은 분명히 앞에 있으나 한 번 보는 것도 용납되지 않기 때문이다. 그렇게 되면 이 사람은 근심과 괴로움을 더욱 견디기 어려울 것이다. 목마르듯이 주님을 뵈옵고 싶은 연옥 영혼의 마음은 목마르듯이 떡을 보고 싶은 그 사람의 마음과 같다. 그렇기에 주님을 뵐 수 없는 연옥 영혼은 정신이 마르고 마음이 어지러워 시종 편안하지 못할 것이다. 그러다가 나중에 승천하여 생명의 양식을 얻은 후에야 괜찮아질 것이다."

✠ 옛이야기

수도사 고이초(高爾梢)는 명성이 멀리까지 퍼진 사람으로, 평생 심하게 고행을 하며 엄하게 재를 지켰다. 항상 말 털로 만든 옷을 입고 벗지 않았는데, 그 옷 속에는 솜 대신 가시를 넣어 자신의 몸을 찌르게 했다. 또 추운 겨울에는 홑옷 외에 겉옷 한 벌만을 더 껴입은 채 밤낮으로 부지런히 고행하며 널판 위에 누워 잤다. 한밤중이 되어서야 맑은 물 한 잔을 마시고 마른 떡 하나를 먹었다. 이외에는 포도 대여섯 알 정도만 먹었다. 저녁이면 몸에 채찍질을 하며 예수의 고난을 생각하였다. 주일에는 채찍질이 새벽까지 이어졌는데, 그 수가 6,666대에 이르렀다. 옛날 성인이 전하는 말을 대략 살펴보면 이 숫자는 곧 예수가 맞은 채찍질의 수이다.

그런데 고이초가 죽은 후에 같은 수도회의 동료이자 병을 간호하는 소임을 맡은 사람에게 나타나 말하였다.

"주님께 큰 은혜를 입어 다행히 지옥은 면하였으나, 지금은 연옥에 있으면서 이전의 허물을 보속하고 있다."

병을 간호하는 소임을 맡은 자가 말했다.

"당신은 살아 있을 때 많은 고행을 했습니다. 어찌 다시 연옥에 가는 벌을 받게 되었습니까?"

고이초가 대답했다.

"내가 어느 수도원을 세운 후에 미래를 위해 재물을 모은 적이 있다. 다만 이 일은 수도회의 규칙에 맞지 않을 뿐만 아니라 청빈해야 한다는 덕목과도 크게 어긋나는 것이었다. 그때도 나는 마음이 께름칙하였지만 이런 일에 대해 잘 아는 사람에게 물어서 바로잡지 못하였다. 이 때문에 죄가 나에게 돌아왔으니 변명할 말이 없다."

병을 간호하는 소임을 맡은 자가 말했다.

"연옥의 괴로움이 어떻습니까?"

고이초가 대답했다.

"괴로움이 매우 심하지만 오히려 참고 견딜 수 있다. 다만 오직 천주를 뵙지 못하는 괴로움은 매우 심해서 감당하기가 어렵다."

성의회의 수녀 골룸바가 세상을 떠난 후, 팟지의 마리아 막달레나 성녀가 골룸바 수녀의 영혼을 보았다. 그런데 골룸바의 영혼은 천당에도, 지옥에도, 연옥에도 없었다. 골룸바 수녀가 생전에 여러 번 근심에 이끌려 생각에서 떨쳐내지 못했기 때문에 천주께서 벌을 주신 것이었다. 그 벌이란 주님에서 멀리 떨어져 있어야 하는 괴로움이었다고 한다.

9. 연옥 영혼이 스스로 뉘우치다

　어떤 사람이 물었다. "연옥 영혼들은 하늘의 영광이 더디게 오는 것을 보면서 자신의 잘못을 뉘우칠까, 그렇지 않을까?" 이런 물음에 대답하자면 이러하다. 가타리나 성녀는 말했다. "연옥 영혼은 주님을 사랑할 줄만 알고 자기 몸을 사랑할 줄은 알지 못한다." 그러나 자기를 사랑할 줄 모른다면 자기가 받을 영광을 생각하지 않을 것이니 어찌 뉘우치는 마음이 있겠는가? 하지만 다른 성인의 말씀과 옛 자취를 살펴보면, "연옥 영혼이 주를 사랑하는 마음 이외에 또한 자기를 사랑하는 마음도 가지고 있으므로 하늘의 영광이 늦게 오는 것에 대해서 끝없이 후회한다."라는 말도 있다.

　나의 짧은 소견으로 생각해 보면 두 말이 다 옳으니 어떤 이치인가? 주님에 대한 사랑에는 두 가지가 있다. 하나는 충성된 사랑이고 또 하나는 욕심내는 사랑이다. 충성된 사랑은 오직 천주의 아름다우심만을 생각하고 사랑하는 것이다. 그 사랑은 순수하고 온전하다. 욕심내는 사랑은 천주의 은혜를 바라고 사랑하는 것이다. 그 사랑에는 무언가 잡스러운 것이 섞여 있다.

　비유를 들어보자. 순교 성인들은 모두 주님을 사랑하여 중한 형벌을 받았다. 비록 그렇다고 하더라도, 그들 가운데 어떤 사람은 하늘의 영화를 갈망하여 영원한 복을 바라는 사람도 있고, 주님의 큰 은혜를 생각하여 온 힘을 다해 보답하고자 하는 사람도 있으며, 자기 목숨을 버려 천주의 영광을 더하고 죽음을 '하늘나라로 돌아가는 것'이라고 생각하여 세상 사람들의 모범이 되는 사람도 있다. 그러므로 주님을 사랑하는 것은 서로 같아도 그 마음은 모두 같지는 않다. 연옥 영혼이 주님을 사랑하는 것도 이와 다르지 않다. 또한, 한 사람의 영혼으로 말해도, 그 사랑이 순수하고 온전할 때도 있고 그렇지 못할 때도 있다. 그러니 연옥 영혼도 뉘우친다는 것을 알 수 있다. 다만 이런 점을 좀 더 분명하게 말하지 못하는 것이 안타까울 따름이다.

수호천사와 주보성인 그리고 예수님과 성모님은 비할 데 없이 아름답고 선하여 끝없이 사랑하신다. 그래서 우리는 이분들을 생각하며 평생 공경하고 사랑한다. 이로 미루어 보면 사람들은 죽은 후에 기쁘게 이분들을 만나고자 간절히 원한다. 그러나 어쩔 수 없이 연옥 영혼은 연옥에 있어야 하기에 생각만 간절할 뿐이다. 이는 마치 집 나간 자식이 천 리 밖에 멀리 떨어져 부모를 그리워하는 것과 같으니 그 한스러움이 어떻겠는가? 그러나 영광을 잃어버리고 주님을 떠나게 된 것은 주님의 뜻으로 말미암은 것이니 결국에 가서 그 근심은 풀릴 것이다. 돌이켜 생각하면 평소에 공덕을 쌓을 기회가 적지 않고 죄를 면할 방법도 많이 있다. 그러니 만약 일찍 천당에 올라가려고 했다면 무슨 어려움이 있겠는가? 다만 한때의 게으름과 소홀한 생각으로 이 영원한 행복이 늦어져 돌이킬 길이 없으니 한탄할 만하다.

그래서 연옥 영혼은 이렇게 말하였다. "내 탓이오. 내가 마음이 흐려 무언가에 홀렸기 때문이다. 예전에 선을 많이 행할 수 있었는데 하지 않았고, 악을 많이 경계할 수 있었는데 그러지 못했다. 이제는 이미 그르쳤으니 뉘우친들 어쩌겠는가? 어떤 사람은 본성이 매우 어리석고 은혜를 많이 입지 못했는데도 자기 직분을 충실히 함으로써 이미 먼저 하늘에 있어 영화롭고 빛난다. 그런데 나는 수도하는 사람 중에서도 명철한 편이었음에도 연옥에 갇힌 채 벗어나지 못하여 주님 앞에 나아가지 못하고 있다. 명철한 사람이 도리어 어리석은 사람보다 못하게 된 것이다. 면목이 없고 부끄러워 어찌 견디겠는가?" 이는 연옥 영혼이 부끄러움과 뉘우침을 모두 깊이 가지고 있다는 것을 보여주는 말이다.

🜊 옛이야기

천주 강생 후 1859년에 베네딕토회의 비니막(斐你莫) 신부가 기록한 이야기이다. 빈첸시오 수도회의 어느 수련 수사에게 동료 수사의 영혼이 나타났다. 그 영혼은 강경품(講經品, 독서직) 복장을 하고 있었는데, 그해 9월 18일부터 11월 19일까지 매일 두 번씩 나타났다. 첫 번째는 오전 열한두 시경이었고, 두 번째는 새벽 한두 시경이었다. 마지막 날에 수련 수사는 연옥 영혼에게 자신을 찾아온 이유를 물었다. 그러자 영혼은 이렇게 대답하였다.

"내가 살았을 때 미사 일곱 대를 마땅히 드려야 했는데, 그렇게 하지 못해서 지금까지 77년 동안이나 연옥에 있다. 내가 이미 일곱 명의 수도사에게 모습을 보였지만, 그들은 모두 들은 척도 하지 않았고 나를 가련하게 여기지도 않았다. 만일 너도 기꺼이 도와주지 않으면 나는 또 다른 수도사 앞에 나타날 수밖에 없다. 그렇게 되면 11년 후에야 승천할 수 있을 것이다. 간절히 비니, 나를 대신하여 미사 일곱 대를 바친 다음에 7일 동안 대침묵을 지키며 묵상하고, 이어서 30일 동안 매일 세 차례씩 손을 쳐들고 맨발로 구약성경에 있는 다윗 왕의 시편 가운데 네 번째 참회 시편, 즉 제51편을 바치기를 바란다. 또 너에게 알려 주는데 이미 죽은 우리 수도회의 다섯 신부도 모두 아직 승천하지 못하고 있다."

옛날에 수도에 정진하던 수도사가 있었다. 말과 행동으로 사람을 감동하게 하였고, 겸손하고 정중한 태도로 자신의 본분을 지켰다. 그가 세상을 떠나자 사람들이 모두 슬퍼하였다. 그가 있었던 수도원에서는 집을 관리하는 수도사가 가끔 일찍 일어나 종을 쳐서 사람들을 깨우곤 하였다. 하루는 일어나 보니 아직 종 칠 시간이 되지 않았다. 혼자 앉아 기다리고 있는데 어떤 사람이 앞으로 가까이 다가와서 말했다.

"벗이여, 나는 얼마 전에 죽은 아무개 수사입니다. 세상에 살아 있을 때 삼가며 수도회의 규칙을 잘 지켰고 큰 허물도 짓지 않았습니다. 다만 헛된 영화를 사랑하여 높은 지위에 오르기를 꿈꾸었습니다. 비록 양심의 가책은 받았으나 이를 통회하지 못하였기 때문에 천주께서 나를 벌하시어 연옥에서 이전의 잘못을 보속하게 하셨습니다. 하지만 인자하신 천주께서는 내가 여기 와서 그대에게 구해 달라고 부탁할 수 있도록 허락하셨습니다. 부탁이니 이런 연유를 수도원 원장에게 알려서 모든 수도사가 보는 앞에서 나의 죄를 용서하고 수도사들에게 명하여 주님께 대신 기구하여 나의 영혼을 구원해 주도록 하십시오. 또 그대에게 확실하게 말하는데, 어제 성전 문을 관리하는 품계를 받은 수문품(守門品)자가 잃어버린 책이 지금 이러이러한 곳에 있으니 그대가 가서 찾아서 내 말의 증거로 삼으십시오."

이날 수도원에서 집을 관리하는 수도사는 끝내 누구에게도 알리지 못하고 혼자서 생각하였다.

"내가 본 것이 꿈일까 아닐까?"

그러자 그날 밤에 연옥 영혼이 다시 나타나서 더욱 간절히 부탁하며 말했다.

"그대는 나를 참으로 쌀쌀하게 대접하는군요. 부탁이니 그대는 다시 의심하지 말고 빨리 나의 소원을 이루도록 해주시오. 수문품자가 잃어버린 책은 내가 이미 가져왔으니 받으시오."

이튿날 아침에 관리자 수도사는 수도원 원장에게 자신이 본 것과 들은 것을 자세히 알리고 책을 확실한 증거로 삼아 보여주었다. 그러자 수도원 원장이 모든 동료 수도사들에게 명하여 함께 미사를 봉헌하고 기도를 바쳤다. 그리하여 연옥 영혼은 괴로움에서 벗어날 수 있게 되었다.

10. 연옥의 영혼은 마귀의 해를 받는가, 받지 않는가?

사악한 마귀가 연옥에 들어올 수 있는가, 없는가? 이에 대해서는 신학자들의 의견이 같지 않다. 어떤 이는 말한다. "연옥의 영혼은 허물이 있어 벌을 받으니, 마귀를 시켜서 형벌과 노역을 주게 한들 무슨 잘못됨이 있겠는가? 또 세상에 나타나는 연옥의 영혼들 가운데에는 '마귀에게 해를 입었다.'고 하는 자가 적지 않다. 따라서 사악한 마귀가 연옥 영혼을 해친다는 사실을 알 수 있다."

그러나 토마스 아퀴나스 성인이 하신 말을 살펴보면 그렇지 않다. "적에게 승리한 사람은 분명히 적의 손에 놓이지 않는 법이다. 교우들이 임종할 때에 영혼의 세 가지 원수(마귀, 세속, 육신)를 이겨내고 마귀의 유혹을 따르지 않았다면, 이미 그 이긴 공은 충분하여 장차 천복을 누릴 것이다. 만일 천주께서 사악한 마귀가 해를 끼치도록 허락하신다면 이는 전쟁에서 이긴 장수와 공을 이룬 신하를 도적에게 던져주는 것과 같다. 어찌 인자하신 천주께서 이를 즐겨 하시겠는가? 사람의 죄가 지극히 무거워서 마귀가 해를 끼칠 수밖에 없다고 말하지 말라. 전능하신 천주께서 어찌 사람을 벌할 수단과 도구가 없겠는가? 한 가지 더 생각하자면 마귀는 본래 사람을 미워하기 때문에 사람의 행복을 시기한다. 만일 마귀가 연옥 영혼을 모질게 대하고 해를 끼친다면, 벌을 받는 연옥 영혼이 일찍 보속을 마치고, 빨리 그리고 행복하게 천국으로 올라가게 된다. 이것이 어찌 행복을 시샘하는 마귀의 본심이겠는가?"

그러나 내 생각에는 이러하다. 지옥의 사악한 마귀는 본래 연옥에 들어가지 못한다. 그렇지만 만일 천주께서 사람의 죄를 벌하기 위하여 마귀가 해치는 것을 특별히 허락하셨다고 한다면, 이 또한 이치에 맞는 말이다. 그러니 두 가지 의견이 모두 이치에 크게 어긋나지 않아서 양립할 수 있을 것 같다.

오직 토마스 아퀴나스 성인의 견해가 너무나 분명하기에 부정할 수 없다고 하지 말라. 대개 연옥의 영혼은 마귀와 싸워 이기지 못하고 패했기 때문에 벌을 받는 것이다. 사람들이 살았을 때 마귀를 좇아 죄를 범하였으니, 죽은 지금에 와서 마귀의 해를 입는다고 해서 무슨 불합리함이 있겠는가? 마귀가 사람을 미워한다는 것은 진실로 옳다. 그렇기에 나는 말한다. 마귀는 사람을 미워하기 때문에 연옥의 영혼이 승천하기 전에 그 독한 기운을 풀려고 한다. 승천하고 나면 해하려고 해도 그럴 수 없기 때문이다.

✟ 옛이야기

성 도미니코 수도회에 어떤 수도사가 있었다. 자기를 너무 엄하게 다스렸는데, 그만 그로 인하여 오랜 병을 얻어 일 년 동안이나 굉장히 괴로웠다. 하루는 주님께 자기의 영혼을 거두어 달라고 기도하였다. 그러자 어느 천사가 내려와서 말하였다.

"사흘을 연옥에서 지내는 것으로 보속하겠느냐? 아니면 일 년 동안 병의 고통을 받는 것으로 보속하겠느냐? 천주께서는 인자하시어 네 뜻대로 둘 가운데 선택할 수 있게 허락하셨다."

병든 수도사가 대답하였다.

"연옥에서 사흘을 지내는 것을 원합니다. 결코 일 년 동안 병고에 시달리는 것을 원하지 않습니다."

수도사는 말을 마치고 곧 세상을 떠나 연옥으로 들어갔다. 하루도 지나지 않아 천사가 내려가 보니, 수도사가 꾸짖으며 말하였다.

"너는 천사가 아니고 실로 사람을 속이는 악독한 마귀이다. 일찍이 사흘 후에는 승천한다고 하였거늘, 벌써 여러 해가 지났는데도 여전히 연옥에 있으니 이게 무슨 속임수냐?"

천사가 말하였다.

"너는 정말 심하게 잘못 알고 있구나. 너는 죽은 지 하루도 지나지 않았다. 다만 연옥의 고통이 매우 심해서 네 정신이 혼미해졌구나. 그래서 여러 해가 지났다고 느끼는 것이지. 하지만 천주께서는 다시 네가 세상으로 돌아가 병의 고통으로 보속을 대신하게 할 수 있도록 허락하셨다."

그러자 과연 수도사는 다시 살아났고, 일 년 동안 보속을 온전히 한 후 세상을 떠났다.

신학생 빅토리노는 일찍 수도원에 들어가서 덕행과 학문을 두루 갖추었다. 그런데 그 수도원에는 스스로 시간을 정해 놓고 자기 몸에 채찍질하는 고행을 해야 한다는 규칙이 있었다. 하지만 빅토리노 신학생은 그 규칙을 여러 차례 어겼다. 그로 인하여 죽은 뒤 연옥에 들어갔다. 그러자 수많은 마귀가 들어와서 각각 한 번씩 그를 채찍질하며 빅토리노가 스스로 규칙을 어긴 허물을 벌하였다.

11. 연옥의 괴로움은 지극히 무겁다

옛 성인들이 말하는 연옥 괴로움의 크기는 말로 표현할 수 없을 정도여서 사람의 간담을 서늘하게 하고 마음을 놀라게 한다. 아우구스티노 성인이 말했다. "한 번 눈을 뜨고 감는 짧은 시간 동안 연옥 영혼이 받는 괴로움은 라우렌시오 성인이 불타는 석쇠 위에서 순교한 것보다 더 심하다." 그러고는 또 말하였다. "연옥 영혼의 괴로움은 세상 사람들이 보고 겪고 생각할 수 있는 어떤 괴로움에도 비교할 수 없을 만큼 너무나도 극심하다."

토마스 아퀴나스 성인도 말하였다. "연옥의 괴로움은 두 가지가 있다. 하나는 천주로부터 격리된 데에서 오는 상실의 고통이고, 다른 하나는 뜨거운 불 속에서 느끼는 감각의 고통이다. 이 두 가지 고통은 아주 작은 것이라 해도 세상의 어떤 큰 괴로움보다 심하다." 가타리나 성녀가 말했다. "만약 주님께서 계시를 통해 알려주지 않으신다면, 예나 지금이나 그 누구도 연옥의 괴로움이 얼마나 큰지 말할 수 없을 것이다. 나는 주님께서 연옥을 보여주셨기 때문에 그곳의 괴로움을 만분의 일 정도 알고 있으나, 사람들에게 말로는 표현할 길이 없다."

보나벤투라 성인의 견해는 이처럼 엄중하지는 않다. 성인이 말하였다. "만약 연옥의 가장 큰 괴로움이 이 세상의 지극히 큰 괴로움보다 더 심하다고 말한다면 확실히 믿겠다. 그렇지만 만약 연옥의 아주 작은 괴로움이 이 세상의 아주 큰 괴로움보다 더 심하다고 말한다면 나는 믿을 수 없다. 한번 생각해 보라. 세상을 떠난 사람 중에는 공덕을 많이 쌓았음에도 불구하고, 간혹 작은 허물을 보속하지 못한 사람이 적지 않을 터인데, 어찌 이처럼 작은 죄 때문에 세상의 모든 고난을 뛰어넘는 연옥의 비상한 괴로움을 받겠는가? 이런 생각을 하는 사람들은 지극히 인자하신 천주를 욕되게 한 것이 아닐까? 나는 이것이 두렵다."

예수회의 위대한 신학자 프란치스코 수아레스 신부가 말했다. "연옥의 괴로움은 세상의 괴로움과 같은 부류가 아니므로 일률적으로 비교할 수 없다. 이를테면 같은 부류가 아닌 쇠와 돌을 서로 비교할 수 없는 것과 같다. 그러나 작은 돌을 모아 높은 산을 만들면 그 가치는 도리어 쇠 한 덩이보다 커진다. 연옥의 괴로움도 그러하여서, 원래 세상의 괴로움과는 그 경중을 비교할 수가 없다. 그러나 만일 세상의 모든 괴로움을 한 몸에 모아서 받는다면, 아주 작은 연옥의 괴로움보다는 더 힘들지 않겠는가?"

이처럼 성인들의 의견은 다 추론일 뿐, 하나로 정해져 바뀌지 않는 원칙은 아니다. 나는 지나치게 심하게 말하여 주님을 두려워하는 마음이 생기는 것을 원하지 않는다. 또 지나치게 허물을 너그럽게 용서하여 죽은 후에야 이를 뉘우치도록 하는 것도 원하지 않는다. 다만 모든 교우들이 주님을 두려워하되 항상 사랑하고, 형벌을 두려워하여 그것을 면할 길을 생각하기 바란다.

옛이야기

크리스티나 성녀는 특은을 가득히 입어 그 정결함이 천사 같았다. 어느 날 아침에 병이 들어 죽었다가 다시 살아나서 말하였다.

"내가 기절한 후에 천사가 인도하여 깊은 감옥에 이르렀다. 그곳에서는 헤아릴 수 없이 많은 영혼이 괴로움을 당하고 있었는데, 그중에는 나하고 서로 아는 사람도 적지 않았다. 그 형벌의 심한 정도는 형용할 수가 없다. 나는 이런 광경을 눈으로 보고 마음이 너무 아파서 천사에게 물었다. '여기가 어디입니까?' 그러자 천사가 답하였다. '이곳은 죄를 정화하는 옥[연옥]이니라.' 다시 한 곳에 이르렀는데, 또 생전에 알고 지냈던 어떤 사람이 고통을 받고 있었다. 천사가 말했다. '여기는 영원한 고통이 있는 옥[지옥]이니라.' 잠시 후 천사가 나를 이끌어 천주 앞에 이르렀다. 주님께서는 온화하고 기쁜 얼굴로 나를 보면서 말씀하셨다. '이곳에 있으면서 나와 함께 영원한 행복을 누릴 수 있다. 또는 다시 세상에 돌아가 네가 보았던 연옥의 영혼들을 위하여 대신 보속하고 또 본보기를 세워 세상의 죄인들이 자신의 죄를 뉘우치게 할 수도 있다. 이 두 가지 중에 네가 마음대로 선택하여라.' 나는 너무나도 황공하고 감격스러웠다. 내가 세상으로 돌아가기를 원하자, 주님께서는 곧 천사에게 나의 영혼을 인도하여 세상으로 가게 하라고 명하셨다. 그날 마침 어떤 신부가 미사를 드리고 있었다. 미사에서 영성체 예식을 하면서 첫 번째 '아뉴스 데이(하느님의 어린 양)' 기도문을 바칠 때 내 영혼은 여전히 천상에 있었다. 그러다가 세 번째 아뉴스 데이를 마치고 나자 나는 다시 살아났다."

크리스티나 성녀는 부활한 후에 극기하는 수도를 법도보다 훨씬 더

심하게 하여 자기 육신을 원수같이 대하였다. 불속에 들어가 살이 썩어 떨어져 나가고 피부가 타기도 하였고, 혹은 끓는 물에 들어가 비명을 지를 때도 있었다. 겨울에는 깊은 얼음 구덩이에 들어가 대여섯 날을 지내기도 하고, 길에서 두세 차례 풍차 바퀴에 부딪치기도 하였다. 심지어 밤중에 일부러 도둑처럼 꾸며서 옆집 개에게 물려 피가 흐르고 살갗이 찢어진 적이 한두 번이 아니었다. 그 많은 괴로움은 일일이 열거할 수 없을 정도이다. 이렇게 덕을 갖추고 공이 온전해진 후에 크리스티나 성녀는 편안하게 세상을 하직하였다. 그때는 천주 강생 후 1224년이었다.

옛날에 고행하며 수도하는 수도사가 있었다. 열심히 본분을 다하는 것이 범상치 않았다. 마침 수도원 원장이 공적인 일로 말미암아 출타한 사이에 갑자기 병들어 죽었다. 수도원 원장이 돌아와서 모든 수도사와 함께 시신을 염하고 있었다. 그런데 갑자기 죽은 수도사가 문득 나타나 모습을 보이며 원장에게 죄를 사해 주기를 부탁하였다. 그 수도사가 임종할 때 고해하지 못한 까닭이었다. 수도원 원장이 놀라고 당황하여 급히 사죄경을 읽었다.

죽은 수도사가 보속을 내려달라고 요청하니 수도원 원장이 말했다.
"장사를 다 지낼 때까지는 연옥에 있어라."
죽은 수도사가 이를 듣고는 크게 부르짖으며 말하였다.
"슬프다. 무슨 보속이 이러한가? 무슨 보속이 이러한가?"
그 소리를 수도원에 있는 사람이 다 들었다.

옛적에 두 수도사가 있었는데, 몸을 괴롭혀서 자기의 욕망을 극복하면서 엄격하게 재를 지키고 기도를 열심히 하였다. 한편 수도하는 것 외에 다른 사람을 구하는 일에도 힘썼다. 항상 고난을 겪는 사람을 건져주고, 위험에 처한 사람을 붙들어주는 일을 게을리하지 않았다. 두 사람은 그 뜻이 같아서 서로 한 몸과 같이 친밀히 사랑하였다. 그 가운데 한 수도사가 병이 들자 천사가 내려와 위로하며 말했다.

"너는 죽은 후에 반드시 연옥에 오래 있지는 않을 것이니라. 다만 미사 한 대만 바치면 곧 승천할 것이다. 그것은 네가 일생 동안 몸을 닦고 사람을 사랑하였기에 공덕은 많고 죄는 적기 때문이다."

병든 수도사가 기쁨을 이기지 못하여 급히 동료 수도사를 불러 천사의 말을 알려주며, 자신이 죽은 후 속히 미사를 대신 거행할 것을 부탁했다. 그 동료는 허락하고 약속을 꼭 지키겠다고 맹세를 하였다. 병든 수도사는 이튿날 새벽에 세상을 떠났다. 동료 수도사는 급히 성당으로 가서 미사 예절을 마치고 막 주님께 감사 기도를 드리려고 하였다. 바로 그때, 죽은 수도사가 햇빛처럼 빛난 모습으로 나타나서는 화가 난 표정으로 동료 수도사를 꾸짖으며 말했다.

"내 친구여! 우정은 어디 갔으며, 약속은 또 어디에 두었는가? 진작에 미사를 빨리 거행하기로 해 놓고는 어찌하여 일 년이나 기다리게 하였는가?"

동료 수도사가 말했다.

"이게 무슨 말인가? 자네가 죽은 지 아직 두어 시간도 되지 않았네. 어찌 일 년이라는 오랜 시간이 지났단 말인가? 내 말이 믿어지지 않으면 자네의 시신이 아직 성당에 있으니 한번 가 보면 될 것이네."

죽은 수도사가 듣고는 탄식하며 말했다.

"슬프다! 연옥의 괴로움이 어찌 이리도 크단 말인가? 두어 시간도

안 되었는데 마치 일 년이라는 오랜 시간이 지난 것과 같구나."

12. 연옥의 괴로움은 줄어들까, 줄어들지 않을까?

연옥에서 받는 괴로움이 줄어드는지, 그렇지 않은지 교리에 밝은 사람들도 의견이 같지 않다. 혹자는 말한다. "연옥의 괴로움은 처음과 나중이 더하지도 않고 덜하지도 않다. 그래서 연옥에 들어갈 때와 나올 때의 괴로움은 같다." 또 어떤 사람은 말한다. "그렇지 않다. 연옥에서 받는 실고(失苦)와 각고(覺苦)는 다 줄일 수 있다."

대개 실고는 천주를 뵙지 못하는 괴로움이다. 영혼은 연옥에 오래 있으면 있을수록 주님을 뵐 날이 더욱 가까워진다는 것을 알게 된다. 이미 가까워졌음을 알면, 즉시 바람이 더욱 간절해져 그 근심이 줄어든다. 이것으로 보면 실고는 줄어들 수 있는 것이다.

연옥 영혼이 몸으로 느끼는 고통인 각고도 또한 같으니, 어찌 줄어들지 않겠는가? 연옥 불이 영혼의 몸에 붙는 것은 불의 본성에 따른 것이 아니다. 불의 위력이 큰가 작은가 하는 것은 온전히 천주의 뜻에 달려 있다. 천주께서는 사람들의 죄가 큰가 작은가를 따지신 연후에 연옥 불의 위력을 어떤 때는 크게 하고 어떤 때는 작게 하여 죄를 다스린다. 그러므로 영혼이 연옥에 오래 있을수록 조금씩 속죄하여 그 형벌이 점점 줄어드는 것은 당연한 이치다.

또 한 가지 생각할 것이 있다. 열성적인 사람이 눈물을 흘리며 슬프게 울면서 교회의 미사성제를 받들어 거행하고 자신의 공덕을 연옥 영혼에게 양도하면, 인자하신 천주께서 어찌 애련히 여기는 마음을 내어 그 괴로움을 감해주시지 않겠는가? 이로써 각고 역시 줄어든다는 사실을 알 수 있다.

✟ 옛이야기

말라키 성인의 큰누이는 성인이 수도하는 일을 여러 가지로 방해했다. 그러자 말라키 성인은 방해하는 말을 굳게 듣지 않고자 큰누이를 보지 않기로 맹세했다. 말라키 성인이 사제가 된 지 얼마 지나지 않아 큰누이가 세상을 떠났다. 성인은 미사를 봉헌하여 큰누이의 영혼을 구하다가, 시간이 오래 지나자 다시 구하지 않았다.

그러던 어느 날 저녁, 말라키 성인은 꿈속에서 어떤 목소리를 들었다.
"네 누이가 뜰에 있은 지 벌써 삼십 일이 지났는데 음식을 먹지 못했다."
말라키 성인이 잠에서 깨어난 후에 생각했다.

'내가 누이를 돕지 못한 것이 이미 한 달이 지났구나. 꿈속에서 들은 바는 곧 육신의 굶주림이 아니라, 진실로 영혼의 굶주림이다.'

이후 말라키 성인은 다시 미사를 거행하며 누이를 위해 기구했다. 얼마 지나지 않아 또 꿈속에서 성당 문 옆에 서 있는 누이의 영혼을 보았다. 그로부터 며칠 후에 누이가 다시 꿈속에 나타났다. 이번에는 회색 옷을 입고 성당 안에 섰으나 제대에는 가까이 다가가지 못하는 모습이었다. 수일 후에 또 나타났는데, 살펴보니 옷 빛이 눈처럼 희어 영광스러운 성인의 모습과 같았다.

참으로 복된 마르가리타 성녀는 동료 수녀의 영혼이 연옥에 있는 것을 보았다. 그 영혼은 수녀회 장상을 의심하는 의견을 내고 명령을 따르지 않았기 때문에 성모님의 전구와 천사의 돌아보심을 얻지 못하였거니와, 사람을 어짊과 사랑으로 온전히 대접하지 못하였기 때문에 동료 수도자들도 대신 돕고 기구하지 않았던 것이다.

또 어떤 수녀의 영혼이 연옥에서 비상한 고통을 당하고 있어서 성녀가 그 원인을 물어보니 세 가지로 대답하였다.

"다른 사람과 교유하는 법도를 행할 때 어짊과 사랑을 많이 잃었던 것이 첫 번째 이유입니다. 수도회의 규칙과 수도자의 본분을 삼가 행하지 못한 것이 두 번째 이유입니다. 수덕생활을 게을리하고 편안함을 추구한 것이 세 번째 이유입니다. 이 세 가지 죄로 말미암아 제가 죽을 때 천주께서 사악한 마귀가 저를 세 번 유혹하는 것을 허락하셨습니다. 그리하여 거의 중죄를 범하여 지옥으로 갈 뻔하였습니다. 다행히 제가 한평생 성모님을 공경하였기에, 성모님께서 세 번이나 전구해 주셔서 지옥으로 떨어지는 것을 모면하고 벗어날 수 있었습니다."

연옥약설
하

제3편　　연옥 영혼의 모습에 대하여 논함

13. 어떤 사람의 영혼이 연옥에 들어가는가?

　신학자 앙리일납(盎利日納)과 랍극등삭(拉克登削)이 모두 말하였다. "예수님과 성모님 이외의 사람은 죽은 후에 모두 연옥을 거친다." 부이설오(富而設伍) 성인은, 승천하는 길 위에 큰불이 활활 타오르고 있었고, 승천하는 사람은 모두 그 불을 통과해야만 했는데, 오직 영혼이 깨끗하여 다시 씻을 죄가 없는 사람만이 불에 타는 재앙을 받지 않는 꿈을 꾸었다. 이에 부이설오 성인은 생각하였다. '승천하는 사람 중에는 연옥 불을 거치지 않는 사람이 없구나.'
　하지만 오늘날 교회의 공론으로 보면 이러하다. 사람들이 영세한 후에는 범한 죄를 비록 용서받았다고 해도 보속을 행하지 않으면 반드시 연옥에 간다. 그 나머지에 해당하는 사람, 즉 대죄를 덜어내지 못한 사람, 교우가 아닌 사람, 이단을 믿는 사람, 대죄를 범한 사람은 모두 지옥에 간다. 지은 죄에 대한 벌을 받지 않고 곧바로 천당에 오를 수 있는 사람은 순교 성인, 대세를 받은 아기, 정결하고 거룩한 영혼 등이다.

다만 천주께서 사람을 심판하시는 것은 우리의 생각이나 판단과는 판이하다. 성경에는 이런 말씀이 있다. "천주의 눈은 태양보다 더 밝아, 순수하고 온전한 거룩하심이 무궁하며, 맑고 신령하심이 끝이 없다. 그래서 아무리 미미한 죄와 작은 허물이라도 반드시 벌을 내리신다." 그러니 우리와 같은 죄인만 모두 연옥에 들어가는 것이 아니다. 교회 내에서 덕이 높은 인물이라도 연옥을 면하지 못하는 사람이 있다.

아빌라의 데레사 성녀는 죽은 사람의 영혼을 많이 보았다. 그런데 그중에서 오직 세 사람의 영혼만이 곧바로 승천하는 것을 목격하였다. 한 사람은 알칸타라의 베드로 성인이고, 또 한 사람은 도미니코 수도회의 어떤 수도사이며, 마지막 한 사람은 어떤 신부였다. 이들은 다 성덕이 범상치 않았고 영혼과 육신이 모두 정결한 사람들이었다. 또 하루는 데레사 성녀가 영혼들을 보면서 말하였다. "많은 사람의 영혼이 마치 눈이 내리듯 지옥에 떨어지고, 비 내리듯이 연옥에 떨어지고 있구나."

옛날 도미니코 수도회에 반남(盤南)이라는 사람이 있었다. 그는 죽은 후에 반덕냉(伴德冷) 성인에게 나타나서 말했다. "내가 연옥에 있는 것은 다른 이유가 아니다. 수도회의 규칙을 따르자면 삼베옷만 입어야 하는데, 내가 속옷으로 털옷을 입었기 때문이다." 또 어떤 수도사가 말했다. "내가 연옥에서 벌을 받는 것은 다만 지도 신부의 허락을 받지 않고 내 마음대로 몸에 채찍질을 두어 번 하였던 까닭이다." 다미아노 성인의 누이 또한 성녀이다. 성녀는 원래 성당 옆에 살았다. 성당에서 울리는 음악 소리 듣는 것을 좋아하였는데, 마음으로 그것을 그만두지 못하였다. 이는 본래 뜻을 놓쳐버리고 즐거움만을 누리게 되는 발단이다. 이런 탓에 성녀는 연옥에 18일이나 있었다고 한다.

어떤 사람은 이렇게 말한다. "사람들이 천주께 죄를 얻는 것은 영혼과 육신이 함께 한 일인데, 어찌하여 영혼은 연옥의 형벌을 받고 육신은 홀로 편하게 흙으로 돌아가는가?" 내가 말한다. "영혼은 스스로 결정할 수 있는 권한을 가지고 있기 때문에 선을 행할 수 있고 악을 경계할 수 있다. 하지만 육신에는 원래 깨닫고 판단하는 능력이 없어서 오직 영혼이 시키는 대로 따를 뿐이다. 그러므로 벌은 영혼에 가해지고 육신에 가해지지 않는 것이 당연한 이치이다. 또 육신이 흙으로 돌아가는 것도 비록 고통은 없다고 하지만 역시 형벌의 하나이다."

✚ 옛이야기

옛날 프랑스 파리에 프란치스코회 수도사가 한 명 있었다. 그는 다른 동료들과는 비교도 되지 않을 정도로 열심히 주님을 섬겼다. 수도원 사람들이 모두 그를 천사와 같다고 하였다. 그 수도사가 죽은 후 어느 수사 신부가 생각하였다.

'이 사람은 평생 정결하였으니, 분명히 보속할 죄가 없을 것이다. 이전 다른 수사가 죽었을 때와는 달리 별도의 미사를 행할 필요는 없겠구나.'

그러던 어느 날, 그 수사 신부가 정원을 거닐고 있었는데, 갑자기 죽은 수도사가 나타나 슬프게 간청하면서 말하였다.

"신부님! 제발 저의 괴로움을 불쌍히 여겨주십시오."

수사 신부가 대답하였다.

"자네가 어찌하여 이런 괴로움을 받는가?"

죽은 수도사의 영혼이 말하였다.

"저는 연옥 불 속에 있는데, 신부께서 드리는 석 대의 미사를 기다리고 있습니다."

수사 신부가 말하였다.

"만일 자네에게 나의 도움이 필요한 줄 알았더라면 이미 벌써 미사를 봉헌하였을 것이라네. 어찌하여 지금까지 기다렸겠는가? 나는 자네의 덕이 아주 높아서 세상을 떠나는 순간 바로 승천할 것이라 생각하였기 때문에 미사를 드리지 않았다네. 내 생각에 자네는 날마다 간절하고 정성스러운 마음으로 꾸준히 기도하지 않았나? 자네는 자신의 육욕을 이기기 위하여 마치 자기 자신을 원수같이 대하며 고행하지 않았나? 자네는 다른 사람들이 감탄하고 부끄러워할 정도로 수도회 규칙을 지키고 수도사로서의 본분을 다하지 않았던가?"

죽은 수도사가 대답하였다.

"그랬지요. 하지만 천주의 심판은 사람들이 생각하지 못할 정도로 엄합니다. 사람들이 아무리 선한 공덕을 쌓을지라도 천주께서는 오히려 부족하게 생각하실 것입니다. 천주 앞에서는 아무리 맑고 맑은 것이라도 깨끗하다고 할 수 없는 법인데, 하물며 사람이야 어떻겠습니까? 천주께서 만일 세상이 끝날 때까지 우리를 연옥에 가두어두신다고 해도, 자기 자신을 원망하는 자는 있어도 천주를 원망하는 사람은 없을 것입니다. 신부님께서 이러한 천주의 무궁히 거룩하심을 생각하신다면, 저를 이렇게 내버려 두지 못할 것입니다."

죽은 수도사는 말을 마치고 사라졌다. 수사 신부는 곧 성당에 들어가 급히 미사를 봉헌하였다. 그리고 나서 다음 날과 그다음 날에도 미사를 봉헌하였다. 그러자 연옥 영혼이 다시 나타났는데, 지난번과는 달리 영화롭고 빛나는 모습이었다.

14. 영혼은 언제 연옥에서 나오는가?

만일 얼마 지나지 않아서 연옥을 벗어날 수 있다고만 하면, 비록 아무리 혹독하고 사나운 형벌이라도 견딜 수 있다. 그러나 언제까지 연옥에 있을지 알지 못한다. 다만 영원히 괴로움을 받지 않는다는 사실만 알 수 있을 뿐이다. 이것이 연옥과 지옥이 구별되는 부분이다. 연옥의 괴로움은 최후의 심판이 이루어지는 날을 넘기지는 않을 것이다.

아우구스티노 성인이 말하였다. "무릇 죄를 용서받은 후에는 반드시 보속을 해야만 한다. 그런데 그 보속은 이 세상에서 하거나 아니면 다른 곳에 가서 하거나, 혹은 보속의 절반은 살아 있을 때 하고 절반은 죽은 후에 할 수도 있다."

하지만 지금까지 최후의 심판이 있는 날에도 연옥 형벌이 있다는 말은 들어보지 못하였다. 우리가 알 수 있는 것은 사람의 죄에 무겁고 가벼움이 다르기 때문에 연옥에서 단련을 받는 형벌도 같지 않고, 형벌의 기간도 똑같지 않다는 점이다. 그러나 다만 형벌을 받는 기간이 같지 않다는 것만 알지, 왜 차이가 나는지는 알지 못한다. 이것은 어떤 법칙인가?

천주께서는 그 형벌을 약하게 하여 작은 허물에 대하여 오랫동안 벌하기도 하시며, 또 형벌을 강하게 하여 중한 죄에 대하여 짧게 벌하기도 하신다. 혹은 일반적인 원리를 따라 죄가 무거우면 오래 벌을 받고, 죄가 가벼우면 잠깐 벌을 받는다.

어떤 사람이 말하였다. "연옥의 형벌은 두어 시간밖에 안 된다." 하지만 이 말은 증명할 근거가 없으니 믿을 만하지 않다. 오늘날 교회에서는 몇몇 성인의 영혼 외에는 연옥에 있는 시간이 다 그렇게 짧지 않다고 본다. 그러므로 죽은 지 백 년이 지났어도 기구하며 미사를 받들라고 하는 것이다.

어떤 사람은 이렇게 말한다. "연옥 영혼이 형벌을 받는 시간이 2년을 넘지 않는다." 하지만 얼마나 슬픈 일인가! 2년 동안이나 맹렬한 불 속에 있다면 이것은 백 년이나 되는 긴 시간과 마찬가지 아니겠는가?

이뿐만이 아니다. 도미니코 수도회의 신학자인 도밍고 데 소토가 말하였다. "사람이 연옥에 있는 시간은 십 년밖에 안 된다." 그러나 교리에 밝은 뛰어난 신학자들은 모두 말하였다. "이것은 잘못된 견해이다. 연옥의 괴로움은 십 년으로 한정할 수 없다."

연옥 영혼이 세상에 나타난 자취를 꼼꼼히 살펴보면, 연옥에 몇 시간만 있는 사람도 있고, 2년가량 있는 사람도 있으며, 백 년 동안 있는 사람도 있다. 심지어 연옥에 갇혀 있다가 최후의 심판 날이 되어서야 나오는 사람도 있을 것이다. 연옥의 영혼이 형벌 받는 기한은 천주께서 정하시므로 오직 천주께서만 알고 계신다. 일찍이 사람들에게 알려 주지 않으셨으니, 사람들로서는 헤아릴 길이 없다.

어떤 사람이 물었다. "연옥에 들어갔다가 다시 세상에 잠깐 나올 수 있는가?" 나는 말한다. "이는 말하지 않아도 알 수 있다. 예나 지금이나 모습을 보인 연옥 영혼이 많으니 이 세상에 들어올 수 없었다면 어떻게 모습을 나타나 보였겠는가?"

또 이렇게도 묻는다. "연옥의 영혼이 육신과 결합하여 다시 살 수 있는가?" 나는 말한다. "그럴 수 있다. 주님께서 세상에 계실 때, 그리고 옛날 위대한 성인들이 전능으로 부활시킨 사람들이 많다. 부활하기 전에 그 사람들의 영혼은 천당에도 지옥에도 있지 않았다. 만일 이 두 곳에 있었으면 다시 돌아올 수 없었을 것이다. 그러므로 반드시 연옥에 있던 영혼이 부활한 것임을 알 수 있다."

✚ 옛이야기

　옛날 갈리아 지방에 한 귀족이 있었다. 본디 교회의 규칙을 잘 지켜 선한 일을 많이 행했고, 친히 군사를 거느려 이단을 물리쳤다. 그가 세상을 떠나 아우구스티노 수도회의 성당 안에 장사를 지냈다. 그로부터 삼십 년이 흘렀다. 에밀리아 성녀는 성당에 나아가 기도할 때 매번 어떤 노인이 성당 문가에 서 있는 것을 보았다. 낡은 옷을 입고, 마치 먼 길을 가는 사람 같았는데, 슬퍼하는 안색이었다. 하지만 그 연유를 알 길이 없었다. 에밀리아 성녀가 성당에 들어가려고 하면 그 노인은 반드시 도와달라고 간청하는 것이었다. 성녀가 못 한다고 말하자 노인이 말했다.

　"이는 하지 않는 것일 뿐이지, 하지 못하는 것이 아니다."

　노인이 이렇게 한 것이 두세 번에 그치지 않았다. 성녀는 처음에는 깊게 생각하지 않고 그냥 가난한 사람이라고만 여겼다. 그러다가 어느 정도 지난 후에 수도회의 지도 신부에게 이 사실을 알렸다. 그러자 신부는 성녀에게 그 노인의 이름을 물어보라고 하였다.[4] 성녀는 신부가 시킨 대로 물었다. 그러자 노인이 말했다.

　"나는 아무개의 영혼이다. 연옥에 있은 지 삼십 년이나 되었다. 내가 살아 있을 때 매번 축일이 되면 화려한 옷을 입고 성당에 가서 나 자신

---

[4] 등장인물과 이야기의 전개 방식은 다르지만 6-1의 옛이야기에도 에밀리아 성녀의 이야기가 있다. 수녀회의 지도 신부가 연옥 영혼의 이름을 물어보라고 했다는 점은 흡사하다.

을 드러내는 일을 좋아한 까닭이다."

15. 연옥 영혼은 공덕을 쌓지 못한다

연옥 영혼이 비록 아주 심한 괴로움을 받을지라도 털끝만큼 작은 공덕도 쌓을 수 없다는 사실은 구약성경과 신약성경 모두에 분명하게 나와 있다. 구약성경에는 이런 말이 있다. "죽은 자는 다시 알아서 할 수 있는 것이 없어 그 상 주심을 더하지 못한다." 이에 대해서 예로니모 성인이 풀어 말하였다. "무릇 사람이 살아 있으면 의로운 사람도 될 수 있지만, 한 번 죽은 후에는 다시 선하게 될 방도가 없다."

신약성경에는 이런 말이 나온다. "이미 밤이 되었다. 그러니 이제 무엇을 이룰 수 없다." 요한 크리소스토모 성인과 예로니모 성인과 아우구스티노 성인이 모두 풀어 말했다. "밤은 사람이 세상을 떠나게 되는 때를 이른다. 무엇을 이루지 못한다는 것은 죽은 후에는 덕을 쌓고 공을 세우지 못한다는 말이다."

가타리나 성녀는 연옥 영혼의 괴로움을 생각하며 이렇게 말하였다. "슬프다! 연옥 영혼이 만일 완전한 뉘우침으로써 죄의 티끌까지 태워 버린다고 하면, 한순간에 그 죄가 다 없어져 영혼이 청결해질 것이다. 천주로부터 떨어져 있는 것을 연옥 영혼이 얼마나 슬퍼하는지 아는가? 그래서 참되고 간절한 뉘우침으로 순식간에 죄의 더러움을 다 씻어낼 수 있을 것 같지만, 그렇게 할 수 없다. 천주께서는 지극히 공평하시어 영혼이 뉘우치는 마음을 갖는다고 벌까지 면제해 주시지는 않기 때문이다. 그러므로 나는 세상 사람들의 어리석음을 탄식한다. 세상에 살아 있을 때는 비록 짧은 순간의 아주 작은 공로라고 해도, 계속 공덕을 쌓아 허물을 메울 수 있다. 그러나 일단 연옥에 들어가게 되면 괴로움은 끝이 없지만 아무런 공덕도 되지 않는다. 이는 마치 살인죄를 범하여 법정에 선 죄수가 용서를 구하는 말은 한마디도 하지 못하면서 형벌 아래 엎드려 자기 목숨으로 죄를 달게 갚겠다고 말하는 것과 같다. 어찌 어리석지 않은가? 우리 벗들은 일찍부터 잘 알아 준비할지어다."

✠ 옛이야기

어질고 현명한 여인 프란치스카는 어려서부터 연옥 영혼의 괴로움에 대해 느낀 바가 있어 그들을 많이 건져 구하였다. 평소에도 매일 성무일도의 만과를 바치면서 죽은 사람을 위한 기도를 외웠는데, 오래도록 게을리하지 않았다. 그리고 평일에는 엄하게 재를 지키며 육식을 하지 않았다. 또 채찍질을 할 때는 몸에서 피가 흐를 정도로 때렸다. 그런데도 오히려 자기 한 사람의 힘으로는 부족하다고 여겨서 뜻을 같이하는 친구들에게도 권하여 함께 연옥 영혼 구하는 일을 쉬지 않고 하였다. 연옥 영혼들은 프란치스카가 널리 사랑한다는 것을 알고 때때로 와서 도움을 구하였다.

그런데 기이하게도 프란치스카가 피곤하여 문을 닫고 잠깐 쉴 때면, 연옥 영혼들은 감히 곧바로 들어가지 못하고 문밖에서 기다리다가 프란치스카가 잠을 깬 후에야 들어갔다. 프란치스카가 물었다.

"왜 나를 깨우지 않았느냐?"

연옥 영혼이 대답하였다.

"당신은 근력이 쇠하여졌으니 반드시 쉬어야 합니다. 우리가 은혜를 받은 것이 적지 않는데 어찌 지나치게 괴롭힐 수 있겠습니까?"

또 한 가지 기이한 점은 연옥 영혼이 살았을 때의 처지나 지위 그대로의 분명한 모습으로 나타나 보였다는 사실이다. 살았을 때 신부였던 사람은 불 영대(領帶)를 걸치고 있었으니, 분명한 사제의 옷차림이었다. 살았을 때 글을 꽤 알았던 사람들은 손에 불붙은 붓을 들고 있었으니, 완연히 선비의 풍모와 다름이 없었다. 그 다양한 모습들을 일일이 다 열거할 수는 없지만, 프란치스카는 그들이 찾아오는 뜻을 알고 빠짐없이 도와주었다.

어질고 현명한 여인 파라서(巴羅徐)는 부친이 돌아가신 후에 그 영혼을 구하기 위해 공덕을 많이 쌓았다. 그렇게 오랫동안 하다가 이제는 부친이 승천하였으리라 여기고는 다시 생각하지 않았다. 그러던 어느 날 기도를 하는데 예수님께서 가타리나 성녀와 함께 파라서를 연옥으로 데려가서 부친의 영혼이 불바다에 빠져 있는 모습을 보여주었다. 파라서는 이것을 보고 마음이 너무 아파 크게 부르짖었다.

"주님! 은혜로우신 주님! 제발 제 아버지의 죄를 용서하소서. 제가 대신 보속하기를 원합니다. 제 아버지가 괴로움 받는 것을 차마 견디지 못하겠습니다."

그러고는 가타리나 성녀에게 천주께 전구해 달라고 간청하였다. 그러자 천주께서는 성녀의 전구함을 들어주시어 파라서 부친의 영혼을 빨리 연옥에서 나오게 하셨다.

16. 연옥 영혼은 죄도 없고 악도 없다

　사람이 죄를 저지를 때에는 두 가지 해로운 것을 함께 받게 된다. 하나는 죄로 인한 악이다. 이는 영혼을 상하게 하고 주님을 욕되게 하는 추악한 것이다. 다른 하나는 죄로 인한 벌이다. 큰 죄를 저지르면 지옥에서 영원한 벌을 받고 작은 죄를 저지르면 연옥에서 잠시의 벌을 받는다. 만약 고해할 때 큰 죄를 용서받았으면 영원한 벌은 잠시의 벌로 바뀐다. 그러므로 연옥에 가면 죄에 대한 벌을 받는다는 것은 말하지 않아도 알 수 있다. 하지만 죄로 말미암은 악이 연옥에도 있는지 없는지는 알지 못할 것이다.

　어떤 사람이 말하였다. "주님께서 베푸시는 은총이 없으면 죄로 말미암아 생겨난 악은 용서받을 수 없다. 사람이 임종을 앞두고 정신이 흐려졌을 때 사리에 밝지 못하여 작은 허물이라도 범하게 되면 그 죄의 악은 생전에 용서받지 못하기에 반드시 죽은 후까지 남게 된다. 그러므로 연옥에도 또한 죄의 악이 있다."

　그러나 예수회의 위대한 신학자 수아레스와 제노바의 가타리나 성녀 등이 모두 말하였다. "사람이 죽어서 영혼이 한번 육신을 떠나면, 천주께서 진정으로 죄를 뉘우치도록 하시고 또 은총을 베푸시어 그 용서받지 못한 죄를 덜어주신다." 그러므로 연옥에는 다만 죄에 대한 벌이 있을 뿐이며, 죄로 생긴 악은 없을 것이다. 그래서 영혼이 이미 연옥에 들어간 상태에서는 천주의 은총을 더 받을 필요가 없다.

　그렇다면 앞에 나온 어떤 사람의 말을 따져보면, 연옥 영혼이 범한 죄의 악은 영원히 용서받지 못하거나, 아니면 은총을 받지 않았는데도 천주께서 죄의 악을 덜어주시거나, 둘 중 하나가 된다. 하지만 두 가지 모두 믿을 수 없는 말이다. 만일 연옥 영혼이 죄의 악을 영원히 용서받지 못한다면, 천당에도 또한 죄의 악이 있게 되는 것이니 어찌 잘못이 아니겠는가? 또 만일 천주께서 은총을 베풀지 않고도 죄의 악을 용서하신다면, 임종 때에 정신이 흐려져서 지은 죄의 악도 당연히 용서하실 것이다. 그렇게 되면 반드시 연옥에 갈 때까지 기다릴 필요가 있겠는가?

또 착한 사람이 숨이 끊어진 후에 그 영혼은 반드시 한층 더 주님을 사랑하는 마음을 일으키게 된다. 주님을 사랑하는 마음이 일어나면 허물을 없앨 수 있다. 그럼에도 불구하고 천주께서 사람이 죽은 직후에 그 악을 용서하지 않고 반드시 다른 날을 기다리신다고 하면, 나는 천주께서 무슨 까닭으로 그러시는지 이해할 수가 없다.

오늘날 뛰어난 신학자들은 모두 이렇게 말한다. "연옥 영혼은 죄의 악만 없는 것이 아니라 죄도 저지를 수 없다." 앞 장에서도 비슷하게 말한 바 있다. "연옥 영혼은 극심한 고통을 받지만 다시 공덕을 쌓지 못한다." 이미 공덕을 쌓지 못하는데 죄를 저지를 수 있다고 하면, 천주께서 인자하신 마음으로 차마 할 수 없는 것일 뿐만 아니라, 천주의 공평하신 덕에도 합당하지 못할 것이다. 연옥에서 영혼이 죄를 저지른다면 천당으로 올라가는 복을 당연히 잃게 된다. 아울러 연옥에 있다가 도리어 지옥에 떨어진다. 이는 그릇된 견해이니, 교회에서 매우 증오하는 이설이다.

✞ 옛이야기

옛날 과달루페 수도원에 수도사가 한 명 있었는데, 식사를 담당하는 소임을 맡았다. 수도사는 일이 번거롭고 도와주는 사람이 적어서, 매

번 음식을 만든 후에 수도회의 규칙에 정해져 있는 참회의 시편 제51편을 외우지 않고, 자기 편한 대로 짧은 시편만 한 번씩 외웠다. 수도사가 죽은 후에 부엌 안에서 시끄러운 소리가 크게 들렸다. 어디서 나는 소리인지 알 수 없었는데, 죽은 수도사가 나타나서 말하였다.

"내가 음식을 만든 후에 긴 시편 대신에 짧은 시편을 외운 까닭에 연옥에 있으면서 괴로운 형벌을 받고 있어 점점 희망을 잃고 있다. 수도원의 모든 동료 수도사들에게 청하니, 매일 한 번씩 내가 외우지 못한 시편을 1년 동안 대신 바쳐주기를 바란다."

여러 동료 수도사들이 이 말을 듣고 죽은 수도사를 대신하여 1년 동안 부지런히 시편을 암송하였다. 슬프다! 기도문 하나를 빠뜨렸다고 오랫동안 벌을 받는다고 하니 두려워하지 않을 수 있겠는가?

17. 연옥 영혼이 사람을 대신하여 주께 기구하다

토마스 아퀴나스 성인 말하였다. "연옥 영혼이 살아 있는 사람을 대신하여 천주께 기구하지 못한다. 연옥 영혼이 연옥에 있는 것은 공덕을 닦기 위해서가 아니라 괴로움을 견디기 위해서이고, 살아 있는 사람을 대신하여 천주께 기구하기 위해서가 아니라 주님의 명을 순순히 따르기 위해서이다. 비유하자면 사람이 죽을 때에 다른 사람의 이익이나 손해를 생각할 겨를이 없고, 도적이 형벌을 받을 때 자기 육체의 아픔만을 생각하는 것과 같다. 연옥 영혼도 또한 그렇다. 연옥에 머물 때는 다만 맹렬한 불이 몸을 휘감고 있으니, 슬피 부르짖으며 도움을 구할 뿐이다. 어느 겨를에 살아 있는 사람들에게까지 생각이 미쳐서 주님께 대신 기구하겠는가? 또 연옥 영혼은 천주를 뵈옵지 못하는 상태에 놓여 있으므로 우리 인간에게 무엇이 필요한지를 알 수 없다. 무엇이 필요한지를 알지 못하니 무엇을 기구할지도 모른다."

대체로 보아 토마스 아퀴나스 성인이 연옥의 영혼을 죽음을 앞둔 사람이나 형벌을 받는 도적에게 비유한 것은 합당하지 않은 듯하다. 대개 연옥 영혼은 주님의 명을 즐겁게 행하므로 비록 괴롭지만 달게 여기며, 괴로움을 참고 견딤이 예사롭지 않고, 마음이 어지럽지 않아 항상 천당의 복만을 생각하여, 수시로 주님을 사랑하는 정을 드러낸다. 설령 괴로운 형벌만 생각하느라 다른 마음은 품지 못한다고 하더라도, 그러한 열정이 어디서 나오겠는가? 또 생각해 보면 성경에 "어떤 부자가 지옥에 있었는데 오히려 집안 식구들을 생각하여 어떻게든지 돌아가 알려주며, 친한 벗에게는 죄를 피하여 지옥에 오지 않기를 바란다."(루카 16,27-28)고 하였는데, 어찌 연옥 영혼이 지옥에 있는 사람보다 못하겠는가?

또 연옥 영혼은 천주를 뵈옵지 못하기 때문에 무엇을 기구할지 모른다고 하였는데, 이 또한 그렇지 않다. 연옥 영혼은 살아 있을 때, 이 세상의 어려움과 영혼 구원의 세 가지 원수(마귀와 세속과 육신)가 끼치는 장애를 직접 겪었다. 그렇기에 연옥 영혼은 자질구레한 일들은 알지 못한다고 해도, 우리 사람들이 겪는 많은 어려움은 진작부터 알고 있을 것이다. 이미 알고 있다면 대신 기구할 수도 있는 것이다. 그러므로 수아레스 등은 토마스 아퀴나스 성인의 말씀을 따르지 않고, 연옥 영혼이 사람을 위하여 대신 기구할 수 있다고 믿었던 것이다.

어떤 사람이 물었다. "연옥 영혼들이 서로를 위하여 대신 기도할 수 있는가? 없는가?" 내가 말한다. "신학자의 말이 하나로 통일되지 못하였는데, 그 모든 것들이 피차 억측으로 이루어진 견해여서 증명할 수 있는 근거가 없다. 나의 짧은 소견으로 헤아려 본다면, 연옥 영혼들은 서로 돕지 못할 것이다. 만일 연옥 영혼들이 서로 도울 수 있다면, 연옥의 고통이 너무나 심하므로 슬퍼하며 가장 간절하게 기구할 것이다. 그렇게 되면 오래지 않아 모두 형벌을 벗고 승천할 것이다. 무엇 때문에 세상 사람이 대신 기구해 주기만을 기다리겠는가?

옛이야기

베드로 다미아노 성인이 다음과 같이 기록하였다. 옛날에 클뤼니 수도원의 어느 수도사가 먼 곳에 갔다가 강물을 건네게 되었다. 그러자 얼마 전에 선종한 쾰른의 교구장 세베린(Severin) 주교가 나타났다. 수도사가 놀라면서도 두려운 생각이 들었다.

'이 주교님은 큰 덕을 갖춘 분인데 어찌 이런 무거운 형벌을 받는 것인가?'

수도사가 머뭇거리고 있을 때, 죽은 주교가 말하였다.

"청컨대 손을 펴서 나에게 다오. 내가 당하는 괴로움을 직접 경험할 수 있게 해주마."

말을 마치고는 바로 수도사의 손을 끌어당겨 물속으로 밀어 넣었다. 수도사는 즉시 손을 뺐지만 그 아픔이 대단하였다. 그리고 마치 불속에 들어갔다 나온 것처럼 살이 다 익었다. 수도사는 놀라서 탄식하며 말했다.

"주교님께서는 세상에 살아 있을 때 덕을 쌓고 공을 많이 세웠는데, 어찌 이런 심한 괴로움을 받으시는 것입니까?"

죽은 주교가 대답하였다.

"다른 이유가 있는 것이 아니다. 다만 일이 바쁘다는 핑계로 규칙으로 정해진 시각에 성무일도를 바치지 않고, 하루 동안 해야 할 모든 기도를 매일 오전에 끝내 버렸다. 그래서 천주께서는 그 벌로 나를 연옥에 있게 하셨다. 자네에게 부탁하네. 주님께 간절히 기구하여 내가 일찍 형벌에서 벗어날 수 있도록 해주면 정말 고맙고 다행한 일이겠네. 나 또한 천주께 간절히 기구하여 자네 손이 빨리 나을 수 있게 하겠네."

제4편 연옥 영혼의 기쁨에 대하여 논함

18. 연옥 영혼은 반드시 승천한다는 사실을 안다

 이 세상 사람들이 가장 불안하게 여기는 것은 공덕을 쌓지 못해 하늘의 복을 얻지 못할까 하는 두려움이다. 만일 천사가 내려와서 반드시 승천한다고 미리 알려주면 즐거움이 대단하여 마음에 기쁨이 가득할 것이다. 옛날에 천사가 오상의 프란치스코 성인에게 알려주었다. "천주께서는 그대를 뽑아서 승천할 사람들의 숫자에 두셨다." 프란치스코 성인은 이 말을 듣고는 여드레 동안 잠자고 밥 먹는 것도 잊고, 다른 일은 살펴보지도 않은 채, 수도원 경내를 두루 왔다 갔다 하였고, 온종일 기도문을 읊었으며, 입으로는 끊임없이 주님께 감사를 올리면서 말하였다. "천국이구나! 천복이구나! 내가 장차 무궁히 누리리라."
 오늘날 신학자들의 말을 자세히 살펴보면, 연옥 영혼은 승천할 숫자에 들어 있음을 스스로 알고 있다. 예수회 신학자 프란치스코 수아레스는 말하였다. "연옥 영혼은 이미 주님의 은총을 받아 자신이 영원한 행복을 얻을 것임을 분명히 알기 때문에 마음이 무척 평안하다." 또 로베르토 벨라르미노 추기경이 말했다. "교회에서는 믿는 교우들의 영혼이 평온하게 잠을 자고 있다고 말한다." 만일 연옥 영혼이 나중에 승천할 것임을 알지 못한다면 희망을 잃어버릴 것이니, 어떻게 연옥 영혼이 평온하게 잠을 잔다고 말할 수 있겠는가? 또 생각해 보면 사람의 영혼이 한번 육신을 벗어나 주님 앞에 이르러 심판을 받을 때 천주의 결단하심을 직접 들을 것이다. 그러므로 천주께서 승천시킬 것인지 지옥으로 떨어뜨릴 것인지 알 수밖에 없다.

어떤 사람이 말했다. "연옥 영혼은 괴로움을 참기가 힘들고 어려워 오직 고통만 생각하기 때문에, 자신이 어느 곳에 있는지를 알지 못한다." 그러나 이 말은 잘못되었다. 그레고리오 성인이 기록한 바에 의하면, 세상에 나타나 사람들에게 대신 기도해 달라고 청한 연옥 영혼이 많다. 만일 연옥 영혼이 자기가 어느 곳에 있는지 알지 못한다면 사람들이 대신 기도하는 공덕이 자기에게 이로운지 이롭지 않은지도 모를 텐데, 어찌 세상에 와서 도움을 청하겠는가?

어떤 사람이 말했다. "그렇다면 연옥 영혼은 자신이 연옥에서 나올 날을 아는가?" 내가 말한다. "이 일은 자세히 고찰해서 알 수 있는 것이 아니다. 내 얕은 견해로 생각해 보면, 천주께서는 연옥 영혼을 좋은 벗처럼 사랑하시지만 어쩔 수 없이 연옥에 둔 것이다. 그러므로 당연히 연옥 영혼으로 하여금 형벌에서 벗어날 때를 알게 하여 그 마음을 위로하실 것이다. 또 연옥 영혼이 나타난 자취를 탐색해 보면, 연옥에 언제까지 있을지를 아는 영혼이 있었다. 다만 교우들이 대신 기구하여 주면, 그것으로 인하여 천주께서 기간을 줄여주시는 것이다."

✚ 옛이야기

진다사룽(眞多舍楞)이라는 곳에 온천이 있었는데 목욕하는 사람이 많았다. 어느 신부가 자주 그 온천을 찾아가서 목욕하다가 우연히 어떤 사람을 만나게 되었다. 그 사람은 얼굴에 근심이 가득 차 있었다. 하지만 신부를 위해 편의를 봐주고 아주 공손하게 대접하였는데, 이같이 한 적이 한두 번이 아니었다.

신부가 생각하였다.

'저 사람이 나를 아주 후하게 대접하는데 무엇으로 갚을까? 내게는 마른 밀가루밖에 없으니, 이것을 선물해도 무방하겠지.'

신부가 다시 온천에 갔더니 그 사람이 전과 같이 아주 공손하게 신부를 대접하였다. 신부는 그에게 밀가루를 선물로 주었다. 그러자 그 사람이 고맙지만 사양하겠다고 말하였다.

"이 밀가루는 저에게 필요가 없습니다. 하지만 이 밀가루로 제병을 만들어 미사에 봉헌한다면 저에게 크게 도움이 될 것입니다."

신부가 말했다.

"이게 무슨 말씀입니까?"

그 사람이 대답하였다.

"저는 이 온천의 옛 주인입니다. 여기에 있으면서 연옥의 형벌을 받고 있습니다. 바라오니, 신부님께서는 거룩한 미사를 봉헌하시어 제 영혼을 구해 주시기 바랍니다. 신부님께서 다시 오셨을 때, 만약 제가 보이지 않으면 승천한 줄 아십시오."

신부는 성당으로 돌아와 매일 미사를 행하였다. 7일 후에 다시 온천에 갔는데 그 사람이 보이지 않았다. 이에 승천했음을 알 수 있었다.

19. 연옥 영혼은 주님의 뜻을 행하기를 원한다

연옥 영혼은 아무리 괴로워도 이 고통이 천주의 뜻에 의한 것임을 알기 때문에 기꺼이 받아들이고 한마디 불평도 하지 않는다. 베르나르도 성인이 말하였다. "천주께서 하고자 하시는 바를 우리가 하는 것은 천주의 덕을 닮으려는 것이다. 그러므로 만약 천주께서 하고자 하시는 바를 기쁘게 행한다면, 이는 곧 천주와 더불어 뜻을 같이하는 것이다."

연옥 영혼은 비록 죄 없이 형벌을 받아도 거부하지 못할 것인데, 하물며 허물이 있어 연옥에 있는 영혼이라면 어떻겠는가? 옛날에 순교 성인은 자기의 괴로움이 천주께 영광이 된다는 것을 알았다. 그렇기 때문에 박해자로부터 형벌을 당하는 것에 대해 노여워하지 않았을 뿐만 아니라 도리어 형벌을 많이 받지 못함을 한탄하였다. 순교 성인이 거의 죽음에 이르렀을 때 그가 품었던 생각을 가만히 살펴보면, 세상살이를 끝낼 때까지 형벌을 받은 후에야 기쁘게 여기는 듯하였다. 그러니 연옥 영혼은 이보다 더 주님의 뜻을 즐겁게 받들 것이다.

제노바의 가타리나 성녀가 말하였다. "천사와 성인의 즐거움을 제외하고, 연옥 영혼의 즐거움만큼 정결하고 큰 것은 없다. 병든 자에 비유하면 약을 먹는 것은 괴롭지만, 약이 병을 낫게 하는 것을 알기 때문에 괴로워도 달게 여기는 것과 같다. 오랜 종기에 침을 맞는 것에도 비할 수 있다. 비록 침을 맞는 것은 아프지만 침이 아니면 나을 수 없기 때문에 아파도 기꺼이 맞는 것이다. 연옥 영혼은 자신이 받는 형벌이 자기 죄를 없애는 줄을 알기 때문에, 형벌을 영약같이 사랑하고, 큰 은혜를 받는 것같이 여긴다."

이삭이 아브라함에게 죽임을 당할 때 이삭은 천주의 뜻을 알기 때문에 한 번도 손을 들어 자기 몸을 보호하지 않았고, 목숨을 구하려고 한 번도 발을 움직여 도망치지 않았다. 내 생각이지만 연옥에 수없이 많은 문이나 집이 있어서 형벌을 피할 수 있다손 치더라도, 빨리 연옥을 벗어나서 몰래 천당에 들어가기를 원하는 연옥 영혼은 없을 것이다. 가타리나 성녀도 말하였다. "만약 작은 죄라도 미처 다 보속하지 못하였으면, 연옥 영혼은 승천함을 좋아하지 않고 오히려 연옥에 있기를 바랄 것이다."

✞ 옛이야기

옛날에 나이 어린 수녀가 있었다. 수도 서원을 하고 동정을 지키니, 영혼이 깨끗하여 천사에 비길 만하였다. 또 그 수녀의 행실을 보면서 사람들이 감동하였다. 같은 수도회의 수녀들도 다 높이 공경하였다. 그러자 천주께서는 그 영혼을 사랑하시어, 세속에 물들지 않게 하려고 일찍 죽어 헛된 인간세계를 벗어나게 하셨다. 그 수녀가 죽은 후에 제르트루다 성녀가 수녀의 영혼을 보니, 예수님께서 앉아 계신 자리 곁에 오래도록 서 있는 것이었다. 수녀는 눈처럼 하얀 옷을 입었고, 온몸이 밝게 빛나고 있었다. 하지만 수녀는 머리를 숙인 채 감히 예수님의 거룩한 얼굴을 우러러 바라보지 못하였다.

제르트루다 성녀가 이 일을 기이하게 여겨 예수님을 향하여 여쭈었다.
"주님, 이 여자는 살아 있을 때 가진 것을 모두 다 버리고 주님만을 섬겼습니다. 어찌하여 그녀를 불러 거룩한 얼굴을 뵈옵게 하심으로써 주님의 자애로움을 드러내지 않으시는지요?"

예수님께서 성녀의 말대로 그 수녀의 영혼을 부르셨다. 그러나 수녀의 영혼은 감히 주님께로 가까이 다가가지 못하고 다만 머리를 숙인 채 대답할 뿐이었다.

그러자 제르트루다 성녀는 이 광경을 더욱 이상하게 생각하여 꾸짖으며 말하였다.

"예수님께서 그대를 부르시는데도 어찌 고집을 부리며 예수님의 말씀을 따르지 않는 것인가?"

수녀가 대답하였다.

"저에게는 아직 보속하지 못한 작은 허물이 남아 있습니다. 그러니 어찌 지극히 정결하고 허물이 없으신 천주의 어린 양을 뵐 수 있겠나이까?"

이것으로 볼 때 연옥 영혼은 괴로움을 참아 가면서 그 허물을 완전히 없애기를 원할 것이다.

20. 연옥 영혼이 고통을 참아 주님을 영화롭게 한다

무릇 주님을 진심으로 사랑하는 자는 주님께 영광이 된다면 무슨 일이건 상관없이 생각하고 그리워한다. 천주의 영광은 은혜를 베푸실 때만 나타나는 것이 아니며 고통을 주실 때도 나타난다. 은혜를 베푸실 때는 천주께서 그 인자함을 드러내시고, 고통을 주실 때는 그 엄격한 위엄을 보이신다. 연옥 영혼은 주님을 사랑하는 마음이 지극하여 항상 주님의 영광을 드러내기를 원할 것이다. 연옥 영혼은 자신이 참는 고통이 주님께 영광이 된다는 것을 알기에 말할 수 없이 기뻐하며 즐거워한다.

구약성경의 성인 스바니야는 박해를 받을 때 스스로 위로하며 말했다. "이미 주님께서 자애로운 손으로 베푸시는 은덕을 받았으니, 어찌 주님께서 공정하고 의로우신 손으로 내리시는 꾸지람을 받지 않을 수 있겠는가?" 옛날 성인들이 자기 몸을 괴롭게 하여 욕망을 이겨내는 고신극기를 항상 부지런히 실천한 것은 사람의 본성이 고통을 즐거워해서가 아니다. 몸을 괴롭게 하는 것이 주님을 영화롭게 하는 것이기 때문에 고통스러울수록 더욱 달게 여긴 것이다.

대부분 참된 사랑은 자기의 이익은 생각하지 않고 오직 사랑하는 분의 영화로움을 바란다. 또 자기의 어려움은 잊어버리고 오직 사랑하는 분의 행복만을 도모한다. 그러므로 바오로 사도는 차라리 천주의 버림을 받은 자가 될지언정 차마 자기 나라 사람들이 그른 곳에 빠지게 할 수는 없다고 하였다. 구약성서의 모세 성인은 천당의 명부에서 본인의 이름이 지워질지언정, 천주의 백성들이 모두 멸망하는 것은 차마 보지 못하겠다고 하셨다. 하물며 연옥 영혼이 천주를 사랑하는 마음은 이보다 훨씬 더 크다. 그러므로 모든 고달픈 고난을 달게 받아들여 주님을 영화롭게 하는 즐거움이야 오죽하겠는가.

✦ 옛이야기

옛날에 로마의 교우들은 해마다 성모 승천 대축일 전날 저녁에 벗들과 모여서 각각 촛불 하나씩을 들고 시내의 성당을 두루 다니다가 산타 마리아 마조레 대성당에 가서 조배를 드렸다. 어느 해인가 사람들이 성당들을 돌아다닐 때 한 부인이 보니 이미 죽은 자신의 대모가 그 가운데 있었다. 마음속으로 매우 이상하게 여기며 대모에게 말을 붙이려 하였으나, 사람들이 몹시 붐벼서 서로 밀치는 통에 가까이 가지 못하였다.

그 부인은 바깥으로 나와서 성당 모퉁이에서 기다리다가 대모를 만나 손을 잡고 물었다.

"당신은 저의 영세 대모님이 아닙니까?"

그러자 대답하였다.

"그렇다."

부인이 말하였다.

"대모님께서는 돌아가신 지 이미 일 년이 넘었는데 어찌하여 아직 이 세상에 있습니까?"

대모가 대답하였다.

"내가 어렸을 때 두어 차례 말을 단정하게 하지 않았고 생각도 편협하였다. 비록 죄 사함은 받았으나 아직 보속을 마치지 못한 이유로 지금까지 연옥에 있었단다. 다행히도 성모님이 크나큰 자비심을 내어 천주께 전구하신 덕분에 연옥에서 나올 수 있었다. 지금 네 눈에 보이는 것은 오직 내 한 사람의 영혼이지만, 나와 함께 연옥에서 나온 영혼들은 로마 시민만큼이나 많단다. 지금 우리는 함께 산타 마리아 마조레 대성당에서 조배하며 성모님의 무궁한 은혜에 감사드리는 것이다."

그 부인이 이 말을 듣고 반신반의하자, 대모가 말하였다.

"내 말을 의심하지 말라. 내년 이날에 너도 이 세상을 떠날 것이니, 이 말을 증거로 삼도록 해라."

부인이 듣고는 놀라움과 두려움을 이기지 못하여 세속을 떠나서 수도 생활을 하며 열심히 고신극기하고 부지런히 성사를 받았다. 그랬더니 정말 성모 승천 대축일 전날에 병들어 대축일 당일에 평안히 세상을 하직하였다.

21. 연옥 영혼이 천주께 결합하다

대개 어질고 거룩한 사람이 세상에서 먼저 천복을 맛보는 것은 왜 그런가? 천주께 결합하여 한결같은 마음으로 잊지 못하며, 몸은 세상에 있으나 정신은 하늘에서 노닐기 때문이다. 그러나 사람들이 살아 있을 때는 몸이 가지는 욕정의 장애를 받는다. 그러니 육신의 욕정이 없는 영혼이 천주와 더욱 깊이 결합하는 것과는 비교가 되지 않는다. 항상 은총의 빛이 주님께서 함께 계심을 깨닫는 연옥 영혼의 영성을 비춘다. 이에 연옥 영혼은 시시때때로 주님을 사랑하는 마음을 내어 주님의 마음에 다다른다. 그 신덕은 가장 굳고, 그 망덕은 가장 간절하며, 그 애덕은 가장 열렬하고, 그 겸덕은 가장 깊으며, 주님의 명에 순종하려는 생각은 가장 아름답고, 허물을 기워 없애려는 뜻은 가장 정성스럽다. 이것이 다 천주와 결합하였다는 뜻이다. 이로써 연옥에 있는 것이 하늘에 있음과 다르지 않으니 얼마나 즐겁겠는가?

옛날에 오상을 받은 아시시의 프란치스코 성인이 어느 날 영혼이 들어 올려져 천주와 가까이하여 결합할 찰나에, 어떤 사람이 불에 달군 쇠판을 성인의 몸에 갖다 대었다. 하지만 성인은 마치 느끼지 못하는 듯 말 한마디 하지 않았다. 이는 다른 까닭이 아니다. 그 마음이 온전히 주를 사랑하기에 육신의 아픔을 깨닫지 못한 것이다.

이처럼 연옥 영혼은 비록 주님에 대한 사랑으로 괴로움을 줄이지는 못하겠지만, 주님에 대한 사랑으로 말미암아 즐거움을 가질 수는 있다. 또 연옥에 있는 기간이 오래면 오랠수록 승천할 날이 더욱 가까워진 것이니, 그 바람은 더욱 간절해지고 즐거움은 더욱 깊어질 것이다. 만일 큰 죄를 지어 마땅히 지옥에 가야 하지만 구원을 받아 연옥에 머

무는 영혼이 있다면, 그가 연옥에 있음을 얼마나 경사롭고 다행스럽게 여기겠는가? 우리로서는 그 기쁨을 헤아리기 어려울 것이다.

✠ 옛이야기

도미니코회의 어느 수도사가 있었는데, 이미 세상을 떠난 지 오래되었다. 어느 날 그 수도사의 영혼이 동료에게 나타나서 말하였다.

"우리 수도회 규칙에 무릇 새 신발을 얻으면 낡은 신발은 마땅히 물건을 잘 처리할 수 있는 곳으로 보내야 한다. 그러나 내가 아끼는 마음이 심해서 두 가지 신발을 모두 가지고 있었다. 그 일로 인하여 천주께서 나를 연옥에 보내어 벌을 주셨는데, 그 괴로움은 이루 말할 수 없을 정도이다. 지금 두 신발은 아직 내가 쓰던 침대 아래에 있다. 수도원 원장에게 그것을 보여주고 동료 수도사들 앞에서 내 죄를 사해 줄 것을 요청하기 바란다. 또 모든 동료 수도사들에게도 청해서 미사와 신공을 행하여 내가 일찍 승천할 수 있도록 도와다오."

말이 끝나자 영혼은 보이지 않았다. 모든 동료 수도사들이 미사와 신공을 마치자, 영혼이 다시 나타나 모든 동료 수도사들의 도움에 감사하며, 한결같은 마음으로 수도하라고 권고하였다.

22. 괴로움과 즐거움이 어떻게 함께 할 수 있는가?

사람이 살아 있을 때는 정신적인 능력이 절반 정도는 육신의 방해를 받는다. 그래서 몸에 병이 있는 사람은 마음도 어수선하고 번민이 많으며, 몸이 건강한 사람은 정신의 상태도 기쁘고 유쾌하다. 이것을 보면 극도의 즐거움과 극도의 슬픔이 함께 공존할 수는 없다. 그러나 천주의 권능은 사람의 본성을 뛰어넘기 때문에, 설사 극도로 괴로운 가운데 있으면서도 지극한 즐거움을 함께 맛보도록 하실 수 있다.

예수께서 겟세마니 동산에서 기도하실 때도 마찬가지였다. 예수께서는 죽을 정도로 근심하고 번민하셨지만, 그분의 영혼은 천주를 뵙는 행복을 누려서 마음이 기쁘고 정신은 즐거우셨다. 또 순교 성인의 경우를 보더라도 괴로움을 더 많이 받을수록 더 많이 기뻐하였다. 안드레아 성인은 십자가에 못 박혀 죽게 되었을 때 이렇게 말했다. "슬프다! 사랑하올 십자가여. 내가 오래도록 십자가를 사모하였으며, 찾아다닌 지 또한 오래였도다. 그런데 오늘 다행히 얻게 되었으니 어찌 기쁘지 않겠는가?"

라우렌시오 성인은 불붙은 석쇠 위에서 몸이 반 이상 익었을 때, 폭군을 향하여 말했다. "이 형벌은 형벌이 아니며, 실로 내 기쁨의 연유로다. 이 불은 불이 아니며, 실로 내 청량한 복이로다." 또 순교자 이냐시오 성인은 말했다. "내 몸이 다 타서 재가 되기를 원하며, 굶주린 호랑이와 사자가 내 몸을 찢어 사지가 나뉘고 모든 뼈가 닳아서 없어지기를 원하며, 또 온갖 마귀들이 나를 자기들의 분한 마음대로 해치기를 원한다. 이 모든 고난을 차례로 받는다고 해도 마음이 아주 평안하고 즐거울 것이다."

이 성인들은 비록 육신을 벗지 않은 상태였음에도 오히려 괴로움과 즐거움을 함께 누릴 수 있었다. 하물며 이미 육신을 벗어버린 연옥 영혼들이야 어떻겠는가? 가타리나 성녀가 말했다. "천주께서는 연옥의 영혼들에게 특별한 사랑을 베푸십니다. 그래서 연옥 영혼도 기뻐할 수 있는 것입니다. 하지만 기쁨이 아무리 넘쳐도 연옥의 괴로움을 조금이라도 줄일 수는 없습니다."

✝ 옛이야기

옛날에 어떤 수도사가 있었다. 그는 수도원의 규칙을 지키고 본분을 다하는 데는 특별한 열성을 가지고 있었다. 그러나 천성이 굼떠서 매사에 늦은 적이 많았다. 수도원에서는 식사 시간이 정해져 있다. 그래서 때가 되면 종이 울리고 사람들이 모여서 식사하였다. 그런데 오직 이 수도사만은 식사 때 읽는 성경 독서가 거의 끝나갈 무렵에 오기도 하고, 이미 독서가 끝난 후에 오기도 하였다.

수도사가 세상을 떠날 때 사람들이 모두 말했다.

"여러 해 수도 생활을 하였으니 반드시 일찍 승천하겠지."

그러던 어느 날 식사 시간이 되어 종이 울렸다. 수도사들이 다 모였는데, 그 가운데에 죽은 수도사도 모습을 보였다. 그의 얼굴에는 크게 근심하는 기색이 있었다. 식사 기도문을 다 외우고 동료 수도사들이 차례로 앉자, 그도 차례에 맞추어 앉았다. 옆에 앉은 사람은 모골이 송연하고 마음이 놀랍고 혼란스러웠다. 수도원 규칙대로 식사 때 읽는 성경 독서가 끝나자 죽은 수도사의 모습이 보이지 않았다. 이런 일이 여러 번 반복해서 있었다. 다만 죽은 수도사의 영혼은 매번 다른 사람보다 조금 뒤에 식당에 나타났다.

죽은 수도사의 영혼이 나타나는 연유를 알지 못한 원장은 어떻게 해야 할지 몰랐다. 그래서 나이 든 수도사들을 모두 모아 함께 상의하였다. 그들 중에서 한 수도사가 말했.

"그는 살았을 때 항상 식사 시간에 늦게 왔습니다. 확실하지는 않지만, 혹시 그것 때문에 천주께서 연옥에서 벌하시는 것은 아닌지 모르겠습니다. 그가 다시 오기를 기다렸다가 원장님께서 그 죄에 대한 보속을 명하신다면 좋지 않겠습니까?"

원장은 그 말이 옳다고 여겼다. 다음 날 식사 때가 되자, 과연 죽은 수도사의 영혼이 나타났다. 원장은 큰 소리로 그에게 무릎 꿇고 보속을 행하도록 명하였다. 그는 원장의 명령대로 보속을 마치고 나서 감사의 인사를 하며 말했다.

"원장님께서 저에게 명하여 보속을 행한 공으로 인하여 저는 이제 연옥에서 나와 승천하게 되었습니다."

그 후 죽은 수도사의 영혼은 다시 나타나지 않았다.

제5편   연옥 영혼을 구하는 이유에 대하여 논함

23. 연옥 영혼을 구하는 일은 천주를 기쁘게 한다

　예전에 성인이 말하였다. "천주를 섬기고 성모를 공경하는 것 이외에 가장 큰 공은 오직 연옥 영혼을 구하는 것이다." 몸에 오상을 받은 아시시의 프란치스코 성인이 말하였다. "연옥 영혼을 구하기 위하여 기도하지 않는 자는 천주의 사람이 되기 어렵다." 아우구스티노 성인이 말하였다. "미사를 받들고, 재를 엄격하게 지키며, 가난한 사람을 구제하고, 어려운 사람을 돕는 일로 연옥 영혼을 구하면 그 공덕의 무성함이 보통의 공덕보다 훨씬 뛰어나다. 왜 그런가? 자신이 행한 공덕의 은혜가 연옥 영혼에 미치도록 하면, 그것은 곧 자신이 천주께 받은 은혜를 갚는 일이 되기 때문이다."

　연옥에 있는 영혼 역시 천주께서 당신의 모상으로 지으신 것이다. 그래서 고난을 받은 뒤에는 천주로부터 죄를 용서받는다. 지금 연옥에 가두어 벌하시는 것은 천주의 사랑이 모자라서가 아니라 공평하고 정의로우셔서 어쩔 수 없이 하신 것이다. 우리가 기도하여 구해주는 영혼은 바로 천주께서 사랑하시는 영혼이다. 그러니 연옥 영혼을 위한 우리의 기도를 천주께서 정말 기뻐하시지 않겠는가?

　비유해 보자. 어느 부자의 아들이 갑자기 큰 어려움을 만나 한때 힘든 지경에 있다고 할 때, 어떤 사람이 도와주어 그 고난에서 벗어나게 된다면 그 부자가 얼마나 감격하여 잊지 못하고 어떻게든 보답하지 않겠는가?

또 생각해 보면, 연옥 영혼은 승천한 후에 천주를 찬송하고 찬양하여 그 영광을 드러낼 것이다. 만약 연옥 영혼이 일각이라도 일찍 오르면 주님께 일각의 영광을 더하는 것이고, 만약 하루를 먼저 오른다면 주님께 하루의 영광을 더하는 것이다. 그러니 연옥 영혼이 일찍 승천할 수 있도록 돕는 것은 실로 주님의 영광을 돕는 것이다.

또 연옥 영혼을 돕는 공덕은 천주를 기쁘게 할 뿐만 아니라, 성모와 모든 천사와 성인들도 매우 기쁘게 한다고 하는데 이것은 무슨 뜻인가? 승천한 연옥 영혼은 영원히 천사의 짝이 되고 성인의 벗이 되어 함께 끝없이 주님을 찬양한다. 그래서 연옥 영혼이 한 명이라도 승천하면 모든 천사와 성인들이 서로 기뻐하고 축하하니, 이보다 더 큰 공덕은 없다. 우리 교우들은 이미 천주를 사랑하고 성모를 공경하니, 어찌 그분들이 즐거워하는 일을 행하지 않겠는가?

✞ 옛이야기

예수께서 어린아이의 모습으로 요안나 성녀에게 나타나 말씀하셨다.
"귀족 아무개는 죄악이 크고 중하여 주님을 크게 화나게 하였다. 넉 달 후 아무 날 아무 시에 죽을 것이다."
그러고는 성녀에게 특별한 기도를 대신 천주께 드리라고 명하셨다. 성녀가 예수님의 명을 받들어 부지런히 기구하였다. 정해진 기한이 되자, 천주께서 성녀의 몸을 나누어 두 곳에 있게 하셨다. 성녀의 한 몸은 직접 귀족의 집을 찾아가서 진심으로 뉘우친 다음에 선종할 수 있도록 잘 준비하라고 권하였다.

귀족이 죽은 후에 성녀가 그 영혼을 보았다. 형벌이 너무나 엄하고 무거워서 귀족의 영혼은 마음이 어지럽고 정신이 아득하여 자기가 어느 곳에 있는지도 깨닫지 못하고 있었다. 성녀는 그 영혼을 구하기 위하여 두세 배 더 천주께 기구하였다. 그러자 귀족의 영혼이 연옥을 나올 수 있게 되었는데, 성녀에게 나타나 은혜에 감사하였다.

24. 연옥 영혼을 구하는 공덕이 가장 아름답다

자선을 베푸는 애긍으로 쌓는 공덕은 영혼에 해당하는 것과 육신에 해당하는 것, 이렇게 두 가지 구분이 있다. 본디 영혼이 육신보다 더 귀하다. 그러므로 영혼에 자선을 베푸는 것이 육신에 자선을 베푸는 것보다 더 귀한 법이다. 옛날 성인들이 말씀하신 것을 살펴보면 영혼에 베푸는 자선 가운데 연옥 영혼을 위해 베푸는 것보다 큰 공덕은 없다고 한다. 이것이 무슨 뜻인가?

사람이 살아 있을 때는 아직 선한 일을 행하여 공을 세울 수 있다. 하지만 이미 연옥에 들어가면 공을 세워서 죄를 용서받을 수가 없다. 굶어 죽어가는 두 사람에 비유해 보자. 한 사람은 아직 걸어 다닐 수는 있어서 구걸하여 얻어먹는 일이 어렵지 않다. 반면에 다른 한 사람은 길 수도 없어서 목숨을 스스로 구할 방도가 없다. 그러면 두 사람 중에 스스로 살 수 없는 사람을 더 불쌍히 여겨야 한다. 연옥 영혼도 마찬가지다. 연옥 영혼은 비록 지독한 형벌을 받고 있으나, 하늘에 오르는 행복을 자기 스스로 더할 수 없다.

하지만 연옥 영혼은 천주의 충신이자 예수님의 좋은 벗이고, 성모님의 효성스러운 자녀이면서 천사와 성인의 선량한 벗이다. 무릇 은혜를 입는 사람의 지위가 높으면 높을수록 은혜를 베푼 공은 더욱 큰 법이다. 연옥 영혼이 이처럼 귀한 존재이니, 그를 구해주는 공덕도 그 등급에 맞게 더 귀하지 않겠느냐?

또 한 가지 생각해 보자. 살아 있는 세상 사람들에게 자선을 베풀면, 간혹 어떤 사람은 지나치게 탐욕스러워서 눈 깜짝할 사이에 그 은혜를 잊기도 한다. 그러나 연옥 영혼은 그렇지 않다. 자선 베푸는 은혜를 감격스럽게 여기는 마음이 깊어서 반드시 보답할 것이다. 성경에는 이런 말이 있다. "죽은 사람의 죄를 벗겨달라고 천주께 기구하는 것은 거룩하면서도 유익하고 또 아름다운 뜻을 담은 일이다." 성경의 말씀은 바로 연옥 영혼을 구하는 공덕을 가리키는 것이다.

옛이야기

옛날에 병사가 한 명 있었는데, 몸은 비록 군대에 있었으나 최선을 다해서 정성스럽게 주님을 섬겼다. 그래서 교회가 정한 신자의 본분을 지키고 죄를 피하는 것은 물론이며, 성당을 지나갈 때마다 반드시 들어가 '주님의 기도'를 한 번 외워 연옥 영혼을 구하고자 하였다. 이렇게 마음을 정한 후에는 오랫동안 빠뜨리지 않고 실천하였다. 하루는 적군과 서로 싸웠는데 다른 병사들은 다 도망치다가 죽었다. 그런데 이 병사만이 홀로 살아남아서 계속 달아났다.

달아나던 병사는 길가에 있는 어느 무덤을 마주쳤다. 무덤 안에는 작은 성당이 있었다. 예전에 결심한 뜻을 지키려면 '주님의 기도'를 한 번 외워야 했다. 그러나 적군이 바로 앞에 당도하였기 때문에 지체할 시간이 없었다. 하지만 그 병사는 다시 돌이켜 생각하였다.

'차라리 목숨을 버리자. 사람을 사랑하는 덕을 잃을 수는 없지 않은가?'

그러고는 무덤 앞에 꿇어앉아 공손히 주님의 기도를 외웠다. 미처 끝내기도 전에 적군이 들이닥쳤다. 어찌 알았겠는가? 생각지도 못한 일이 일어났다. 적군이 가까이 오지도 못할 뿐 아니라 도리어 물러가 버리는 것이었다. 두 나라가 화해한 후에 양국의 병사들이 서로 모였을 때 그때 물러간 이유를 물었다. 그러자 적국의 병사가 답했다.

"무덤 위에 용맹한 군사들이 무수히 많았는데 창이나 검을 잡은 채 자네의 몸을 에워싸고 있었기에 감히 손을 대지 못했다."

이에 모든 사람이 말했다.

"그 용맹한 군사들 무리는 연옥 영혼이 아니었을까?"

25. 연옥 영혼을 구하면 크게 이익을 얻는다

성경에는 최후의 심판 날을 예언하는 말씀이 있다. 그때 예수께서 선한 사람을 향해서 말씀하셨다. "너희들은 천주 성부께서 베푸시는 복을 받으리라. 천국으로 올라오라. 옛날에 내가 헐벗었을 때 너희들이 나를 입혔고, 내가 병들었을 때 너희가 나를 치료했고, 내가 주리고 목마를 때 너희가 나를 먹고 마시게 하였으며, 내가 갇히었을 때 너희가 나를 찾아주었다."

이 말씀은 가난한 사람을 구제하고 곤궁한 사람에게 자선을 베푸는 일이 곧 예수께 은혜를 더함과 같으므로 천국에 올림으로써 갚는다는 것이다. 살아 있는 사람에게 자선을 베푸는 일도 그 공덕이 이러할 정도이니, 하물며 연옥 영혼을 가엾고 불쌍히 여기면 그 공덕이 더욱 크지 않겠는가? 분명히 알아야 한다. 연옥 영혼이 이로움을 입은 후에는 반드시 크게 감격한다. 그리하여 연옥의 괴로움 속에 있을지라도 먼저 주님께 기구하여 나에게 은혜를 갚을 것이다. 그렇지 못할 때는 연옥 영혼의 수호천사가 또한 나를 위해서 기도할 것이다.

　연옥 영혼이 천국에 올라가면, 내가 살아 있을 때 도와줄 뿐만 아니라, 내가 연옥에 가면 주님께서 죄를 용서해 주시기를 대신 기구하다가 함께 승천한 후에야 그만둘 것이다. 이 세상의 사람 중 누군들 자기보다 더 뛰어난 사람을 사귀어 이로움을 받으며 급할 때 서로 도움받기를 원하지 않겠는가? 우리가 승천하는 길에 영혼 구원의 세 원수(마귀와 세속과 육신)가 마련한 장애와 죄를 지을 계기가 적지 않다. 그러니 하늘에 있는 천사와 성인들이 말없이 도와주는 것을 누가 바라지 않겠는가?

　연옥 영혼을 구하면 실로 연옥 영혼과 함께 벗이 되고, 나아가 연옥 영혼이 장차 주님 앞에서 나의 수호자가 될 것이다. 그러니 보속을 행하여 이룬 공덕을 다만 연옥 영혼에게 양도했을 뿐이라고 말하지 마라. 내가 연옥에 들어간 뒤에 빨리 승천하는 복을 얻지 못할 수 있다. 그러면 지극히 인자하신 천주께서는 내가 연옥 영혼에게 양도한 공덕의 아름다움을 보시고, 내가 받아야 할 벌을 줄여주실 것이다.

　옛날에 프란치스카 성녀는 한평생 쌓은 공덕을 다 연옥의 영혼에게 양도하였다. 그런데 임종 때에 마귀가 유혹했다. "네가 일생의 공덕을 다른 사람에게 모두 양도하였으니, 너는 장차 끝이 없는 괴로움을 받을 것이다." 유혹을 받은 프란치스카 성녀가 깊이 근심하자, 예수께서 즉시 나타나시어 위로하며 말씀하셨다. "걱정하지 마라. 네가 어질고 자애롭게 사람을 대접하였거늘, 내가 어찌 차마 하지 못할 마음으로 너를 대하겠느냐?"

옛이야기

옛날에 발이대익(勃爾大溺)이라는 고을에 어진 사람이 있었다. 그는 비록 세속에 살면서 온갖 일로 바빴지만, 연옥 영혼 구하는 일을 오랫동안 부지런히 하였다. 연옥 영혼을 위하여 때로는 기도문을 암송하며 기도를 바쳤으며, 때로는 가엾고 불쌍히 여겨 자선을 베풀었고, 때로는 자기 몸을 괴롭게 하여 이겨내는 고행을 하였으며, 때로는 굶어가며 엄격하게 재를 지키기도 하였다. 그리고 무덤 앞을 지날 때면 무릎을 꿇고 기도문을 외워 늘 주님께 대신 기구하였다.

그러던 어느 날 그 어진 사람이 중병에 걸렸다. 신부를 맞이하여 임종을 준비하는 병자성사를 받고자 하는데, 그때가 한밤중이었다. 신부는 마침 사정이 있어 직접 갈 수가 없어서, 부제에게 성체를 받들고 병자에게 가라고 명하였다. 부제가 종부성사를 마치고 성당으로 돌아오는 길에 어느 의로운 사람의 무덤가를 지나게 되었다. 그런데 부제는 갑자기 걸음을 뗄 수가 없었다. 마치 어떤 사람이 걸음을 막는 듯했다. 하지만 두루 살펴보았으나 아무런 기척이 없었.

얼마 지나지 않아 무덤 앞에 있는 성당의 문이 저절로 열리더니 큰 소리가 들렸다.

"마른 뼈도 다 일어나고 하늘에서 복을 누리는 자도 모두 내려오라. 함께 우리의 지극한 은인을 위하여 천주께 기구하라."

말이 끝나자 무덤 가운데서 썩은 시신들이 그 소리에 응답하듯이 모두 다 일어났고, 성당 가운데에는 낮같이 밝은 빛이 비쳤다. 시신들은 두 줄로 나누어 서서 함께 죽은 이를 위하는 위령 성무일도를 바쳤다. 끝나자 또 큰 소리가 들렸다.

"너희 무리는 각각 원래 있던 곳으로 돌아가라."

때맞춰 등불이 꺼지며 이전과 같이 고요해졌다. 그제야 부제는 비로소 성체를 받들고 성당에 들어갔다. 바로 그때 병자가 죽었다.

부제가 본 것은 꿈이 아니다. 이는 연옥 영혼이 나타나 그 어진 사람의 은혜에 보답하는 뜻을 보인 것이다. 이처럼 기이한 일을 목격한 부제는 세상살이가 헛되며 기도와 선행만이 참되다는 것을 깊이 느꼈다. 그리하여 마음을 정하고 집을 떠나서 수도 생활에 정진하였으며 죽을 때가 되어도 돌아오지 않았다.

제6편   망자를 위해서 대신 보속함에 대하여 논함

26. 대신 보속한다는 것이 무슨 뜻이며 무슨 이로움이 있는가?

무릇 한 가지 선을 행하면 반드시 세 가지 효험이 있다. 첫째는 허물을 대신 보속하는 효험이다. 둘째는 은혜를 입는 효험이다. 셋째는 영광을 더하는 효험이다. 대신 보속한다는 말은 살아 있는 사람이 어렵고 힘들게 쌓은 노력을 천주께 올려 연옥에 있는 벗이 벌을 면하도록 기구하는 것을 의미한다. 하늘에 있는 천사와 성인도 주님께 대신 기구하여 연옥 영혼을 구할 수는 있다. 하지만 천사와 성인은 고통을 받아 가며 공덕을 세울 수는 없기에 대신 보속하지는 못한다. 다만 이전에 자신들이 쌓은 공로 혹은 예수와 모든 성인의 공로 등을 바쳐서 주님께서 연옥 영혼을 불쌍히 여기시기만을 간구할 뿐이다. 그러나 살아 있는 사람은 그렇지 않다. 자기 몸을 괴롭게 하고 이겨내는 고신극기를 통하여 대신 보속을 행할 수 있다. 이는 다 괴로움을 감내하여 공을 쌓는 노력이기에, 대신 보속한다고 말하는 것이다.

대신 보속하는 것의 이로움에 대해 말하려고 하면, 성현이 내놓은 견해를 상고해 볼 수 있다. 그러니 교우들은 이 점을 믿어 의심하지 말아야 한다. 아우구스티노 성인이 말했다. "교회가 거룩한 제대에서 드리는 미사성제와 가엾고 불쌍히 여겨 자선을 베푸는 공로가 죽은 이를 도우며 이롭게 한다는 사실에는 의혹이 없다. 대개 교회는 모든 성인이 서로 공로를 주고받는다는 통공의 교리를 믿는다. 이 교리에서는 특별히 살아 있는 사람끼리 공로를 주고받을 뿐만 아니라, 아울러 연옥에 있는 영혼에게도 공로를 나누어 줄 수 있다고 말한다."

✞ 옛이야기

옛적에 아무개 수도사가 예루살렘으로부터 본국에 돌아오다가 중도에 거센 바람에 휘말려서 어떤 섬에 이르렀다. 그곳에서 우연히 나이 많은 은둔 수도사를 만나 여러 차례 말을 주고받았다. 은둔 수도사가 말했다.
"그대는 오딜로 성인과 클뤼니 수도원을 아는가?"
수도사가 대답했다.
"압니다."
은둔 수도사가 말했다.
"돌아가 저들에게 알려서 공덕을 더하고 간절하게 기도하여 연옥 영혼을 돕게 하라. 내가 이곳에서 들으니 마귀가 온갖 수단과 방법을 가리지 않고 사람의 영혼을 해치는데, 화를 내며 '저 미운 오딜로와 그 수도사들이 바치는 기도, 그리고 불쌍히 여기는 자선의 공덕이 내 손아귀에서 영혼들을 빼앗아 가는구나.'라고 하였다."
수도사가 돌아와 들은 바를 모두 전하였다. 그러자 오딜로 성인은 수도원에 소속된 수도사들에게 명령을 내려서 연옥 영혼을 위해 간절히 대신 기도하게 하였다. 특히 모든 성인을 찬미하는 대축일 이튿날에는 기도와 공덕을 배로 더하는 한편, 모두 공동으로 주께 기구하고 미사를 많이 행하여 연옥 영혼을 도왔다. 죽은 모든 이를 기억하는 위령의 날이 여기에서 시작된 것이다.

　옛날에 어느 부인이 아들을 낳았다. 그 아들은 성품이 돈후하고 비상할 정도로 영리하였다. 그러나 불행히도 일찍 죽었다. 그 부인은 울음을 그치지 않았다. 그러던 어느 날, 부인은 길 위에 소년들이 앞서거니 뒤서거니 하며 의기양양하게 무척 즐거워하는 모습을 보았다. 그런데 유독 자기 아들만은 뒤에 떨어져 피곤함을 이기지 못해 하는 것이었다.
　부인이 아들을 부르며 말했다.
　"슬프다! 내 아들은 어찌해서 혼자 더디게 움직이느냐?"
　그 아들이 옷소매가 맑은 물에 젖어 있는 것을 보여주며 말했다.
　"이것은 바로 어머니의 눈물입니다. 제가 움직이는 것을 가로막고 있습니다. 그저 울고 있기보다는 신부님께 청하여 미사를 드리고 가난한 이를 구제하는 공덕을 쌓는 것이 제 괴로움을 면하게 하는 데 더 좋습니다."
　말이 끝난 뒤에 그 아들의 모습은 보이지 않았다. 아들의 영혼이 벌을 받는 것은 자신이 생전에 지은 죄, 즉 본죄로 말미암은 것이지, 결코 어머니가 흘린 눈물 때문이 아니다. 이 점을 잘 알아야 한다. 그러므로 어머니의 눈물이 방해한다는 말은 진짜 방해가 아니라 다만 자기의 영혼을 제대로 돕지 못한다는 점을 지적한 것이다.

27. 대신 보속을 하는 자는 마땅히 어떻게 해야 하는가?

　대신 보속하는 이로움을 얻으려면 먼저 갖추어야 할 조건이 세 가지가 있다. 첫째는 반드시 몸에 큰 죄가 없고 영혼에 은총이 가득해야 한다. 그 이유는 천주께서는 지극히 존귀하여 비할 데가 없으며, 지극히 정결하고 허물이 없으니 죄인의 손에서 나온 더러운 공로를 기쁘게 받아들이지 않으신다. 둘째는 선한 공덕을 닦아 천주께 드린다 해도 마땅히 교회가 가르치는 이치에 부합해야 한다. 이치에 부합하지 않으면 천주께 드리지 못한다. 셋째는 공덕을 쌓기 전에 먼저 그 공덕을 양도하겠다는 뜻을 세워야 한다. 그렇게 하지 않으면 공덕이 행하는 사람에게 돌아가 버려서 연옥 영혼에게는 아무런 이로움이 없게 된다.

그밖에 미리 갖추어야 할 요긴한 것들은 신학자들 사이에서 확정된 것이 없어 함부로 말하기 어렵다. 다만 같은 선한 공덕이라 하더라도 그 이로움이 반드시 같지는 않을 것이다. 공덕이 끼치는 효력이 큰가 작은가 하는 점은 외적으로 드러난 공덕의 양에 따른 것이 아니다. 오직 천주로부터 받은 은총의 차이, 그리고 천주를 사랑하듯이 이웃을 사랑하는 마음의 간절함 여부에 따라 공덕의 이로움과 효력이 결정된다.

여러분, 열심인 교우와 대죄 없는 사람은 매일 새벽에 먼저 공덕을 양도할 뜻을 세우기 바란다. 그런 다음에 종일토록 말하기, 행하기, 기도하기, 괴로움 참기 등에서 죄를 보속할 만한 것은 모두 연옥 영혼에게 양도하라. 그러면 공덕을 다른 사람에게 양도하는 것이 익숙해져 어렵지 않게 된다. 또 그 효험을 받는 자는 그 은혜에 감격하여 마지않을 것이다.

✚ 옛이야기

옛날에 시토 수도회 소속의 어느 수도사가 있었다. 그는 본성이 충직하고 성실하였다. 원래 성모님을 경애하고 수도회 규칙을 잘 지키며, 자신을 괴롭게 하여 이겨내는 고신극기를 열심히 하여 크게 주님의 마음에 들었다. 천주께서는 수도사가 공덕을 완성하여 죽은 후에 더 큰 영화를 받을 수 있도록 하실 계획이었다. 그래서 다른 사람들에게 모욕을 당하게 하고 질병의 고난을 받게 하였다. 결국 수도사는 우레가 치는 소리를 들으면 마음이 놀라 죽을 것 같고, 얼굴에는 심한 부스럼이 나서 가죽과 살갗이 다 썩을 지경이 되었다. 그러자 수도사는 일 년에 몇 달은 홀로 병실에 머물면서 다른 사람의 이목을 피하였다.

어느 날 수도사는 성무일도를 바친 후에 병실로 돌아와 평생 지은 많은 허물을 생각하니 마음이 아팠으며 눈물이 끊임없이 흘렀다. 그러다가 문득 보니, 수많은 수도사가 차례로 줄을 지어 병실 앞을 지나가고 있었다. 그중에는 같은 수도원에서 수도 생활을 하다가 얼마 전에 죽은 수도사 십여 명도 있었다. 그때 마침 한 수도사가 가까이 와서 말했다.

"네가 보는 수도사들은 모두 우리 수도원에서 수도하던 사람이다. 우리가 비록 승천하기를 바라고 있지만, 지금까지도 연옥에 있는 이유는 너희가 열심히 대신 기도하지 않았기 때문이다. 만일 너희들이 지금처럼 계속 소홀히 하고 고치지 않는다면, 우리만 원망할 뿐 아니라 천주께서도 또한 참지 못하실 것이다. 의로우신 천주께서 가장 분노할 자는 이런 사람들이다. 성부와 성자와 성령의 삼위 성호경을 바칠 때 단지 몸 굽히는 예만 행할 뿐 공경하는 마음이 없는 자, 등을 뻣뻣이 하여 겸손한 태도를 짓지 않는 자, 심지어 좌우를 돌아보거나, 정신이 흐려져 조는 자 등이다. 청컨대 빨리 수도원 원장께 말씀드려 엄하게 처벌하여 다스리도록 하라. 그렇지 않으면 천주의 엄벌에서 벗어나기 어려울 것이다."

말이 끝나자 죽은 수도사의 영혼은 사라졌다. 이 말을 들은 수도사는 빨리 일어나 성당에 들어가 주님께 기구하였다. 제대 앞에서 무릎을 꿇고 눈물을 흘리며 통곡하다가 우러러보니 어떤 아름다운 여인이 하늘에서 내려오며 물었다.

"나를 아느냐?"

수도사가 대답하였다.

"알지 못합니다."

여인이 말하였다.

"나는 바로 예수의 어머니이다. 네가 간절히 바라고 눈물 흘리는 것을 보고 특별히 와서 너의 마음을 위로한다. 너를 힘들게 했던 사람들은 지금 이미 벌을 받고 있다는 것을 알려주노라."

말을 마치고 옷소매로 수도사의 얼굴을 스치니 그 순간 갑자기 모든 병이 나았다. 수도사는 수도원 원장께 가서 모든 일을 자세하게 보고하였다. 모든 수도사가 이 이야기를 듣고 놀라며 뉘우쳤다.

프란치스코회의 수도사가 죽은 후에 같은 수도회의 신부에게 나타났다. 신부가 물었다.

"자네가 처한 처지가 어떠하며 괴로움과 즐거움은 어떠한가?"

수도사가 대답하였다.

"제가 평생 참지 못하는 허물을 많이 범했으며, 벗을 대접하는 태도가 공손하지 못했던 탓으로 지금 연옥에서 큰 괴로움을 받고 있습니다."

신부가 또 물었다.

"우리가 자네를 위하여 행한 미사가 너의 괴로움을 줄어들게 하였느냐?"

수도사가 대답하였다.

"조금은 줄었습니다. 그러나 미사를 봉헌할 때 좀 더 정성껏 열심히 하였더라면 저에게 미치는 이로움이 이처럼 미미하지는 않았을 것입니다."

28. 대신 보속하는 이로움은 누구에게 돌아가는가?

대체로 사람들은 친구가 세상을 떠나면 많은 경우에 친구를 위하여 자선을 베풀며 주님께 기구한다. 만일 그 공덕의 이로움이 반드시 죽은 친구에게 돌아가는 줄을 안다면 마음에 크게 위로가 되지 않겠는가?

요즘 신학자들의 말을 자세하게 살펴보면, 대신 보속하는 이로움을 나누어 주는 것은 천주의 뜻에 있지 않고 공덕을 드리는 사람의 마음에 달려 있다고 한다. 이에 토마스 아퀴나스 성인은 말했다. "누군가를 위하여 공덕을 행하였으면 그 효험이 그 누군가에게로 돌아가는 것이 당연한 이치이다. 어찌 많은 것을 옮겨서 적은 것을 보충해 주고, 이쪽의 것을 빼앗아 저쪽에 주겠는가?"

이로 미루어 보면, 부친을 위하여 자선을 행하면 그 이로움이 부친에게 돌아가고, 아들을 위하여 자선을 행하면 그 이로움이 아들에게 돌아가고, 벗과 뭇 영혼을 위하면 벗과 뭇 영혼에게 이로움이 돌아간다. 이처럼 이쪽과 저쪽이 분명하게 나뉘고, 그 몫도 각각 다르게 된다. 다만 공덕의 효력에는 한계가 있다. 한 가지 공덕을 한 영혼에게만 양도하면 그 영혼이 얻는 이로움은 더 많고, 여러 영혼에게 나누어 주면 영혼마다 얻는 이로움은 적어진다.

천주께서는 아주 공정하신 주님이시며, 모든 선의 근원이시다. 우리의 모든 공덕은 천주로부터 오지 않는 것이 없다. 설령 천주께서 우리가 드리는 공덕을 다른 사람에게 나누어 주신다고 해도 공정하지 않은 것은 아니다. 그러나 큰 연고가 없으면 반드시 구하는 영혼에게 주실 뿐, 다른 사람에게 효험을 나누어 주시지는 않을 것이다.

어떤 사람이 물었다. "자손이 죽은 아버지를 구하기 위하여 선한 공덕을 행하였는데 만일 죽은 아버지의 영혼이 이미 승천하였으면 그 효험이 누구에게 돌아가는가?"

나는 말한다. 이는 신학자마다 말이 같지 않다. 어떤 이는 "연옥에 있는 친구에게 돌아간다." 하고, 혹은 "기도해 줄 사람이 없는 영혼에게 돌아간다." 하며, 혹은 "연옥에서 가장 괴로운 영혼에게 돌아간다." 하고, 혹은 "교회의 공덕 창고로 돌아가 모든 성인의 공덕과 함께 한 곳간에 모아둔다." 하며, 혹은 "세상에서 연옥 영혼을 즐겨 구해주던 사람에게 돌아간다."라고 한다.

살아 있을 때 남을 구하였지만 죽은 후에 도리어 구함을 받지 못하는 것은 결코 공정한 도리가 아니다. 그러므로 남은 공덕으로는 그 사람의 딱한 사정을 덜어준다. 연옥 영혼은 서로 한 사람같이 사랑하므로, 어떠한 영혼이든지 상관없이 도움을 주게 되면, 다른 영혼들도 모두 기뻐한다.

✠ 옛이야기

베네딕토 수도회의 규칙에는 수도자가 세상을 떠나면 그 사람이 한 달 동안 쓸 재물을 가지고 빈궁한 사람에게 자선을 베풀어 죽은 사람을 구하게 되어 있다. 그런데 수도회의 어느 재정 담당자가 사람됨이 인색하여 자선을 좋아하지 않았다. 하루는 재정 담당자가 성당에서 주님께 기도하다가 문득 보니 이전에 재정을 담당했던 수도사의 영혼들이 일제히 나타나 화난 얼굴로 꾸짖으며 말했다.

"너는 어찌하여 차마 못 할 마음을 먹었느냐? 네가 즐겨 자선을 베풀지 않았기 때문에 우리가 지금까지 괴로움을 받고 있다. 분명히 알아라. 사흘 후에 너도 벌을 받게 될 것이다."

재정 담당자는 이 말을 듣고 땅에 쓰러져 정신을 잃었는데, 마치 죽은 것 같았다. 곁에 있던 사람이 붙들어 방에 데려다 놓으니 겨우 깨어났다. 재정 담당자는 정말로 사흘 뒤에 세상을 하직하였다. 수도원 원장은 규칙대로 재정 담당자를 위하여 자선을 베푸니 오래지 않아 죽은 재정 담당자가 나타나 말하였다.

"원장께서 저를 위하여 불쌍한 사람들에게 자선을 베푸셨지만 제게는 아무런 이로움이 없습니다. 다른 수도사들의 영혼을 전부 구한 다음에야 비로소 제 차례가 될 것입니다."

29. 흉하게 죽은 사람을 위하여 대신 보속한다

거룩한 교황께서는 매번 성인의 반열에 오른 자를 열거하면서, 그들이 천국에 있다는 사실을 분명하게 선포한다. 하지만 일찍이 어떤 사람의 영혼이라도 지옥에 내려가 있다고 단정하지는 않았다. 그런데 요즘 보면 교우 중에는 간혹 누군가의 영혼이 지옥에 내려갔다고 단정하는 자가 있다. 고해를 받지 못하여 선종하지 못한 사람을 보면 이렇게 말한다. "그 영혼은 이미 잃었다." 그러면 그 영혼을 위하여 기도와 선행으로 공덕을 쌓지 않는다. 슬프다! 사람의 각박함이 어찌 그리 심한가? 천주께서는 지극히 인자하시기 때문에 사람이 임종할 때에 상등통회로 참회할 기회를 주셔서 영혼의 생명을 보존하게 하신다는 것을 어찌하여 생각하지 않는가?

옛날에 엑셀망스(Exelmans)라 불리는 대장군이 있었는데, 그 행실이 단정하지 못하고 교회의 규칙을 잘 지키지 않았다. 어느 날 엑셀망스 대장군은 말에서 떨어져 고해성사도 받지 못한 채 죽었다. 그러자 사람들이 다 이렇게 말했다. "이 사람은 잘못한 일이 많아서 분명 승천하기 어려울 것이다." 그날에 천주께서는 덕이 뛰어난 어떤 사람에게 계시하여 말씀하셨다. "나의 인자함과 자애로움은 넓고 깊어 인간의 생각을 넘어선다. 나는 어리석고 생각이 어두운 영혼의 죄를 많이 용서해 준다." 이를 보면 장군의 영혼이 죄를 용서받아 지옥에 가는 것을 면하였음을 알 수 있다.

옛날에 제르트루다 성녀가 어떤 사람이 고해를 받지 못하여 좋지 않게 죽었다는 소식을 듣고는 슬픔을 이기지 못하여 주님께 기구하며 말하였다. "주님이시여, 저에게 은총을 주셔서 그 영혼을 위하여 슬퍼하고 아파하며 대신 기도하게 하시면 어찌 더욱 아름답지 않겠습니까?" 예수께서 나타나시어 말씀하셨다. "무릇 죽은 사람을 슬퍼하여 대신 기구하는 아름다운 뜻은 나의 마음을 참으로 즐겁게 하는 것이다. 슬퍼하는 마음을 내어 간절하게 기구하며 기도를 바쳐서 공덕을 쌓아야만 비로소 아름답다고 하겠다."

성녀가 대신 보속을 행한 뒤로 오래 지나자, 그 사람의 영혼이 와서 모습을 보였는데 숯처럼 검었다. 게다가 그의 영혼이 받는 괴로움은 이루 다 형용할 수 없었다. 성녀가 이것을 보고 슬퍼하며 천주께 아뢰었다. "주님께서는 어찌하여 저에게 그 영혼을 위하여 기구할 것을 허락하셨으면서 그 영혼을 용서하지는 않으시는 것입니까?" 예수께서 또 나타나서 말씀하셨다. "너의 참되고 간절한 마음을 사랑하노라. 특별히 네가 기구하는 바를 들어서 그 영혼의 죄를 용서하겠다. 그뿐 아니라 천만 명의 영혼이라도 또한 너로 인하여 너그럽게 용서하리라."

성녀가 말했다. "주님께서 이 영혼을 너그럽게 용서하신다고 말씀하셨지만, 그것이 과연 공정함과 의로움에 부합하는지 아닌지는 모르겠습니다." 예수께서 말씀하셨다. "부합하지 않는 것이 무엇이 있겠느냐? 나는 미리 네가 저 영혼을 위하여 기도할 줄을 알고 있었다. 그래서 진작에 저 영혼에게 선종할 수 있는 은혜를 베풀었다." 이 말씀을 들으면, 천주께서 다른 사람들이 장차 기구해 줄 것을 아시기 때문에 죽을 때에 먼저 은총을 내리신다는 것을 알 수 있다. 아! 천주의 자비하신 마음을 누가 감히 헤아릴 수 있겠는가?

✞ 옛이야기

옛날에 수덕 생활을 실천하기 위하여 외딴곳에 숨어 사는 유스토라는 은수자가 있었다. 마귀에게 유혹을 받아서 그만 금전 세 닢을 훔쳤다. 그러다가 병이 들어 죽을 위기에 놓였다. 병문안하러 그 집에 간 사람들이 돈을 보고는 수도회의 장상에게 알렸다. 장상은 유스토의 잘못을 널리 알리는 한편, 다른 사람들이 본받는 일이 없도록 하려고 동료 수도사들이 유스토와 만나지 못하게 막았다. 유스토는 무거운 죄를 지었음을 알고 진심으로 죄를 뉘우치고 죽었다. 장상은 수도원 바깥에서 장사지내게 하고, 금전 세 닢을 관 속에 던져 넣으며 말했다.

"금전은 유스토를 따라가서 사후의 재앙을 더 많이 받을지어다."

한 달이 지났지만 아무도 유스토를 위하여 대신 기구해 주지 않았다. 그 후에 수도회 장상은 유스토가 진심으로 죄를 뉘우친 사정을 헤아려 보고, 그가 승천하고자 하는 바람을 가지고 있었음을 알았다. 그래서 한 달 동안 날마다 죽은 유스토를 위한 미사를 봉헌하였다.

삼십 일이 지난 후에 유스토는 자신의 아우 앞에 나타나 말하였다.

"죽은 후로 이제까지 항상 힘들고 고통스러웠다. 다행히 우리 장상이 주님께 미사를 봉헌하며 슬프게 구한 덕에 지금은 괴로움이 훨씬 덜해졌고, 천당의 만복도 곧 받게 될 것 같다."

30. 대신 보속하는 책임이 매우 크다

십계명에서 천주께서 말씀하셨다. "다른 사람을 내 몸처럼 사랑하라." 교리를 잘 아는 사람들은 다 이렇게 말한다. "주님이 명하신 뜻을 살펴보면 사람의 고난이 크면 클수록 구원하는 책임도 그만큼 크다." 지옥을 제외한다면 연옥 영혼만큼 괴로움을 참는 사람도 없다. 이런 이유로 그들을 구원하는 책임은 어려운 처지에 있는 사람을 건져주고, 가난한 사람에게 자선을 베푸는 것보다 훨씬 더 크다.

이 세상에서 벌어지는 재앙은 사람의 이목을 끈다. 하지만 연옥 영혼의 괴로움은 사람의 마음에 사무치게 다가오지 않는다. 그러므로 늙은이를 봉양하고 어린이를 양육하며 병을 치료하고 굶주린 자를 먹이는 사람은 적지 않다. 그러나 기도를 바치고 경문을 외움으로써 연옥 벗을 위로하는 사람은 별로 보이지 않는다. 이는 사소한 일을 먼저 하고 정작 중요한 일은 나중으로 미루는 것이 아니겠는가?

만일 자녀가 부모의 남긴 재물을 물려받았으면 마땅히 자선을 베풀고 대신 보속하여 부모의 영혼을 도와야 한다. 그렇게 하지 않는 사람은 부모의 망극한 은혜를 눈 깜짝할 사이에 잊어버리는 것이다. 이는 부모를 불가마 속에 버려두고 수수방관하는 것과 같다. 어찌 차마 이런 일을 할 수 있단 말인가?

더 안타까운 일이 있다. 사리에 밝지 못한 자식들이 부모가 죽은 후에 고작 초상을 치르고 장사를 지내는 것과 같이 헛된 예절만 행하고, 위령의 날에 조상을 추모하는 거룩한 예절은 생각하지 않는다. 간혹 사람을 청하여 경문을 읽기도 하지만 종일토록 잡담만 하고 술이나 음식을 탐하는 데 그치고 만다. 이러한 행위는 연옥 영혼에 무익할 뿐 아니라 천주께는 도리어 모욕이 된다.

만일 부모가 재산을 남겨주면서 자선하라고 명하였는데도, 자녀들이 사사로이 써버린다거나, 보속을 행하여 돌려드릴 생각이라고 말하면서도 세월만 보내어 수십 년이 지나도록 온전히 보속하지 않는다면, 연옥에 있는 부모의 영혼은 오랫동안 불 가운데서 벗어나지 못한다. 죄를 보속하는 공덕을 행하지 않아, 부모의 영혼이 연옥 형벌을 면할 수 없기 때문이다. 반드시 그 죄를 다 씻은 후에야 나올 수 있을 것이다.

아! 슬프다! 이보다 더 통탄할 일이 있겠는가? 만일 우리 교우들은 차마 하지 못하는 어진 마음으로 남을 대접하면, 천주께서도 차마 하지 못하는 어진 마음으로 우리 교우들을 대접할 것이다. 교우들은 그것을 경계하여 후회가 없도록 하라.

옛이야기

옛날 어떤 수도사는 선한 공덕을 쌓는 데 게을러서 연옥 영혼을 구하지 않았다. 수도사가 죽은 후에 그의 영혼이 나타나 말했다.

"제가 비록 승천하고자 하는 바람은 가지고 있지만, 지금은 연옥에 있어 그 괴로움은 이루 말할 수가 없습니다. 비오니 저를 위하여 대신 기구하여 연옥의 괴로움을 면할 수 있게 해주십시오."

수도자가 대답하였다.

"우리가 이미 미사를 봉헌하고 선행을 하였네. 자네에게 도움이 되지 않았는가?"

죽은 수도사가 말하였다.

"도움이 되지 않았습니다. 제가 살아 있을 때 연옥 영혼을 구하지 않았기 때문에 천주께서 여러분들이 저를 위해 기도한 공덕을 다른 영혼에게로 옮겨 주셨습니다. 그러니 다시 기도와 선행을 하여 저의 괴로움을 덜어주시기를 바랍니다. 그래야 저에게 도움이 될 것입니다."

제7편   영혼을 구원하는 착한 노력에 대하여 논함

31. 미사에서 주님을 받아 모시다

　미사의 의미는 네 가지이다. 첫째는 주님을 흠숭하고 공경하는 것이고, 둘째는 과거에 받은 은혜에 감사하는 것이며, 셋째는 새로이 은혜를 구하는 것이고, 넷째는 이전에 저지른 죄를 보속하는 것이다.
　미사 중에 예식을 거행하는 사람은 사제이지만, 미사를 주관하는 분은 우리 주 예수이시다. 미사 때 드리는 희생 제물은 유다교 번제의 소와 양, 오곡 같은 것들과는 다르다. 우리 주님의 성체와 성혈이 희생 제물이다. 또 삼십삼 년 동안 신앙의 본보기를 세워 사람들을 권면하고 기적을 많이 행하신, 천주와 한 몸이신 바로 그분이 희생 제물이 되는 것이다. 그 공이 무한하고 그 덕이 무궁하여 사람의 죄를 보속하고 연옥 영혼을 구하는 데 가장 큰 힘이 있다. 대체로 천주 성부께서 깊이 사랑하시는 이는 오직 천주 성자 한 분이다. 미사 중에 우리 주님이 당신의 몸과 피를 성부께 드리며 연옥 영혼의 죄를 용서해 달라고 기구하시면 성부께서 어찌 그 구하는 것을 받아들이지 않으시겠는가?
　미사를 제외하고는 성체를 잘 받아 모시는 것이 우리에게 가장 큰 이로움이 된다. 여기서 잘 받아 모신다는 것은 정성과 공경과 겸손과 사랑을 다한다는 뜻이다. 대개 성체를 받아 모신 후에는 예수님과 마음이 서로 합하게 되고 생각이 서로 통하게 된다. 그러므로 주님의 무한히 인자하신 성심에 힘입어 연옥 영혼을 도와달라고 기구하면 예수님께서 내 마음에 계시어 곧바로 나의 기도를 들으시고, 반드시 내가 기구하는 것을 들어주신다.

옛날 라자로가 죽은 지 나흘이 지나자 시체 썩는 냄새가 바깥에까지 났다. 동생 마르타가 통곡하면서 주님께 불쌍히 여겨달라고 기구하자, 주님께서 죽은 라자로를 다시 살리셨다. 지금 연옥 영혼은 땅에 장사 지낸 정도에 그치지 않고 실제로 불 속에 묻혀 있다. 그러니 우리 교우들은 성체를 받아 모신 후에 주님께 연옥 영혼을 구해 달라고 기구하는 것을 어찌 생각하지 않겠는가?

✞ 옛이야기

옛날 도미니코 수도회의 신부 의황(依徨)에게 어떤 연옥 영혼이 나타났다. 신부가 물었다.

"누구신가?"

연옥 영혼이 대답하였다.

"나는 얼마 전에 죽은 아무개 수도사이네. 지금 연옥에 있으면서 중한 형벌을 받고 있는데 15년 후에나 비로소 벗어날 수 있다네."

이 말을 들은 신부가 급히 제의를 입고 미사를 행하는데, 죽은 수도사가 받는 형벌을 생각하고는 비처럼 눈물을 흘렸다. 신부는 손에 성체를 받들고 슬프게 빌면서 말했다.

"나의 주님! 옛날 바빌론의 임금이 어떤 포로를 가두었을 때, 아무개 신하가 임금을 수십 년 섬긴 공을 믿고 너그럽게 용서해 달라고 청했습니다. 그러자 임금이 허락하였습니다. 우리 주님의 지극하신 자비는 그 임금과는 비교가 되지 않습니다. 제가 비록 어리석고 미련하오나 주님을 섬긴 지 이미 여러 해가 되었습니다. 간절히 비오니, 저의 보잘 것없는 노력을 굽어보시어 제 죽은 친구를 연옥에서 풀어주소서."

신부는 이 말을 여러 번 반복하면서 계속 눈물을 흘렸다.

밤이 되어 신부가 기도문을 바친 후에 수도사의 영혼을 보았다. 연옥 영혼은 눈처럼 흰옷을 입고 기쁨이 넘치는 얼굴로 감사의 예를 표하며 말했다.

"나는 천주의 인자하심으로 승천하게 되었네. 모두 자네가 기도한 공덕에 힘입은 것이라네."

마르가리타 성녀가 어느 날 저녁 잠들려고 하는데 어떤 연옥 영혼이 그 앞에 나타나 불렀다. 마르가리타 성녀는 근거 없는 헛된 꿈이라고 생각하여 자세히 쳐다보지도 않았다. 그러자 연옥 영혼이 두세 번 더 괴롭혔다. 잠을 잘 수 없었던 마르가리타 성녀가 연옥 영혼에게 나타난 이유를 물었다. 그러자 연옥 영혼이 대답하였다.

"저는 수녀의 영혼입니다. 평생 사람을 대접할 때 실수를 많이 범했고, 저 자신을 엄하게 꾸짖지 못했으며, 남을 훼방하고, 장상 수녀를 함부로 평가한 까닭에 천주께서 저를 연옥에 벌하시어 허물을 보속하게 하셨습니다. 참으로 슬픈 일이지요! 만약 온 세상의 동료 수도자들이 저의 괴로움을 안다면 반드시 부지런히 공을 쌓고 수도에 정진할 것입니다."

마르가리타 성녀는 공손하게 성체를 받들어 모시고 신부에게 청하여 미사 한 대를 봉헌하며 예수의 고난을 생각하였다. 이로써 겨우 이 영혼의 괴로움이 줄어들 수 있었다.

32. 기도문을 외우고 마음속으로 기도하다

주님께 기구하는 방법은 두 가지가 있다. 하나는 입으로 비는 것이고, 다른 하나는 마음으로 비는 것이다. 옛날 어떤 세리는 성전 밖에 꿇어앉아 겸손한 마음으로 주님께 기구하였다. "비나이다. 주님께서는 죄인을 불쌍히 여기소서." 이것은 입으로 비는 것이다. 오늘날 기도문을 외운다는 것은 이와 같다. 한편 마리아 막달레나는 입으로 말하지 않고 오직 속마음으로 주님께 기구하며 눈물을 흘려 주님의 발을 씻었다. 이는 마음으로 비는 것이다. 오늘날 말없이 가만히 기구한다는 것은 이와 같다.

두 가지 방법 모두 연옥 영혼을 도와 형벌을 면하게 할 수 있다. 아우구스티노 성인이 말하였다. "선한 사람의 기구는 천국 문을 여는 열쇠와 같다." 또 이렇게 말하였다. "선한 사람이 기도하는 정성이 위로 올라가 하늘에 닿으면, 천주의 사랑하시는 상서로움이 아래로 내려와 우리에게 닿는다." 테오도로 성인이 말하였다. "기도의 전능함이여! 기도는 오직 하나이지만 모든 일을 할 수 있다."

대체로 거룩한 기도문 중에 으뜸으로 귀중하게 여기는 것은 십자가의 길이다. 십자가의 길을 조배하면서 예수님의 고난을 생각하면, 이것이 주님의 선하신 마음을 가장 감동하게 하여 죽은 사람을 불쌍히 여기시도록 한다. 또 거룩한 교종이 전대사의 신비로운 은혜를 더하도록 하는 일도 헤아릴 수 없을 만큼 많다.

다음으로 귀중한 것은 묵주기도이다. 이는 주님의 기도와 성모송 두 가지 기도문에서 나온 것이다. 주님의 기도는 예수님께서 친히 지으신 것이고, 성모송은 천사와 교회가 성모께 드리는 말씀이다. 모두 다 보배롭고 지극히 귀하여 천주의 마음을 가장 기쁘게 한다.

또 그다음으로 귀중한 것은 전대사(全大赦)와 한대사(限大赦)와 같은 은사(恩赦)를 얻기 위한 기도이다. 교황은 대사를 내려 이 기도를 바치는 사람들이 은사를 얻을 수 있도록 한다. 그밖에 위령 성무일도와 같이 교회에서 제정한 것들도 별도로 연옥 영혼을 구하는 효험이 있다. 그렇지만 그 효력은 저마다 같지 않으며, 필경 온전히 얼마나 열심히 했는지에 달려 있다. 만일 입으로만 외울 뿐 마음이 담기지 않으면, 단지 연옥 영혼에게 무익한 데서 끝나지 않고 실제로 천주께 죄를 얻을 것이다.

어떤 사람이 물었다. "『성교예규』에 실린 위령 기도, 장례 예절, 성수 같은 것은 어떤 이로움과 효험이 있는가?" 나는 말한다. "이런 예절들은 반드시 은총을 얻는 교회의 성사와는 달라서 그보다는 못하다. 하지만 예절을 거행하는 사람에게 덕이 있는지 없는지에 따라 그 효험의 크고 작음이 정해질 것이다. 그래도 이미 교회에서 제정한 예절이므로 여타의 기도문에 비교하면 천주의 뜻에 더 부합한다. 그런 까닭으로 연옥 영혼들을 더 신비로운 방식으로 돕는다."

✚ 옛이야기

옛날 예수회에 어느 젊은 수도사가 있었다. 그는 매일 묵주기도 한 꿰미(5단)를 외워 연옥 영혼을 구하였다. 그런데 하루는 아직 묵주기도를 다 바치지 않았는데도 몸을 편히 하여 쉬다가 잠깐 졸았다. 그때 천사가 불러 말하였다.

"연옥에 있는 모든 영혼이 네가 묵주기도 외우는 것을 기다렸다가 그 괴로움을 위로받고 있다. 저들이 너의 묵주기도를 꾸준히 바라고 있는데, 너는 어찌하여 평안히 졸고 있느냐?"

수도사는 이 말을 듣고 빨리 일어나 미처 끝내지 못한 묵주기도를 마저 바쳤다. 이후로는 죽을 때까지 묵주기도를 게을리하지 않았다.

스페인에 어떤 부잣집 딸이 있었는데, 이름이 알렉산드라였다. 알렉산드라는 도미니코 성인이 강론에서 묵주기도의 효험에 대해 말씀하는 것을 듣고, 뜻을 세워 날마다 묵주기도를 외우며 성모를 공경하였다. 그 후 어느 날, 이웃 사람 두 명이 몸을 생각하지 않고 거칠게 서로 싸우다 죽었다. 그 이유를 따져보니 모든 일이 알렉산드라 때문에 벌어진 것이었다.

두 사람의 친구들이 이를 알고 분하게 여겨 원수를 갚는다고 하면서 알렉산드라를 심하게 때렸다. 알렉산드라는 곧 죽을 것 같아 신부를 청하여 고해할 수 있게 해달라고 사정하였다. 그러나 그들은 허락하지 않고 도리어 알렉산드라의 머리를 베어 우물 안으로 던져버렸다. 그때 성모께서 도미니코 성인에게 나타나셨다. 알렉산드라에게 가서 그녀를 구원하라는 것이었다. 그러나 도미니코 성인은 처리해야 할 일이 많아서 곧바로 가지 못하고 십여 일 후에야 알렉산드라의 집에 도착하였다.

도미니코 성인은 알렉산드라의 시신이 빠진 우물가에 가서 이름을 부르며 말했다.

"알렉산드라야, 일어나거라."

그러자 갑자기 알렉산드라의 머리가 나오고, 몸이 잇따라 나오더니, 바로 그 자리에서 서로 붙었다. 이리하여 다시 살아난 알렉산드라는 도미니코 성인의 발아래 엎드려 일생의 잘못을 뉘우치고 고백하였다. 이에 도미니코 성인이 물었다.

"너는 일찍이 무슨 일을 하였기에 이렇게 큰 은혜를 입었느냐?"

알렉산드라가 대답하였다.

"제가 평생 특별히 선한 일을 한 것은 없고, 오직 묵주기도를 꾸준히 게으르지 않게 외웠습니다. 그래서인지 죽음이 임박하였을 때에 성모님께서 저에게 참된 통회를 할 수 있는 기회를 주시어 영원한 고통인 지옥에서 벗어날 수 있었습니다. 저는 지금 연옥에 있는데, 칠백 년을 보내야만 벗어날 수 있습니다. 두 사람이 저 때문에 싸우다가 죽게 된 이유로 이백 년, 또 평생 범한 죄로 오백 년, 합쳐서 칠백 년 동안 연옥에서 지내게 되었습니다. 비오니, 우리 신부님과 매괴회(로사리오 신심회)의 모든 동료 회원들은 기도하고 기도문을 외워 저의 괴로움을 줄여주십시오."

알렉산드라는 말을 마치고 다시 죽었다. 도미니코 성인은 매괴회의 회원들에게 묵주기도를 많이 외워 죽은 알렉산드라의 괴로움을 줄여주도록 명하였다. 15일 후에 알렉산드라가 다시 나타났는데, 아주 밝고 환하게 빛나고 있어 곧 천국에 오를 듯하였다. 알렉산드라는 도미니코 성인이 전구한 은혜와 매괴회의 동료 회원들이 대신 기구한 정성에 감사하였다. 그들이 묵주기도를 바친 공로로 칠백 년의 괴로운 형벌이 15일로 줄었기 때문이다.

또 묵주기도는 우리 주님의 마음을 매우 기쁘게 하고, 천사의 뜻에 크게 부합한다. 그런 연유로 묵주기도의 기이한 공덕과 신령한 효험은 다른 기도문보다 훨씬 뛰어나다. 특히 연옥 영혼을 구하는 데에 신성한 힘이 있다. 나는 세상에 있는 모든 교우들이 마음을 담지 않고 입으로만 외우는 일이 없기를 바란다.

나폴리 지방의 가타리나 수녀원에는 매일 저녁 잠자기 전에 모든 수녀가 침실에 꿇어앉아 위령 성무일도 한 단을 외워 연옥 영혼을 구하는 규칙이 있었다. 어느 날 저녁 수녀들이 모두 피곤하여 위령 성무일도를 바치지 못한 채 다들 누워서 졸고 있었다. 오직 한 수녀만이 눈을 뜨고 있었는데, 문득 보니 이 수도원의 수녀 숫자와 같은 수의 천사들이 두 무리로 나뉘어 번갈아 주고받으면서 위령 성무일도 1단을 대신 외우고 있었다. 다음 날 수녀가 자신이 본 것을 동료들에게 알리자, 이 이야기를 들은 사람들은 모두 마음으로 깊이 감동하였다.

33. 자선으로 어려운 이를 구제하다

구약시대 성인 욥[5]이 말했다. "자선하는 공덕은 사람을 구원하여 죄에서 벗어나게 한다." 구약성경에는 이런 말도 나온다. "물은 불을 멸할 수 있고, 자선하는 공덕은 죄를 멸할 수 있다." 선지자인 다니엘 성인이 그 임금에게 말했다. "자선을 베풀어 임금님의 죄를 벗으시고, 가난한 이를 구제하여 임금님의 악을 벗으십시오." 그러므로 자선하는 공덕은 연옥 영혼의 벌을 대신 메울 수 있다.

---

5 1936년 개정판에는 '토비야'로 이름이 바뀌었다.

교회는 시작될 때부터 지금까지 사람이 죽으면 그때마다 그를 위하여 자선을 베풀었다. 아우구스티노 성인이 살아 있을 때 교우가 세상을 떠나면 그 친척이 무덤 주위에 자리를 펴고 가난한 사람들을 모아 잔치를 베풀어 주었다. 지금 비록 이 예절이 쇠퇴하여 예전처럼 행해지지는 않는다. 그렇지만 자선을 베푸는 것이 죽은 사람을 구하는 일임을 알지 못하는 사람은 없다.

어떤 사람이 말했다. "집이 가난하여 저 자신도 넉넉하지 못한데 어떡합니까?" 나는 대답한다. 정말로 자선을 베풀 능력이 부족하다면 천주께서도 용서하실 것이다. 죽은 이를 위하여 자선을 베풀어야 한다는 주장은 가난한 사람에게 권하는 말이 아니다. 특별히 부자에게 권하는 말이다.

또 우리 교우들이 재물을 많이 베풀지는 못한다고 하더라도, 숟가락에 붙은 밥알을 나누지도 못할 정도이겠는가? 혹은 물질을 베푸는 자선이야 물질이 없으면 하기 어렵겠지만, 마음을 베푸는 정신적인 자선마저도 어렵다는 말인가? 참으로 두려워해야 할 일이로다. 할 수 없다는 것은 능력이 미치지 못하는 것이 아니라 사실 마음이 원하지 않는 것이다. 어찌 통탄할 일이 아니겠는가?

✚ 옛이야기

이레네 성녀가 수호천사를 따라 연옥에 들어갔다. 어떤 연옥 영혼이 긴 창에 찔려 있는데, 그 모습이 참혹하였다. 성녀가 놀람과 두려움을 이기지 못하면서도 불쌍한 마음이 생겼다. 그 영혼의 이름을 알고 싶었으나 감히 천사에게 묻지 못하였다. 천사가 먼저 그 뜻을 알고 말했다.

"어제 어떤 부인이 너에게 자기 아우를 위하여 주님께 간절히 기구해 달라고 하였지? 바로 그 아우의 영혼이란다. 네가 만일 저 영혼을 위하여 기구하면 천주께서 반드시 들어주실 것이다."

그러자 성녀가 말했다.

"그 긴 창의 괴로움을 덜어주시기를 바랍니다."

말을 마치자, 천주께서 곧 그 창을 빼버리니, 영혼의 괴로움이 많이 줄어들었다.

이튿날 그 부인이 다시 와서는 자기 아우의 일을 물었다. 그러자 성녀가 말했다.

"내가 본 대로 말하면 당신은 분명 근심을 이기지 못할 것입니다."

부인이 말했다.

"아닙니다. 사실대로 말씀해 주시기 바랍니다."

성녀는 있는 그대로 그 실상을 대답해 주었다. 그러면서 부인에게 기도하고 자선을 베풀어 그 아우를 구원하라고 명하였다. 부인은 성녀가 시키는 일을 하나하나 하였으나 자선을 베푸는 일만은 원하지 않았다. 그러자 천주께서 괴로움을 견디기 힘든 큰 병으로 그 부인을 벌하셨다. 성녀가 다시 주께 기구하여 부인의 죄를 용서하고 벌을 면하게 하였다. 또 대신 보속하여 자매 두 사람을 구원하였다.

스페인에 어떤 귀족이 있었다. 그는 세속적인 일에만 힘쓸 뿐, 연옥 영혼을 구하는 일은 생각하지도 않았다. 그래도 그는 일찍이 데레사 성녀에게 집을 기증하여 성모 성당과 원죄 없이 잉태되신 성모 수녀원을 경영하게 하였다. 그리고 임종 때가 가까워지자, 성당을 세우라고 여러 번 성녀를 재촉하였다. 그러나 성녀가 다른 일로 분주하여 미처 성당 건축을 도모하지 못하였는데, 오래지 않아 귀족이 세상을 떠났다.

성녀는 슬픔을 이기지 못하여 주님께 그 귀족의 영혼을 불쌍히 여겨 달라고 기구하였다. 그러자 예수님께서 성녀에게 나타나 말씀하셨다.

"내가 이미 그 집을 바친 공로를 보아 상등통회를 할 수 있는 기회를 주었다. 지금 연옥에 있으면서 잠깐 보속을 하게 하였으니, 그가 봉헌한 성당에서 미사 한 대를 거행하면 연옥에서 나올 수 있도록 그를 구원하여 주겠노라."

성녀가 급히 주교께 허락을 구하고 신부에게 청하여 미사성제를 봉헌하였다. 성녀는 미사 중에 성체를 받들어 모실 때 그 귀족의 영혼을 보았다. 그 영혼은 지극히 감격하는 마음과 기쁜 얼굴로 천국에 오르니, 그 영광스러움과 즐거움이 특별하였다.

34. 자기를 이기는 괴로운 노력

구약성경에서 말했다. "옛날 사울 임금이 세 아들과 함께 전쟁터에서 죽었다. 이를 들은 야베스 사람이 칠 일 동안 엄하게 재를 지키면서 기구하여 죽은 이들을 구하였다." 몸을 괴롭게 하여 연옥 영혼을 구하는 일은 실제로 예전부터 있었다. 그러나 요즘 사람들은 나이가 많다고 사양하고, 힘이 약하다고 사양하며, 일이 바쁘다고 사양한다. 고행을 너무나 괴롭게 여겨서 백 가지 핑계를 대는 것이다. 온갖 고통에 빠져 있는 연옥 영혼을 구할 수 있는데도 채찍 한 대의 아픔과 하루 동안 단식과 금육을 지키는 정도도 즐겨 하지 않는다.

내가 말한다. 무거운 괴로움은 참지 못하겠지만, 어찌 자기 자신을 이기는 극기의 작은 공덕도 행하지 못한단 말인가? 가령 감정을 상하게 하는 말을 한마디 하고 싶어도 연옥 영혼을 구해야 하기 때문에 침묵하며 스스로 평안을 찾는 일, 어떤 물건을 지나치게 사랑하는 것이 비록 중죄는 아니지만 그것이 결국에는 나의 선한 공덕을 방해할 것이기 때문에 연옥 영혼을 구하기 위하여 물건에 대한 감정과 사랑을 끊어버리는 일, 남에게 모욕을 당하면 원통하여 잊지 못하지만 역시 연옥 영혼을 구하기 위하여 그 모욕을 잊고 남을 편히 용서하는 일, 이런 것들은 모두 작은 공덕이다. 행하기 어렵지 않은 것들이다. 우리 교우들이 여기에 뜻을 두면 은혜를 받을 연옥 영혼이 헤아릴 수 없을 정도로 많을 것이다.

✠ 옛이야기

천주 강생 1632년에 몽마르트르 서쪽에서 반란을 일으킨 무관이 있었다. 그 죄로 그는 마땅히 참수형을 당할 처지가 되었다. 현명한 여인 마르가리타가 이 이야기를 듣고 간절히 기도하며, 한 달 남짓 동안 그치지 않고 주님께 기구하였다.

"저 무관이 달게 죽음을 받아들여 지은 죄를 보속하게 하옵소서."

천주께서 허락하시고 무관에게 은혜를 내려주셨다. 그래서 무관은 불현듯 깨닫고 마음을 고쳐 다른 사람이 되었다. 무관은 형벌을 받을 때 부끄러워하고 뉘우치며 겸손하고 곧은 모습을 보여 사람들을 감동하게 했다.

죽은 지 3일 후에 무관이 마르가리타 앞에 나타나 말하였다.

"내가 세상 영화를 버리고 기꺼이 죽었기 때문에 천주께서 연옥의 고통을 줄여주시어 오늘 승천할 수 있게 해 주셨습니다. 이제 천주의 거룩한 얼굴을 영원히 뵈면서 지낼 수 있게 되었습니다."

참된 복을 받은 마르가리타 성녀는 일찍이 처음 입회한 수련 수녀들을 지도하는 수녀였다. 마침 처음 입회한 어느 수련 수녀의 아버지가 세상을 떠났다. 그 집 사람들이 온 수도원의 수녀들에게 함께 주님께 기구해 주기를 간절히 부탁하였다. 마르가리타 성녀는 함께 정한 기도의 숫자 이상으로 더 많이 기도를 바치면서 몸을 괴롭게 하고 슬프게 기도하였다.

그 후에 수련 수녀가 다시 기도해 주기를 청하자, 마르가리타 성녀가 대답하였다.

"너무 걱정하지 마라. 너의 아버지는 이미 승천하셨다. 죽기 전에 큰 공덕을 하나 세웠는데, 그것이 주님의 뜻에 흡족하셨기에 천주께서 엄하게 심판하지 않으셨다. 어떤 공을 세웠는지 알고 싶으면 너의 어머니에게 물어보면 된다."

수녀가 이 말을 듣고 매우 기뻐서 어머니에게 물었다. 어머니가 말하였다.

"네 부친에게 특별한 일이 있었던 것이 아니다. 다만 돌아가실 때 신부께서 보내 주신 성체를 받아 모셨다. 그리고 친한 벗이 모두 모였을 때, 어떤 이웃 사람도 함께 왔는데 너의 아버지가 그 이웃 사람을 당신 곁에 가까이 앉히고는 손을 잡고 용서를 구하였다. 다른 일이 아니라 며칠 전에 말로 그 사람을 욕되게 한 일이 있었기 때문이다."

이 일로 미루어 보면 원수를 관대히 용서하고 화목을 구하는 공덕은 연옥의 고통을 덜어준다.

35. 베풀고 사양하는 큰 은사

우리 주님의 무궁한 공적과 모든 성인, 성녀의 남은 공덕이 마치 신성한 창고를 이룬 것처럼 교회 안에 쌓여 있다. 그리고 그 창고의 열쇠는 항상 교황의 손에 있다. 예수께서 일찍이 베드로 사도에게 명하셨다. "내가 너에게 하늘나라의 열쇠를 주겠다. 너희가 세상에서 푸는 것은 나도 하늘에서 풀고, 너희가 맺는 것은 나도 맺을 것이다." 오늘날 교황께서 반포하시는 대사(大赦)는 바로 신성한 창고에 넣어둔 허물을 보속하는 효험을 가져다가 교우들에게 주시는 것이다. 그것을 얻은 교우들은 연옥 영혼에게 양도하고 나누어 주어야 한다.

대사의 은혜를 입으려고 하면 반드시 은총을 가득히 받아 보존해야만 한다. 즉 대사를 얻겠다는 뜻을 세우고 교황께서 정하신 기도와 선행을 빠짐없이 온전히 행하여야 한다. 무릇 거룩한 교회는 교우들의 자애로운 어머니가 되므로, 지극한 사랑으로 헤아릴 수 없을 정도로 많은 은혜를 베풀어 주신다. 영보회, 성의회 등과 같은 각종 신심회에 은혜를 내려주시며, 묵주기도와 십자가의 길 등과 같은 기도문에도 은혜를 내려주시며, 거룩한 제대와 성상 같은 성물에도 내려주시고, 성당과 성지 같은 장소에도 내려주신다.

우리가 교리를 배우고, 가난한 사람을 구제하며, 묵상하고, 장례를 치르는 등의 일상적인 신앙생활을 하는 데에도 다 한정된 은사가 깃들어 있다. 모두 연옥 영혼에게 양도할 수 있는 것들이다. 하지만 안타까운 일이다! 우리가 대수롭지 않게 생각하여 이 지극한 보배를 잃어버린다. 마치 강물이 내 앞에 있는데 다른 사람이 목말라 죽는 것을 앉아서 지켜보는 것과 같다. 우리 교우들이 어찌 차마 이런 일을 하겠는가?

🜊 옛이야기

프란치스카 성녀는 가장 정성스럽고 간절하게 연옥 영혼을 구하였다. 소속 교구의 주교가 전대사 문서 열네 장을 성녀에게 주었다. 모두 교황으로부터 직접 받은 것들이었다. 주교는 성녀에게 말하였다.

"지금 주교 세 분이 연옥에 있다. 세 장은 그분들에게 양도하고 나머지는 그대가 마음대로 나누어 주어라."

성녀가 주교의 명대로 세 장을 나누어 주니, 3일 후에 세 주교가 나타나서 그 은사를 양도한 은혜에 감사하였다.

아직 열한 장이 남아 있었다. 그러자 연옥 영혼들이 서로 잇달아 찾아와서 은사 문서를 달라고 청하였다. 성녀는 모두 나누어 주었다. 하지만 아직 문서를 얻지 못한 영혼들이 있었다. 성녀는 주교에게 알렸다. 이에 주교가 다시 몇 장을 더 주었다. 그래도 두 영혼이 얻지 못하였다.

성녀가 말했다.

"다 주고 남은 것이 없어요."

두 영혼이 말했다.

"주교님 방 안에 아직도 두 장이 남았습니다. 주교님께 다시 청하여 얻어 주시면 좋겠습니다."

성녀는 이 일을 주교에게 알리고, 더 얻어서 두 영혼에게 양도하였다. 두 영혼은 이 은사를 받고 나자 기쁜 마음으로 물러갔다.

제8편　　　　　두 장을 합하여 논함

36. 증망회의 규칙

　수십 년 전에 비오 9세 교황이 어느 수녀회를 인가하셨다. 그 수녀회의 궁극적인 지향은 항상 끊임없이 기도하여 공덕을 세워 죽은 이를 건져 구하는 데 있으므로 이름을 증망회(拯亡會, 연옥 영혼의 조력자 수녀회)라 하였다. 수녀회에 입회하는 사람은 세 등급으로 나뉜다.

　첫째는 도를 닦는다는 뜻의 수도자이다. 집을 버리고 세속을 떠나 같은 수녀원에서 살면서 규칙을 준수하고 입는 것과 먹는 것을 똑같이 한다. 사사로운 욕망, 재물, 사적인 생활을 끊는다. 이 세 가지 원의를 세우는 것 이외에 평생 쌓은 공덕을 전부 연옥 영혼에게 양도한다. 그 밖에도 가난한 병자를 도와주되, 병자가 살아나면 구제하고, 병자가 죽으면 정성을 다해서 장례를 치른다.

　둘째는 보조 수도자이다. 오직 부녀자만 가입할 수 있다. 이 등급에 들어가게 되면 그 이전과 똑같이 세속에서 생활하되, 다만 은사를 얻으면 전부 연옥 영혼에게 양도해야 한다. 그리고 지켜야 하는 규칙도 세속인으로 살아가는 것을 크게 구속하지 않는다. 보조 수도자에 든 사람과 그의 죽은 친척은 모두 증망회와 성모 조망회(聖母助亡會)의 회원으로서 서로 공로를 나누며 함께 대사의 은혜를 입는다. 여기서 성모 조망회라는 조직은 로마에 본부를 두고 있는데, 그 설립 취지도 역시 연옥 영혼을 돕자는 것이다.

셋째는 명예 수도자이다. 이 등급에는 남녀가 모두 가입할 수 있다. 이름을 수도회 명부에 쓰고 증명서를 받는다. 매년 자기 능력에 맞추어 돈이나 재산을 기부하여 수도회가 자선사업을 벌이는 것을 돕는다. 그리고 매일 신망애 삼덕송을 한 번씩 외우는데, "아, 우리 인자하신 예수님이시여!"라는 구절을 덧붙여 외운다. 또 매달 한 번씩 본회 수도원 성당에 와서 살아 있는 은인과 죽은 은인을 위하여 봉헌하는 미사에 참례한다. 수도회의 각 등급에 들면 본 수도회의 모든 수도사와 서로 공로를 나눌 수 있다.

37. 자비와 애덕은 으뜸 공덕이다

이른바 으뜸 공덕이라 하는 것은 사람을 사랑하는 대단히 큰 공덕이다. 말하자면 우리는 뜻과 지향을 세워 공덕을 쌓음으로써 평생의 허물을 보속하고자 한다. 그리고 내가 죽은 후에는 다른 사람이 나를 위하여 대신 기도하도록 청하여 내가 그 선익을 받고자 한다. 그런데 내가 받을 공덕과 선익을 모두 인자하신 성모께 드려서 성모님이 당신의 뜻대로 다른 영혼에게 나누어 주시도록 한다면, 이것이야말로 가장 큰 공덕이 된다. 지상교회의 으뜸이신 교황께서는 이러한 지향을 세운 사람에게 대사의 은혜를 많이 베풀어 주신다.

사제가 이러한 지향을 세우고 미사를 거행하면 전대사를 얻을 수 있는데, 특별한 은총이 내린 제대 위에서 주님께 제사를 올리는 것과 다름이 없다. 또 교우들이 이 같은 지향을 세우고 매주 화요일마다 연옥 영혼을 위하여 미사에 참석하고 성당에서 조배를 드리며 주님께 기구하면, 그 연옥 영혼은 교황의 뜻에 따라 전대사를 얻는다. 화요일 미사에 참석할 수 없는 병든 사람과 늙은이와 죄수 등은 주일 미사로 대신할 수 있다. 이외에도 본래 교회에서 베푸는 은사 가운데 연옥 영혼에게 양도할 수 없는 것이라 해도 이러한 지향을 세웠다면 양도하지 못할 것이 없다.

공덕을 양도하는 기도문

비롯함이 없으시며, 끝맺음도 없으신 주님! 제 원을 들어주소서.

당신의 거룩하신 뜻을 채우고 당신의 크나큰 영광을 드러내기 위하여 제가 평생 보속을 실천한 공로와 내가 죽은 후에 다른 사람이 나를 대신하여 보속하는 효험을 가져다가 성모님의 손에 의탁하옵니다. 부디 성모님께서 그 뜻대로 연옥 영혼들에게 나누어 주시옵소서.

아, 제가 예수님의 공로에 의지하여 우러러 비나이다. 제가 드리는 것을 받으시고 저의 지향을 견고하게 하셔서 당신의 존귀하신 영광을 널리 드러내시고 제 영혼의 목숨을 지켜 주시옵소서. 아멘.

반드시 알아야 할 것이 있다. 이 기도문은 참된 의미의 서원은 아니어서, 지키지 못하더라도 죄가 되지 않는다. 또 서원을 세운 후에 친한 벗과 은인을 위하여 대신 천주께 기구할 때, 이 기도문을 외우지 않아도 은사를 얻을 수 있다. 다만 마음속에 뜻을 분명히 세워야 할 뿐이다.

🕆 천주(泉州) 고을의 옛이야기

천주(泉州) 고을에 안매빈(顔魅賓)이라는 교우가 살았는데, 나이가 팔십이었다. 그는 숭정 경진년(1640) 칠월 초십일에 병이 들어 붕령관(朋嶺舘)에 기거하고 있었다. 그달 십사일 한밤중에 천사가 나타나 그를 부르며 말하였다.

"주님께서 너를 부르신다."

안매빈이 명을 듣자마자 곧장 나오니 천사가 물었다.

"왜 자손들에게 말하지 않느냐?"

안매빈은 대답했다.

"제가 오랫동안 집안일에 관여하지 않았고, 사는 동안의 일이건 죽은 뒤의 일이건 모두 온전히 천주께 의탁하였습니다. 그러니 자손들에게 떠난다고 말을 한들 무엇 하겠습니까?"

천사가 말했다.

"착하구나."

천사는 안매빈을 데리고 허공을 밟고 올라가 천주이신 예수님을 뵙게 하였다. 예수님은 높은 자리에 단정히 앉아 계셨는데 그 위엄이 매우 엄숙하였다. 그리고 수많은 천사가 주위에서 호위하고 있었다.

그때 남녀노소 할 것 없이 심판을 기다리는 사람들이 대략 이만 명이었는데, 모두 이날 세상을 떠난 사람들이었다. 사람마다 각각 그 죄와 공을 기록한 책을 한 권씩 들고 있었다. 미카엘 대천사가 주님의 명을 받들어 대신 심판하였는데, 낱낱이 밝히고 분별하여 죄악이 있는 사람은 다 지옥으로 보냈다. 그러면 마귀가 곁에 있다가 곧 달려들어 마음대로 사나운 짓을 하였다. 그 많은 사람 가운데 덕이 높아서 승천하는 사람은 겨우 하나뿐이었고, 연옥으로 보내진 사람은 둘이었다. 천주께서는 죄를 지어 벌 받는 사람들이 많은 것을 보고 슬퍼하시는 듯하였다.

안매빈이 심판받을 차례가 되자 미카엘 대천사가 큰 소리로 말했다.

"너는 교인이 되어 교회의 가르침을 받들어 행한 지 여러 해가 되었지만, 세 가지 대죄의 근원을 없애버리지 못하였구나."

안매빈이 말했다.

"죄인은 해마다 월말에 항상 고해성사를 보았습니다. 한 번도 빠뜨리지 않았습니다."

미카엘 대천사가 말했다.

"너는 스스로 알지 못하는구나. 내가 너에게 말해 주겠다. 네가 지은 대죄는 탐욕과 인색과 분노이다."

안매빈이 대답하였다.

"그것들은 모두 제가 가난해서 범한 죄입니다."

미카엘 대천사가 말했다.

"탐욕과 인색은 가난 때문이라고 하자. 그렇더라도 분노 또한 가난한 탓이라고 하겠느냐? 이 죄의 뿌리를 뉘우쳐서 고치지 않으면 크게 해로울 것이니라. 그러니 머뭇거리지 말고 빨리 고치도록 하여라. 너는 성당 일에 수고하면서도 이해와 공로를 따지지 않았다. (안매빈은 예전에 그림을 잘 그렸는데, 천주 고을의 성당에서 40일 동안 밤낮으로 모든 성상을 꾸몄으면서도 그 공을 인정받으려고 애쓰지 않은 일이 있었다.) 또 아침기도와 저녁기도도 빠지지 않고 열심히 바쳤다. 이런 점들을 가상하게 여기도록 하마. 이제 너는 24일 동안 재앙을 받게 될 것이다. 이 기한을 채워서 죄를 정화하지 않으면 선한 공덕을 쌓았다고 보기에는 부족한 부분이 많게 된다. 그렇기에 너를 잠깐 놓아 보내고 다른 날에 다시 부를 것이다. 너는 마땅히 뜻을 세워 과거의 허물을 씻고, 전보다 백배 더 공덕을 쌓아서 모든 사람에게 본보기가 되도록 하여라. 그리고 지금 본 것을 사람들에게 다 전하여 천주의 전능하심을 널리 현양하여라."

안매빈이 말했다.

"제 말을 사람들이 믿지 않을까 두렵습니다."

미카엘 대천사가 말했다.

"너는 말을 전하기만 하면 된다. 이를 믿고 믿지 않고는 사람들에게 달려 있다. 돌아가 신부에게 말하여라."

이에 미카엘 대천사는 곧 그날 당직을 맡은 성인에게 명하여 안매빈이 돌아갈 길을 인도하게 하였다.

안매빈이 은혜에 감사하는 인사를 마칠 무렵에 천당에서 어떤 성인이 내려와 안매빈을 보고 말했다.

"네가 영세하였을 때부터 천주께서 나에게 너를 보호하도록 명하셨다. 너는 나를 아느냐?"

안매빈이 물었다.

"성인의 성함은 무엇입니까?"

성인이 말했다.

"나는 두 번째 사도이며 주님을 위해 순교한 사람이다. (곧 바오로 사도이니, 안매빈의 영세 본명 성인이다.) 네가 평생 매우 의로운 기운이 있어서 내가 아주 가상하게 여겼는데, 이제 다행히 풀려나서 돌아가게 되었으니 이는 천주의 크나큰 은혜이다. 만에 하나도 없을 일이며, 또 성모께서 도와주신 것이다. 너는 돌아간 후에 더욱 힘써 내 이름을 저버리지 말며 힘닿는 대로 자선을 베풀고 분노를 참아서 이겨내거라. 우리는 다음에 다시 만날 것이다."

바오로 성인의 말이 끝나자 당직 성인이 안매빈을 앞으로 인도하였는데, 그 얼굴이 아주 아름다웠고 준수하고 청아하였다. 안매빈이 물었다.

"누구신지요?"

당직 성인이 대답하였다.

"나는 장 미카엘이다." (장 미카엘은 바로 천주 고을 사람 장식[張識]이다. 그는 부지런히 계명을 잘 지키고 공덕을 쌓아서 계해년에 부름을 받아 승천한 사람이었다. 그가 남긴 자취가 아직 남아 있다.)

안매빈이 말하였다.

"성인의 아름다운 이름은 오래전부터 많이 들었습니다. 오늘 다행히 뵙게 되었군요."

장 미카엘이 말했다.

"자네가 돌아가게 되었으니 자네 편에 내 숙부에게 보내는 편지를 부치고자 한다. 세 가지 허물을 고치라고 전해다오. 하나는 탐욕이고, 또 하나는 오만이고, 마지막 하나는 망령된 증언이다. 전에 쌓은 공덕을 굳건히 지켜 잃지 말라고 하여라. 내 아우는 아직 나이가 젊으니 음란한 생각을 잘 막아야 할 것이다. 온 집안사람들이 다 교인이 되었으나, 애석하게도 집안의 두 어머님이 화목하지 못하구나."

안매빈이 물었다.

"부친은 어떠신지요?"

장 미카엘이 대답했다.

"부친은 민성(閩省)⁶ 땅에서 가장 유명한 분이지만 속세의 습관에서 벗어나지 못하였다."

안매빈이 돌아가는 길 중간에 지옥이 있었는데, 영원히 고통을 받는다는 뜻으로 '영고문'이라고 적혀 있었다. 두어 걸음 못 간 곳에 또 다른 옥이 있었는데 현판에 '단련소'라고 쓰여 있었으니 바로 연옥이다. 안매빈이 연옥 문에 이르렀을 때 장이곡(張爾谷)을 만났다. (장이곡 역시 천주 고을 교우였는데, 정축년 봄에 죽은 사람이다.) 장이곡이 매우 기뻐하면서 문을 열고 안매빈을 맞아들이려고 하자, 장 미카엘이 말했다.

"그럴 필요 없다. 천주께서는 나에게 이 사람을 돌려보내라고 명하셨다."

장이곡은 크게 기뻐하며 안매빈에게 말했다.

"그대 돌아가면 내 처자에게 말해 주시오. 내 조카 주미독(周味篤)에게 부탁하여 친구들을 많이 초대해서 삼천팔백 가지 기도문을 대신 외워, 내가 죄를 용서받고 연옥을 면할 수 있도록 해달라고 말이오."

이때 조묵앙(趙黙盎), 백사다(白斯多)가 함께 연옥 안에 있었다. (이들도 천주 고을의 교우들이었는데 몇 년 전에 죽은 사람들이다.) 하지만 괴로움이 하도 심하여 말이 없었다.

또 장 미카엘은 안매빈에게 이렇게 말했다.

"얼마 전에 왕호아(王戶我), 점의생(黏醫生)이 평안한 곳에서 안식을 얻었다. 하지만 그 자손에게는 상복을 입는 동안 더욱 마음을 잘 쓰라고 전하여라." (이들도 역시 천주 고을 교우였으며, 가장 진실하고 성실한 사람들이었다. 왕호아는 86세에 죽었고, 점의생은 교인이 된 뒤로

---

6 '민성'은 복건성(福建省)의 또 다른 이름이다.

20여 년을 한결같이 살았다. 두 사람은 모두 기묘년에 죽었다. 지금까지 언급한 다섯 사람은 임종 때에 교회 예법에 맞게 절차를 행하고 평안히 죽었다.)

장 미카엘의 말이 끝나자 안매빈은 문득 꿈에서 깨어났고, 마침 닭이 울었다. 안매빈은 아들 안유성(顔維聖)에게 자신이 겪은 일을 말하고는 천주의 무궁하신 인자함을 찬송하였다. 그러고는 빨리 신부를 모셔다가 고해를 하고 성체를 모시는 큰 은혜를 받고자 하였다. 때마침 줄리오 알레니(Giulio Aleni, 艾儒略, 1582~1649) 신부가 천주 고을에 왔다가 지나가는 길에 안매빈을 위문하려고 봉령관에 이르렀다.

안매빈은 병세가 한결 나아져서 신부에게 인사를 올리려고 길로 나갔다. 알레니 신부를 만나자 크게 울면서 지난 일을 상세하게 고하였다. 알레니 신부는 말했다.

"이는 천사가 천주의 명을 전하여 세상 사람들을 가르쳐 인도하고자 하심이로다."

그러고는 바로 안유성에게 명하여 이를 기록하고 전하게 하였다. 때는 숭정 13년(1640)이다. 이 이야기는 경교비[7]의 발견(1625년)과 비슷한 시기에 있었던 일이다.

---

7 당나라 때인 781년에 경교의 교리와 중국 전래사를 적어 건립한 비석. 대진경교유행중국비(大秦景教流行中國碑).

제2부

『련옥략셜』 판독문

련옥략셜 샹(上)

련옥략셜(煉獄畧說) 셔(序)

우쥬(宇宙) ㅅ이에 일이 쥬(主)롤 공경(恭敬)홈의셔 더 요긴(要緊)혼 거시 업고 쥬롤 공경혼 외(外)의눈 사롬을 구홈의셔 더 요긴한 거시 업고 사룸을 구홈은 망쟈(亡者) 련령(煉靈)[1]을 구홈의셔 더 요긴혼 거시 업ㅅ니 엇진 법(法)인고? 사롬이 싱시(生時)에 오히려 죡히 녯 허물을 부리고 새 힝실(行實)을 도모(圖謀)ᄒ며 공(功)을 셰워 결(缺)홈을 기우려니와[2] 임의 죽은 쟈는 조긔 힘으로 능히 못 ᄒ고 반드시 벗의 도음[3]을 기드릴지라. 그러나 셰샹 사롬이 비록 망쟈(亡者)롤

불샹이 넉임과 추후(追後)로 싱각ᄒ눈 ᄆᆞ옴은 잇시나 실노 련옥(煉獄) 고로(苦勞)옴이 엇더케 깁흐며 련옥 형벌(刑罰)이 엇더케 심(甚)홈을 아지 못ᄒ야 건질 쯧이 혹 슴겁고 통공(通功)[4]ᄒ눈 은혜(恩惠) 혹 셩긔니, 망쟈

---

1 연옥에 있는 영혼.
2 보태어 채우려니와.
3 한문본에는 "장백지호(長伯之呼)"라고 되어 있다. '장백(長伯)'은 다른 사람의 도움을 청하는 것을 의미한다. 그런데 한글본에서는 소리 내어 부른다는 의미의 '호(呼)'는 번역하고 있지 않다.
4 모든 성인의 통공을 말한다. 곧, 교회 공동체의 모든 구성원이 공로(功勞)를 서로 나

(亡者)들의 건져주기를 ᄇᆞ라는 ᄆᆞ음을 엇지 위로(慰勞)ᄒᆞ리오? 신미년(辛未年) 여름에 니군(李君) 문어(問漁)⁵ㅣ 피셔(避暑) ᄎᆞ로 왓서⁶ 마츰 긔록ᄒᆞᆫ 바 련옥략셜(煉獄畧說)을 내여 나를 뵈이니 글이 므릇 여듧 편이오, 데목(題目)은 비록 대략(大略)으로 닐러시나 실은 다 포함(包含)ᄒᆞ고 ᄭᅴ치지⁷ 아니ᄒᆞᆫ지라. 빈(彬)⁸이 헤쳐본 후에 곳 ᄭᅢ두르니

【259】

별ᄀᆞ치 버리며 바독ᄀᆞ치 펴고⁹ 낫낫치 ᄭᅢ치고 세세(細細)히 베퍼 므릇 인증(引證)ᄒᆞᆫ 비 널리 키고 두루 더듬어 사름의 심장을 젹시고 사름의 간폐(肝肺)를 치질ᄒᆞ니 참 령혼(靈魂) 건지는 묘(妙)ᄒᆞᆫ ᄯᅳ디오 셰샹(世上) 경계(警戒)ᄒᆞ는 바룬말이라. 글은 순(順)흠을 ᄎᆔᄒᆞ고 ᄯᅳ은 엿흠을 좃ᄎᆞ 헛되고 빗는 거슨 일병(一倂)¹⁰ 더러브리니 무비(無非) 사름이 ᄒᆞᆫ 번 보고 알게코져 ᄒᆞ야 ᄭᅢ닷기에 편케 ᄒᆞ엿시니 깁흔 ᄯᅳ인즉 사름의 붉히지 못ᄒᆞᆯ 바룰 붉히며 의논(議論)ᄒᆞᆫ 말인즉 사름의 발(發)치 못ᄒᆞᆯ 바룰 발(發)ᄒᆞ고

      누고 공유함을 뜻한다.
5 　「연옥약설」의 저자 중국인 예수회원 이문어(李問漁, 1840~1911)를 가리킨다.
6 　이문어 신부는 1872년에 사제로 서품되었다. 그러므로 신미년(1871) 여름이라고 하면 이문어 신부가 부제 시절에 신학교의 방학을 이용하여 모교인 서회공학에서 피정을 하던 때였을 것이다.
7 　남기지.
8 　「연옥약설」의 서문을 쓴 예수회원 허빈(許彬, 요한, 1840~?)을 가리킨다.
9 　성라기포(星羅碁布). 별이나 바둑돌이 넓게 펼쳐져 있다는 뜻으로, 물건이 많이 벌여 있는 상태를 말한다.
10 　모두.

【260】

녯말과 갓[11] 힝실(行實)이 가히 확실(確實)이 증거(證據)홀 쟈(者) 잇고 또 사룸의 즈셰(仔細)치 못홀 거슬 즈셰히 ᄒᆞ엿시니 셜사 셰샹 사룸의 뜻이 망즈(亡者) 건지기에 곤졀(懇切)ᄒᆞ며 ᄆᆞ음이 죽긔 어질기에 잇눈 쟈눈 흉샹(恒常) 이 글을 좌편(座便)에 두고 눈의 씰니이고 ᄆᆞ음의 놀니여 죽긔 구홈을 인ᄒᆞ야 눔 구ᄒᆞ기를 싱각ᄒᆞ면 뜻이 더욱 분발(奮發)ᄒᆞ야 능히 스ᄉᆞ로 마지 못홀지라. 긔록(記錄)혼 바 녯자최에 슈도(修道)혼 쟈를 의논(議論)홈이 만흐니 또혼 우리 사룸을 놀나 씨돗게 혼지라. 슈도(修道)혼 쟈눈 벅벅이[12] 쓸니 텬국(天國)에

【261】

오랄 줄을 아나 또흔 미(微)혼 허물을 인ᄒᆞ야 만히 련옥에 빠지니 그 심샹(尋常)이[13] 밋눈 벗이야 더욱 엇더케 두려오리오. 니군(李君)이 교(敎)를 젼ᄒᆞ고 사룸을 권(權)ᄒᆞ며 죠셕(朝夕)으로 슈고흔 여가(餘暇)에 글을 지어 말을 셰워 셰샹 사룸으로 두리고 감동(感動)케 ᄒᆞ니 대개 쥰슈(俊秀)혼 이와 완악(頑惡)혼 이를 통합(統合)ᄒᆞ야 큰 도를 홈긔 ᄒᆞ야 써 텬국(天國)을 통ᄒᆞ고 진락(眞樂)을 누리고져 홈이라. 이에 셔(序)ᄒᆞ노라.

셰(歲)
텬쥬강싱(天主降生) 일쳔팔뵉칠십일년(一千八百七十一年)

---

11 한문본을 참고하면 '가(佳)'의 오기로 보임.
12 분명히. 틀림없이.
13 대수롭지 않고 예사롭게.

【262】

셩 발드로멘¹⁴ 쳠례일(瞻禮日)¹⁵에 동회뎨(同會弟) 허빈치빅씨(許彬采白氏)
는 공경(恭敬)ᄒᆞ야 셩 아니신 학당(學堂)에 쓰노라.

【263】

즈셔(自序)

이 셰상에 밋는 사롬이 련옥(煉獄) 잇심을 아지 못ᄒᆞ는 이 업논지라. 므
룻 사롬이 이 셰샹에 잇실 ᄯᅢ에 임의 죄 샤(赦)홈은 엇어시나 보속(補
贖)¹⁶이 온젼치 못ᄒᆞ쟈는 ᄉᆞ후에 련옥에 도라가니 슬프다. 련옥이 과연
어ᄂᆞ ᄯᅡ힌고? 쓰겁고 쓰거온 밍렬(猛烈)ᄒᆞᆫ 불이 령혼(靈魂)을 틱오고 지
져 죵죵 고로온 형벌을 능히 혜아리지 못홀지라. ᄀᆞ장 흐ᄒᆞ염죡ᄒᆞᆫ 쟈는
이제 사롬이 혹 싱각이 공명(功名)에 ᄀᆞ졀(懇切)ᄒᆞ며 혹 ᄆᆞ옴이 ᄌᆡ물(財物)
에 얼켜시ᄃᆡ 진실노 능히 련령(煉靈)을

【264】

싱각ᄒᆞ는 쟈ㅣ 쳔빅인 즁에 ᄒᆞ둘이 업ᄉᆞ니 그윽이 싱각건대 옥에 잇는
령혼(靈魂)이 미샹불(未嘗不)¹⁷ 슬피 브루지져 통곡(痛哭)ᄒᆞ야 사롬의게 도

---

14 예수의 열두 제자 가운데 한 사람인 바르톨로메오.
15 축일(祝日).
16 고해성사로 죄를 용서받은 후에 기도, 고행, 자선 등의 행위로 죄에 대한 대가를 치르는 행위.
17 아닌 게 아니라 과연.

음을 구ᄒᆞ겟마ᄂᆞᆫ 특별이 싸히 막힘으로써 그 슬픈 소리 이 셰샹에 들니지 못ᄒᆞᄂᆞᆫ 고로 사ᄅᆞᆷ의 니져ᄇᆞ림이 그럴 ᄃᆞᆺᄒᆞᆫ지라. 내 이졔 이 ᄎᆡᆨ을 긔록(記錄)ᄒᆞ매 련령(煉靈)을 ᄃᆡ신(代身)ᄒᆞ야 슬피 고(告)ᄒᆞᄂᆞᆫ 소리ᄅᆞᆯ 짓ᄂᆞ니 글 ᄀᆞ온대 뜻은 쉽게 ᄒᆞ고 문리(文理)ᄂᆞᆫ 엿게 ᄒᆞ야 우몽(愚蒙)ᄒᆞᆫ 이로 ᄒᆞᆷ긔 ᄭᆡ닷고 령리(怜悧)ᄒᆞᆫ 이로 흐들님이 업게 ᄒᆞ고져 ᄒᆞ야 혹 셩경(聖經)과 셩뎐(聖傳)¹⁸을

【265】

근본(根本)ᄒᆞ며 혹 초셩(超性)¹⁹의 비혼 뜻과 본셩(本性)의 령명(靈明)ᄒᆞᆷ을 인ᄒᆞ야 도리(道理)에 무러 합(合)ᄒᆞᆫ 후에 넷자최로 더ᄒᆞ니 다 붉은 사ᄅᆞᆷ의 ᄉᆞ젹(事跡)을 시른 바ㅣ라. 가히 밋어 의심(疑心)이 업슬지니 이 글을 보ᄂᆞᆫ 쟈ㅣ 뜻의 신긔(神奇)ᄒᆞᆷ과 글의 빗남은 구(求)치 말고 눈의 붓쳐 ᄆᆞ음의 싱각ᄒᆞ며 속의 밋고 힝(行)의 발(發)ᄒᆞᆯ 거시오. 다만 내 몸에 드리워 두릴 ᄲᅮᆫ 아니라 ᄯᅩ호 망ᄌᆞ(亡者) 구(救)ᄒᆞᆷ을 싱각ᄒᆞ면 엇지 ᄌᆞ긔(自己)ᄅᆞᆯ ᄉᆞ랑ᄒᆞ고 사ᄅᆞᆷ을 사랑ᄒᆞᆷ의 겸(兼)ᄒᆞ야 니익(利益)ᄒᆞᆷ이 아니냐?

셩교(聖敎)²⁰의 졍ᄒᆞᆫ 의논(議論)이 련옥 잇심을 밋음이라

---

18 거룩한 전통이라는 뜻으로 교회의 초창기부터 전해 내려오는 가르침이나 실천적 관행을 가리킴.
19 성(性)은 자연(nature)의 옛 번역어이다. 그래서 초성은 초자연(超自然)을 뜻한다. 곧 자연의 법칙으로는 설명할 수 없는 신성한 존재나 힘을 말한다. 이런 맥락에서 예전에는 신학을 초성학이라고 불렀다. 한편 본성은 합리적 추론을 바탕으로 전개되는 이성적 사유의 능력을 가리킨다. 그래서 초성과 본성은 대비 개념이다.
20 성교란 천주성교(天主聖敎)를 줄인 말로, 천주교를 일컫는다.

【266】

성교(聖敎) 처음 세워옴으로브터 샹고(詳考)ᄒᆞ건대 사특(邪慝)ᄒᆞᆫ 말이 횡힝(橫行)치 아닌 째 업ᄉᆞ니 곳 련옥(煉獄) 한 곳츨 의논(議論)ᄒᆞᆯ지라도 올흔 둧ᄒᆞ디 글너 사ᄅᆞᆷ을 의혹(疑惑)게 ᄒᆞ고 우몽(愚蒙)ᄒᆞᆫ 이를 속이ᄂᆞᆫ 말이 젹지 아니ᄒᆞᆫ지라. 예수회 홍의쥬교(紅衣主敎)²¹ 盤拉而孟²² 벨나르밍²³ 이 ᄌᆞ셰(仔細)히 글에 시러시니 가히 분명(分明)히 샹고(詳考)ᄒᆞᆯ지라. 대져 셩교(聖敎)ᄂᆞᆫ 춤도(道)의 지남(指南)이오, 승텬(昇天)ᄒᆞᄂᆞᆫ 바른길히 되미 이단(異端)이 사ᄅᆞᆷ을 그릇침을 보매 깁히 믜워ᄒᆞ고 몹시 ᄭᅳᆫ지 아니치 못ᄒᆞᆯ지라. 녯젹에 이빅년(二百年) 젼(前)에 忒利滕²⁴ 드리덴듸노이

【267】

크게 공변되이²⁵ 뫼혀 의논ᄒᆞ고 텬하에 붉이 고(告)ᄒᆞ야 갈오디 "셩교 공변된 회ㅣ 쥬(主)의 믁시(黙示)ᄒᆞ심을 닙어 셩경(聖經)의 실닌 바와 젼(前) 셩인(聖人)의 젼(傳)ᄒᆞᆫ 바와 공논(公論)의 뎡(定)ᄒᆞᆫ 바를 안찰(按察)ᄒᆞ야 보텬하(普天下) 교우(敎友)의게 효유(曉諭)ᄒᆞ야 련옥(煉獄) 잇심을 밋고 옥에 잇ᄂᆞᆫ 령혼(靈魂)이 살아 잇ᄂᆞᆫ 벗의 공(功)과 셩디졔ᄉᆞ(聖臺祭祀)의 도음

21 이전에 추기경을 이르던 말. 추기경이 붉은색 수단을 입는 것에서 유래하였다.
22 이탈리아의 학자이자 추기경인 로베르토 벨라르미노(R. Bellarmino, 1542~1621). 교황 클레멘스 8세에 의해 추기경이 되었다.
23 한글 필사본이지만 인명이나 지명을 한자로 표기한 후 그 옆에 한글로 발음을 적은 경우가 있다. 이런 경우에는 필사본의 원문대로 한자를 먼저 쓰고 이어서 한글을 적어 넣기로 한다.
24 이탈리아 북부에 있는 도시 트렌토(Trento). 라틴어로 트리덴티노(Tridentino)라고 한다. 이곳에서 1545년부터 1563년까지 18년 동안 25차례에 걸쳐 로마 가톨릭교회의 제19차 세계 공의회가 소집되었다.
25 '치우침이 없이 공평하다'라는 뜻을 지닌 '공변되다'의 옛말. '가톨릭(보편적)'이란 의미로 쓰인다.

을 보게 하느니 온 셰상 쥬교(主敎)는 맛당이 젼(前) 셩인의 젼훈 바와 공 논의 뵈인 바 련옥(煉獄) 도리(道理)를 가져 곳곳에 외와 붉히고 째째로 친(親)히 젼(傳)호야 뭇 교우(敎友)로 호여곰 깁히 밋어 의심(疑心)이 업고 굿이 가져 일치 아니케 호며 므룻 뜻이 깁허 붉히기

【268】

어려워 사룸 권화(勸化)²⁶호기에 무익(無益)호 쟈는 우몽(愚蒙)호 압희 의 논호지 못홀 거시오. 쏘 진위(眞僞)를 분별(分別)치 못호야 그룬 돗호디 올흔 쟈라도 굿호야 ᄉ방(四方)에 젼(傳)치 못홀 거시오. 피ᄎ(彼此) 경솔 이 논난(論難)²⁷호야 말이 신긔훈 듯호고 뜻이 리(利)를 구홈 굿훈 쟈와 혹 일이 이단의 간셥호야 본디 춤되지 아닌 쟈는 일졀(一切) 엄(嚴)히 물 니쳐 젼치 말지니 이는 닥는 길희 조당(阻擋)²⁸과 해 끼치는 힝위의셔 다름이 업슴이라. 령 싱호는 공을 의논컨대 미사셩졔(彌撒聖祭)와 숑 경긔도(誦經祈禱)와 이긍시샤(哀矜施捨)호는 그런 등졀(等節)²⁹은 모든 쥬 교ㅣ 맛당이 밋는 사룸으로 호여곰 브즈런이 힝호야

【269】

써 뎡훈 규구(規矩)에 합(合)호게 홀 거시오. 므롯 망쟈의 부탁훈 바 혹 별훈 션공은 탁덕(鐸德)³⁰의게 칙망이 잇고 업슴을 거리끼지 말고 다 맛

26 가르침을 권하여 교화함.
27 '논란하다(여럿이 서로 다른 주장을 내며 다투다)'의 원말.
28 방해, 지장, 장애를 뜻함. 교회에서는 혼인성사나 성체성사의 성립을 가로막는 조건을 가리킴.
29 모든 예절과 절차를 통틀어 이르는 말.
30 사제를 이르는 옛말. 덕을 행할 수 있도록 지도하는 사람이라는 뜻이며, 한문본에는

당이 삼가 온전이 힝ᄒᆞ야 만의 ᄒᆞ나토 일치 말나."³¹ ᄒᆞ엿시니, 일노 말미암아 보건대 셩교공회(聖敎公會)의 깁히 련옥(煉獄) 잇심을 밋어 온 셰샹 교우(敎友)로 ᄒᆞ여곰 망ᄌᆞ 건지는 뜻을 다ᄒᆞ게코져 ᄒᆞ니 일노써 련령(煉靈)의게 슈양ᄒᆞ는 대샤(大赦)³² 심히 만코

【270】

특별이 ᄉᆞ랑ᄒᆞ시는 셩ᄃᆡ(聖臺)³³제례ㅣ 적지 아니ᄒᆞ고 ᄆᆡ년에 추ᄉᆞ(追思)ᄒᆞ는 쳠례(瞻禮)³⁴ 잇고 째째 장ᄉᆞ(葬事)ᄒᆞ는 경(經)³⁵이 잇서 인이(仁愛)의 웃듬 공이 셰샹에 통힝ᄒᆞ고 망ᄌᆞ 위ᄒᆞ는 경을 날마다 공당(公堂)³⁶에서 뫼혀 외오니 이는 다 모든 나라히 공번(共繙)³⁷되이 힝ᄒᆞ고 사람마다 홉긔 보는 바ㄴ즉 련옥 잇심이 셩교회의 공번된 의논이 아니냐?

【271】

녯자최

사탁(司鐸)이라 적혀 있다.

31 따옴표 안의 문장은 트리엔트 공의회 제25차 회기(1563년)에 공표된 연옥에 관한 교령이다.
32 고해성사를 보더라도 잠벌은 면제되지 않는다. 자신의 죄를 속죄하는 보속을 행해야만 잠벌을 면할 수 있다. 대사는 교황이나 주교가 자신의 권한으로 보속을 면제해 주는 것을 말한다.
33 거룩한 제대(祭臺).
34 추사이망 첨례(追思已亡瞻禮). 11월 2일 죽은 모든 신자들의 기념일. 현재는 '죽은 모든 이를 기억하는 위령의 날'이라고 불린다.
35 교회의 예절에 맞도록 장례를 치를 때 바쳐야 하는 기도문. 연옥도문(煉獄禱文)이 대표적이다. 이를 줄여서 연도(煉禱)라고 부른다.
36 성당.
37 공번(公繙)이라고도 표기한다. 한문본에서는 해당 표현이 실려 있지 않다.

대영국(大英國)에 훈 봉교(奉敎)³⁸ㅎ눈 사룸의 일홈은 提得(졔득)³⁹이라. 본대 교(敎)룰 직혀 몸을 닥고 본분(本分)에 편안(便安)ㅎ더니 후에 즁병(重病)을 엇어 히질 즈음에 죽으니 이튼날 친훈 벗이 일제히 와 훔긔 렴습(殮襲)ㅎ눈 례(禮)룰 힝훌 새 의외(意外)에 죽은 쟈ㅣ 다시 살아나니 겻희 사룸이 놀나 헤여지고 그 안히 훌노 잇스니 提得(졔득)이 골오디 "너희들은 두리지 말나. 나ㅣ 춤 아모 사룸이로라. 나ㅣ 셰샹(世上)을 하직(下直)훈 후에 훈 쳥츈(靑春) 아룸다온 션비ㅣ 쯔을고 깁흔 디경(地境)에 니루니 깁기 측량(測量) 업고

【272】

일면(一面)은 밍렬(猛烈)훈 불이 렴렴(炎炎)ㅎ고 일면(一面)은 어룸과 셔리가 늠늠(凜凜)훈데 허다(許多)훈 령혼(靈魂)이 통고(痛苦)홈이 비샹(非常)ㅎ고 형용(形容)이 취루(醜陋)⁴⁰ㅎ야 믄득 불노 나와 어룸으로 올마가고 쏘 어룸에셔 나와 불노 올마가니 쯧의 반두시 디옥(地獄)인가 ㅎ엿더니," 텬신(天神)이 골오디 "이눈 디옥(地獄)이 아니오, 련옥(煉獄)이라. 므릇 고히(告解)ㅎ고 복쇽(補贖)⁴¹ㅎ지 못훈 쟈 다 맛당이 이곳ㅎ리라." ㅎ니, 提得(졔득)이 부활(復活)훈 후에 가산(家產)을 삼분(三分)ㅎ야 일분(一分)은 그

---

38 천주교를 신봉함.

39 한글 필사본의 원문에는 이름이 한자로만 적혀 있다. 提得은 중국에서는 Tide 혹은 Teed의 음역으로 쓰인다. 여기서는 전자를 차용한다. 그리고 이하에서 한자로만 적힌 이름에는 한글을 병기하고, 한글로만 적힌 이름에는 한문본을 참조하여 한자를 병기한다.

40 추루. 더럽고 지저분함.

41 보속(補贖)의 오자임..

처를 주고 일분은 그 아돌을 젼ᄒ고 일분은 빈궁(貧窮)ᄒ 이를 구제(救濟)ᄒ고 집을 ᄯ혀나 도를 닥그매

【273】

고로옴 밧음이 이샹(異常)ᄒ더니 나히 늙고 힘이 쇠홈에 밋처 안연(晏然)이 셰샹을 ᄇ리니라.
셔국(西國) 어진 님금 오당(奧當)이 위(位)에 잇신 지 여러 ᄒ에 은혜ㅣ ᄉ히(四海)에 둘닌지라. 죽기 젼히에 마춤 흉년(凶年)을 맛나 크게 창(倉) 곡식을 발(發)ᄒ야 그 ᄇᆡ셩을 진휼(賑恤)ᄒ니 온 나라 슈원(修院)이 더욱 은혜 닙음이 깁흔지라. 왕이 이긍(哀矜)ᄒ 외(外)에 고공(苦功)⁴²으로써 더ᄒ고 통회(痛悔)ᄒᄂ 진졍(眞情)이 사ᄅᆞᆷ을 감동케 ᄒ니, 依爾滕(의이등) 쥬교ㅣ ᄀᆞᆯ오ᄃᆡ, "젹션(積善)ᄒ기를 오당 대왕 갓흔 쟈ᄂ ᄒ 번 셰샹을 ᄯ혀나면 가히 바로 텬당(天堂)에 오라고 편시(片時)도

【274】

련옥 단련(煅煉)은 기ᄃᆞ리지 아니홀 ᄃᆞᆺᄒ다." ᄒ더니, 혜오리지 못홀지라. 텬쥬(天主) 심판(審判)의 엄(嚴)홈이 사ᄅᆞᆷ의 의ᄉ(意思) 밧긔 나ᄂ도다. 오당이 죽은 후에 ᄯ혼 련옥(煉獄)에 들어간지라. 그 고모(姑母)ㅣ 슈원(修院) 원쟝(院長)이 되엿더니 ᄒ로ᄂ 일즉 니러나 창(窓) 밧긔 두ᄃᆞ리ᄂ 소리를 듯고 급히 창을 열고 보니 곳 오당 대왕이라. 왕이 ᄀᆞᆯ오ᄃᆡ "내 죽은 후(後)로브터 지금 련옥(煉獄)에 잇ᄂᄃᆡ, 금일(今日)에 온 ᄯ은 네게 구원(救援)ᄒ야 주기를 구(求)ᄒᄂ니 쳥(請)컨대 슈원(修院)에 보(報)ᄒ야

---

42 고행으로 공덕을 쌓음.

나를 위ᄒᆞ야 다위의 모든 셩영(聖咏)⁴³ 일쳔 편을 외오디, 미양 셩영

【275】

외온 후에 편퇴(鞭笞) 열 기식 치고 쏘 쥬경(主經)⁴⁴과 통회셩영(痛悔聖咏)⁴⁵ 각 일 편을 렴(念)ᄒᆞ디, 통회셩영은 편퇴로 치며 외오라." ᄒᆞ거눌, 모든 신공(神工)을 그대로 다 맛ᄎᆞ니, 오댱이 쏘 현형(現形)⁴⁶ᄒᆞ야 디신 긔도(祈禱)ᄒᆞᆫ 사ᄅᆞᆷ의게 감ᄉᆞ(感謝)ᄒᆞ니라.

련옥 잇심을 셩경(聖經)으로써 증거(證據)함이라

셩경(聖經) 우희 비록 련옥 일홈이 업ᄉᆞ나, 사ᄅᆞᆷ이 죽은 후에 ᄒᆞᆫ 련죄(煉罪)ᄒᆞ는 곳이 잇심은 밝이 증거(證據)ᄒᆞᆯ 거시 잇ᄉᆞ니 고경(古經)으로써 시험ᄒᆞ야 보건대, 瑪加勃(마가발)의 글⁴⁷ ᄎᆞ례로 열두 쟝에 긔록(記錄)ᄒᆞ엿

---

43 구약성경의 시편(詩篇)을 가리키는 옛 이름.

44 한글 필사본에 나오는 "쥬경"은 천주경과 성모경을 합친 말이다. 오늘날의 용어로는 주님의 기도와 성모송이다. 한문본의 원문에는 "在天亞物"이라고 되어 있다. 재천은 천주경의 첫 구절 '在天我等父者'에서 처음 두 글자를 따온 것이고, 아물은 성모경의 첫 구절인 '亞物瑪利亞'에서 처음 두 글자를 따온 것이다.

45 통회 성영(참회 시편)이란 시편 150편 가운데 자신의 죄를 뉘우치는 내용을 담은 제6편, 제32편, 제38편, 제51편, 제102편, 제130편, 제143편의 일곱 편을 말한다. 한문본에는 통회제육성영(痛悔第六聖咏)이라고 나온다. 여섯 번째 통회 시편이므로 시편 제130편을 지칭하는 것 같다. 하지만 한글 필사본의 역자는 통회 성영이라고만 하였다.

46 형체를 눈앞에 드러냄.

47 마카베오기. 구약성경에 속하는 경전. 가톨릭에서는 정경(正經)에 포함하지만, 유다교와 개신교에서는 외경(外經) 또는 위경(僞經)으로 본다. 유다 마카베오가 어떻게 시리아의 셀레우코스 왕조로부터 예루살렘을 탈환하고 유다 왕조인 하스몬 왕조를 세웠는가를 다루고 있는 책이다.

시되, 如達瑪加勃(여달마가발)⁴⁸이 군ᄉᆞ를 거ᄂᆞ려

【276】

뎍국(敵國)을 치다가 만흔 사ᄅᆞᆷ이 죽으니 如達(여달) l 은젼(銀錢) 일만 이쳔을 내여 여루사ᄅᆞᆷ에 보내여 망ᄌᆞ를 위ᄒᆞ야 졔례(祭禮)를 밧들게 ᄒᆞ니, 셩경에 이 일을 논단(論斷)ᄒᆞ야 골오ᄃᆡ "망쟈를 위ᄒᆞ야 죄를 벗고 벌을 면(免)ᄒᆞ게 홈은 이 거륵ᄒᆞ고 유익ᄒᆞᆫ 아름다온 ᄯᅳᆺ이라." ᄒᆞ니,⁴⁹ 말ᄆᆡ암아 혜아리건대 므릇 사ᄅᆞᆷ이 죽은 후에 다 텬당(天堂)에 오람도 아니오, ᄯᅩᄒᆞᆫ 다 디옥(地獄)에 ᄂᆞ림도 아니라. 텬당에 오ᄅᆞᆫ즉 졔례(祭禮)를 밧드러 디신 구(救)홈을 쓰지 아닐 거시오, 디옥(地獄)에 ᄂᆞ린즉 영(永)이 버서나지 못ᄒᆞᆯ지니 엇지 디신 구홈의 니익(利益)홈을 엇으리오? 만일 그럴 리 l 업ᄂᆞᆫᄃᆡ

【277】

망녕되이 구ᄒᆞᆫ즉 瑪加勃(마가발)의 죄 쟝ᄎᆞ 베힘을 용납(容納)지 못ᄒᆞᆯ지라. 엇지 아름다온 ᄯᅳᆺ이라 닐ᄏᆞᄅᆞ리오? 임의 아름다온 ᄯᅳᆺ으로 칭(稱)ᄒᆞ엿신즉, 디옥(地獄) 외에 ᄯᅩ 형벌(刑罰) 벗ᄂᆞᆫ 곳⁵⁰이 잇서 비록 들어가나 오히려 버셔날 ᄯᅢ 잇심을 알미 붉은지라. 이ᄂᆞᆫ 곳 내의 닐온바 련옥이

---

48 유다 마카베오(Judas Maccabe, ?~기원전 161). B.C. 2세기에 셀레우코스 왕조에 의한 지배와 신앙의 그리스화에 반대하여 일어난 유다의 영웅.
49 이상의 성경 내용은 마카베오기 하권 12장 43–45절에 들어 있다.
50 한글 필사본에는 형벌을 벗는 곳이라고 되어 있지만, 한문본에는 수형지지(受刑之地), 즉 형벌을 받는 곳으로 되어 있다. 앞뒤의 문맥을 보자면 '형벌 밧는 곳'으로 보아야 정확하다.

오. 고셩(古聖) 도비아(多俾亞)⁵¹ㅣ 그 아들을 ᄀᆞᆯㅇ쳐 닐ㅇ디 "네 슐과 밥을 가져 의인(義人)의 무덤에 둘지언뎡 죄인으로 더브러 음식을 홈긔 ᄒᆞ지 말나."⁵² ᄒᆞ니, 셩현(聖賢)이 풀어 ᄀᆞᆯ오디 "녯 사ᄅᆞᆷ이 무덤 우희 음식을 베풀고 빈곤(貧困)ᄒᆞᆫ 사람을 불너 먹이니 이ᄂᆞᆫ 망ᄌᆞ(亡者)를 위ᄒᆞ야 디신

【278】

텬쥬(天主)끠 구홈이니 이 쏘ᄒᆞᆫ 령혼(靈魂)이 잠시 련옥(煉獄)에 거(居)ᄒᆞ야 간난(艱難)ᄒᆞᆫ 사ᄅᆞᆷ의 긔도(祈禱)로 도음이 되ᄂᆞᆫ 줄을 증거(證據)ᄒᆞᆯ 거시오."⁵³ 다위 셩왕(聖王)이 쥬끠 구ᄒᆞ야 ᄀᆞᆯ오디 "내 쥬야. 나를 분(忿)ᄒᆞ실 ᄯᅢ에 ᄭᅮ짓지 말ᄋᆞ시고, 쏘ᄒᆞᆫ 노(怒)ᄒᆞ신 가온대 증례(懲艾)치 말ᄋᆞ쇼셔."⁵⁴ 하시니, 셩 안스딩⁵⁵이 풀어 ᄀᆞᆯ오디 "이 말솜 뜻은 싱젼(生前)에 내 죄를 씻셔 날노 ᄒᆞ여곰 련옥불을 쓰지 아니심을 구홈이오." 새경 우희 마두(瑪竇) 데 십이 편에 예수ㅣ 사ᄅᆞᆷ을 ᄀᆞᄅᆞ쳐 닐ㅇ사디 "셩신(聖神) 거스린 죄ᄂᆞᆫ 싱젼(生前)에도 샤(赦)치 못ᄒᆞ고 ᄉᆞ후(死後)에도 덜니지 못ᄒᆞᆫ다."⁵⁶ ᄒᆞ시니, 셩 안스딩과 셩 에오롣⁵⁷와

51 기원전 8세기 말 이스라엘 왕국의 멸망으로 아시리아에 끌려가서 유배 생활을 하였던 납탈리 지파의 후손 토빗과 그의 아들 토비야의 일대기를 담은 것이 구약성경 토빗기이다. 그런데 판본에 따라서는 토빗과 그의 아들 토비야를 모두 토비야라고 적기도 한다. 그리고 불가타 성경의 편명도 토빗기(Liber Tobiae)이다. 그러므로 위의 한글 필사본에서 도비아라고 한 것은 아버지 토빗을 가리킨다.
52 구약성경 토빗기 4장 17절에 나오는 구절이다.
53 한글 필사본의 면수로 489쪽에 가면 비슷한 구절이 아우구스티노 성인의 말로 소개된다.
54 시편 38편 2절에 나오는 구절이다.
55 아우구스티노 성인.
56 신약성경 마태오 복음 12장 37절에 나오는 구절이다.
57 그레고리오 성인.

【279】

 벨나도[58] ㅣ 다 굴오디 "오쥬(吾主)의 닐오신 바 곳홀진대 세샹을 브린 후에 쏘혼 가히 죄(罪) 덜님이 잇스니 그러나 디옥(地獄)에 든 쟈는 영원(永遠)이 샤(赦)치 못훈즉 디옥 외에 또 련옥(煉獄)이 잇심을 가히 알거시오." 셩 보로[59] 종도(宗徒)[60] ㅣ 高林底(고림저)[61] 사룸의게 글을 주어 닐오디 "뉘 능히 큰 공(功)을 셰워 흥구(恒久)히 보존호면 반두시 쟝ᄎᆞ 갑흠을 엇으려니와 만일 지은 공부(工夫) ㅣ 쟝구(長久)치 못호면 쟝ᄎᆞ 끼친 앙화(殃禍)룰 밧을지니, 그 사름이 비록 죽음은 면(免)호나 실노 불을 의지(依持)호야 살믈 엇음과 다룸이 업다."[62] 호시니, 이 귀졀을 셩경에 푸는 쟈ㅣ 말을

【280】

 각각 호엿시나 그러나 盤而孟(반이맹)의 말솜을 안찰(按察)[63]호건대 튀반(太半)이나 셩수(聖師)들이 다 닐오디 "이 불은 다른 불이 아니라 련옥 불이오. 잠시(暫時) 불이오. 죄롤 보쇽(補贖)[64]호는 불이라." 호니, 만일 그런즉 련옥 잇슴이 붉이 녯경과 새경에 뵈엿시니 다시 의심(疑心)호야 의논(議論)홀 거시 업는이라.

---

58 베르나르도 성인.
59 바오로 사도.
60 종도는 사도(使徒)의 예전 말이다.
61 고림저는 코린토(Korinthos)를 말한다. 그리스 본토와 펠로폰네소스 반도를 잇는 코린토 지협의 남단에 있던 항구 도시로서, 고대 그리스의 도시 국가였으며, 바오로 사도가 전도한 곳으로 유명하다.
62 코린토 신자들에게 보낸 첫째 서간, 3장 14-15절.
63 자세히 조사하여 살핌.
64 고해성사를 본 후에 적절한 방법으로 속죄하는 행위.

녯자최

녯젹에 晦拉爾城(회납이성)⁶⁵에 에 호 빗난 집이 잇스니 미양 밤즁에 쇠ㅅ슬 소리 들니디 살펴 엇지 못ᄒ니 사룸이 다 닐오디 "마귀(魔鬼)의 쇼수(所祟)되야 감(敢)히 거(居)ᄒ지 못ᄒ지라.

【281】

쥬인(主人)이 크게 해(害)롤 밧으리라." ᄒ니 대져 놉고 큰 집이 믄득 변(變)ᄒ야 쓸디업는 싸히 될지라. 호 간난호 션비ㅣ 듯고 스스로 담대(膽大)홈을 밋고 써 ᄒ디 "다른 사룸은 능히 거치 못ᄒ지라도 내 능히 거ᄒ겟다." ᄒ고 쥬인의게 고(告)ᄒ디 쥬인이 심히 것버ᄒ야 세(貰)롤 구(求)치 아니ᄒ고 닐오디 "살고져 ᄒ거든 살나." ᄒ고 낫ᄒ로 언약ᄒ고 곳 드려보내여 밤 지내기롤 예비(豫備)ᄒ니 그 사룸이 비록 말을 크게 ᄒ고 두려온 바 업는 듯ᄒ나 그러나 심즁(心中)에 황구(惶懼)ᄒ야 밤에 능히 자지 못ᄒ고 호 셩쵹(聖燭)을 켜고 홀노 안저 글을 지으며

【282】

글을 보더니 밤 반(半)에 사룸의 발자최 소리 잇서 졈졈 갓가히 들니고 쏘 쇠ㅅ슬 소리 들니니 완연(完然)이 발에 미히여 짜 우희 쓰을니는 듯호

---

65 '회납이'라는 지명이 어디를 가리키는지 불분명하다. 그런데 위의 연옥 이야기와 동일한 내용이 『연옥실화』라는 책에 실려 있는데, 이탈리아의 페라라에서 있었던 일로 적고 있다. 『연옥실화』는 파리 외방전교회 소속 선교사로서 일본에서 활동한 막심 퓌상(maxime Puissant, 1874~1932) 신부가 1914년부터 1918년 사이에 쓴 것이며, 한국순교복자수녀원에서 번역하였다(막심 퓌상, 한국순교복자수녀원 옮김, 『연옥실화』, 가톨릭출판사, 2008, 146~147쪽).

지라. 문에 지나감을 기드려 그 가는 곳을 엿보려 ᄒ드니 불의(不意)에 ᄒ 검은 사ᄅᆞᆷ이 곳 방즁(房中)에 들어와 져론 교자(交子)에 안즈니 혜아리건대 이ᄯᅢ에 그 담대(膽大)ᄒᆞᆫ 톄 ᄒᆞ든 쟈ㅣ ᄯᅩᄒᆞᆫ 반ᄃᆞ시 놀납고 두려워 엇지 홀 줄을 모를지라. 그러나 셩쵹(聖燭)이 압희 잇ᄉᆞ니 마귀(魔鬼) 능히 해(害)치 못ᄒᆞᆯ 줄을 밋고 니러나 무러 골오ᄃᆡ "너는 뉘라 ᄒᆞᄂᆞ뇨?" 답(答)지 아니ᄒᆞ고 ᄯᅩ 므르ᄃᆡ 인ᄒᆞ야

【283】

답지 아니ᄒᆞ거ᄂᆞᆯ 다시 글을 지으며 글을 보니 명일 과쟝(科場)에 들믈 위흠이라. 아름다온 글귀를 오리 싱각ᄒᆞᆯ 즈음에 검은 사ᄅᆞᆷ이 홀연(忽然)이 므러 왈 "무ᄉᆞᆷ 일을 구ᄒᆞᄂᆞ뇨?" 되왈 "아모 글귀를 구ᄒᆞ노라." 그 사ᄅᆞᆷ이 골오ᄃᆡ "아모 글 아모 권 아모 편에 잇다." ᄒᆞ거ᄂᆞᆯ 션비ㅣ 과연 엇고 더욱 놀나고 긔이히 넉인지라. 매샹(昧爽) ᄯᅢ에 니르러 검은 사ᄅᆞᆷ이 니러 나가거ᄂᆞᆯ 셩쵹(聖燭)을 잡고 자최를 ᄶᅩ차 뷘 모통이 ᄒᆞᆫ 굼긔 니르니 그 사ᄅᆞᆷ이 굼그로 들어가 다시 뵈지 아니ᄒᆞ니 셩쵹(聖燭)을 그 구멍 어구에 두고 ᄃᆞ라와 쥬인과 니웃 벗의게

【284】

고(告)ᄒᆞ고 홈긔 와 술펴보고 그 ᄯᅡ흘 깁히 ᄯᅮ러 ᄒᆞᆫ 무론 시신(屍身)을 엇으니 조차온 바를 상고(相考)ᄒᆞᆯ 길 업서 사ᄅᆞᆷ이 다 닐오ᄃᆡ "싱각건대 이 집 녯 쥬인(主人)이 즉금 련옥(煉獄)에 잇서 도아줄 사ᄅᆞᆷ이 업ᄂᆞᆫ 고로 와셔 구원(救援)홈을 쳥(請)ᄒᆞ엿다." ᄒᆞ고 쥬인이 곳 탁덕(鐸德)[66]의게 쳥ᄒᆞ

---

[66] '신부(神父)'를 이르던 옛말.

야 거룩훈 졔(祭)룰 힝호고 공번된 무덤에 공번된 무덤은 아마 님주 업는 시신(屍身) 쟝〻(葬事)호는 무덤이라 옴겨 쟝〻(葬事)호니 이후(以後)부터 다시 나트나지 아니호니라.

련옥 잇심을 셩뎐(聖傳)으로 증거홈이라.

내 닐온 바 셩뎐은 다른 것 아니라 곳 젼(前) 셩인(聖人)의

【285】

젼훈 바 말과 힝실(行實)이 우리 후(後) 사룸의게 뵈신 쟈라. 셩교(聖敎) 처음 쌔룰 샹고(詳考)호니 셩(聖) 弟伍尼削(졔오니샥)[67]] 망쟈(亡者)룰 싱각홈이 긴쟝 곤졀(懇切)호야 므릇 련령(煉靈)을 위호야 쥬(主)꾀 긔구(祈求)호매 반두시 눈물을 흘녀 슬피 우니 감동(感動)홈이 격히 사룸의게 밋논다 호고, 셩 格肋孟多(격륵맹다)[68] 골오디 "죵도(宗徒) 셩 베두로 누〻(屢屢)히 사룸을 권(勸)호야 죽은 벗을 싱각호라 호셧다." 호고, 對而多㦁(대이다량)[69]] 교회(敎會) 〻빅(四百) 년(年) 후에 나셔 그쌔 밋눈 사룸의게 닐녀 "임의 죽은 친(親)훈 벗을 위호야 쥬년쳠례(週年瞻禮)[70]룰 밧드러 드리지

---

67 디오니시오 셩인. 초기 그리스도교 시대인 3세기에 살았으며 파리의 초대 주교로 활약하다가 순교하였다.
68 클레멘스 셩인.
69 라틴 신학의 아버지로 불리는 테르툴리아노(160?~240?)의 이름을 음차한 것으로 보인다. 하지만 교회 400년 후에 태어났다는 말은 맞지 않다. 그래서인지 『련옥약설』의 1936년 개정판인 『연옥고』에서는 "테르툴리아노는 천주 강생 245년에 죽었다(戴而多良 死於天主降生 二百四十五年)"로 수정하였다. 그러면 사망 연도가 대략 맞으므로 위의 인물을 테르툴리아노로 보고자 한다.
70 쳠례는 축일의 옛말이며, 주년쳠례는 전례 주년에 명시된 축일을 가리킨다.

아니홈이 업다." 호고, 그 후 셩(聖)

【286】

亞笪納西(아달납서)[71] ㅣ 굴오디 "우리 사롬이 련령을 도으매 맛당이 깁히 亽랑을 품으리라." 호고, 셩 保利諾(보리락)[72]의 ᄋᆞ오 죽으매 셩인(聖人)이 셩 代爾斐(대이비)[73]의게 글을 주어 닐오디 "우러러 비ᄂᆞ니 디신 쥬끠 구호야 제게 호 뎜 셔늘홈을 주쇼셔." 호고, 셩 이시돌[74]이 글을 지어 굴오디 "죽은 쟈룰 위호야 쥬끠 졔헌(祭獻)호며 경을 외옴은 셩교회(聖敎會) 안희 ᄌᆞ리(自來) 이 곳치 홈이 잇ᄉᆞ니 엇지 죵도(宗徒)로 쏘차 젼호야 온 쟈 아니냐? 쏘훈 셩교로 호여곰 련옥 잇심을 밋지 아니홀 량이면 엇지 써 망쟈룰 위호야 거륵훈 졔ᄉᆞ룰 받들며 이긍시샤(哀矜施舍)호리요." 호고, 셩 끠수(基所)[75] ㅣ 닐오디 "가히

【287】

망쟈(亡者)룰 도아 니익(利益)게 홀 쟈는 나의 흘니는 눈물이 아니라 오직 이긍(哀矜)과 긔도(祈禱)호는 공(功)이라." 호고, 셩 濟利祿(제리록)[76] ㅣ 닐오디 "빗나고 빗난 거륵훈 졔ᄉᆞㅣ 크게 련령(煉靈)의게 유익(有益)홈을 아는 고로 셰샹(世上) 브린 엇던 사롬을 의논(議論)치 말고 다 맛당이

71 아타나시오 성인.
72 바울리노 성인.
73 다윗 성인.
74 이시도로 성인.
75 요한 크리소스토모 성인.
76 치릴로 성인.

184

쥬끠 구(求)ᄒᆞ리라." ᄒᆞ고, 셩 앙보로시[77]의 매씨(妹氏) 죽으매 獲斯底諾(획사저눠)[78]의게 글을 주어 굴오ᄃᆡ "쳥(請)컨대 눈물을 흘녀 통곡(慟哭)지 말고 오직 쥬끠 도음을 비러주쇼셔." ᄒᆞ니, 일노 말믜암아 싱각ᄒᆞ건대 녁ᄃᆡ(歷代) 셩인(聖人)들이 다 련옥 잇심을 밋고 련령을 건져 구ᄒᆞ니라.

녯자최라

【288】

셩 尼各老(니각로) 島楞低諾(도릉저눠)[79] 슈원(修院)에 잇실 쌔에 날마다 미사를 거ᄒᆡᆼ(擧行)ᄒᆞ매 공경(恭敬)을 다ᄒᆞ고 겸손(謙遜)을 극진(極盡)이 ᄒᆞ더니 ᄒᆞᆫ 쥬일(主日)에ᄂᆞᆫ 회장(會長)[80]이 셩인(聖人)의게 눈화 맛겨 오롯이 슈원(修院) 셰운 은인(恩人)을 위ᄒᆞ야 미사를 거ᄒᆡᆼ하게 ᄒᆞ엿드니 이날 젼(前) 져녁에 ᄒᆞᆫ 련령(煉靈)이 현형(現形)ᄒᆞ고 크게 소리ᄒᆞ야 불너 굴오ᄃᆡ "尼各老(니각로)야! 나를 아ᄂᆞ냐?" 셩인이 도라보니 그 사름을 아지 못ᄒᆞᆯ지라. 련령(煉靈)이 굴오ᄃᆡ "나는 아모 령혼이니 본ᄃᆡ 널노 더브러 아ᄂᆞᆫ 쟈ㅣ라. 비록 텬쥬(天主)의 인ᄌᆞ(仁慈)ᄒᆞ심을 힘닙어 디옥(地獄)은 면(免)ᄒᆞ여시나 내 련옥(煉獄)에 잇서 승텬(昇天)치 못ᄒᆞ엿시니 네게

---

77 암브로시오 성인.
78 아우구스티노 성인으로 추정된다. 그러나 이 책의 다른 대목에서는 아우구스티노 성인을 오사정(奧斯定)으로 표기한 곳도 있다.
79 톨렌티노의 니콜라오(Nicholas of Tolentino, 1245~1305) 성인. 위의 것과 유사한 이야기가 다음의 책에 나온다. 홀뵈크, 남현욱 옮김, 『연옥』, 가톨릭출판사, 2008, 91~93쪽.
80 대개 회장은 전교회나 신심회의 대표자, 교우촌의 지도자 혹은 본당 신자들의 대표자를 말한다. 그런데 여기서는 맥락으로 보아 수도원 원장 혹은 수도회 장상을 가리킨다.

【289】

빌건대 명일(明日)에 되신 미사를 힝호야 써 내 령혼을 구호라." 호니 셩인이 되답호디 "못 호겟노라, 회장(會長)이 임의 뎡혼 미사 잇스니 쫏지 아니치 못호리라." 혼디 이에 련령(煉靈)이 셩인(聖人)을 쓰을고 혼 집흔 옥에 니르러 보니 무수(無數)혼 령혼(靈魂)이 만 가지 고초(苦楚)를 밧거눌 이튼날 아춤에 셩인이 본 바로 써 회장(會長)의게 고(告)혼대 회장이 이 날에 현형(現形)혼 련령(煉靈)을 위호야 오릇이 미사 힝호기를 준허(準許)호고 쏘 련(連)호야 칠일(七日)을 다 련령을 위호니 칠일 후(後)에 젼일(前日) 현형혼 령혼이 다시 와 셩인의 도아준 은혜(恩惠)를 감샤호

【290】

후에 텬국(天國)에 오르니라.

셩녀 巴尼加(파니가) ㅣ 므릇 사룸의 죽음을 드룬즉 되신(代身) 구(求)치 아님이 업스되 홀노 그 부친(父親)이 세샹을 부린 후에 도로혀 니져버렷더니 후에 추亽이망쳠례(追思已亡瞻禮)를 맛나 셩녀(聖女) ㅣ 문을 닷고 경(經)을 외와 죽은 벗을 구원(救援)호더니 이날에 호슈텬신(護守天神)[81]이 셩녀를 인도호야 친히 련옥(煉獄)에 들어가 그 부친의 령혼(靈魂)을 뵈이니 그 부친이 불너 골오되 "내 똘아, 네 다룬 사룸은 위호야 쥬(主)끠 구호되 엇지호야 홀노 나는 니져브리느뇨? 슬프다! 내 고로옴이 극(極)혼지라. 너는 그 싱각홀지어다." 셩녀

---

81 수호천사.

듯고 슬피 울어 굴오디 "슬프다, 내 잘못ᄒ엿도다. 이후는 내 쟝ᄎᆞ 힘을 다ᄒ야 부친을 도아 감히 다시 닛지 아니ᄒ리라." ᄒ고 텬신(天神)끠 무러 굴오디 "엇지ᄒ야 내 부친(父親) 죽은 후에 쥬끠 구(求)홈을 니졋던고?" 디ᄒ야 굴오사디 "엇지 괴이히 넉이리오? 네 부친이 셰샹(世上)에셔 오직 셰복(世福)을 도모ᄒ고 신공(神功)[82]을 힘쓰지 아니ᄒᆫ 고(故)로 텬쥬(天主)ㅣ 벌(罰)ᄒ샤 그 도움이 젹게 ᄒ시니라."

련옥 잇심이 셩리(性理)에 합(合)홈이라

대져 련옥 잇심은 사름의 셩리에 심(甚)히 셔로 합(合)ᄒ니,

셩리는 각인(各人) 본셩(本性)의 ᄀᆞ촌 바 덧덧한 리(理)ㅣ라. 대개 죄가 크고 젹은 분별이 잇스니 젹은 자는 가히 긴 형벌(刑罰)노써 더ᄒ지 못ᄒᆞᆯ 거시오, 쏘ᄒᆞᆫ 가히 ᄒᆞᆫ 번 ᄭᅮ짓는 벌이 업지 못ᄒᆞᆯ지니, 만일 영벌(永罰)[83]을 ᄒᆞᆫ즉 너무 심ᄒᆞᆫ 데 일허 텬쥬(天主)의 지극히 올흠에 어김이 잇고, 젹다 ᄒ야 벌ᄒ지 아니ᄒᆞᆫ즉 션악의 등분(等分)이 업서 텬쥬(天主)의 지극(至極)히 공번됨에 합(合)지 못ᄒᆞᆯ지니, 그런즉 사름이 쇼죄(小罪) 잇시면 부득불(不得不) 잠벌(暫罰)[84]노써 더흠이 붉은지라. 이 셰샹에셔 잠벌이

---

82 신공(神功)에는 두 가지 뜻이 있다. 첫 번째는 기도하는 일이며, 두 번째는 선행을 베푸는 일이다.
83 지옥에서 받는 영원한 벌.
84 작은 죄나 보속할 죄가 남아 있는 사람이 잠깐 동안 받게 되는 벌.

완젼치 못ᄒᆞ고 믄득 셰샹을 쩌나면 이 셰샹에셔ᄂᆞᆫ 벌이

【293】

다시 잇지 못ᄒᆞᆷ이 ᄯᅩᄒᆞᆫ 붉고, 임의 이 셰샹에 잇지 못ᄒᆞᆫ즉 벅벅이 후셰샹(後世上)에 잇심이 더욱 붉을지니 이ᄂᆞᆫ 련옥의 맛당이 잇심이 ᄒᆞ나히오. 사ᄅᆞᆷ이 대죄(大罪)ᄅᆞᆯ 범(犯)ᄒᆞ고 비록 임의 고ᄒᆡ(告解)ᄒᆞ야 다ᄒᆡᆼ이 샤(赦)ᄒᆞᆷ을 닙어시나 그 벌은 능히 다 면(免)치 못ᄒᆞ야 반ᄃᆞ시 ᄯᅩ로 보쇽(補贖)을 ᄒᆡᆼ(行)ᄒᆞᆫ 후에야 가(可)ᄒᆞᆯ지라. 가ᄉᆞ(假使) 사ᄅᆞᆷ이 ᄉᆡᆼ젼(生前)에 샤죄(赦罪)ᄒᆞ엿시나 보쇽(補贖)이 온젼(穩全)치 못ᄒᆞᆫ즉 다만 ᄒᆞᆫ 번 죽음으로써 그 벌을 슬오지 못ᄒᆞᆯ 거시오. ᄯᅩᄒᆞᆫ 가히 디옥(地獄)으로써 그 죄ᄅᆞᆯ 벌ᄒᆞ지 못ᄒᆞᆯ지니 이ᄂᆞᆫ 련옥의 맛당이 잇심이 둘히오.

【294】

사ᄅᆞᆷ이 오리 죄ᄅᆞᆯ 범ᄒᆞ다가 림죵(臨終)에 회기(悔改)ᄒᆞᄂᆞᆫ 쟈도 잇고 일ᄉᆡᆼ(一生)에 덕(德)을 닥다가 젹이 미(微)ᄒᆞᆫ 허물의 무드ᄂᆞᆫ 쟈도 잇ᄉᆞ니 만일 ᄉᆞ후(死後)에 잠벌(暫罰)노써 혹 경(輕)케 ᄒᆞ고 즁(重)케 ᄒᆞᆷ이 업ᄉᆞ면 만히 범(犯)ᄒᆞᆷ이 젹게 ᄒᆞᆷ과 다ᄅᆞᆷ이 업슬지니 이ᄂᆞᆫ 련옥의 맛당이 잇심이 세히오. 금셰(今世) 사ᄅᆞᆷ이 갑흠을 도모(圖謀)ᄒᆞᆷ으로써 공(功)을 셰우고 형벌을 두림으로써 악(惡)을 피ᄒᆞ거니와 만일 대죄(大罪) 업슴으로 다 곳 승텬(昇天)ᄒᆞᆫ즉 젹은 션과 미(微)ᄒᆞᆫ 허물을 경홀(輕忽)이 넉여 텬쥬(天主)의 영광(榮光)이 더욱 손(損)ᄒᆞᆯ지니 이ᄂᆞᆫ 련옥의

【295】

맛당이 잇심이 네히라. 이ᄅᆞᆯ 의거(依據)ᄒᆞ야 밀외면 련옥의 잇심을 가

히 깁히 밋어 의심(疑心)이 업스리로다.

녯자최라

샹히(上海)[85] 셔문뎡공(徐文定公)[86]이 봉교(奉敎)[87]홈이 졍셩(精誠)되고 진실 ᄒᆞ니 실노 즁국(中國)에 뎨일(第一) 슈챵(首倡)ᄒᆞᆫ 교우(敎友) ㅣ라. 그 부인(夫人) 오씨(吳氏) ᄯᅩᄒᆞᆫ 일싱(一生)에 젹션(積善)을 죠하ᄒᆞ니 가히 그 지아비의 어진 쪽이라 닐크롤지라. ᄒᆞ로ᄂᆞᆫ 오씨ㅣ 병(病)이 즁(重)홀 졔 하ᄂᆞᆯ을 우러러보거ᄂᆞᆯ 사ᄅᆞᆷ이 그 연고(緣故)를 므ᄅᆞᆫ대 ᄀᆞᆯ오ᄃᆡ "셩모ㅣ 강림(降臨)ᄒᆞ샤 내게 승텬(昇天)홈을 허락(許諾)하신다."

【296】

ᄒᆞ고 ᄯᅩ ᄒᆞ로ᄂᆞᆫ 문뎡공이 하ᄂᆞᆯ노조차 와 부인을 위로(慰勞)ᄒᆞ거ᄂᆞᆯ 므르ᄃᆡ "죽은 아들 아모아모ᄂᆞᆫ 어ᄃᆡ 잇ᄂᆞ뇨?" 공이 ᄀᆞᆯ오ᄃᆡ "련옥(煉獄)에 잇스니 맛당이 디신 고공(苦功)ᄒᆞ야 쥬(主)ᄭᅴ 구(求)ᄒᆞ야 벌(罰)을 면(免)케 ᄒᆞ라." 부인이 듯고 급히 집사ᄅᆞᆷ의게 고(告)ᄒᆞ고 ᄒᆞᆷᄭᅴ 열심(熱心)으로 근졀(懇切)이 긔도(祈禱)ᄒᆞ야 망ᄌᆞ(亡子)를 구ᄒᆞ야 옥(獄)에 나오게 ᄒᆞ니라.
녯젹 도밍고회에 ᄒᆞᆫ 슈ᄉᆞ(修士) 잇서 큰 덕(德)이 범샹(凡常)치 아니ᄒᆞᄃᆡ 오직 망ᄌᆞ(亡者) 구ᄒᆞᄂᆞᆫ 공(功)은 ᄯᅳᆺ 밧긔 두고 닐오ᄃᆡ "련령(煉靈)은 다시 죄(罪)를 범(犯)치 아니홀지니 엇지 반ᄃᆞ시

85　중국 상해.
86　서광계(徐光啓, 바오로, 1562~1633).
87　천주교를 믿고 받드는 일.

【297】

위호야 슬퍼호리오. 도로혀 죄인(罪人)을 권면(勸勉)호눈 아룸다온 뜻이 된 이만 곳지 못호니 내 일노써 오직 텬쥬(天主)끠 구호야 길 일흔 사룸으로 호여곰 정도(正道)에 도라오게 호노라." 호더니 일일(一日)은 련령(煉靈)이 슈ᄉ의게 뵈이니 형용(形容)이 츄악(醜惡)호야 가히 말노 젼(傳)치 못홀지라. 슈ᄉ의 몸을 둘너 뫼셔 좌우(左右)에 쪄나지 아니호니 슈ᄉㅣ 놀납고 두려워 쥬야(晝夜)에 잠을 일우지 못호눈지라. 일노브터 뜻을 곳치고 ᄆᆞ음을 도리워 젼(前)과 크게 달나 텬쥬끠 구호며 몸을 고롭게 호고[88] 도리(道理)를 강논(講論)[89]호야 사룸을

【298】

권(勸)호디 열심(熱心)이 밧긔 발(發)호야 말호는 바와 힝(行)호는 바ㅣ 호나토 련령(煉靈)을 돕지 아니홈이 업더라.
아므 히 셩톄쳠례(聖體瞻禮)[90] 날에 진복(眞福)[91] 瑪加利(마가리)[92] ㅣ 셩톄 압희 잇서 믄득 보니 분도회[93]의 임의 죽은 원쟝(院長)이 편톄(偏體)가 다 불이라. 셩녀ㅣ 훈 번 보매 ᄆᆞ음이 슬프고 눈물이 흘너 비 곳호니, 련령이 굴오ᄃᆡ "내 일죽 원쟝으로 잇실 째에 네 신공을 드러 령셩톄(領

---

88 몸에 고통을 가하면서 간절하게 천주께 기도함.
89 교리(敎理)를 설명하며 신자들에게 교훈을 줌.
90 성체 축일. 원래는 성체 축일과 성혈 축일이 분리되어 있었다. 제2차 바티칸 공의회 이후 두 축일이 합쳐져 현재는 '지극히 거룩하신 그리스도의 성체 성혈 대축일'이 되었다.
91 진복은 참된 행복이라는 뜻이다. 죽은 후 천국에 올라 천주를 직접 만나는 지복직관(至福直觀)을 복자와 성인이 누리는 참된 행복이라고 말한다.
92 마르가리타 마리아 알라코크(Margarita Maria Alacoque, 1647~1690) 성녀.
93 베네딕토 수도회.

聖體(성톄)⁹⁴홈을 허(許)혼 고로 텬쥬ㅣ 나룰 허락(許諾)ㅎ샤 이에 와 너게 도음을 구ㅎ게 ㅎ시고 쏘 네 석 돌 신공(神功)⁹⁵으로써 내게 ㅅ양홈을 준허(準許)ㅎ셧다." ㅎ거놀, 셩녀ㅣ 형벌 밧논 연고룰 므른디

【299】

디ㅎ야 글오디 "그 연고(緣故) 오직 세 가지니 명셩(名聲)을 과히 ㅅ랑ㅎ고 텬쥬(天主)의 영광(榮光)을 현양(顯揚)치 아니홈이 ㅎ나히오. 사롬으로 더브러 화목(和睦)과 ㅅ랑을 결(缺)홈이 둘이오. 조긔(自己)룰 과히 ㅅ랑ㅎ야 션공(善功)을 곱초지 못홈이 셰니, 세 가지 즁에 오직 끗히 혼 가지가 フ장 텬쥬(天主)의 노(怒)룰 동(動)케 혼다." ㅎ고, 삼월(三月) ㅅ이에 항샹 셩녀(聖女)의 좌우(左右)룰 떠나지 아니ㅎ니 셩녀ㅣ 특별이 불샹이 넉이논 졍(情)이 깁홈으로써 오릭지 아니ㅎ야 졍신(精神)이 무르고 힘이 갓브니 원장(院長)은 그 곤(困)홈을 덜게 ㅎ고져 ㅎ디 셩녀ㅣ 허다(許多)혼 신공(神功)을 준수(遵守)히 힝ㅎ야 써 텬쥬의 노(怒)룰 긋치게

【300】

ㅎ니 셕 돌 후에 련령이 형벌을 면ㅎ고 흔연이 죽별ㅎ고 승텬혼 후에 만만코 은혜룰 닛지 아니키로 허락(許諾)ㅎ니라.

련옥이 어디 잇시며 어ᄂ 째에 지음이라

---

94 미사에서 축성된 그리스도의 몸(빵)과 피(포도주)를 받아 모시는 일.
95 기도와 선행 등으로 공을 쌓는 일.

련옥이 어디 잇심은 셩교(聖敎)의 뎡(定)훈 결단(決斷)이 업고 초셩학ᄉ(超性學士)⁹⁶의 의논(議論)이 ᄯᅩ훈 셔로 굿지 아니ᄒᆞ니, 혹 골오ᄃᆡ "뎡훈 곳이 업셔 각 사ᄅᆞᆷ의 범죄(犯罪)훈 ᄯᅡ히이라." ᄒᆞ니, 이 말을 셰운 쟈ㅣ 녯일노ᄡᅥ 증거(證據)ᄒᆞ엿시나 대개 련령(煉靈)의 나투나 뵌 쟈 닐오ᄃᆡ "련죄(煉罪)⁹⁷ᄒᆞᄂᆞᆫ ᄯᅡ히 혹 산림(山林)에도 잇고 혹 쳔퇵(川澤)에도 잇다." ᄒᆞ나

【301】

그러나 이 훈두 가지 녯일이 가히 빙거(憑據)되지 못ᄒᆞᆯ지라. 텬쥬(天主)ㅣ 가ᄉᆞ(可使) 훈두 련령(煉靈)으로 옥(獄)에 나오게 ᄒᆞ나 그 남은 쟈ᄂᆞᆫ 임의 뎡(定)훈 곳이 잇실 거시오. ᄯᅩ훈 셰샹 사ᄅᆞᆷ의 범죄(犯罪)홈이 다만 훈 곳ᄲᅮᆫ 아니라. 만일 범죄(犯罪)훈 ᄯᅡ히 련죄(煉罪)ᄒᆞᄂᆞᆫ 곳이 될 양(樣)이면 쟝ᄎᆞ 범(犯)훈 곳마다 여러 번 올마 거(居)ᄒᆞᆯ지니 그 번삭(煩數)홈을 이긔지 못ᄒᆞᆯ지라. 이ᄂᆞᆫ 통달(通達)훈 의논(議論)이 아니오. 혹 골오ᄃᆡ "련령(煉靈)이 심히 놉ᄒᆞ니⁹⁸ 반ᄃᆞ시 디옥(地獄)에 ᄂᆞ려 사마(邪魔)로 더브러 홈긔 쳐(處)ᄒᆞ야 형벌(刑罰)을 밧지 아니ᄒᆞ린즉 련옥이 반ᄃᆞ시 공즁디경(空中之境)에 잇ᄉᆞ리라." ᄒᆞ니 이 ᄯᅩ훈 밋지

【302】

못ᄒᆞᆯ 말이라. 고경(古經)에 닐오ᄃᆡ "내 ᄂᆞ려 디하(地下)에 들어가 텬쥬(天主)ᄭᅴ 구원(救援)ᄒᆞ여 주심을 ᄇᆞ라ᄂᆞᆫ 쟈ᄅᆞᆯ 어엿비 보고 붉은 빗ᄎᆞ로 빗최

---

96 신학자를 이르는 옛말. 셩은 자연의 옛 번역어이므로 초셩은 초자연에 해당한다. 그러므로 초셩학은 신학과 같은 뜻이며, 초셩학사는 신학자와 같은 말이다.
97 기한이 정해져 있는 벌을 받음으로써 죄를 정화하는 것.
98 지옥에 간 자들보다 상대적으로 높다는 뜻임.

리라." ᄒᆞ시니, 셩 아오스딩이 풀어 굴오디 "이 셩경 말숨을 안찰(按察)ᄒᆞ건대 예수ㅣ 못 박혀 죽으신 후에 련옥(煉獄)에 ᄂᆞ리샤 련령(煉靈)을 구ᄒᆞ시고 이제 추ᄉᆞ이망(追思已亡)[99] 미샤 즁에 졔사(祭祀) ᄀᆞ음아ᄂᆞᆫ[100] 쟈ㅣ 쥬끠 구ᄒᆞ야 굴오디 '텬쥬야, 깁흔 옥(獄) 령혼(靈魂)의 형벌(刑罰)을 면(免)ᄒᆞ여 주쇼셔.' ᄒᆞ니, 깁흔 옥은 디하(地下) 련옥이라." ᄒᆞ고, 셩 도마스[101] ㅣ 굴오디 "셩경 우희 비록 련옥(煉獄)이 어디 잇심은 볽이 말ᄒᆞ지 아니ᄒᆞ엿시나

【303】

그러나 젼(前) 셩인의 말ᄒᆞᆫ 바와 련령(煉靈)의 나투나 뵌 자최를 샹고(相考)ᄒᆞᆫ즉 련옥(煉獄)이 둘히 잇ᄉᆞ니, ᄒᆞ나흔 ᄯᅡ 이리[102] 잇서 디옥(地獄)으로 더브러 갓가오니 이ᄂᆞᆫ 련옥 본곳이 되고, ᄒᆞ나흔 이 셰샹 잠시(暫時) 살든 ᄯᅡ이니 텬쥬(天主)ㅣ 특별(特別)ᄒᆞᆫ 은혜(恩惠)로 간혹(間或) 련령(煉靈)을 허락(許諾)ᄒᆞ야 옥(獄)에 나와 혹 셰샹 사ᄅᆞᆷ을 경계(警戒)도 ᄒᆞ며 혹 사ᄅᆞᆷ으로 ᄒᆞ여곰 죽은 벗을 구원(救援)ᄒᆞ게 ᄒᆞ다." ᄒᆞ니, 이졔 셩교(聖敎)의 공논(公論)과 학ᄉᆞ(學士)의 말숨이 대져 셩인(聖人)의 ᄯᅳᆺ과 셔로 굿ᄒᆞᆫ지라. 만일(萬一) 련옥의 어ᄂᆞ ᄢᅢ 지음과 어ᄂᆞ ᄢᅢ 멸(滅)홈을

【304】

므르면 가히 샹고(相考)ᄒᆞᆯ 빙거(憑據) 업ᄂᆞᆫ지라. 혹 굴오디 "셰샹 ᄆᆞᆮ돌 쳐

---

99 이미 죽은 사람을 추모한다는 뜻이며, 위령(慰靈)의 날을 가리킴.
100 관장함 또는 주관함.
101 토마스 아퀴나스(Thomas Aquinas, 1224/1225~1274) 성인.
102 아리의 오기로 보임.

음에 지으시고 그 멸(滅)홀 째는 업술지니 이굿치 긔묘(奇妙)훈 큰 공부(工夫)[103] ㅣ 붉이 텬쥬의 지능(智能)과 만물(萬物)의 빗남을 나투내는 훈 끗치라. 그런 고로 텬디(天地)와 굿치 뭇출 째 업스리라." 후며, 혹 굴오디 "그러치 안타. 텬쥬ㅣ 조물(造物)후심이 각각 쓰임이 잇스니, 셰샹 처음은 벌(罰)을 응(應)홀 사룸이 업슨즉 련옥이 쓸디업눈 고로 짓지 아니시고 공심판(公審判)[104] 후에는 혹 텬당(天堂)에 올니며 혹 디옥(地獄)에 누리워 다시 련죄(煉罪)홀 사룸이 업슨즉 련옥이

【305】

쏘훈 쓸디업눈 고(故)로 두지 아니리라." 후야 죵죵(種種) 의논(議論)이 각각 훈 가지 쇼견(所見)이 잇스니 뉘가 올흐며 뉘가 그룸을 망녕(妄靈)되이 결단(決斷)치 못홀지라. 원(願)컨대 아는 쟈는 스스로 그림이 가(可)후니라.

녯자최라

성 瑪底諾(마저락)[105] ㅣ 긔록후야 닐오디, 녯젹에 훈 슈녀 일홈은 日多達(일다달)[106]이라. 스후(死後)에 나타나 됴훈 벗 숑경(誦經)후는 겻희 꿀엇거눌 그 벗이 므러 굴오디 "내 벗아 무슴 연고(緣故)로 이에 왓나뇨?" 日多達(일다달)ㅣ 굴오디 "내

---

103 솜씨. 노력.
104 세상 종말에 재림한 그리스도가 모든 인간에게 행하는 마지막 심판.
105 마르티노 성인.
106 제르트루다(Gertrude).

싱시(生時)에 널노 더브러 이곳에서 말노 크게 닥논 규구(規矩)[107]룰 범혼 고로 텬쥬(天主) ㅣ 나롤 벌(罰)ᄒᆞ샤 이에 잇서 형벌(刑罰)을 밧고 죄(罪)룰 단련(煅煉)하게 ᄒᆞ시니 빌건대 나의 고로옴을 어엿비 넉여 디신 쥬끠 구(求)하여 주소셔." 이곳치 련일(連日) 나타나 뵈더니 닥논 벗이 덕(德)을 싸코 공(功)을 세운 후에 니르러 이 령혼(靈魂)을 구ᄒᆞ야 옥(獄)에 나오니라.[108]

---

[107] 닦는 규구란 수도회 법규 또는 수도 규칙을 말함.
[108] 한문본 『연옥약설(煉獄略說)』의 초간본에는 마르티노의 이야기 다음에 전혀 다른 이야기가 실려 있었다. 저자 이문어 신부는 아래의 이야기가 부적절하다고 판단하였는지 본서가 대본으로 삼은 판본에 와서는 카푸친 수도회 및 시토 수도회 이야기로 바꾸었다. 다음은 초간본에 실려 있던 이야기이다.
主教 戴凹抱祿, 久患足病, 疼痛異常. 醫生命(甬)寒冰, 置之足下, 但時值秋涼, 求之不得. 本城漁人, 一日捕魚時 偶得一大冰塊, 獻呈之際. 主教欣然, 不料事出甚奇. 冰內聞有人聲焉. 主教怪而問曰 "爾爲誰." 答曰 "我乃煉靈也. 在此受寒冷之苦. 以代煉獄之刑, 倘主教連行三十彌撒, 則可救我脫免." 於是主教每日舉行彌撒, 連行十餘日. 魔鬼煽惑鄰人, 相爭不睦. 主教因平爭之故. 一日不行彌撒, 翌日再起彌撒. 意欲連行三十. 行之未久, 邪魔妬甚. 借無數兵馬之形. 忽來城下. 主教大驚. 謀所以禦敵. 又不行聖祭. 既而熟察之. 乃知事出空虛. 並無敵至. 明日. 主教又起彌撒. 已行二十有九. 魔鬼又設惡計. 使主教. 忽見閣城. 均被火炎. 主教曰 "雖全城燒毁, 今日必行彌撒." 彌撒畢冰塊全消. 而煉靈得脫. 仔細視之, 則城內並無火患也. 此已知魔鬼之妒人升天. 恨人救靈也. 實甚.
주교 戴凹抱祿(대요포록)은 발에 병이 난 지 오래되었는데 통증이 아주 심하였다. 의사는 차가운 얼음을 찾아서 발밑에 넣으라고 하였다. 하지만 마침 가을이라 얼음을 구할 수 없었다. 그런데 성에 사는 어부가 어느 날 물고기를 잡다가 우연히 큰 얼음덩이를 얻어서 바쳤다. 주교는 매우 기뻐하였으나. 뜻밖에도 일이 이상하게 되었다. 얼음덩이 안에서 사람의 목소리가 들렸던 것이다. 주교가 이상하게 여겨 물었다. "너는 누구냐?" "나는 연옥의 영혼입니다. 연옥의 형벌을 대신하여 여기서 추운 고통을 받고 있습니다. 만일 주교께서 미사를 연속 30대를 거행하신다면 나는 구원을 받아 형벌을 면할 수 있습니다." 이에 주교는 매일 미사를 거행하여 십여 일을 계속하였다. 그러자 마귀가 주위 사람들을 선동하고 유혹하여 서로 다투고 화목하지 못하게 하였다. 주교는 분쟁을 가라앉히느라고 하루 미사를 거행하지 않았다. 그리고 이튿날부터 다시 미사를 드렸는데 연속 30대를 거행할 작정이었다. 하지만 미사를 거행한 지 얼마 안 되어 사악한 마귀가 심하게 질투하여 갑자기 수많은 병사

加布濟會(가포제회)[109] 슈ᄉ(修士) 아모ㅣ 깁흔 밤에 당(堂)에 들어가니 갓 죽은 벗이 당 모통이에 ᄭᅮᆯ고 졍셩(精誠)되이 긔도(祈禱)ᄒᆞ거ᄂᆞᆯ 슈ᄉㅣ 괴이 넉여 므른디 골오디 "ᄉᆡᆼ시(生時)에 내 셩톄(聖體) 압희 잇서 송경(誦經) 분심(分心)ᄒᆞ야 졍셩(精誠)을 다치

【307】

못ᄒᆞᆫ 고로 이에 잇서 죄ᄅᆞᆯ 단련(煅煉)ᄒᆞ니 만일 사ᄅᆞᆷ이 잇서 특별(特別)ᄒᆞᆫ 셩디(聖臺)[110] 우희 다시 거륵ᄒᆞᆫ 졔ᄉ(祭祀) ᄒᆞᆫ 번만 드리면 곳 가히 나ᄅᆞᆯ 구원ᄒᆞ야 옥(獄)에 나올지니 그디ᄂᆞᆫ 나ᄅᆞᆯ 위ᄒᆞ야 도모(圖謀)ᄒᆞ쇼셔." ᄒᆞ고, ᄯᅩ 슈ᄉ(修士) 실유[111]라 ᄒᆞᄂᆞᆫ 쟈 잇서 믄득 보니 ᄒᆞᆫ 련령(煉靈)이 셩톄디젼(聖體臺前)에서 슬피 고(告)ᄒᆞ야 골오디 "앗갑다, 내로다. 앗갑다, 내로다. 무ᄉᆞᆷ 벌을 맛당이 밧지 아니ᄒᆞ며 무ᄉᆞᆷ 고로옴을 맛당이 견디지 못ᄒᆞ리오마ᄂᆞᆫ 슬프다, 크게 공의(公義)[112]ᄒᆞ신 쥬(主)ㅣ 쟝ᄎᆞ 어ᄂᆞ

와 말의 모습으로 성 아래에 이르렀다. 크게 놀란 주교가 적을 물리칠 계략을 모의 하느라고 또 미사를 드리지 못하였다. 시간이 지나 자세히 살펴보니 비로소 허상이라는 것을 알게 되었다. 사실 적은 오지도 않았고, 성 내에 어떤 환란도 없었다. 다음 날부터 주교는 다시 미사를 거행하여 29대를 하였다. 마귀가 또 흉계를 꾸몄다. 주교에게 갑자기 성 전체가 모두 화염에 휩싸인 모습을 보여준 것이다. 주교가 말하였다. "비록 성이 전부 다 타버려도 오늘은 꼭 미사를 드릴 것이다." 그렇게 미사를 마치자 얼음덩이가 모두 녹아 없어져 버리고 연옥의 영혼은 추운 고통에서 벗어났다. 자세히 보니 성에는 아무런 화재도 일어나지 않았다. 이로써 마귀가 인간이 천당으로 올라가는 것을 얼마나 질투하는지, 사람이 연옥 영혼 구하는 것을 얼마나 증오하는지를 알게 된다. 이는 사실이다.

109 카푸친 수도회
110 옛 교회 용어로서 제대(祭臺)를 성대(聖臺)라고도 함. 『한불자전(韓佛字典)』에 수록되어 있다.
111 한문본에는 "西爾維"라는 이름으로 나옴. 실비오(Silvio)로 추정된다.
112 선악을 공정하게 판별하는 하느님의 신적인 속성.

째에 이 형벌을 면ᄒᆞ게 ᄒᆞ실고. 슬프다, 너의 닥는 벗이 만일 이 형벌(刑罰)의 혹독(酷毒)홈을 알면

【308】

엇더케 놀납고 두려우리오? 나는 아모의 혼(魂)이라. 이졔 밧는 련옥(煉獄) 형벌을 입으로 다 펴지 못홀지라. 그 연고(緣故)를 궁구(窮究)ᄒᆞ면 내 말을 삼그지 못ᄒᆞ야 인이(仁愛)의 어긤이 잇스며 혹 존장(尊長)을 스스로히 시비(是非)ᄒᆞ고 능히 슌명(順命)치 못ᄒᆞᆫ 쇼치(所致)라. 우러러 빌건대 딕신 회장(會長)의게 구ᄒᆞ야 내 죄를 안셔(安恕)ᄒᆞ고 미사(彌撒) 삼십 딕를 드리면 거의 나를 구원ᄒᆞ야 형벌을 버셔나겠다." ᄒᆞ거놀 회장이 과연 쇼원(所願)을 좃차 동회(同會) 탁덕(鐸德)으로 ᄒᆞ여곰 삼일(三日) 닉(內)에 미사를 수딕로 거힝(舉行)ᄒᆞ니 련령이 옥에 나와 회즁(會中) 벗의게 딕신 긔도ᄒᆞᆫ 은혜를 감사(感謝)ᄒᆞ고 영화(榮華)로이 텬국(天國)에

【309】

오라니라.

濟斯德會(제사덕회)[113] 긔록(記錄)ᄒᆞᆫ 글에 ᄒᆞᆫ 사름이 싱젼(生前)에 영광경(榮光經)[114] 렴(念)홀 졔 머리를 숙이지 못홈으로 ᄉᆞ후(死後)에 련옥에 잇셔 벌을 밧앗다 ᄒᆞ니라.

---

113 시토 수도회(Oder of Cistercians)를 지칭하는 것으로 추정된다.
114 한문본에는 "성삼 영광송(聖三光榮誦)"으로 나온다. "영광이 성부와 성자와 성령께, 처음과 같이 이제와 항상 영원히 아멘"으로 된 기도문이다. 소영광송이라고도 부르는 이 기도문을 과거에 영광경이라고 하였다. "하늘 높은 곳에서는 하느님께 영광"으로 시작하는 대영광송은 과거에 영복경(榮福經)이라고 하였다.

뎨이편(第二篇)은 련옥(煉獄) 형벌(刑罰)을 의논(議論)홈이라

련옥(煉獄) 불이 형상(形象) 잇느니라

셩교(聖敎) 셩인(聖人)들이 대개 련옥 불이 형상 잇는 불이라 ᄒᆞ니, 셩 도마스ㅣ 닐오ᄃᆡ "디옥(地獄) 불은 악인(惡人)을 태오고 련옥 불은 의인(義人)을 태오니 두 불이 굿ᄒᆞᆫ 불이라. 셩교(聖敎) 공논(公論)을 안찰(按察)ᄒᆞ건대 디옥 불이 실노 형상 잇는 불인즉

【310】

련옥 불도 ᄯᅩᄒᆞᆫ 형상 잇는 불을 가히 알니라." ᄒᆞ고, 셩 엔뢰[115] ᄀᆞᆯ오ᄃᆡ "사마(邪魔)ㅣ 능(能)히 형상 잇는 불의 샹(傷)홈을 밧으니 엇지 련령(煉靈)이 능히 밧지 못ᄒᆞ리오?" 혹이 ᄀᆞᆯ오ᄃᆡ "형상 잇는 불이 능히 형상(形象) 업는 령혼(靈魂)을 태오지 못홀지니 엇진 ᄯᅳᆺ고? 불의 셩품됨은 형톄(形體)에 의지(依支)ᄒᆞ고 불의 쓰임됨은 물건에 붓으치니 물건을 의지ᄒᆞ매 물건과 ᄒᆞᆫ 몸이 되고 물건을 붓으치매 물건을 녹이ᄂᆞ니 물건이 더욱 녹을스록 불이 더욱 크고 빗치 더욱 붉고 열(熱)이 더욱 심(甚)ᄒᆞ며 물건이 다 녹은즉 불이 발(發)치 아니ᄒᆞ고 빗치 뵈지 아니ᄒᆞ고

【311】

열(熱)이 나지 아니ᄒᆞ니 연고(緣故)로 형상 업는 톄(體)는 가(可)히 붓으치지 못홀 거시오, ᄯᅩᄒᆞᆫ 가히 녹이지 못홀지라 엇지 능히 ᄉᆞᄆᆞᆺ 들어가 태

---

[115] 그레고리오 셩인.

오리오." 나는 골오디 "그러치 안타. 므릇 물건(物件)의 쓰임이 쩟쩟흠과 변화(變化)ᄒᆞᄂᆞᆫ 두 가지 도(道)ㅣ 잇ᄉᆞ니 불의 쩟쩟흔 도(道)는 반ᄃᆞ시 태오디 ᄯᅩ흔 태오지 아니ᄒᆞᄂᆞᆫ 변통(變通)이 잇ᄂᆞᆫ 고(故)로 고교(古敎) 젹에 세 셩동(聖童)이 불가마에 들어가디 손상(損上)흠이 업고,[116] 믈의 쩟쩟흔 도(道)는 반ᄃᆞ시 흐르디 ᄯᅩ흔 흐르지 아니ᄒᆞᄂᆞᆫ 변통(變通)이 잇ᄂᆞᆫ 고로 므ᄉᆡ[117] 셩인(聖人)이 집핑이로써 홍ᄒᆡ(紅海)룰 치매 바다믈이 ᄂᆞ호여 두 언덕을 일우니 이것흔

【312】

령젹(靈蹟)은 붉이 텬쥬의 젼능(全能)을 나타냄이라. 가ᄉᆞ(可使) 셰물(世物)노 쩟쩟흔 도룰 쫏지 아니ᄒᆞ고 힝(行)ᄒᆞ려 ᄒᆞ시면 유형(有形)흔 불노 무형(無形)흔 령혼을 태옴이 무슴 가(可)치 아니홈이 잇ᄉᆞ리오." 안스딩이 골오디 "형상 업ᄂᆞᆫ 톄가 형상 잇ᄂᆞᆫ 불을 밧음이 그 자최 비록 긔이ᄒᆞ나 그 일을 가히 ᄉᆞ못지[118] 못홀지라.[119] 비컨대 형상 업ᄂᆞᆫ 령혼이 형상 잇ᄂᆞᆫ 육신과 셔로 합ᄒᆞ야 사름이 되니 이는 다 사름마다 홈긔 아ᄂᆞᆫ 바로디 그 엇지ᄶᅥ 셔로 합ᄒᆞ며 엇지ᄶᅥ 사름이 되ᄂᆞᆫ고 ᄒᆞ야 므른즉 천고에 붉은 사름이 능히 ᄉᆞ못출 이

---

[116] 구약성경 다니엘서 3장에 나오는 이야기임.
[117] 모세. 한문본에는 "매슬(梅瑟)"이라고 적혀 있음.
[118] 통(通)하지.
[119] 한글 필사본의 구절을 그대로 해석하면 '그 일은 통하지 않는다'로 된다. 하지만 이런 해석은 어색하다. '그 일은 통하지 않을 리 없다'로 해석되어야 의미가 통한다. 한문본에는 "기사실가신야(其事實可信也)", 즉 '그 일은 실로 믿을 만하다'로 되어 있다.

【313】

업눈지라. 또훈 사룸이 죄룰 쥬끠 엇음은 대도(大都) 유형훈 물건을 ᄉ랑훈 연고라. 고로 텬쥬ㅣ 유형훈 불노 벌ᄒᆞ심이 또훈 가치 아니ᄒᆞ랴."

녯자최라

텬쥬(天主) 강싱(降生) 후 일쳔뉵빅ᄉ십일년(一千六百四十一年)에 加納利(가납리) 슈원(修院)에 방지거회(方濟各會)[120] 슈ᄉ(修士) 잇ᄉᆞ니 일홈은 未亞(미아)라. 병(病) 들엇실 ᄯᅢ에 동회(同會)의 벗 亞生燒(아생소) ᄒᆞᆼ샹(恒常) 뫼셔 약(藥)을 드리며 구료(救療)ᄒᆞ고 잠시도 ᄯᅥ나지 아니ᄒᆞ다가 죽은 후에 싱각ᄒᆞ야 근졀(懇切)이 긔구(祈求)ᄒᆞ더니 ᄒᆞ로ᄂᆞᆫ 亞生燒(아생소) 밥텽(一廳) 안희셔 믄득 보니 훈 사룸이 편톄(遍體)가 다 불이라. 급(急)히

【314】

므러 골오ᄃᆡ "너ᄂᆞᆫ 뉘라 ᄒᆞᄂᆞ뇨?" ᄃᆡ왈(對曰) "나ᄂᆞᆫ 未亞(미아)의 령혼(靈魂)이라. 다ᄒᆡᆼ(多幸)이 텬쥬(天主)의 인ᄌᆞ(仁慈)ᄒᆞ심을 닙어 승텬(昇天)ᄒᆞᄂᆞᆫ 수(數)에ᄂᆞᆫ 근션(簡選)ᄒᆞ엿시나 샹긔[121] 련옥(煉獄)에 잇서 고로옴을 견ᄃᆡ지 못ᄒᆞ니 오히려 치명(致命)ᄒᆞᄂᆞᆫ 형벌(刑罰)의 비겨 멀기 심ᄒᆞ야 비(比)ᄒᆞᆯ ᄃᆡ 업ᄂᆞᆫ지라. 만일(萬一) 련옥(煉獄)에 잇ᄂᆞᆫ 연고(緣故)룰 말ᄒᆞ면 싱시(生時)에 수ᄎᆞ(數次) 망ᄌᆞ(亡者) 위ᄒᆞᄂᆞᆫ 일과(日課)룰 외울 졔 ᄆᆞ음을 잘 쓰지 못홈이니 너는 내 죄룰 디신 보쇽(補贖)ᄒᆞ야 날노 ᄒᆞ여곰 일즉 승텬

---

120 프란치스코(Franciscus) 수도회. 현재의 '작은 형제회'를 말한다.
121 아직.

(昇天)ㅎ게 ㅎ라." 亞生燒(아생소)ㅣ 말을 듯고 원즁(院中)에 젼ㅎ고 일졔(一齊)히 션공(善功)을 힝ㅎ니 오리지 아니ㅎ야 未亞(미아)의

【315】

령혼이 다시 와 현형(現形)ㅎ고 구원(救援)ㅎ 은혜(恩惠)를 감샤(感謝)ㅎ 후에 승텬향복(昇天享福)ㅎ니라.
셩녀 愛彼利(애피리)122 ㅣ 여러 번 련령(煉靈)의 현형(現形)홈을 본지라. 훈 슈녀(修女)123의 일홈 磨來當(마래당)이 어려로부터 브즈런이 닥가 열심(熱心)으로 쥬(主)를 셤기고 쇽ᄉ(俗事)를 ᄆᆞᆷ에 계관(係關)치 아니ㅎ고 쏘 곤(困)호 이를 구졔(救濟)ㅎ고 위퇴(危殆)호 이를 붓들며 오리 힝(行)ㅎ야 게어름이 업더니, 홀일 업다! 힘이 강장(强壯)ㅎ고 나히 졀머셔 불힝(不幸)이 일즉 죽은지라. 셩녀(聖女)ㅣ 긔도홀 ᄯᅢ에 슬피 탄식ㅎᄂᆞᆫ 소리 들니거늘 ᄌᆞ셰히 드ᄅᆞ니 磨來當(마래당)의 소리라. 그 말에 닐오ᄃᆡ

【316】

"愛彼利(애피리)야! 나ㅣ 불 가온대 잇ᄉᆞ니 너는 나를 도으라." 셩녀(聖女)ㅣ 말을 듯고 도라보지 아니ㅎ고 괄시(恝視)홈ᄀᆞ치 녀겻더니 본(本)신부ㅣ 알고 셩녀(聖女)의 과(過)히 겁홈을 ᄭᅮ짓고 명(命)ㅎᄃᆡ "다시 현형(現形)ㅎ거든 그 련혼(煉魂)이 뉜고 므러보라." 셩녀ㅣ 명(命)ᄀᆞᆺ치 ㅎ야 므ᄅᆞ니 磨來當(마래당)이 실상(實狀)으로써 디답(對答)ㅎ고 ᄯᅩ 온몸의 밍렬(猛烈)호 불을 뵈이니 그 고로옴을 가히 이긔여 말ㅎ지 못혼다 ㅎ니라.

---

122 에밀리아(Aemilia) 셩녀.
123 한문본에는 수녀(修女)가 아니라 규녀(閨女)로 나온다. 그러므로 슈녀는 규녀의 오기로 봄이 옳다.

오스딩(奧斯定)¹²⁴회에 성녀 일홈 物老宜格(물로의격)¹²⁵ㅣ 텬신(天神)의 인도(引導)ᄒᆞ심을 닙어 친히 련옥(煉獄) 고로옴을 보고 ᄭᆡ친 후에 탄식(歎息)ᄒᆞ야 골오ᄃᆡ "슬프다! 이 엇진 형벌(刑罰)인고? 영고디옥(永苦地獄)으로

【317】

더브러 ᄀᆞᆺᄒᆞᆫ 불이오 ᄀᆞᆺᄒᆞᆫ 형벌(刑罰)이로다." 언필(言畢)에 ᄯᅡ희 거꾸러지니 사ᄅᆞᆷ이 보매 物老宜格(물로의격)의 젼톄(全體)에 불 붓흔 자최 잇서 크기 손바닥 ᄀᆞᆺ고 그ᄯᅢ에 몸이 열(熱)ᄒᆞ고 ᄀᆞ죡이 더혀 불 속에서 나옴과 다ᄅᆞᆷ이 업다 ᄒᆞ니라.

련옥 불이 심(甚)히 밍렬(猛烈)홈이라

텬디(天地) 간 만물(萬物) 즁(中)에 밍렬(猛烈)ᄒᆞ고 독(毒)ᄒᆞᆫ 쟈(者)ㅣ 불ᄀᆞᆺᄒᆞᆫ 거시 업ᄂᆞᆫ지라. 굿음은 옥(玉)의셔 더ᄒᆞᆫ 거시 업ᄉᆞᄃᆡ 오직 불이 녹이고, 강(剛)홈은 쇠의셔 더ᄒᆞᆫ 거시 업ᄉᆞᄃᆡ 오직 불이 눅이니, 그러나 이 셰샹 불은 텬쥬(天主)ㅣ

【318】

은혜(恩惠)로 지어 사ᄅᆞᆷ을 주심이오 죄벌(罪罰)노 ᄒᆞ심이 아니로ᄃᆡ 그 밍렬(猛烈)홈이 오히려 이러ᄒᆞ거든 하물며 사ᄅᆞᆷ을 벌(罰)ᄒᆞᄂᆞᆫ 련옥(煉獄) 불

---

124 아우구스티노 수녀회.
125 베로니카 셩녀.

이냐! 이제 격물학(格物學)¹²⁶에 통(通)훈 쟈ㅣ 능히 불의 힘을 아울너 심샹(尋常)훈 불의셔 빅비(百倍)로 더ᄒᆞᄂᆞᆫ 법(法)이 잇거든 하물며 젼능(全能)ᄒᆞ신 텬쥬(天主)ㅣ 쟝ᄎᆞ 불 힘을 쳔만비(千萬倍)로 더ᄒᆞ야 사룸의 죄(罪)를 벌(罰)ᄒᆞ지 못ᄒᆞ시랴? 안스딩이 굴오디 "이 셰샹 간난(艱難)을 혹 몸소 당ᄒᆞ고 혹 눈으로 보고 혹 싱각으로 밋츠나 다 가히 련옥(煉獄) 고로옴의 비(比)치 못ᄒᆞ다." ᄒᆞ고, 셩 에ㄴ로ㅣ 굴오디, "내 ᄯᅳᆺᄒᆞ건대 련옥

【319】

불을 셰샹 모든 고로옴에 비겨 더옥 당(當)치 못홀 거시오. ᄯᅩ훈 그 불이 컴컴ᄒᆞ야 빗치 업고 내ᄅᆞᆯ 피워¹²⁷ 해(害)ᄅᆞᆯ 일우으고 ᄒᆞᆼ샹(恒常) 셩(盛)ᄒᆞ야 멸(滅)치 아니ᄒᆞ고 오리 태와 쉬지 아니ᄒᆞ야 령혼(靈魂)에 븟허 형톄(形體)가 됨과 ᄀᆞᆺᄒᆞ니, 령혼(靈魂)이 본디 형상(形象)이 업서 불이 귀와 눈이 되고 불이 슈죡(手足)이 되고 불이 쟝위(腸胃)가 되야 ᄉᆞ지빅톄(四肢百體)가 다 그러ᄒᆞ니 그 고로옴이 엇더홀고?" 일즉 드르니 수십년(數十年) 젼(前) 아모 고을에 토젹(土賊)이 니러나니 고을 사룸이 일졔히 발(發)ᄒᆞ야 겁탈(劫奪)ᄒᆞᄂᆞᆫ 쟈ᄅᆞᆯ 잡아다 결박(結縛)ᄒᆞ야 불셩이 우희 더져 그 골육(骨肉)을

【320】

태오니 그 도뎍(盜賊)이 비록 슈죡(手足)을 동혀시나 압흠이 비샹(非常)홈으로써 불 우희 수십 쳑(尺)이나 ᄯᅱ여오른 쟈 잇ᄉᆞ니, 불의 독(毒)홈이

---

126 한문본에는 '셩학(性學)'으로 되어 있음. 신학을 초셩학이라고 하였던 것과 대비하면 셩학은 자연학 내지 물리학에 해당함.
127 원문에는 '내여'로 썼다가 지우고 옆에 '피워'로 적었다.

이러홀지라도 련옥 고로옴에 비ᄒᆞ면 ᄒᆞᆫ 잔 믈노 큰 바다물에 비(比)김과 다름이 업ᄉᆞᆯ지니 엇진 법인고? 셩 도마스ㅣ ᄀᆞᆯ오ᄃᆡ "맛는 쟈의 압흠은 치는 쟈의 힘으로 그 압흠의 경즁(輕重)을 뎡(定)ᄒᆞᆯ ᄯᆞᄅᆞᆷ이 아니라 맛는 쟈의 톄(體)를 보아 그 압흠의 경즁(輕重)을 알지니, 톄가 더욱 령(靈)ᄒᆞ면 압흠이 더욱 깁고 톄가 더욱 무지(無知)ᄒᆞ면 압흠이 더욱 엿흘지니, 굿ᄒᆞᆫ 힘으로 치ᄃᆡ 눈을

【321】

침과 등을 침의 압흠이 굿지 아니ᄒᆞ니 그런즉 톄의 령ᄒᆞᆫ 쟈는 령신(靈神)의셔 더 령ᄒᆞᆫ 이 업고 힘의 밍렬ᄒᆞᆫ 쟈는 련옥 불의셔 더 밍렬ᄒᆞᆫ 이 업ᄉᆞ니 망쟈의 고로옴을 오히려 가히 형용(形容)ᄒᆞ랴?"

넷쟈최라

넷젹에 拉毛辣(납모랄) 多明我(다명아)[128] 원(院)에 ᄒᆞᆫ 대덕(大德)의 사ᄅᆞᆷ이 잇서 방지거회 션비로 더브러 ᄉᆞ괴이 ᄀᆞ장 친ᄒᆞ야 누누히 강논(講論)ᄒᆞ고 셔로 권면(勸勉)ᄒᆞᄂᆞᆫ지라. ᄒᆞ로는 셔로 언약(言約)ᄒᆞᄃᆡ "우리 두 사ᄅᆞᆷ 즁(中)에 몬져 죽는 쟈ㅣ 셰샹에

【322】

현형(現形)ᄒᆞ야 ᄉᆞ후(死後)의 엇더홈을 뵈와 알게 ᄒᆞ리라." ᄒᆞ엿더니, 오리지 아니ᄒᆞ야 방지거회 션비 셰샹을 ᄇᆞ리매 언약을 져ᄇᆞ리지 아니ᄒᆞ

---

[128] 도미니코 수도회.

고 과연 나타나 뵈이니 마춤 그 벗이 밥텽(一廳) 안희셔 비칠홀 째롤 맛
난지라. 죽은 쟈 고ᄒᆞ되 "텬쥬의 인즈(仁慈)ᄒᆞ심을 인ᄒᆞ야 디옥(地獄)은
면ᄒᆞ엿시나 젹은 허믈을 뉘웃지 못홈으로 이제 련옥 형벌(刑罰)을 밧ᄂᆞ
다." ᄒᆞ고, 그 손으로써 되(臺) 우희 덥ᄒᆞ니 믄득 손 형상(形象)이 되 압
희 들어가매 마치 불 붓ᄂᆞᆫ 손을 더홈과 굿ᄒᆞ니 일노써 련옥의 불이 밍
렬홈을 보리로다.

【323】

셩 到老滿(도로만)¹²⁹의 누의 일홈을 安日拉(안일라)라 ᄒᆞᄂᆞᆫ 쟈. 병(病)이
심히 위퇴(危殆)ᄒᆞ더니 믄득 령신(靈神)이 련옥(煉獄)에 노라 허다(許多)ᄒᆞᆫ
련령(煉靈)을 보니 혹 깁흔 어룸 가온대도 잇고 혹 밍렬(猛烈)ᄒᆞᆫ 불 가온
대도 잇고 혹 사나온 즘승의 너흘물¹³⁰ 닙으며 혹 쇠빗의 글거 샹(傷)홈
을 닙으니, 종종(種種) 고로온 형벌(刑罰)을 말노 다 긔록(記錄)지 못ᄒᆞᆯ지
라. 째에 ᄒᆞᆫ 사ᄅᆞᆷ이 잇서 安日拉(안일라)ᄃᆞ려 닐오되 "너도 쏘ᄒᆞᆫ 쟝차 이
에 와셔 형벌(刑罰)을 밧으리라." 安日拉(안일라) 말을 듯고 씨치니 온몸
이 놀납고 쩔니ᄂᆞᆫ지라. 고로히 到老滿(도로만)의게 쳥(請)ᄒᆞ야 되신 쥬피
구(求)ᄒᆞ야 죽음을 면(免)ᄒᆞ려 ᄒᆞ나 쥬명(主命)을 어긔기 어려온지라.

【324】

安日拉(안일라) 마춤 셰샹을 하직(下直)ᄒᆞ엿더니 렴습(殮襲)ᄒᆞᆯ 째에 니ᄅᆞ
러 셩인(聖人)이 시신(屍身)을 향ᄒᆞ야 불너 굴오되 "내 예수의 일홈을 인

---

129 톨로메이(Tolomei) 셩인.
130 물어뜯음을.

ᄒᆞ야 너를 명(命)ᄒᆞ야 부활(復活)케 ᄒᆞ노라." 말을 ᄆᆞᆾᄎᆞ매 安日拉(안일라) 명을 응(應)ᄒᆞ야 다시 살아나니 형톄(形體)가 강건(強健)ᄒᆞ야 일즉 병(病) 드지 아니ᄒᆞᆫ 쟈 ᄀᆞᆺᄒᆞᆫ지라. 일노브터 安日拉(안일라) 고공(苦功)을 비(倍)로 더ᄒᆞ야 몸을 샹(傷)해오고 이긔며 고로온 옷[131]과 고로온 ᄯᅴ ᄒᆞᆼ샹(恒常) 몸에 ᄯᅥ나지 아니ᄒᆞ고 밤을 새와 엄지(嚴齋)홈을 ᄒᆞᆼ습(恒習)으로 ᄒᆞ고 몸의 병이 만ᄒᆞ되 즐겨 밧아 말이 업ᄉᆞ며 혹 어름 굼긔 더지며 심지어 가새 우희 누어 ᄉᆞᆯ족이 ᄯᅴ어지고 피 흐르며 혹 불 가온디

【325】

들어가 몸이 투고 살이 썩은 쟈ㅣ ᄒᆞᆫ두 번이 아니라. 사람이 그 고로옴이 너무 과홈을 척(責)ᄒᆞ되 디(對)ᄒᆞ야 골오디 "이런 고로옴은 후셰(後世) 고로옴의 비(比)ᄒᆞ면 오히려 돌고 둔지라. 무슴 고로옴이 잇ᄉᆞ리오?"

련령(煉靈)의 실고(失苦)[132]라

련옥(煉獄) 불의 고로옴이 비록 크나 쥬를 ᄯᅥ난 고로옴의 비ᄒᆞ면 오히려 엿고 적은지라. 진복 瑪加利(마가리)ㅣ 골오디 "련령(煉靈)의 쥬 ᄯᅥ난 고로옴은 고금(古今)에 능(能)히 아는 쟈 업다." ᄒᆞ고, 셩 도마스ㅣ 골오디 "만 가지 고로온 즁에 쥬 ᄯᅥ난 고로옴이 ᄀᆞ장 심(甚)ᄒᆞ니 엇지 ᄒᆞ야 그러ᄒᆞ고?"

---

131 고의(苦衣)와 고대(苦帶)는 그리스도의 수난과 고통을 생각하며, 고행과 금욕의 수단으로 맨살 위에 입고 두르는 옷과 띠를 말한다.
132 지옥(地獄) 또는 연옥(煉獄)에서 받는 가장 큰 고통은 천주를 직접 보지 못하는 고통이라고 함.

【326】

골오디 "물건(物件) 일흔 근심은 물건의 아름답고 아름답지 아님을 응(應)ㅎ야 일흔 바 더욱 아름다온즉 근심이 더욱 깁흐니 이 련령(煉靈)의 일흔 바는 무궁(無窮)히 아름다오신 텬쥬(天主)ㅣ 만유(萬有)의 참 근원(根源)이오, 령혼(靈魂)의 종향(宗向)이라. 일흔 바 무궁(無窮)흔즉 무움의 슬픔이 쏘흔 무궁(無窮)홀지라. 인군(人君)이 나라흘 일코, 쟝ᄉㅣ 리(利)를 일코, 아비ㅣ 주식(子息)을 일흐면 왕왕(往往)히 잠이 편치 못ᄒ고 음식(飮食)이 돌지 못ᄒ야 울울(鬱鬱)히 병(病)을 일워 인(因)ᄒ야 죽는 쟈 젹지 아니ᄒ니, 그러나 뎌 무리 일흔 바는 미(微)흔 거시로디 슬퍼홈이 이ᄀᆺ흔즉 텬쥬(天主)를 일흔 쟈 더욱 엇더홀고?

【327】

셰샹 사름이 육졍(肉情)이 굿이 ᄀ리여 쥬(主) ᄉ랑홈이 근졀(懇切)치 못흔 고(故)로 쥬를 멀니 ᄒ되 근심이 업다가 령혼(靈魂)이 흔 번 육신(肉身)에 써나매 밝이 텬쥬(天主)의 무궁(無窮)히 아름다오심이 가히 ᄉ랑ᄒ염족홈을 아니, 젼(前)에 어두온 밤에 잇다가 이제 밝은 빗츨 봄과 다름이 업서 일시에 신목(神目)¹³³이 크게 열니고 즁심(衷心)¹³⁴이 급히 발ᄒ야 뵈옵기 원(願)ᄒ는 뜻을 능히 억졔(抑制)치 못ᄒ야 그 급홈이 돌이 공즁에 돌님과 ᄀᆺᄒ니 엇지 능히 시각을 머물니오." 다위 셩왕이 쥬끠 ᄇ라 골오디 "셰샹에 머물 째가 엇지 그 오리며 승텬홀 날이 엇지 그리 먼이잇가?

---

133 영적인 것을 볼 수 있는 눈.
134 충심은 마음에서 우러나오는 참된 마음을 말함.

【328】

내 목 무르듯이 쥬를 싱각홈이 진실노 목 무른 스심이 심믈을 브람과 굿다."¹³⁵ 호시고, 셩 바로 골오디 "내 혼빅(魂魄)이 셔로 떠나 그리스도로 더브러 흔곳에 훔긔 거(居)홈을 원(願)호노라." 호나, 젼(前) 션인¹³⁶의 원호고 브람의 은근(慇懃)홈이 련령(煉靈)의 브람의 만분지 일을 비치 못홀지라. 또 싱각건대 이 셰샹 근심은 대총 풀닐 째 잇서 혹 밤에 잠듦으로써 근심을 니즈며 혹 음식으로써 근심을 니즈며 혹 벗의 졍담(情談)과 친쳑(親戚)의 안위(安慰)홈으로 근심을 니져 주션(周旋)호고 응졉(應接)홈의 근심 풀닐 곳치 만호디 홀노 련령(煉靈)의 고로옴인즉 그러치

【329】

못호야 밤낫의 분별(分別)이 업고 위로(慰勞)호야 도울 사롬이 업고 고로옴을 감(減)홀 긔틀이 업고 모음을 눈홀 일이 업서 렴렴(念念)히 쥬(主)를 싱각호고 렴렴(念念)히 뵈옵지 못홈을 슬허호야 혼결곳치 더욱 싱각혼즉 더욱 이모(愛慕)호고, 더욱 이모(愛慕)혼즉 더욱 슬허호야 일일(一日)이 삼추(三秋)¹³⁷뿐 아니오, 편시(片時)가 몃 히 굿혼지라." 셩녀(聖女) 가다리나¹³⁸ 일즉 비유호야 골오디 "셜く 온 텬하(天下)에 다만 흔 큰 썩이 잇서 사롬이 보면 곳 가히 주림을 치울 터이오, 또 사롬이 잇서 비 주림을 견디기 어려오디 입에 바롤 거시 업고 째 지냄이 오라디 죽지도 아니호고

---

135 구약성경 시편 42편에 유사한 구절이 나옴.
136 한문본을 참고하면 성인(聖人)의 오기로 보임.
137 一日三秋 : 一日如三秋(하루가 삼 년 같다는 뜻으로, 몹시 애태우며 기다림을 이르는 말).
138 제노바의 가타리나(1447~1510) 성녀는 연옥에 관한 체험과 설명으로 유명함.

싱명(生命)이 느릴스록 긔갈(飢渴)이 더욱 심ᄒᆞᆫ디 이 령이(靈異)ᄒᆞᆫ 썩을 듯고 박졀(迫切)이 ᄒᆞᆫ 번 보고 주림을 치오고져 ᄒᆞ나 홀일 업다. 썩이 과연 압희 잇시나 ᄒᆞᆫ 번 봄을 용납(容納)지 못ᄒᆞ니 이째 이 사ᄅᆞᆷ의 근심과 고로옴이 더욱 견디기 어려울지라. 이제 련령(煉靈)의 목 ᄆᆞ르ᄃᆞ시 쥬(主)를 뵈옵고 시븜이 이 사ᄅᆞᆷ의 목 ᄆᆞ르ᄃᆞ시 썩을 보고 시븐 ᄆᆞ옴과 곳ᄒᆞᆯ지니 졍신(精神)이 ᄆᆞ르고 ᄆᆞ옴이 어즈러워 죵내 편안(便安)치 못ᄒᆞ다가 필경(畢竟) 승텬(昇天)ᄒᆞ야 령셩(靈性)의 량식(糧食)을 엇어 본 후에야 가(可)ᄒᆞᆯ지니라."

녯자최라

슈ᄉᆞ(修士) 高爾梢(고이초)ᄂᆞᆫ 명셩(名聲)이 멀니 나타난 쟈라. 일싱(一生)에 심히 고롭고 엄(嚴)히 지(齋)ᄒᆞ며 물털노 옷슬 ᄆᆞᆫ드러 흉샹(恒常) 닙고 벗지 아니ᄒᆞ며 가새로써 소음[139]을 삼아 그 몸을 찌르게 ᄒᆞ며 츤 겨을에 홋옷 외에 겻옷 ᄒᆞᆫ 벌을 더ᄒᆞ고 밤낫으로 브즈런ᄒᆞ고 고로와 널판 우희 눕고 오직 삼경(三更) 즈음에 ᄆᆞ시ᄂᆞᆫ 바ᄂᆞᆫ 묽은 물 ᄒᆞᆫ 잔과 먹ᄂᆞᆫ 바ᄂᆞᆫ ᄆᆞ른 썩 ᄒᆞᆫ 덩이요 이외에 다만 포도(葡萄) 오뉵(五六) 개 ᄯᅮᄅᆞᆷ이요 져녁에 그 몸을 편틔(鞭笞)ᄒᆞ야 예수의 고난(苦難)을 싱각ᄒᆞ고 쥬일(主日)은 편틔(鞭笞)ᄒᆞ기ᄅᆞᆯ 오경(五更)ᄭᆞ지 니르고 틔수(笞數)가 뉵쳔뉵ᄇᆡᆨ뉵십뉵

---

[139] 솜. 한문본에는 리(裡), 즉 속옷으로 나옴.

【332】

도에 니ᄅ러니 대개 젼 셩인의 젼혼 바ᄅ룰 안찰(按察)ᄒ건대 곳 예수의 침을 밧은 수ㅣ라. 高爾梢(고이초)ㅣ ᄉ후에 동회(同會) 병(病) ᄀ음아ᄂ는 쟈의게 나타나 뵈이고 고ᄒᄋ여 ᄀ골오ᄃ디 "쥬(主)의 큰 은혜(恩惠)ᄅ롤 닙어 다ᄒᆡᆼ(多幸)이 디옥(地獄)은 면(免)ᄒᄋ엿시나 이제 련옥에 잇셔 젼(前) 허믈을 보쇽(補贖)ᄒᄋ노라." 병 ᄀ음아ᄂ는 쟈 ᄀ골오ᄃ디 "네 셰샹(世上)에셔 허다(許多)ᄒ혼 고공(苦功)을 ᄒᆡᆼ(行)ᄒ혼지라. 엇지 다시 이ᄀ곳ᄒ혼 벌(罰)이 잇ᄂᆞᆫ뇨?" ᄃ디왈 "내 아모 슈원(修院)을 셰운 후에 지물(財物)을 모화 쟝구지계(長久之計)ᄅ룰 ᄒᄋ니 다만 이 일이 회(會) 규구(規矩)에 합(合)지 못ᄒᄋ고 크게 신빈(神貧)ᄒ혼 덕(德)에 뒤진지라. 그ᄢᅢ에 ᄆᆞ옴에 의심(疑心)을

【333】

내엿시나 능히 아ᄂ는 쟈의게 무러 딜뎡(質正)치 못ᄒ혼 고로 죄가 내게 도라왓시니 핑계ᄒᆞᆯ 길 업노라." 병(病) ᄀ음아ᄂ는 쟈 ᄀ골오ᄃ디 "련옥(煉獄) 고로옴이 엇더ᄒ뇨?" ᄃ디왈 "각고(刻苦)가 비록 깁흐나 오히려 ᄎᆞᆷ아 견ᄃ디려니와 홀노 텬쥬(天主) 뵈옵지 못ᄒᄂ는 고로옴은 심히 당(當)키 어렵다." ᄒᄋ니라.

셩의회(聖衣會)¹⁴⁰ 슈녀 高朗白(고랑백)¹⁴¹이 셰샹을 ᄯᅥ난 후에 셩녀 巴齊

---

140 셩의회(聖衣會, Confraternitas sacri Scapularis B.M.V. de monte Carmelo)는 가르멜 수도회의 시몬 스톡(Simon Stock, 1165?~1265) 성인에게 나타난 성모 발현에서 유래한 평신도 신심회를 이른다. 하지만 위의 본문에 나오는 "셩의회 수녀 고량백"이라는 표현을 보자면 셩의에 대한 신심이 깊었던 가르멜 수녀회 소속의 수녀를 지칭하는 것으로 보인다.

141 골룸바(Columba).

(파제)¹⁴² ㅣ 그 령혼을 보니 텬당(天堂)에도 잇지 아니ᄒᆞ고 디옥(地獄)에도 잇지 아니ᄒᆞ고 련옥(煉獄)에도 잇지 아니ᄒᆞ니 다만 싱젼(生前)에 몃 번 스ᄉᆞ로 근심의 ᄯᅳ을녀 능히 싱각에

【334】

내치지 못ᄒᆞᆫ 고로 텬쥬(天主) ㅣ 벌(罰)ᄒᆞ샤 ᄉᆞ후에 쥬끠 먼 고로옴을 밧게 ᄒᆞ셧다 ᄒᆞ니라.

련령의 스ᄉᆞ로 뉘웃ᄎᆞᆷ이라

혹이 무러 골오ᄃᆡ "련령(煉靈)이 텬샹(天上) 영화(榮華) 더디믈 뉘웃ᄂᆞ냐 아니ᄂᆞ냐?" 나 ㅣ ᄃᆡ답ᄒᆞᄃᆡ, 셩녀(聖女) 가다리나¹⁴³ 닐오ᄃᆡ "련령(煉靈)이 다만 쥬(主) ᄉᆞ랑ᄒᆞᆯ 줄을 알고 몸 ᄉᆞ랑ᄒᆞᆯ 줄을 아지 못ᄒᆞᆫ다." ᄒᆞ니 임의 몸 ᄉᆞ랑ᄒᆞᆯ 줄을 아지 못ᄒᆞᆫ즉 조긔(自己) 영회¹⁴⁴를 싱각지 아니 ᄒᆞᆯ지니 엇지 뉘웃ᄎᆞᆷ이 잇시리오마ᄂᆞᆫ 그러나 다른 셩인(聖人)의 말ᄉᆞᆷ과 녯자최를 안찰(按察)ᄒᆞ여 보건대 련령이

【335】

이쥬(愛主)ᄒᆞᄂᆞᆫ 외에 ᄯᅩᄒᆞᆫ 조긔(自己)를 ᄉᆞ랑ᄒᆞᄂᆞᆫ 고로 잠간 텬복(天福) 더디믈 무궁(無窮)히 ᄒᆞᆫ(恨)ᄒᆞᆫ다 ᄒᆞ니, 내 엿흔 쇼견(所見)으로써 혜아리건

---

142 팟지의 마리아 막달레나(Mary Magdalene de Pazzi, 1566~1607) 셩녀로 추정됨.
143 가타리나 셩녀(St. Catherine).
144 '영화(榮華)'의 오기.

대 두 말이 다 올흐니 엇진 법(法)인고? 쥬(主)를 ᄉᆞ랑ᄒᆞᄂᆞᆫ ᄉᆞ랑이 두 가지 잇ᄉᆞ니, ᄒᆞ나흔 츙셩(忠誠)된 ᄉᆞ랑이오, ᄒᆞ나흔 탐(貪)ᄒᆞᄂᆞᆫ ᄉᆞ랑이라. 츙셩된 ᄉᆞ랑은 다만 텬쥬(天主)의 아름다오심을 싱각ᄒᆞ야 ᄉᆞ랑홈이니 그 ᄉᆞ랑이 슌젼(純全)ᄒᆞ고, 탐(貪)ᄒᆞᄂᆞᆫ ᄉᆞ랑은 텬쥬(天主)의 은혜(恩惠) ᄇᆞ람을 인(因)ᄒᆞ야 ᄉᆞ랑홈이니 그 ᄉᆞ랑이 석끼ᄂᆞᆫ지라. 비(譬)컨대 치명(致命) 셩인(聖人)이 비록 다 쥬(主)ᄅᆞᆯ ᄉᆞ랑하야 ᄀᆞᆺ치 즁(重)ᄒᆞᆫ 형벌(刑罰)을 밧으나 혹 하ᄂᆞᆯ 영화(榮華)ᄅᆞᆯ

【336】

앙모(仰慕)ᄒᆞ야 영복(永福)을 ᄇᆞ라ᄂᆞᆫ 이도 잇고 혹 대은(大恩)을 싱각ᄒᆞ야 갈진(渴盡)이 보답(報答)ᄒᆞ고져 ᄒᆞᄂᆞᆫ 이도 잇고 혹 싱명(生命)을 앗끼지 아니ᄒᆞ야 써 텬쥬(天主)의 광영(光榮)을 더으고 죽엄 보기ᄅᆞᆯ 도라감 ᄀᆞᆺ치 ᄒᆞ야 세샹 사ᄅᆞᆷ의 표양(表樣)[145]이 되게 ᄒᆞᄂᆞᆫ 이도 잇스니 그런즉 셔로 ᄀᆞᆺᄒᆞᆫ 바ᄂᆞᆫ 그 일이오 ᄒᆞᆫ갈 ᄀᆞᆺ지 아니ᄒᆞᆫ 바ᄂᆞᆫ 그 ᄆᆞᄋᆞᆷ이라. 련령(煉靈)의 쥬(主) ᄉᆞ랑홈도 ᄯᅩᄒᆞᆫ 가히 이ᄀᆞᆺ지 아님이 업슬 거시오. ᄯᅩᄒᆞᆫ ᄒᆞᆫ 사ᄅᆞᆷ의 령혼(靈魂)으로 닐너도 ᄉᆞ랑이 혹 슌젼(純全)ᄒᆞᆯ 째도 잇고 혹 슌젼(純全)치 못ᄒᆞᆯ 째도 잇실지라. 연즉(然則) 련령의 뉘웃ᄎᆞ홈을

【337】

가히 알지나 이ᄂᆞᆫ 붉이 말ᄒᆞ지 못ᄒᆞᆯ 고로옴이라. 호슈텬신(護守天神) 쥬보셩인(主保聖人)[146]과 예수 셩모(聖母)의 아름답고 션(善)홈이 비(比)ᄒᆞᆯ ᄃᆡ

---

145 표양(表樣)은 모범 또는 본보기를 말하며, 어떤 사람이나 물건의 본보기가 되는 사람이나 대상, 혹은 생각 등을 지칭한다.
146 쥬보셩인(主保聖人) : 가톨릭교회 등에서 특정한 개인·단체·지역·국가·교구·

업서 ᄉᆞ랑홉기 무궁(無窮)홈을 싱각ᄒᆞ야 일싱(一生)에 공경(恭敬)ᄒᆞ고 ᄉᆞ랑ᄒᆞ엿시니 이 싱각으로 밀외여 말ᄒᆞ건대 ᄒᆞᆫ 번 죽은 후에 환연(歡然)이 셔로 보기ᄅᆞᆯ 곤졀(懇切)이 원(願)ᄒᆞ나 홀 일 업시 련령(煉靈)이 옥(獄)에 잇서 ᄒᆞᆫ갓 싱각이 곤졀(懇切)ᄒᆞ니 마치 노는 ᄌᆞ식이 부모ᄅᆞᆯ 싱각ᄒᆞ되 쳔 리 밧긔 막힘과 ᄀᆞᆺᄒᆞ니 훈(恨)이 엇더 ᄒᆞ리오? 그러나 영화(榮華)을 일케 ᄒᆞ고 쥬(主)ᄅᆞᆯ 쎠나게 홈은

【338】

쥬(主)의 의향(意向)으로 말미암앗신즉 그 근심이 필경(畢竟) 풀니려니와 가히 훈(恨)ᄒᆞ염ᄌᆞᆨᄒᆞᆫ 바 쟈는 도리워 싱각건대 평일(平日)에 덕(德) 셰울 긔회(機會)가 젹지 아니ᄒᆞ고 죄 면(免)홀 법이 ᄯᅩᄒᆞᆫ 만ᄒᆞ니 만일 일ᄌᆞᆨ 텬당(天堂)에 오라고져 ᄒᆞ엿시면 무솜 어려옴이 잇ᄉᆞ리오마는 다만 훈째 게어롬과 일렴(一念)의 쇼홀(疎忽)홈으로 이 영복(永福)이 더디엿시니 가히 두리여 도릴 길이 업ᄂᆞᆫ지라. 련령(煉靈)이 이러틋시 골오듸, "내 톳시오, 내 미혹(迷惑)홈이로다. 녯날에 션(善)을 능히 만히 홀 만호 거ᄉᆞᆯ ᄒᆞ지 못ᄒᆞ고 악(惡)을 능히 만히

【339】

경계(警戒)홀 만호 거ᄉᆞᆯ ᄒᆞ지 아니ᄒᆞ엿시니 이제는 임의 그룻친지라. 뉘 웃춘들 엇지 밋ᄎᆞ리오? 엇던 사ᄅᆞᆷ은 본셩(本性)이 심히 어리고 은혜(恩惠) 닙음도 ᄯᅩᄒᆞᆫ 만치 못ᄒᆞ나 그러나 ᄌᆞ긔 직분(職分)을 겨우 치옴으로써 임의 믄져 하놀에 잇서 영화(榮華)롭고 빗나거놀, 나는 슈도(修道)ᄒᆞ

성당 등의 보호자로 받드는 성인. 수호성인(守護聖人), 보호성인이라고도 한다.

눈 가온디 명철(明哲)훈 사룸의 픔에 잇서 능히 갓침을 버서나 쥬 압희 나아가지 못ᄒᆞ니 이는 명철이 도로혀 우몽(愚蒙)만 굿지 못ᄒᆞ도다. 면목(面目)이 붓그러워 엇지 견디리오?" ᄒᆞ니, 이는 련령(煉靈)의 붓그리고 뉘웃츰이 ᄉᆞ괴여

【340】

깁흔 바니라.

녯자최라

텬쥬(天主) 강ᄉᆡᆼ(降生) 후 일쳔팔빅오십구년(一千八百五十九年)에 분도회 탁덕 斐你莫(비니막)ㅣ 긔록(記錄)ᄒᆞ야 닐오디, 味曾爵(미증작)[147] 원즁(院中)에 초학(初學)의 션븨 보니 훈 벗의 령혼(靈魂)이 렴경복식(念經服色)[148]을 닙고 그 ᄒᆡ 구월(九月) 십팔일(十八日)노브터 십일월(十一月) 십구일(十九日)에 니르도록 미일 냥ᄎᆞ(兩次)식 나타나 뵈니 일ᄎᆞ(一次)는 오젼(午前) 열훈두 졈 죵(鐘) ᄯᅢ오, 이ᄎᆞ(二次)는 밤즁 훈두 졈 죵 ᄯᅢ라. 마즈막 날에 초학의 션븨ㅣ 련령(煉靈)의 온 뜻을 무르니 디답(對答)ᄒᆞ디 "내 ᄉᆡᆼ시(生時)에 미사 닐곱 디룰 맛당이 훌 거슬 ᄒᆞ지 못홈으로

【341】

지금(至今) 칠십칠년(七十七年)을 련옥(煉獄)에 잇ᄂᆞᆫ지라. 내 임의 닐곱 슈

---

147 빈첸시오 아 바오로 수도회.
148 한문본에는 영경지복(咏經之服)으로 나오는데, 강경품(독서직)을 받은 사람이 입는 복식을 말하는 것으로 보임.

214

슈(修士)의게 뵈야시디 저의 다 드론 톄 아니ᄒᆞ고 나ᄅᆞᆯ 가련(可憐)이 넉이지 아니ᄒᆞ니, 만일(萬一) 너도 즐겨 돕지 아니 홀진대 내 쟝ᄎᆞ(將次) 다른 슈ᄉᆞ의게 뵈오려니와 반ᄃᆞ시 십일년(十一年) 후(後)에야 승텬(昇天)홀지니 우러러 빌건대 나ᄅᆞᆯ 디신(代身)ᄒᆞ야 미사 닐곱 디ᄅᆞᆯ 힝ᄒᆞ고 칠일(七日)을 말ᄒᆞ지 말고 ᄯᅩ ᄆᆡ일(每日) 삼ᄎᆞ(三次)ᄅᆞᆯ 손을 밧들고 볼을 벗고 다위 셩왕(聖王)의 뎨ᄉᆞ(第四) 통회 셩영(痛悔聖詠)¹⁴⁹을 삼십일(三十日)을 련(連)ᄒᆞ야 외온 후에 긋칠지니라. ᄯᅩ 네게 고(告)ᄒᆞᄂᆞ니 본회(本會)에 임의 죽은 다ᄉᆞᆺ 탁덕(鐸德)이 이졔ᄭᆞ지 다 승텬(昇天)치 못ᄒᆞ니라."

【342】

녯젹에 졍슈(精修)¹⁵⁰ᄒᆞᄂᆞᆫ 션비 잇서 말과 힝실(行實)이 가히 사ᄅᆞᆷ을 화(和)ᄒᆞ고 은근(慇懃)이 본분(本分)을 다ᄒᆞ더니 셰샹을 ᄇᆞ리매 사ᄅᆞᆷ이 다 슬퍼ᄒᆞᄂᆞᆫ지라. 본원(本院)에 당(堂) ᄃᆞᄉᆞ리ᄂᆞᆫ 쟈¹⁵¹ᅵ 잇다금 일즉 니러나 죵(鐘)을 울녀 무리ᄅᆞᆯ ᄭᆡ오더니 ᄒᆞᄅᆞᄂᆞᆫ 니러날 ᄯᅢ가 밋지 못혼 고로 홀노 안져 기ᄃᆞ리다가 믄득 보니 ᄒᆞᆫ 사ᄅᆞᆷ이 압희 갓가이 와 굴오디 "벗아! 나ᄂᆞᆫ 곳 새로 죽은 아모라. 셰샹에 잇실 ᄯᅢ에 삼가 규계(規戒)ᄅᆞᆯ 직희고 큰 허물은 업ᄉᆞ나 다만 헛된 영화(榮華)ᄅᆞᆯ ᄉᆞ랑ᄒᆞ야 뉵품(六品)¹⁵²에

---

149 구약성경의 시편(詩篇)에서 참회 시편으로 불리는 일곱 편(6, 32, 38, 51, 102, 130, 143) 중 네 번째, 즉 제51편을 이름.
150 정밀하고 자세하게 수도함.
151 한문본에는 "理堂者"로 나옴. 수도원 성당을 관리하는 직분으로 보임.
152 육품을 천주교 성직자의 등급으로 말하면 부제품(副祭品)에 해당한다. 그런데 과연 부제품을 받고자 하는 것이 헛된 영화를 사랑하는 일에 해당하는지 의문스럽다. 혹은 6품 천사의 자리라는 해석도 있다(『위령성월』, 한국교회사연구소, 2015, 45쪽). 그러나 인간으로서 천사의 지위에 오르기를 구했다는 것 역시 어색하다. 그러므로 여기서는 높은 지위를 가리키는 표현 정도로 보는 것이 적절하다.

오라기를 구(求)호고 비록 량심(良心)에 미안(未安)호나

【343】

통회(痛悔)치 못혼 고로 텬쥬(天主) ㅣ 나를 벌호샤 련옥(煉獄)에 잇서 젼(前) 허물을 보쇽(補贖)게 호셧시나 텬쥬의 인조(仁慈)호심으로 나를 준허(準許)호샤 이에 와 네게 구(求)호게 호셧시니 빌건대 젼추로 원장(院長)씌 고(告)호야 모든 슈소(修士) 압희셔 내 죄를 샤(赦)호여 주고 져의 무리를 명(命)호야 다시 쥬끠 구호야 내 령혼(靈魂)을 구원(救援)호라. 또 네게 붉이 닐오리니 작일(昨日)에 문 직흰 쟈153 일흔 글이 지금 아모 곳에 잇시니 네 가셔 초조 내 말을 증험(證驗)호라." 이날에 당 두시리는 쟈 마춤내 혼 사롬의게도 고(告)치 못호고 스스로 혜아리되 '내 본 밧 쟈 꿈이냐 아니냐?' 호더니 이날 밤에 련령(煉靈)이

【344】

쏘 현형(現形)호고 더욱 곤쳥(懇請)호야 굴오디 "형(兄)은 나를 디졉(待接)홈이 과(過)히 미몰호도다. 비느니 쌀니 내 원(願)을 일우게 호고 다시 의심(疑心)치 말나. 문 직흰 쟈의 일흔 글을 내 임의 가져 왓시니 밧으라." 당 두시리는 쟈 ㅣ 이튼날 아춤에 본 바와 드른 바를 조세히 원장(院長)의게 고(告)호고 그 글을 뵈야 실(實)혼 증거(證據)를 삼으니 원장이 모든 벗을 명(命)호야 홈끠 미사와 긔도(祈禱)호는 공(功)을 힝(行)호야 써 련령(煉靈)의 고로옴을 면(免)케 호니라.

---

153 수문품자를 지칭함.

련령(煉靈)이 사마(邪魔)의 해(害)룰 밧고 아니 밧음을 의논(議論)홈이라

【345】

사마(邪魔)가 련옥(煉獄)에 들고 아니 들믈 학ᄉ(學士)의 의논(議論)이 ᄀᆞᆺ지 아니ᄒᆞ니 혹쟈(或者)는 골오ᄃᆡ "련령(煉靈)이 허믈이 잇셔 벌을 밧으니 마귀(魔鬼)로 형역(刑役)을 삼음이 무솜 불가(不可)홈이 잇ᄉᆞ리오? ᄯᅩ 련령이 셰샹에 현형(現形)ᄒᆞ야 닐오ᄃᆡ '마귀의 해(害)룰 밧노라' ᄒᆞᄂᆞᆫ 쟈 젹지 아니ᄒᆞᆫ즉 사마(邪魔)의 련령(煉靈) 해(害)홈을 가히 알니라." ᄒᆞ고, 셩(聖) 도마스의 ᄯᅳᆺ은 그러치 아니ᄒᆞ야 골오ᄃᆡ "뎍국(敵國)을 이긘 쟈ᄂᆞᆫ ᄲᅥᆨᄲᅥᆨ이 뎍국(敵國)의 손의 두지 아닐지니 이 벗이 림죵(臨終) ᄯᅢ에 삼구(三仇)[154]룰 이긔고 마유(魔誘)룰 좃지 아니ᄒᆞ여슨즉 이긘 공(功)이 임의 ᄀᆞᆺ초고 텬복(天福)을 쟝ᄎᆞᆺ 누릴지라. 만일 텬쥬(天主)ㅣ 사마(邪魔)의

【346】

해(害)홈을 허(許)ᄒᆞ시면 이ᄂᆞᆫ 승젼(勝戰)ᄒᆞᆫ 쟝수(將帥)와 공(功) 잇ᄂᆞᆫ 신하(臣下)룰 도젹(盜賊)의게 더짐과 ᄀᆞᆺᄒᆞ니 엇지 인ᄌᆞ(仁慈)ᄒᆞ신 텬쥬(天主)ㅣ 즐겨 이룰 ᄒᆞ시랴? 사ᄅᆞᆷ의 죄(罪)가 지즁(至重)ᄒᆞ니 마귀(魔鬼)의 해 아니면 가(可)치 안타 닐오지 말나. 텬쥬(天主)의 젼능(全能)이 엇지 사ᄅᆞᆷ 벌홀 긔계(器械)가 젹으리오? ᄯᅩ ᄉᆡᆼ각건대 마귀(魔鬼)ㅣ 사ᄅᆞᆷ을 뮈워ᄒᆞ야 그 ᄒᆡᆼ복(幸福)홈을 싀긔(猜忌)ᄒᆞ니 만일 련령(煉靈)을 잔해(殘害)케 ᄒᆞ면 이ᄂᆞᆫ 련령으로 ᄒᆞ여곰 일즉 보쇽(補贖)을 ᄆᆞᆾ고 ᄲᅡᆯ니 텬국(天國)에 오르게 홈이니 엇지 마귀(魔鬼)의 본심(本心)이리오?" ᄒᆞ니, 그러나 내 의견(意見)

---

154 영혼의 세 가지 원수, 즉 마귀와 세속과 육신.

으로 혜아리건대 디옥(地獄) 사마(邪魔)는

【347】

본디 련옥(煉獄)에 들지 못하나 만일 텬쥬(天主) | 그 해(害)홈을 준허(準許)ᄒᆞ야 특별(特別)이 사람의 죄(罪)를 벌(罰)ᄒᆞ려 ᄒᆞ시면 ᄯᅩᄒᆞᆫ 리(理)에 합(合)지 아님이 업ᄉᆞᆯ지니 이 두 말이 심히 서로 어긔지 아니ᄒᆞ야 가히 아오로 설 듯ᄒᆞᆫ지라. 다만 도마스의 거룩한 의논(議論)을 능(能)히 어긔지 못ᄒᆞ겟다 닐오지 말나. 대져(大抵) 련령(煉靈)을 ᄡᅩ화 이김으로써 벌홈이 아니오 패홈으로써 벌홈인즉 젼일(前日)에 마귀(魔鬼)를 좃챠 죄를 범(犯)ᄒᆞ엿스니 금일(今日)에 마귀의 해를 닙음이 무삼 불합(不合)홈이 잇ᄉᆞ며 마귀가 사람을 한(恨)한다

【348】

홈은 진실노 올흔지라. 고(故)로 내 ᄀᆞᆯ오ᄃᆡ 마귀(魔鬼) | 사람 한(恨)홈을 인하야 련령(煉靈)이 승텬(昇天)하기 젼에 한 번 그 독(毒)을 풀고져 훌지니 임의 승텬(昇天)한 후에는 해(害)코져 ᄒᆞ여도 엇지 못ᄒᆞᆯ지니라.

녯자최라

성 多明我(다명아)회[155] 즁(中)에 한 슈ᄉᆞ(修士) 잇서 극긔(克己)홈을 너무 엄(嚴)히 홈으로 인ᄒᆞ야 긴 병(病)을 일워 일년지니(一年之內)에 고로옴이 비샹(非常)한지라. ᄒᆞ로는 쥬(主)ᄭᅴ 그 령혼(靈魂) 거두시기를 구(求)ᄒᆞ니 한

---

155 성 도미니코 수도회.

텬신(天神)이 느려와 닐오시디 "혹 련옥(煉獄)에서 삼일(三日)을 보쇽(補贖) ᄒ거나 혹 병고(病苦)를 밧아 일년(一年)을 보쇽(補贖)ᄒ거나 텬쥬(天主) ㅣ

【349】

인ᄌ(仁慈)ᄒ샤 네 ᄯᅳ디로 ᄒ게 허락(許諾)ᄒ셧다." ᄒ니, 병쟈(病者) 디왈(對曰) "삼일(三日) 련옥(煉獄)을 원(願)ᄒᆞᆯ지어뎡 일 년 병고(病苦)ᄂᆞᆫ 원(願)치 아니ᄒ노이다." 말을 필(畢)ᄒ매 곳 셰샹을 ᄇᆞ리고 련옥(煉獄)에 든 지 일일(一日)이 못되여 텬신(天神)이 ᄂᆞ려와 보니 슈ᄉ(修士)ㅣ ᄭᅮ지져 골오디 "너는 텬신(天神)이 아니오 실노 사ᄅᆞᆷ 속이ᄂᆞᆫ 악(惡)ᄒᆞᆫ 마귀(魔鬼)로다. 일즉 삼일 후에 승텬(昇天)ᄒᆞᆷ을 허락(許諾)ᄒᆞ엿거늘 이제 임의 여러 ᄒᆡ 되엿시디 샹긔 옥(獄)에 잇시니 이 엇더ᄒᆞᆫ 속임이뇨?" 텬신(天神)이 골오디 "네 그룸이 심(甚)ᄒ도다. 네 죽은 지 오히려 ᄒᆞ로도 지ᄂᆞ지 못ᄒᆞᆫ지라. 다만 련옥 고로옴이 즁(重)ᄒᆞᆷ으로 네 졍신이 혼미(昏迷)ᄒᆞ야 ᄒᆞ로 동안이 여러

【350】

ᄒᆡ 된 ᄃᆞᆺᄒᆞᆫ지라. 그러나 텬쥬(天主) ㅣ ᄯᅩ 너를 준허(準許)ᄒᆞ샤 셰상에 도라가 병고(病苦)로 디신 ᄒ게 ᄒᆞ셧다." ᄒ니, 그 사ᄅᆞᆷ이 과연 다시 살아 일 년 후에 보쇽(補贖)을 온젼이 ᄒ고 셰샹을 하직(下直)ᄒᆞ니라.

초성학ᄉ(超性學士) 味到利諾(미도리낙)[156] 일즉 슈원(修院)에 들어가 덕ᄒᆡᆼ(德行)과 학문(學問)이 다 온젼(穩全)ᄒ디, 본회(本會) 닥ᄂᆞᆫ 규구(規矩)의 째룰 뎡(定)ᄒ야 ᄌᆞ쟉(自作) 편티(鞭笞)ᄒᄂᆞᆫ 고공(苦功)을 수ᄎᆞ(數次) 스스로 관면

---

[156] 빅토리노.

(寬免)하엿더니 죽은 후에 련옥(煉獄)에 드러가니 뭇 마귀(魔鬼) 들어와 각각 한 번식 편튀(鞭笞)하야 그 스스로 관면(寬免)한 허물을 벌(罰)하니라.

련옥 고로옴이 지극(至極)히 즁(重)홈이라

【351】

젼(前) 셩인(聖人)이 련옥(煉獄) 고로옴의 큼을 의논(議論)홈이 사롬으로 하여곰 담(膽)이 서늘하고 마옴이 놀나 견듸여 형상(形像)치 못홀 쟈(者) 잇는지라. 셩 앗스딩이 골오디 "한 번 눈 쓰고 곰을 수이에 련령(煉靈)의 밧는 고로옴이 오히려 노렌됴[157]의 불 샹(床) 우희셔 치명(致命)홈의셔 더 심(甚)하다." 하고, 또 닐오디, "련령(煉靈)의 고로옴을 셰샹 사롬의 보는 바와 격는 바와 능히 싱각홀 바 모든 고로옴의 비(比)겨 멀기 심하야 비(比)홀 디 업다." 하고, 셩 도마스 닐오디, "련옥(煉獄) 고로옴이 둘히 잇스니 실고(失苦)[158]와 각고(覺苦)[159]라. 비록 지극히 젹은 쟈(者)라도 셰샹 지극(至極)히 큰 간난(艱難)에셔 쮜여난다." 하고, 셩녀 가다리나ㅣ 골오디 "만일 쥬(主)의 믁시(黙示)하심이

【352】

아니면 고금(古今)에 한 사롬도 능(能)히 련옥 고로옴의 큼을 말홀 쟈(者) 업슬지라. 나는 쥬(主)의 뵈심을 닙어 만(萬)의 하나흘 아나 능히 말노써

---

157 라우렌시오 성인.
158 상실의 고통. 실고란 대죄로 인해서 지선하시고 전지전능하신, 그리고 생명과 사랑이신 하느님과 영원히 격리된 상황에서 오는 고통을 말한다.
159 감각의 고통. 뜨거운 불 속에서의 고통이다.

사룸의게 고(告)ᄒᆞ지 못ᄒᆞ리라." ᄒᆞ고, 셩 文多拉(문다납)¹⁶⁰의 의논(議論)
홈은 이ᄀᆞ치 엄(嚴)ᄒᆞ지 아니ᄒᆞ야 그 말솜의 골오디 "만일 닐오디 ᄀᆞ장
즁(重)ᄒᆞᆫ 련옥(煉獄) 고로옴이 지극(至極)히 즁(重)ᄒᆞᆫ 셰샹 고로옴의셔 더
즁(重)ᄒᆞ다 ᄒᆞ면 확실(確實)이 밋으려니와 만일 닐오디 지극(至極)히 젹은
련옥(煉獄) 고로옴이 지극히 큰 셰샹 고로옴의셔 더 즁(重)ᄒᆞ다 ᄒᆞ면 내
밋지 못ᄒᆞᆯ지라. 시험(試驗)ᄒᆞ야 싱각건대 셰샹 ᄇᆞ린 사룸 즁에 공덕(功
德)이 셩(盛)ᄒᆞ되 혹 미(微)ᄒᆞᆫ 허물을 보쇽(補贖)지 못ᄒᆞᆫ 쟈(者) 젹지

【353】

아니ᄒᆞᆯ지니 엇지 이ᄀᆞᆺᄒᆞᆫ 미죄(微罪)로 련옥의 비샹(非常)ᄒᆞᆫ 고로옴을 밧
아 셰샹 모든 고난(苦難)의셔 ᄶᅱ여나게 ᄒᆞ리오? 내 져퍼ᄒᆞ건대¹⁶¹ 이 싱
각을 베픈 쟈ㅣ 지극(至極)히 인ᄌᆞ(仁慈)ᄒᆞ신 텬쥬(天主)ᄭᅴ 욕(辱)됨을 면
(免)치 못ᄒᆞ리라." ᄒᆞ고, 예수회 대학ᄉᆞ(大學士) 蘇亞來治(소아래치)¹⁶²ㅣ
골오디 "련옥(煉獄) 고로옴이 셰샹 고로옴으로 더브러 임의 동뉴(同類)
아니니 가히 일례(一例)로 비(比)기지 못ᄒᆞᆯ지라. 가령 쇠와 돌이 셔로 비
(比)치 못홈은 두 물건(物件)이 동뉴(同類) 아닌 연고(緣故)라. 비록 그러나
젹은 돌을 모화 산(山)을 문드러 극히 놉흐면 그 갑시 도로혀 쇠 ᄒᆞᆫ 덩
이의셔 ᄶᅱ여날지니 련옥(煉獄) 고로옴도 그러ᄒᆞ야 본디 셰샹 고로옴으
로 더브러

---

160 보나벤투라 셩인.
161 '져허ᄒᆞ건대'의 오기.
162 프란시스코 수아레스(Francisco Suárez, 1548~1617) 신부.

【354】

그 경즁(輕重)을 비(比)기지 못ᄒᆞ나 만일(萬一) 세샹 모든 고로옴을 ᄒᆞᆫ 몸에 모화 밧으면 련옥(煉獄) 지극(至極)히 젹은 고로옴의 비겨 더옥 어렵지 아니ᄒᆞ리오?" ᄒᆞ니, 셩인(聖人)들의 의논(議論)이 이ᄀᆞᆺᄒᆞ나 다 밀외여 헤아린 말이오. 일뎡(一定)ᄒᆞᆫ 도(道)ᄂᆞᆫ 아니라. 나ᄂᆞᆫ 과(過)히 각심(刻甚)히 ᄒᆞ야 쥬(主)를 두리ᄂᆞᆫ ᄆᆞ옴을 내게코져도 아니ᄒᆞ며 또ᄒᆞᆫ 과히 관면(寬免)치 아니ᄒᆞ야¹⁶³ 신후(身後)의 뉘웃츰을 찟치기를 원(願)치 아니ᄒᆞ고 다만 원컨대 모든 밋ᄂᆞᆫ 벗은 쥬(主)를 두리디 ᄉᆞ랑홈에 쎠나지 말고 형벌(刑罰)을 두려 형벌 면(免)홀 바를 싱각홀지니라.

녯자최라

어지¹⁶⁴ 부인(夫人) 格利斯低納(격리사저납)¹⁶⁵ㅣ 특은(特恩)을 ᄀᆞ득히 닙어 졍결(貞潔)홈이

【355】

텬신(天神) ᄀᆞᆺᄒᆞᆫ지라. 일죠(一朝)에 병 들어 죽엇더가¹⁶⁶ 부활(復活)ᄒᆞ야 ᄀᆞᆯ오디 "내 긔졀(氣絕)ᄒᆞᆫ 후에 텬신(天神)이 인도(引導)ᄒᆞ야 깁흔 옥(獄)에 니르니 고로옴 밧ᄂᆞᆫ 령혼(靈魂)의 수(數)를 혜지 못ᄒᆞ고 그즁에 셔로 안

---

163 원문에는 "관면(치 아니)ᄒᆞ야"에서 괄호 속의 부분을 흐리게 지운 흔적이 있다. 문맥으로 보아도 "관면ᄒᆞ야"가 되어야 한다.
164 '어진'의 오기.
165 벨기에 플랑드르 출신의 크리스티나 성녀(1150~1224). 축일은 7월 24일이다.
166 '죽엇다가'의 오기.

눈¹⁶⁷ 쟈 젹지 아니ᄒᆞ니 그 형벌(刑罰)의 즁(重)홈을 가히 형용(形容)치 못홀지라. 내 눈으로 보고 ᄆᆞ음의 슬피 너겨 텬신(天神)ᄯᅴ 무ᄅᆞ 갈오ᄃᆡ '이 어ᄂᆞ 곳인고?' 텬신이 갈오ᄃᆡ '이ᄂᆞᆫ 련죄(煉罪)ᄒᆞᄂᆞᆫ 옥(獄)이니라.' 다시 ᄒᆞᆫ 곳에 니ᄅᆞ니 ᄯᅩ ᄒᆞᆫ 아ᄂᆞᆫ 사ᄅᆞᆷ이 잇서 고로옴을 밧ᄂᆞᆫ지라. 텬신(天神)이 갈오ᄃᆡ '이ᄂᆞᆫ 영고옥(永苦獄)이라.' ᄒᆞ고 젹은 듯ᄒᆞ야 텬신(天神)이 ᄭᅳ을고 텬쥬(天主) 압희 니ᄅᆞ니

【356】

오쥬(吾主) ㅣ 화열(和悅)ᄒᆞᆫ 낫ᄎᆞ로 나ᄅᆞᆯ 보시고 갈오샤ᄃᆡ '혹 이곳에 잇셔 날노 더브러 락(樂)을 누리거나 혹 다시 셰상에 나가 네 본 바 련령을 위ᄒᆞ야 디신 보쇽(補贖)ᄒᆞ고 ᄯᅩ 표양(表樣)을 셰워 죄인(罪人)으로 ᄒᆞ여곰 회ᄀᆡ(悔改)ᄒᆞ게 ᄒᆞ거나 두 가지 즁(中)에 네 임의(任意)ᄃᆡ로 ᄀᆞ려ᄒᆞ라.' ᄒᆞ시니 황감(惶感)홈을 이긔지 못ᄒᆞ야 셰상에 도라오기ᄅᆞᆯ 원ᄒᆞᆫᄃᆡ 곳 텬신(天神)을 명(命)ᄒᆞ샤 내 령혼(靈魂)을 인도(引導)ᄒᆞ야 도라오게 ᄒᆞ시니 이날 아모 신부(神父) ㅣ 미샤 즁에 초ᄎᆞ(初次) 텬쥬(天主)의 고양(羔羊)¹⁶⁸을 렴(念)ᄒᆞᆯ ᄶᅢ에 내 령혼(靈魂)이 오히려 텬샹(天上)에 잇더니 삼ᄎᆞ(三次) 렴ᄒᆞ야 ᄆᆞᆺᄎᆞᆯ ᄶᅢ에 다시 살앗노라." ᄒᆞ고 부활(復活)ᄒᆞᆫ 후에 극긔(克己)¹⁶⁹홈이

---

167 '아는 자'의 오기.
168 하느님의 어린양. 미사의 성찬 전례에서 빵 나눔이 있은 다음에 영성체를 준비하면서 바치는 기도문의 첫 구절.
169 그리스도를 따르기 위하여 자신을 극복함. 자신을 극복한다는 것은 곧 사욕편정(邪慾偏情)을 자제하는 것을 말한다. 자제하는 행위는 육신의 괴로움이 따르기도 하므로 고신극기(苦身克己)라고도 하였다.

【357】

법도(法道)에 지나 스스로 보기를 원슈(怨讐) 굿치 ᄒᆞ야 몸을 혹 불 가온디 두어 고기가 더히고 ᄌᆞ족이 투며 혹 쓸는 물에 들어가 브ᄅᆞ지즈며 혹 겨울에 깁흔 어룸에 거(居)ᄒᆞᆷ을 오뉵(五六) ᄎᆞ(次)ᄒᆞ고 혹 길에 풍거(風車) 박회의 부둣치기를 두세 째 ᄒᆞ고 심지어 밤즁에 즘짓 도젹(盜賊) 모양(模樣)을 지어 겻집 개의게 물녀 피 흐르고 ᄌᆞ족이 찌어진 쟈ㅣ ᄒᆞᆫ 두 번이 아니오. 죵죵(種種)ᄒᆞᆫ 고로옴을 낫낫치 들지 못ᄒᆞᆯ지라. 덕(德)이 ᄀᆞ초고 공(功)이 온젼(穩全)ᄒᆞᆫ 후에 안연(安然)이 셰샹을 하직(下直)ᄒᆞ니 째는 텬쥬(天主) 강싱(降生) 후(後) 일쳔이빅이십ᄉᆞ년(一千二百二十四年)이라. 녯젹에 ᄒᆞᆫ 고슈(苦修)ᄒᆞᄂᆞᆫ 션비 잇셔 열심(熱心)으로 본분(本分)을

【358】

다홈이 범샹(凡常)치 아니ᄒᆞᆫ지라. 마츰 원쟝(院長)이 인공(因公)ᄒᆞ야 나가실 째에 홀연(忽然) 병(病)들어 죽으니 원쟝(院長)이 도라와 모든 벗으로 더브러 렴습(殮襲)ᄒᆞᆯ 졔 망쟈(亡者) 믄득 나타나 뵈고 원쟝끠 샤죄(赦罪)ᄒᆞᆷ을 구ᄒᆞ니 림죵(臨終)에 고히(告解) 못 ᄒᆞᆫ 연고(緣故)라. 원쟝이 경황(驚惶)ᄒᆞ야 급히 샤죄경(赦罪經)[170]을 렴(念)ᄒᆞᆫ대 망쟈(亡者)ㅣ 보쇽(補贖) 명(命)ᄒᆞ시기를 구(求)ᄒᆞ거늘 원쟝이 ᄀᆞᆯ오디 "쟝ᄉᆞ(葬事)ᄒᆞᆯ 째ᄭᆞ지 련옥(煉獄)에 거(居)ᄒᆞ라." 망쟈(亡者)ㅣ 듯고 크게 브ᄅᆞ지져 ᄀᆞᆯ오디 "슬프다, 이 엇진 보쇽(補贖)이며 이 엇진 보쇽이뇨?" ᄒᆞ니 그 소리를 원즁(院中) 사ᄅᆞᆷ이 다 드ᄅᆞ니라.

녯젹에 두 슈ᄉᆞ 잇셔 극긔고신(克己苦身)ᄒᆞ며 엄직긔도(嚴齋祈禱)ᄒᆞ고

---

[170] 고해성사를 집전하는 사제가 참회자에게 죄를 사(赦)하는 뜻을 표시하는 예식문.

【359】

몸 닥는 외에 사룸 구(求)홈을 힘써 곤(困)혼 이룰 건지고 위틱(危殆)혼 이 룰 븟들며 흥샹(恒常) 힝(行)ᄒᆞ야 게어르지 아니ᄒᆞ니 두 사룸이 ᄯᅳᆺ이 ᄀᆞᆺ고도 ᄀᆞᆺᄒᆞᆫ 고로 셔로 친이(親愛)홈이 혼 몸의셔 다롬이 업ᄂᆞᆫ지라. 혼 슈ᄉᆞ(修士) ㅣ 병 들매 텬신(天神)이 ᄂᆞ려와 위로(慰勞)ᄒᆞ야 골오ᄃᆡ "네 죽은 후(後)에 벅벅이 오리 련옥(煉獄)에 잇지 아니홀지라. 다만 미사 혼 ᄃᆡ만 힝(行)ᄒᆞ면 곳 가(可)히 승텬(昇天)ᄒᆞ리니 네 일싱(一生)에 몸을 닥고 사룸을 ᄉᆞ랑ᄒᆞ야 공(功)이 만코 죄(罪)가 젹은 연고(緣故)ㅣ니라." 병쟈(病者) ㅣ 깃븜을 이긔지 못ᄒᆞ야 급히 그 벗을 블너 고(告)ᄒᆞ고 죽은 후(後)에 속히 미사롤 ᄃᆡ신 힝ᄒᆞ게 ᄒᆞ니 그 벗이 허락(許諾)ᄒᆞ고

【360】

밍셰코 식언(食言)ᄒᆞ지 아니리라 ᄒᆞ엿더니 이튼날 미상(昧爽)[171]에 병쟈ㅣ 셰샹을 ᄇᆞ리니 그 벗이 ᄲᆞᆯ니 셩당(聖堂)에 나아가 미사롤 힝(行)ᄒᆞ고 방쟝(方將) 쥬씌 감샤(感謝)홀 째에 망쟈(亡者)ㅣ 나타나 뵈니 광명(光明)홈이 날빗 ᄀᆞᆺᄒᆞ나 그러나 노(怒)혼 빗ᄎᆞ로 벗을 ᄭᅮ지져 골오ᄃᆡ "내 벗아, 졍의(情誼)가 어ᄃᆡ 잇시며 언약(言約)이 어ᄃᆡ 잇ᄂᆞ냐? 미사롤 임의 ᄲᆞᆯ니 힝(行)ᄒᆞ기로 허락(許諾)ᄒᆞ엿거ᄂᆞᆯ 엇지ᄒᆞ야 일년(一年)이나 기ᄃᆞ리게 ᄒᆞ엿ᄂᆞ뇨?" 벗이 골오ᄃᆡ "이 엇진 말이뇨? 너 죽은 지 오히려 두어 시ᄭᆞᆨ(時刻)도 되지 못ᄒᆞᆫ지라. 엇지 일년(一年) 오림이 잇시리오? 내 말을 밋지 아닐진대 네 시신(屍身)이 오히려 당(堂) 우희 잇ᄉᆞ니

---

[171] 미상(昧爽) : 먼동이 틀 무렵.

제2부 『련옥략셜』 판독문 225

【361】

가 봄이 가(可)ᄒ니라." 망조(亡者) ㅣ 듯고 탄식(歎息)ᄒ야 골오디 "슬프다, 련옥(煉獄) 고로옴이 엇지 그리 크뇨? 두어 시ᄀᆨ(時刻)이 못 ᄒ야 완연(宛然)이 일년(一年) 오림과 굿도다."

련옥(煉獄) 고로옴의 덜니고 덜니지 아님이라

련옥 고로옴의 덜니고 덜니지 아님은 붉은 사롬의 의논(議論)이 굿지 아니ᄒ니 혹(或) 닐오디 "련옥 고로옴이 쳐음과 ᄂᆞ죵이 더ᄒ지도 아니ᄒ고 덜ᄒ지도 아니ᄒ야 옥(獄)에 들 째와 날 째의 고로옴이 굿다." ᄒ고, 혹(或) 닐오디 "그러치 아니ᄒ다. 련옥(煉獄)의 실고(失苦)와 각고(覺苦)가 다 능(能)히 덜닐지니", 대개(大概) 실고(失苦)눈 텬쥬(天主)롤 뵈옵지 못ᄒ눈 고로옴이라.

【362】

련령(煉靈)이 옥(獄)에 잇심이 더옥 오ᄅᆞ록 쥬(主) 뵈올 날이 더옥 갓가올 줄을 알지니 임의 갓가옴을 안즉 ᄇᆞ람이 더옥 ᄀᆞ졀(懇切)ᄒ야 그 근심이 감(減)ᄒᆞᆯ지라. 이눈 실고(失苦)의 가(可)히 감(減)ᄒᆞᆯ 바오. 각고(覺苦)도 ᄯᅩᄒᆞᆫ 그러ᄒ야 엇지 감(減)치 아니ᄒᆞᆷ이 잇시리오? 련옥(煉獄) 불이 신톄(神體)에 븟홈이 불의 본셩(本性)의 미이지 아니ᄒ고 불 힘의 크고 젹음이 온젼이 텬쥬(天主) 의향(意向)에 잇서 혹 크게 ᄒ고 젹게 ᄒ야 사름의 죄지경즁(罪之輕重)을 혜아려 ᄃᆞᄉᆞ린즉 령혼(靈魂)이 옥(獄)에 잇심이 더옥 오리면 ᄎᆞᄎᆞ 쇽죄(贖罪)되여 그 형벌(刑罰)이 졈졈 감(減)ᄒᆞᆷ이 당연(當然)ᄒᆞᆫ 리(理)오. ᄯᅩ 싱각건대 열심(熱心)의

【363】

사름이 눈물을 흘녀 슬피 울고 셩교회(聖敎會)의 졔(祭)룰 밧드러 공(功)을 드리니 텬쥬의 인즈(仁慈) 엇지 이련(哀憐)이 넉이는 ᄆᆞ옴을 내여 그 고로옴을 덜지 아니ᄒᆞ시리오? 일노써 각고(覺苦)도 ᄯᅩᄒᆞᆫ 감(減)홈을 알지니라.

넷자최라

셩 瑪加拉(마가납)¹⁷² 의 맛뉘의ㅣ 셩인(聖人)의 슈도(修道)홈을 여러 가지로 조당(阻擋)ᄒᆞ되 셩인이 굿이 듯지 아니ᄒᆞ고 밍셰코 서로 보지 아니ᄒᆞ더니 셩인이 탁덕(鐸德)에 오른 지¹⁷³ 오리지 못ᄒᆞ야 그 뉘의 세샹을 ᄇᆞ리니 셩인(聖人)이 미사룰 드려 그 령혼(靈魂)을 구(救)ᄒᆞ다가 ᄶᅢ 오리매 다시 구(求)치 아니ᄒᆞ더니

【364】

후로 져녁에 ᄭᅮᆷ 가온ᄃᆡ 드루니 골오ᄃᆡ "네 누의 ᄯᅳᆯ에 잇션 지 임의 삼십일에 음식(飮食)을 먹지 못ᄒᆞ엿노라." 셩인(聖人)이 ᄭᆡᆫ 후에 ᄉᆡᆼ각ᄒᆞᄃᆡ '내 누의룰 돕지 못ᄒᆞᆫ 지 임의 ᄒᆞᆫ 돌이라. 몽즁(夢中)에 드른 바는 곳 육신(肉身)의 긔갈(飢渴)이 아니오 실노 령신(靈神)의 긔갈(飢渴)이로다.' 일

---

172 한문본에는 "瑪拉加(마납가)"로 표기되어 있다. 말라키 오모르(Malachy O'More, 1095~1148) 성인을 가리킨다.
173 한문본에는 "聖人初陞六品, 後陞鐸德"으로 되어 있다. 즉 성인은 처음에 육품(부제품)에 올랐다가 그다음에 사제품에 올랐다. 한글 필사본에서는 부제품에 오른 것이 생략되어 있다.

노 좃츠 다시 미사를 힝(行)ᄒᆞ야 누의를 위ᄒᆞ야 긔구(祈求)ᄒᆞ니 오리지 아니ᄒᆞ야 ᄯᅩ ᄭᅮᆷ에 보니 그 누의 령혼(靈魂)이 당문(堂門) 겻히 니ᄅᆞ고 수일(數日) 후(後)에 다시 보니 회ᄉᆡᆨ 옷슬 닙고 당(堂) 안희 셧시나 능히 졔ᄃᆡ(祭臺)를 갓가이 못 ᄒᆞ다가 수일(數日) 후에 ᄯᅩ 보니 옷 빗치 희기 눈긋 ᄒᆞᆫ 영광(榮光)의 셩인(聖人)으로 더브러 굿다 ᄒᆞ니라

【365】

진복(眞福) 瑪加利大(마가리대)[174] ㅣ 벗의 령혼(靈魂)이 련옥(煉獄)에 잇심을 보니 혹 존장(尊長)을 의심(疑心)ᄒᆞ고 의논(議論)ᄒᆞ야 순명(順命)치 못홈으로 셩모(聖母)의 젼구(轉求)ᄒᆞ심과 텬신(天神)의 도라보심을 엇지 못ᄒᆞ며 혹 사ᄅᆞᆷ ᄃᆡ졉(待接)홈이 인이(仁愛)가 온젼치 못ᄒᆞᆫ 고(故)로 닥는 벗의 ᄃᆡ신 돕고 긔구(祈求)홈을 엇지 못ᄒᆞ며 ᄒᆞᆫ 슈녀(修女)의 령혼(靈魂)은 더옥 비샹(非常)ᄒᆞᆫ 고로옴을 ᄎᆞᆷ 밧거놀 그 연고(緣故)를 므ᄅᆞᆫ즉 세 가지로써 ᄃᆡ답(對答)ᄒᆞ니 "놈과 교졉(交接)ᄒᆞᄂᆞᆫ 범졀(範節)에 만히 인이(仁愛)를 샹(傷)해 옴이 ᄒᆞ나히오. 규구(規矩)와 본부[175]을 능히 삼그지 못홈이 둘히오. 덕(德)을 오롯시 닥지 못ᄒᆞ고

【366】

안일(安逸)을 탐(貪)홈이 세히라. 이 세 가지 죄(罪)를 인(因)ᄒᆞ야 림죵(臨終) ᄯᅢ에 텬쥬ㅣ 사마(邪魔)의 세 번 유감(誘感)[176]홈을 준허(準許)ᄒᆞ샤 거

---

174 마르가리타 마리아 알라코크 성녀. 1864년에 시복되었고, 1920년에 시성되었다. 『연옥약설』이 쓰이던 때에는 아직 복자였다. 그래서 '진복 마르가리타'라고 한 것이다.
175 '본분(本分)'의 오기.
176 유혹. 옛 교우들이 사용하던 말로 세 가지 원수[三仇]인 마귀, 세속, 육신에 의해 유

위 즁죄(重罪)룰 범(犯)ᄒ게 되엿더니 다힝(多幸)이 평싱(平生)에 셩모(聖母)룰 공경(恭敬)홈으로 셩모(聖母)ㅣ 삼츠(三次) 젼구(轉求)ᄒ샤 면(免)홈을 엇엇노라."ᄒ니라.

【367】

련옥랴셜 하(下)

【369】

뎨삼편(第三篇)은 련령(煉靈)의 경상(景像)을 의논(議論)홈이라

엇던 사룸의 령혼(靈魂)이 련옥(煉獄)에 들미라

학ᄉ 益利日納(앙리일납)과 拉克登削(랍극등삭) 둘이 다 굴오디 "쯧ᄒ건대 사룸이 죽은 후(後)에 예수와 셩모(聖母) 외(外)의논 다 련옥을 지난다."ᄒ고, 셩 富而設伍(부이설오)ㅣ 쑴에 보니, 승텬(昇天)ᄒᄂ 길 우희 큰 불이 치셩(熾盛)ᄒᆫ데 오ᄅᄂ 쟈(者) 이 불에 지나지 아니ᄒᄂ 이 업고, 오직 신혼(神魂)이 졍결(精潔)ᄒ야 다시 씻슬 죄(罪) 업ᄂ 쟈라야 불의 트ᄂ 지앙(災殃)을 밧지 아니ᄒ니 이룰 위ᄒ야 富而設伍(부이설오) 싱각이 또ᄒᆫ '승텬(昇天)ᄒᄂ 사룸이 ᄒ나토 련옥(煉獄) 불을 지나지 아니ᄒᄂ 이 업다.' ᄒ나, 그러나 이제

혹받는 것을 말한다.

【370】

성교회(聖敎會) 공논(公論)은 사룸이 령셰(領洗)혼 후에 범(犯)혼 죄(罪)눈 비록 샤(赦)홈을 닙엇시나 보쇽(補贖)지 못혼 쟈눈 반두시 련옥(煉獄)에 들고, 그 눔아 대죄(大罪) 덜니지 못혼 쟈(者)와 외교인(外敎人)과 이단인(異端人)과 대죄인(大罪人)은 다 디옥(地獄)에 들고, 혹 죄벌(罪罰) 업시 바로 텬당(天堂)에 오르눈 쟈눈 치명(致命) 셩인(聖人)과 디셰(代洗)[177]혼 영히(嬰孩)와 졍결(精絜)ㅎ고 거룩한 령혼(靈魂)이라. 다만 텬쥬(天主)의 사룸 심판ㅎ심이 사룸의 억견(臆見)과 크게 다루니 셩경(聖經)에 닐오시딕, "텬쥬(天主)의 눈이 티양(太陽)의셔 더 붉아 슌젼(純全)이 거룩ㅎ심이 무궁(無窮)ㅎ고 묽고 신령(神靈)ㅎ심이 한량 업서 미(微)혼 죄(罪)와 젹은 허물이라도 반두시 벌(罰)ㅎ신다." ㅎ니, 다만 우리 등(等) 죄인(罪人)만

【371】

다 련옥(煉獄)에 들 뿐 아니라 곳 셩회(聖會) 즁 대덕(大德)의 사룸이라도 쏘혼 련옥을 면(免)치 못ㅎ눈 쟈 잇눈지라. 셩녀 德肋撒(덕륵살)[178] ㅣ 죽은 사룸의 령혼(靈魂)을 봄이 심히 만흐딕 오직 세 사룸의 령혼이 바로 승텬(昇天)홈을 보앗시니, ㅎ나흔 셩 베드로 達而更德(달이경덕)[179]이오, ㅎ나흔 多明我會(다명아회) 아모 슈ㅅ(修士)오, ㅎ나흔 아모 탁덕(鐸德)이니, 다 셩덕(聖德)이 범샹(凡常)치 아니ㅎ고 령신(靈神)과 육신(肉身)이 다 졍결(精絜)혼 쟈오. 쏘 ㅎ로눈 보니 "사룸의 령혼(靈魂)이 디옥(地獄)에 ㄴ

---

177 사제가 집전하는 정식 세례성사를 대신하여 평신도가 베푸는 세례.
178 아빌라의 데레사 성녀.
179 알칸타라의 베드로(Pedro de Alcantara, 1499~1562) 성인.

리는 쟈 만키 눈 쎠러지돗ᄒ고 련옥(煉獄)에 누리는 쟈 비 누리돗 ᄒ다." ᄒ고 녯젹에 多明我(다명아) 회즁(會中)에 盤南(반남)이라는 쟈 잇서

【372】

ᄉ후(死後)에 셩 伴德㑀(반덕냉)의게 뵈여 굴오딕, "내 련옥(煉獄)에 잇심이 다른 연고(緣故) 아니라. 회(會) 규구(規矩)에 다만 삼옷슬 닙거늘 내 털뵈로써 속옷슬 ᄒ 연고(緣故)로라." ᄒ고, 쏘ᄒ ᄒ 슈ᄉ(修士)는 "련옥 벌(罰)을 밧음이 다만 신부(神父)의 쥰허(准許)홈을 구(求)치 아니ᄒ고[180] 소ᄉ(私私)로이 편틱(鞭笞)를 두어 번 ᄒ 연고로라." ᄒ고, 셩 達彌盎(달미앙)[181]의 누의는 쏘ᄒ 셩녀(聖女)라. 본ᄃᆡ 셩당(聖堂) 겻히 거(居)ᄒ야 므롯 당(堂)에셔 풍악(風樂)을 알욀 ᄯᅢ에 자조 듯기를 깃거ᄒ야 ᄆᆞ음에 ᄎᆞᆷ아 놋치 못ᄒ니 이는 ᄯᅳᆺ을 노아 즐거옴을 취(取)ᄒ ᄒ ᄭᅳᆺ친 고(故)로 련옥(煉獄)에 잇는 지 십팔일(十八日)이라 ᄒ니, 혹(或)이 굴오딕 "사롬이 텬쥬(天主)ᄭᅴ 죄(罪)를 엇음이

【373】

령혼(靈魂)과 육신(肉身)이 ᄒᆞᆷ긔 ᄒ엿거놀 엇지ᄒ야 령혼은 련옥 형벌(刑罰)을 밧고 육신은 홀노 안연(安然)이 흙으로 도라가ᄂᆞ뇨?" 굴오딕, "령혼은 스ᄉᆞ로 쥬쟝(主張)ᄒᄂ 권(權)이 잇서 가히 션(善)을 힝(行)ᄒ고 악(惡)

---

180 한문본에는 "不求准許"라고만 되어 있고 '신부'라는 말은 등장하지 않는다. 그리고 한글 필사본의 앞부분에서도 탁덕이라는 말이 등장하지 신부라고는 하지 않았다. 이것을 보면 한글 필사본 하편은 다른 사람이 번역한 것이 아닐까 하는 추정도 가능하다.
181 다미아노 성인(St. Peter Damian).

을 경계(警戒)ᄒ거니와, 육신(肉身)은 본디 지각(知覺)이 업서 오직 령혼의 지휘(指揮)를 쫏츨 ᄯᆞ롬인즉, 벌(罰)이 령혼에 도라가고 육신에 도라가지 아니홈이 리(理)의 당연(當然)ᄒᆞᆫ 바오. 또한 육신이 흙으로 도라가미 비록 통고(痛苦)ᄂᆞᆫ 업ᄉᆞ나 또한 형벌(刑罰)의 뉴(類)ㅣ니라.

녯자최라

녯젹에 대법국(大法國) 巴利(파리) 셩(城) 안희 ᄒᆞᆫ 방지거회 슈ᄉᆞ 잇서

【374】

열심(熱心)으로 쥬를 셤김이 무리의 비(比)겨 굿지 아니ᄒ니, 원즁(院中) 사름이 홈긔 닐커러 "텬신(天神)과 굿다." ᄒ더니, 셰샹(世上)을 ᄇᆞ린 후에 ᄒᆞᆫ 초셩학ᄉᆞ(超性學士)가 싱각ᄒ되, '이 사름이 일싱(一生)에 졍결(精潔)ᄒ야 맛당이 보쇽(補贖)홀 죄(罪) 업ᄉᆞ리니, 다른 슈ᄉᆞ(修士)의 젼례(前例)를 의지ᄒ야 미사를 힝홀 거시 업다.' ᄒ엿더니,[182] ᄒ로는 학ᄉᆞ(學士)ㅣ 동산에서 그닐다가 믄득 보니 죽은 쟈ㅣ 나타나 뵈이고 슬피 구(求)ᄒ야 골오디, "신부[183]여 우러러 비ᄂᆞ니 나의 고로옴을 어엿비 넉이쇼셔." 디(對)ᄒ야 골오디, "ᄌᆞ네 엇지 이 고로옴을 밧ᄂᆞ냐?" 련령이 골오

---

182 이 구절에서는 한문본에 등장하는 중요한 이야기를 '다른 수사의 전례'라는 말로 간추려 놓았다. 한문본에는 "蓋按會規 凡修友去世 同院司鐸 該行彌撒三臺也"라는 말이 들어 있다. "수도회의 규칙을 고찰하면, 동료 수도사가 세상을 떠나면 수도원의 사제들이 모두 모여서 미사 3대를 봉헌하도록 되어 있었다."는 것이다.

183 한문본에도 신부라고 나온다. 사제를 가리키는 말로 탁덕과 신부를 함께 쓰고 있다. 어쩌면 대화에서 호칭으로 쓸 때는 신부라고 하고, 사제를 가리킬 때는 탁덕이라고 하였을 수도 있다.

디, "내 련옥(煉獄) 불 속에 잇서 네 석 디(臺) 미사롤 기두리노라."

【375】

학수(學士)] 골오디, "만일 네 쏘흔 나의 도음을 쓸 줄을 알앗든들 임의 일즉 미사롤 힝(行)ᄒ엿실지라. 엇지 지금꺼지 기두리리오? 다만 싱각건대 네 대덕(大德)이 비샹(非常)ᄒ니 혼 번 셰샹을 쎠나면 곳 승텬(昇天)ᄒ리라 ᄒ야 일노써 힝(行)치 아니혼지라. 싱각건대 당일(當日)에 은근(慇懃)히 긔도ᄒ야 쯧이 근졀(懇切)ᄒ고 졍셩(精誠)된 쟈네가 아니냐? 극긔(克己) 고신(苦身)ᄒ야 ᄌ긔(自己) 보기롤 원슈(怨讐)곳치 혼 쟈네가 아니냐? 규계(規戒)롤 직희고 본분(本分)을 다ᄒ야 ᄀ장 사롬으로 ᄒ여곰 감격(感激)ᄒ고 붓그럽게 혼 쟈네가 아니냐?" 디하야 골오디, "올타. 그러ᄒ나 심판(審判)의 엄(嚴)홈은 사롬이 능히 혜아리지 못홀 바라. 우리 사롬의 지극(至極)히

【376】

션(善)혼 공부(工夫)라도 텬쥬(天主)눈 오히려 부죡히 넉이실지니, 텬쥬 압희눈 비록 묽고 묽은 쟈라도 오히려 조촐(澡擦)[184]치 못ᄒ거든 하물며 사롬이냐? 텬쥬] 만일 우리 무리롤 옥즁(獄中)에 두어 셰말(世末)꺼지 기두리고져 ᄒ실지라도 ᄌ긔(自己)롤 원망(怨望)ᄒ눈 쟈눈 잇시려니와, 반두시 텬쥬롤 원망ᄒ눈 사롬은 업술지라. 만일 우리 신부(神父)눈 텬쥬의 무궁(無窮)히 거륵ᄒ심을 싱각홀진대 나롤 디졉(待接)홈이 반두시 이곳지 아니ᄒ리라." 언필(言畢)에 뵈이지 아니ᄒ거놀, 학ᄉ] 곳 당에 드러가 셜

---

184 조촐(澡擦) : 깨끗함.

니 미사룰 힝ᄒ고 후(後) 일일(一日) 이일(二日)에 ᄯᅩ 힝ᄒ니 련령이 다시 현형(現形)ᄒ매 영화(榮華)롭고 빗남이 젼일(前日) 경샹(景像)이 아니라.

【377】

련령(煉靈)이 어느 ᄶᅢ 련옥(煉獄)에 나옴이라

셜ᄉᆞ(設使) 련옥(煉獄) 형벌(刑罰)노 오리지 아니ᄒ야 곳 버서나량이면 비록 흉밍(凶猛)홀지라도 오히려 견디려니와 그러나 옥(獄)에 잇실 시후(時候)를 가히 아지 못ᄒ고, 가히 알 바 쟈ᄂᆞᆫ 영원(永遠)ᄒᆫ 고로옴은 아니니, 이ᄂᆞᆫ 련옥과 디옥(地獄)의 분별(分別)홀 바오, 련옥 고로옴이 도모지 공심판(公審判)[185] 날은 지나지 아니홀지라. 앗스딩이 닐오ᄃᆡ "므릇 샤죄(赦罪)ᄒᆫ 후에 맛당이 보쇽(補贖)을 힝홀지니 혹 이 셰샹에셔 힝ᄒ거나 혹 다른 곳에셔 힝ᄒ거나 혹 반(半)은 싱젼(生前)에 잇고 혹 반은 ᄉᆞ후(死後)에 잇다." ᄒ나, 그러나 죵니(從來) 공심판(公審判) 날에 련옥 형벌(刑罰)

【378】

잇심은 듯지 못ᄒ엿노라. ᄯᅩ 가히 알 쟈ᄂᆞᆫ 사ᄅᆞᆷ의 죄(罪)가 경즁(輕重)이 다른 고로 련죄(煉罪)ᄒᄂᆞᆫ 형벌(刑罰)이 ᄯᅩ흔 ᄀᆞᆺ지 아니ᄒ고, 오리고 잠간(暫間) 됨도 ᄯᅩ흔 ᄒᆞ갈 ᄀᆞᆺ지 아니홀지라. 그러나 다만 오리고 잠간(暫間)의 ᄀᆞᆺ지 아님을 알고 그 엇더케 ᄀᆞᆺ지 아님은 아지 못홀지니 무슴 법(法)인고? 텬쥬(天主)ㅣ 능히 그 형벌(刑罰)을 젹게 ᄒ야 그 젹은 허물을 오

---

[185] 세상 종말에 모든 인류를 대상으로 그리스도가 행하는 최후의 심판. 한편 개인이 죽은 뒤에 받게 되는 심판을 사심판(私審判)이라 함.

리 벌ᄒ기도 ᄒ시고, ᄯᅩᄒᆞᆫ 그 형벌을 더ᄒ야 그 즁(重)ᄒᆞᆫ 죄를 잠간 벌ᄒ기도 ᄒ시고 혹 ᄯᅥᆺᄯᅥᆺᄒᆞᆫ 도로 의지(依支)ᄒ야 죄 즁(重)ᄒᆞᆫ즉 벌(罰)이 오리고 죄 경(輕)ᄒᆞᆫ즉 벌이 잠간 될지라. 혹이 닐오ᄃᆡ "련옥 벌이 두어

【379】

직(刻)을 지나지 못ᄒᆞᆫ다." ᄒ나 빙거(憑據) 업스니 밋지 못ᄒᆞᆯ 거시오. 이제 셩교회(聖敎會)의 ᄯᅳᆺ인 즉, 몃 셩인(聖人)의 령혼(靈魂) 외(外)의ᄂᆞᆫ 옥(獄)에 거(居)ᄒᆞᄂᆞᆫ 때가 다 심(甚)히 져르지 아니ᄒᆞᆯ지니 이러므로 죽은 지 빅년(百年) 후(後)에도 긔구(祈求)ᄒ며 졔ᄉᆞ(祭祀)를 밧드라 ᄒ고, 혹 닐오ᄃᆡ "련령(煉靈)의 벌(罰)이 두 히를 지나지 못ᄒᆞᆫ다." ᄒ니 슬프다! 두 히를 밍렬(猛烈)ᄒᆞᆫ 불 속에 잇심이 엇지 빅년(百年) 오림과 ᄀᆞᆺ지 아니ᄒ리오? 이ᄲᅮᆫ 아니라 多明我(다명아)회 학ᄉᆞ 沙刀(사도)[186] ㅣ 닐오ᄃᆡ "사ᄅᆞᆷ이 련옥에 잇심이 다 불과(不過) 십년(十年)이라." ᄒ니, 쵸셩(超性)ᄒᆞᆫ 붉은 사ᄅᆞᆷ이 다 ᄒᆞᄃᆡ "이ᄂᆞᆫ 그룬 의논(議論)이라. 련옥

【380】

고로옴은 가히 십년(十年)으로 한뎡(限定)치 못ᄒᆞᆯ지라." 련령(煉靈)이 셰샹에 나타난 자최를 샹고(詳考)ᄒ건대 옥(獄)에 편직(片刻)을 잇ᄂᆞᆫ 이도 잇고, 두어 히 잇ᄂᆞᆫ 이도 잇고, 빅년(百年)을 잇ᄂᆞᆫ 이도 잇고, 심지어 옥즁(獄中)에 뭇처 잇다가 공심판(公審判) 날을 기두려 나오ᄂᆞᆫ 이도 잇실지니, 도모지 형벌(刑罰) 밧ᄂᆞᆫ 긔한(期限)을 텬쥬(天主) ㅣ 뎡(定)ᄒ시니 오직

---

[186] 도미니코 수도회 소속이었으며 살라망카 대학의 신학부 교수로 활동한 신학자 도밍고 데 소토(Domingo de Soto, 1495~1560)로 추정됨.

텬쥬(天主) ㅣ 알으실 거시오. 일즉 사람의게 뵈이지 아니ᄒ셧시니 사람은 가히 측량(測量)홀 길 업ᄂ지라. 혹이 므ᄅᄃᆡ "련옥에 드러갓다가 다시 세상에 잠간 나오ᄂ냐?" 골오ᄃᆡ "이ᄂ 말ᄒ지 아니ᄒ여도 알지라. 고금(古今)에 현형(現形)ᄒ 련령이 만ᄒ니

【381】

이 세샹에 드러오지 못ᄒ면 엇지 나타나 뵈이랴?" ᄯᅩ 므ᄅᄃᆡ "령령이 다시 육신(肉身)을 거듭 사나냐?" 골오ᄃᆡ "능히 사ᄂ니 오쥬(吾主) ㅣ 세샹에 잇실 ᄯᅢ와 녯젹 대셩인(大聖人)들이 젼능(全能)을 인(因)ᄒ야 부활(復活)케 홈이 만ᄒ니 그 사람이 부활ᄒ기 젼은 령혼이 텬당(天堂)에 잇지 아니ᄒ고 디옥(地獄)에 잇지 아니ᄒ니 만일 이 두 곳에 잇시면 능히 다시 오지 못홀지니 반ᄃ시 련옥에 잇든 령혼(靈魂)이 부활(復活)홈을 알지니라.

녯자최라

녯젹에 加爾崩(가이붕)[187]에 ᄒ 귀(貴)ᄒ 사람이 잇서 본ᄃᆡ 교규(敎規)를 직혀

【382】

션(善)ᄒ 일을 만히 힝(行)ᄒ고 친(親)히 군ᄉ(軍士)를 거ᄂ리고 이단(異端)을 쳐 물니치더니 셰샹을 ᄇ린 후에 안스딩회 당(堂) 안희 쟝ᄉ(葬事)ᄒ지 삼십년(三十年)에 셩녀 愛彼利(애피리) ㅣ 당(堂)에 나아가 긔도(祈禱)홀 졔 ᄆᆡ양 보니 ᄒ 노인(老人)이 문 겻희 셔셔 몸의 놁은 옷슬 닙고 마

---

[187] 갈리아(Gallia) 지방을 가리킴.

치 멀 길 가는 쟈 굿고 그 낫빗치 슬퍼ᄒᆞᄂᆞᆫ 둣ᄒᆞ나 알 길 업ᄂᆞᆫ지라. 므 룻 셩녀(聖女) | 당(堂)에 드러가매 반드시 도아줌을 구ᄒᆞ거ᄂᆞᆯ 셩녀 | 능 (能)치 못ᄒᆞ로라 혼즉 노인이 골오디 "이ᄂᆞᆫ ᄒᆞ지 아니홈이언뎡 능치 못 홈은 아니라." ᄒᆞ고 이굿치 혼 쟈 두세 번뿐 아니라. 셩녀 | 쳐음은 싱 각지 못ᄒᆞ고 심샹(尋常)혼 궁인(窮人)으로 녁엿다가 져근 듯ᄒᆞ야 본

【383】

신부(神父)ᄭᅴ 고(告)혼대 신부 | 셩녀(聖女)ᄅᆞᆯ 명(命)ᄒᆞ야 노인(老人)의 셩 씨(姓氏)ᄅᆞᆯ 무러보라 ᄒᆞ니, 셩녀 | 명을 의지(依支)ᄒᆞ야 므른대 골오디 "나ᄂᆞᆫ 아모의 령혼(靈魂)이라. 련옥에 잇ᄂᆞᆫ 지 삼십년(三十年)이니 내 싱 젼(生前)에 미양(每樣) 쳠례(瞻禮) 날을 맛나면 화복(華服)을 닙고 당즁(堂 中)에 빗내기ᄅᆞᆯ 깃거혼 연고(緣故)로라." ᄒᆞ니라.

련령이 능히 공(功)을 세우지 못홈이라

련옥 령혼(靈魂)이 비록 극즁(極重)혼 고로옴을 밧으나 능히 털긋만 혼 공(功)도 더으지 못홈은 고경(古經) 신경(新經)에 다 붉이 뵈신 바라. 고경 (古經)에 닐오디 "죽은 쟈ᄂᆞᆫ 다시 알아 ᄒᆞ욤이 업서 그 샹(賞) 주심을 더 으지 못혼다." ᄒᆞ니, 셩 예로니모 | 풀어

【384】

골오디 "므룻 사룸이 살아잇서ᄂᆞᆫ 가(可)히 의인(義人)이라도 일우려니와 혼 번 죽은 후ᄂᆞᆫ 다시 션(善)홀 긔틀이 업다." ᄒᆞ고, 새경에 닐오디 "밤 이 니른지라. 능히 짓고 ᄒᆞ지 못혼다." ᄒᆞ니, 셩(聖) 괴수와 예로니모와

앗스딩이 다 닐오딕 "밤은 셰샹 브리는 쌔오. 능히 짓고 ᄒᆞ지 못ᄒᆞ다 홈은 죽은 후에 능히 덕을 싸코 공을 셰우지 못홈이라." ᄒᆞ고, 셩녀(聖女) 加大利納(가대리납)¹⁸⁸와 日能西(일능서)¹⁸⁹ㅣ 련령의 고로옴을 싱각ᄒᆞ야 닐오딕 "슬프다! 련령(煉靈)이 만일 샹등통회(上等痛悔)로써 그 죄(罪)의 틔룰 솔오량이면 불시에 다 덜녀 신혼(神魂)이 쳥결(淸潔)홀지라. 대개 련령이 텬쥬(天主) 쪄남을 엇더케 슬허ᄒᆞ리오? 연고(緣故)로 그 통회(痛悔)의

【385】

진졀(眞切)홈이 능히 슌식(瞬息)에 그 죄(罪)의 더러옴을 다 씻스렷마눈 그러나 능히 못홈은 텬쥬ㅣ 지극히 공의(公義)ᄒᆞ샤 그 뉘웃눈 졍을 인(因)ᄒᆞ야 그 벌을 면(免)ᄒᆞ지 아니ᄒᆞ시ᄂᆞ니 내 이에 셰샹 사ᄅᆞᆷ의 어림을 탁식¹⁹⁰ᄒᆞ노라. 셰샹에 잇실 쌔에 비록 일념(一念)¹⁹¹의 미(微)혼 공노(功勞)라도 가히 공(功)을 더으고 허물을 기울거시어놀 련옥에 잇서는 고로옴이 한량(限量)이 업스딕 공(功)이 되지 못ᄒᆞ니, 이눈 마치 공졍(公庭)에셔 사ᄅᆞᆷ을 죽이고 ᄒᆞ마딕 말노 즐겨 샤(赦)홈을 구(求)치 안코 도로혀 형벌(刑罰) 아릭 업디여 명(命) 갑기룰 돌게 넉임과 곳ᄒᆞ니 엇지 어리지 아니리오? 우리 벗은 일즉 도모(圖謀)홀지어다.

---

188 가타리나 셩녀.
189 한글 필사본에는 "셩녀 가대리납와 일능서"로 적어 두 사람으로 보는 듯하지만, 한문본에는 "셩녀 가대리납 일릉서"로 되어 있다. 그러므로 제노바의 가타리나를 말한다.
190 '탄식'의 오기.
191 아주 짧은 시간.

녯자최라

어진 부녀(婦女) 方濟加(방제가)¹⁹² ㅣ 어려서브터 련령(煉靈)의 고로옴을 감동(感動)ᄒᆞ야 건져 구(救)ᄒᆞ기를 심히 만히 ᄒᆞᆫ지라. 거샹(居常)에 망쟈(亡者) 위ᄒᆞᄂᆞᆫ 일과경(日課經)¹⁹³을 외와 오리도록 게어라지 아니ᄒᆞ고 평일(平日)에 엄지(嚴齋)ᄒᆞ야 육미(肉味)를 맛보지 아니ᄒᆞ고 편퇴(鞭笞)ᄒᆞ야 피 흐르기에 니르고 오히려 ᄌᆞ긔(自己) ᄒᆞᆫ 사ᄅᆞᆷ의 힘으로 밋지 못ᄒᆞᆯ가 ᄒᆞ야 긋혼 벗을 권면(勸勉)ᄒᆞ야 홈긔 구(求)ᄒᆞ야 쉬지 아니ᄒᆞ니 련령이 그 널니 ᄉᆞ랑홈을 알고 잇다금 와셔 도음을 구ᄒᆞ니 그 긔이(奇異)ᄒᆞᆫ 쟈ᄂᆞᆫ 方濟加(방제가) ㅣ 곤ᄒᆞ야

문을 돗고 젹이 쉬온즉 련령이 문밧긔 기ᄃᆞ려 감(敢)히 들지 못ᄒᆞ고 씬 후에야 감히 드러오니 方濟加(방제가) ㅣ 므르ᄃᆡ "무슴 연고(緣故)로 씨오지 아니ᄒᆞ엿ᄂᆞᆫ고?" 련령이 ᄃᆡ왈(對曰) "네 근력(勤力)이 쇠(衰)ᄒᆞ니 맛당이 쉬올지라. 우리 무리 은혜(恩惠) 밧음이 젹지 아니ᄒᆞ니 엇지 과(過)히 고롭게 ᄒᆞ리오?" ᄒᆞ고, 또 긔이(奇異)ᄒᆞᆫ 쟈 련령의 발현(發現)ᄒᆞᄂᆞᆫ 형상이 그 싱시(生時) 디위(地位)ᄃᆡ로 붉이 뵈이니 젼에 탁덕(鐸德) 되엿든 쟈ᄂᆞᆫ 몸의 불ᄶᅵ를 드려 완연이 칠품(七品) 옷시오. 젼에 글 ᄀᆞ음아든 쟈ᄂᆞᆫ 손의 불붓슬 가져 션비의 풍도와 다름이 업서 죵죵 졍상(情狀)을 다 들지

---

192 프란치스카.
193 망자를 위하는 일과경이란 성무일도(聖務日禱) 가운데 만과(晚課, Vesperae) 기도문을 말함. 만과 기도문 속에는 '죽은 모든 믿는 이들을 위한 기도'가 들어 있음.

못ᄒᆞ나 方濟加(방제가)는 그 오는 ᄯᅳᆺ을 알아 낫낫치 도으니라.

【388】

어진 부녀(婦女) 巴羅徐(파라서) ㅣ 그 부친이 죽은 후에 만히 공덕(功德)을 힘ᄒᆞ야 그 령혼(靈魂)을 구(救)ᄒᆞ다가 임의 오리매 승텬(昇天)ᄒᆞᆫ 줄노 혜아리고 다시 싱각지 아니ᄒᆞ엿더니, ᄒᆞ로는 긔도(祈禱)ᄒᆞᆯ 쌔에 예수ㅣ 셩녀(聖女) 가다리나로 더브러 巴羅徐(파라서)를 ᄭᅳ러 련옥(煉獄)에 드러가 그 부친(父親)의 령혼을 뵈이니 불바다에 ᄲᅡ진지라. 巴羅徐(파라서) ㅣ 보고 ᄆᆞ음의 이통(哀痛)ᄒᆞ야 놉히 불너 ᄀᆞᆯ오ᄃᆡ "내 쥬(主)여! 내 은쥬(恩主)여! 내 부(父)를 샤(赦)ᄒᆞ쇼셔. 내 ᄃᆡ신 보쇽(補贖)ᄒᆞ기를 원(願)ᄒᆞ오니 내 부(父)의 고로옴 밧음을 ᄎᆞᆷ아 견ᄃᆡ지 못ᄒᆞ겟ᄂᆞ이다." ᄯᅩ 셩녀 가다리나의게 텬쥬(天主)ᄭᅴ 젼구(轉求)ᄒᆞᆷ을 구ᄒᆞ니 텬쥬ㅣ 셩녀(聖女)의

【389】

구ᄒᆞᆷ을 인(因)ᄒᆞ야 이 령혼으로 ᄲᆞᆯ니 옥에 나오게 ᄒᆞ니라.

련령이 죄(罪)도 업고 악(惡)도 업슴이라

사ᄅᆞᆷ이 범죄(犯罪)ᄒᆞᆯ 쌔에 두 가지 해(害)를 겸(兼)ᄒᆞ야 취(取)ᄒᆞ니 ᄒᆞ나흔 죄의 악(惡)이니 이는 신례(神體)의 샹(傷)ᄒᆞᆷ과 쥬(主)ᄭᅴ 욕(辱)되는 더러옴이오. ᄒᆞ나흔 죄의 벌(罰)이니 대죄(大罪)ᄂᆞᆫ 영벌(永罰)[194]ᄒᆞ고 쇼죄(小罪)

---

[194] 지옥에서 받는 영원한 벌.

눈 잠벌(暫罰)¹⁹⁵ᄒᆞ니 만일 고히(告解)홀 째에 대죄ᄅᆞᆯ 임의 샤(赦)ᄒᆞ면 영벌이 곳쳐 잠벌이 되니 련옥에 죄의 벌이 잇심은 말ᄒᆞ지 아니ᄒᆞ여도 가히 알녀니와 오직 련옥에 죄의 악이 잇고 업슴은 아지 못홀지라. 혹 ᄀᆞᆯ오디, "죄악(罪惡)은 셩춍(聖寵) 아니면 샤(赦)치 못ᄒᆞᄂᆞᆫ지라.

【390】

사름이 림죵(臨終) 혼미(昏迷)홀 째에 붉지 못ᄒᆞ야 혹 젹은 허물을 범(犯)ᄒᆞᆫ즉 그 죄(罪)의 악(惡)이 싱젼(生前)에 샤(赦)치 못ᄒᆞ고 반드시 ᄉᆞ후(死後)ᄭᅡ지 잇실지니 그런즉 련옥(煉獄) 즁에 ᄯᅩᄒᆞᆫ 죄의 악이 잇다." ᄒᆞ나, 예수회(耶穌會) 대학ᄉᆞ(大學士) 蘇亞來治(소아래치)¹⁹⁶와 셩녀(聖女) 가다리나와 日能西(일능셔)¹⁹⁷들이 다 닐오디, "우리 사름이 죽은 후에 령혼이 ᄒᆞᆫ번 육신(肉身)을 쎠나매 텬쥬(天主)ㅣ 춤 통회(痛悔)ᄅᆞᆯ 주시고 셩춍(聖寵)으로써 더ᄒᆞ샤 그 샤(赦)치 못ᄒᆞᆫ 죄ᄅᆞᆯ 덜어주신다." ᄒᆞ니, 고로 련옥(煉獄)에 다만 죄의 벌이 잇고 죄의 악은 업슬 거시오. ᄯᅩ 령혼이 임의 련옥에 들매 셩춍(聖寵)을 더으지 못ᄒᆞᆫ즉 혹쟈(或者)의 말ᄯᅳᆺ을 샹고ᄒᆞ건대

【391】

혹(或) 련령의 악이 영영(永永) 샤(赦)치 못ᄒᆞ며 혹(或) 셩춍(聖寵)을 더으지 아니ᄒᆞ고 텬쥬(天主)ㅣ 덜어주심은 두 말이 다 밋지 못홀지라. 만일 영(永)히 샤(赦)치 못ᄒᆞ면 텬당(天堂)에도 ᄯᅩᄒᆞᆫ 죄의 악이 잇실지니 엇지 그

---

195 이 세상이나 연옥에서 잠시 받는 벌.
196 프란시스코 수아레스(Francisco Suárez).
197 가다리나와 일능서, 두 명의 성녀가 아니라 일능서(제노바)의 가다리나(가타리나) 성녀로 해석해야 한다.

르지 아니ᄒᆞ며, 만일 셩춍(聖寵)을 더으지 아니ᄒᆞ고 샤(赦)ᄒᆞ량이면 사ᄅᆞᆷ이 비록 림죵(臨終) 혼란(昏亂)ᄒᆞᆯ 즈음이라도 텬쥬(天主) ㅣ ᄯᅩ흔 그 죄악(罪惡)을 샤(赦)ᄒᆞᆯ지라. 엇지 반ᄃᆞ시 련옥(煉獄)에 니ᄅᆞ기ᄅᆞᆯ 기ᄃᆞ리리오? ᄯᅩ흔 션인(善人)이 긔졀(氣絶)흔 후에 령혼(靈魂)이 반ᄃᆞ시 샹등(上等) 이쥬(愛主)ᄒᆞᄂᆞᆫ 졍(情)을 발(發)ᄒᆞᆯ지니 임의 발ᄒᆞᆫ즉 가히 허물을 솔올지라. 그러치 아니ᄒᆞ야 쟝ᄎᆞ 죽을 처음에 그 악(惡)을 샤(赦)치 아니ᄒᆞ고

【392】

반ᄃᆞ시 다른 날을 기ᄃᆞ리심은 나 ㅣ 텬쥬(天主) ㅣ 무슴 연고(緣故)로 그러ᄒᆞ실 줄을 아지 못ᄒᆞ노라. 이졔 초셩(超性) 모든 학ᄉᆞ(學士)들이 글오ᄃᆡ, "련령(煉靈)이 악(惡)만 업슬 ᄲᅮᆫ 아니라 ᄯᅩ흔 능(能)히 죄(罪)도 범(犯)치 못ᄒᆞᆫ다." ᄒᆞ고, 젼편(前篇)의 말흔 바 "련령이 비록 극고(極苦)ᄅᆞᆯ 밧으나 다시 공(功)을 셰우지 못ᄒᆞᆫ다." ᄒᆞ니 임의 공을 셰우지 못ᄒᆞ고 다만 죄가 잇시면 텬쥬 인이(仁愛)ᄒᆞ신 ᄆᆞᄋᆞᆷ의 ᄎᆞᆷ아 못ᄒᆞ실 바오. 공의(公義)ᄒᆞ신 덕(德)의 합(合)지 못ᄒᆞᆯ 바라. ᄒᆞ믈며 임의 죄과(罪過)ᄅᆞᆯ 범(犯)ᄒᆞ엿신즉 응당(應當) 텬당(天堂) 복(福)을 일흘 거시오. 련옥에 잇ᄂᆞᆫ 쟈 도로혀 쟝ᄎᆞ 디옥(地獄)에 ᄂᆞ릴지니 이ᄂᆞᆫ 셩교(聖敎)의 깁히

【393】

뮈워ᄒᆞᄂᆞᆫ 의논(議論)이니라.[198]

---

[198] "이ᄂᆞᆫ…" 이하의 문장이 한문본에는 주석으로 적혀 있다. 즉 "此非"는 본문이고, "聖敎所深惡之異論乎"는 작은 주석으로 되어 있다.

넷자최라

넷젹에 路斐(로비)[199] 원즁(院中)에 도(道) 닥는 쟈(者) 잇셔 음식(飮食)ᄒᆞᄂᆞᆫ 쇼임(所任)을 당(當)ᄒᆞ야 일이 번거ᄒᆞ고 돕ᄂᆞᆫ 사ᄅᆞᆷ이 젹은 고로 ᄆᆡ양(每樣) 음식(飮食)혼 후에 슈편(隨便)ᄒᆞ야 져런 셩영(聖詠) 혼 번식 외오고 규구(規矩)의 뎡(定)혼바 네지 셩영(聖詠)[200]을 렴(念)치 아니ᄒᆞ더니 임의 죽은 후(後)에 부억 안희 크게 들네ᄂᆞᆫ 소리 들니디 어디로 조ᄎᆞ옴을 아지 못ᄒᆞ더니 죽은 쟈(者)ㅣ 나타나 뵈고 닐오디, "내 음식(飮食)혼 후에 렴경(念經)을 져런 거스로써 긴 거슬 디신(代身)혼 연고(緣故)로 련옥에

【394】

잇서 고로(苦勞)온 형벌(刑罰)을 밧으니 장ᄎᆞ 실망(失望)훌지라. 구(求)ᄒᆞᄂᆞ니 모든 벗은 ᄆᆡ일 일ᄎᆞ식 내 렴(念)치 못혼 경(經)을 디신 렴ᄒᆞ야 일년(一年) 후에 ᄆᆞ치쇼셔." 여러 벗이 듯고 디신 셩영(聖詠)을 외와 ᄒᆡ가 ᄆᆞᆺ도록 게어ᄅᆞ지 아니ᄒᆞ니, 슬프다! 혼 경문(經文)의 니ᄌᆞ러짐으로 만흔 ᄶᆡ의 벌(罰)을 밧으니 가히 두리지 아니랴?

련령(煉靈)이 사ᄅᆞᆷ을 디신ᄒᆞ야 쥬(主)ᄭᅴ 구(求)홈이라

셩(聖) 도마스ㅣ 닐오디 "련령이 능히 텬쥬(天主)ᄭᅴ 디신 구(求)치 못훌지니 련령이 옥에 잇심은 닥기를 위(爲)홈이 아니라 고로옴 춤기를 위홈

---

199 과달루페(Guadalupe)의 줄임말로 추정됨.
200 일곱 개의 참회 시편 중 네 번째 시편, 즉 제51편을 가리킨다. 앞서 각주 44와 각주 1480에서 자세하게 설명하였다.

이오, 텬쥬(天主)끠 디신

【395】

구(求)홈을 위홈이 아니라 쥬명(主命) 슌(順)히 홈을 위홈이니, 비(譬)컨대 사룸이 림죵(臨終)에 다른 사룸의 리해(利害)를 싱각지 못ᄒ고 도적이 형벌(刑罰) 아릐 잇서 제 몸의 압흠만 싱각ᄒᄂ니, 련령(煉靈)이 쏘흔 그러ᄒ야 몸이 련옥에 거ᄒ매 다만 밍렬(猛烈)흔 불이 몸에 얼켜시니 슬피 부르지져 도음을 구(求)홀 ᄯᆞᆫ이라. 어느 겨를에 싱각이 우리 사룸의게 밋처 디신 쥬끠 구ᄒ랴. 쏘 련령이 텬쥬(天主)를 뵈옵지 못ᄒ니 우리 사룸의 기ᄃᆞ려 쓸 바를 아지 못홀 거시오. 임의 아지 못혼즉 구홀 바를 아지 못ᄒ리라." ᄒ니 대져(大抵) 도마스 ㅣ

【396】

련령(煉靈)으로써 림죵(臨終)흔 사룸과 형벌(刑罰) 밧ᄂᆞᆫ 도적(盜賊)의게 비(譬)홈은 불합(不合)흔 ᄃᆞᆺ ᄒ니 대개 련령이 즐겨 쥬명(主命)을 힝ᄒ야 비록 고로오나 쏘흔 둘게 넉여 인내(忍耐)홈이 비샹(非常)ᄒ고 ᄆᆞ음이 어즈럽지 아니ᄒ야 홍샹 텬당복(天堂福)을 싱각ᄒ고 ᄯᅢ로 이쥬(愛主)ᄒᄂᆞᆫ 졍(情)을 발(發)홀지니 셜ᄉᆞ(設使) 고로온 형벌만 싱각ᄒ고 다른 싱각이 밋지 못혼다 혼즉 이러흔 열심(熱心)이 쏘흔 어듸로브터 나리오? 쏘 싱각ᄒ니 셩경(聖經)에 "흔 가음연 사룸이 디옥(地獄)에 잇서 오히려 집 사룸을 싱각ᄒ야 엇지 도라가 ᄀᆞᄅᆞ쳐 친(親)흔 벗으로 ᄒ여곰 죄(罪)를 피(避)ᄒ야 옥(獄)에 들지 말기룰 원(願)ᄒ다."²⁰¹ ᄒ니, 엇지 련옥(煉獄) 령혼(靈魂)이 도로혀 디옥 사룸만 굿지 못ᄒ랴? 쏘 련령이 텬쥬(天主)룰 뵈옵지 못ᄒᄂ 고(故)로 구휼 바룰 아지 못ᄒ다 ᄒ음 ᄯᅩᄒᆞᆫ 그러치 아니ᄒ니, 그 셰샹에 잇실 ᄯᅢ에 셰샹의 간난(艱難)과 삼구(三仇)²⁰²의 조당(阻擋)을 친히 격거시ᄂ즉 셰미(細微)ᄒ 일은 아지 못ᄒ나 우리 사룸의 만흔 간난을 미샹불(未嘗不) 알거시니 임의 안즉 가히 디신 구휼지라. 일노ᄡᅥ 蘇亞來治(소아래치)의 무리ㅣ 도마스의 말ᄉᆞᆷ을 쫏지 아니ᄒ고 련령(煉靈)의 사룸을 위ᄒ야 디신 구휼을 밋음이라. 혹이 므로ᄃᆡ "련령이 능히 셔로 디신 긔도(祈禱)

ᄒᄂᆞ냐 못 ᄒᄂᆞ냐?" 골오ᄃᆡ "학ᄉ(學士)의 말이 이에 합의(合意)치 못ᄒ고 ᄯᅩᄒᆞᆫ 피ᄎ(彼此) 다 억견(臆見)의 말이라. 빙거(憑據)ᄒᆞᆯ 바 업거니와 내 쳔견(淺見)으로 혜아리건대 능히 셔로 돕지 못ᄒᆞᆯ지니 만일 련령(煉靈)으로 ᄒ여곰 셔로 도을 양이면 그 각고(覺苦)²⁰³ 심(甚)ᄒ음을 인ᄒ야 슬피 구(求)ᄒ음을 ᄀᆞ장 근졀(懇切)이 ᄒ리니 오리지 못ᄒ야 다 형벌(刑罰)을 벗고 승텬(昇天)ᄒᆞᆯ지라. 엇지 반ᄃᆞ시 셰샹 사룸의 디신 구(求)ᄒ음을 기ᄃᆞ리리오?"

녯자최라

---

201 신약성경의 루카 복음서 16장 27-28절에 나오는 '부자와 라자로의 비유'를 인용한 것임.
202 영혼의 세 가지 원수는 마귀와 세속과 육신임.
203 실고(失苦)와 대비되는 말. 실고는 천주를 직접 뵙지 못하는 데서 오는 고통을 말함. 각고는 대죄(大罪)를 용서받지 못하고 죽은 사람의 영혼이 연옥에서 직접 당하는 고통임.

셩 다미앙²⁰⁴이 글오디 "녯젹에 克老你(극로니)라 ᄒᆞ논 슈ᄉᆞ(修士) 잇서 멀니 힝(行)ᄒᆞ다가 물 건늘 쌔에 임의 죽은 쥬교(主教)

【399】

일홈은 舍會楞(사회릉)이 나타나 뵈니 놀납고 두려워 싱각ᄒᆞ디 '이 쥬교(主教)논 대덕(大德)의 사롬이라. 엇지 이런 즁(重)한 형벌(刑罰)을 밧논고?' 졍히 머뭇거릴 즈음에 죽은 쟈(者) 닐오디 "쳥(請)컨대 손을 펴 나를 주어 내 고로옴을 친히 맛보라." 말을 맛ᄎᆞ매 곳 슈ᄉᆞ(修士)의 손을 ᄭᅳ러 물 ᄀᆞ온디 누르거날 슈ᄉᆞ(修士) | 즉시 손을 거두니 압흠이 이샹(異常)ᄒᆞ야 불 ᄀᆞ온디 들너냄과 다롬이 업셔 고기가 다 닉은지라. 슈ᄉᆞ | 놀나 탄식(歎息)ᄒᆞ야 왈 "슬프다. 쥬교 | 셰샹에 잇셔 덕(德)을 쓰코 공(功)을 셰운지라. 엇지 이런 극고(極苦)룰 밧ᄂᆞ뇨?"

【400】

디답(對答)ᄒᆞ디 "다른 연고(緣故) 아니라 다만 ᄉᆞ무(事務)가 분쥬(奔走)홈으로써 미양 오젼에 신공(神功)을 필(畢)ᄒᆞ고 능히 뎡(定)한 때에 난화 렴(念)ᄒᆞ야 규구(規矩)에 합(合)ᄒᆞ게 못한 고(故)로 텬쥬(天主) | 벌ᄒᆞ샤 련옥에 잇시니 부라건대 벗은 근졀(懇切)이 긔구(祈求)ᄒᆞ야 날노 ᄒᆞ여곰 일즉 형벌(刑罰)을 벗게 ᄒᆞ면 만분(萬分) 다힝(多幸)홀 거시오. 내 또한 텬쥬(天主)ᄭᅴ 근구(懇求)ᄒᆞ야 네 손을 속히 낫게 ᄒᆞ리라."

---

204 베드로 다미아노 셩인.

뎨ᄉ편(第四篇)은 련령의 신락(神樂)²⁰⁵을 의논(議論)홈이라

련령이 반ᄃ시 승텬(昇天)홀 줄을 알미라

【401】

이 셰샹의 인(人)이 ᄀ쟝 ᄆᆞ음이 편(便)치 못흔바 쟈는 능히 공(功)을 셰워 텬복(天福)을 엇지 못홀가 두려워ᄒᆞᄂᆞ지라. 만일(萬一) 텬신(天神)이 ᄂᆞ려와 반ᄃ시 승텬(昇天)홀 줄노 미리 고(告)ᄒᆞ면 즐거옴이 비샹(非常)ᄒᆞ야 ᄆᆞ음에 ᄀᆞ득히 깃버ᄒᆞ리니 녯젹에 텬신(天神)이 오샹(五傷)²⁰⁶ 방지거(方濟各)의게 보(報)ᄒᆞ되 "텬쥬(天主)ㅣ 너ᄅᆞᆯ ᄲᅢ 승텬홀 수(數)에 두엇다." ᄒᆞ니 셩인(聖人)이 듯고 팔일 니(內)에 잠자고 밧 먹기ᄅᆞᆯ 싱각지 못ᄒᆞ고 다ᄅᆞᆫ 일을 도라보지 못ᄒᆞ고 슈원(修院)에 두루 왕ᄅᆡ(往來)ᄒᆞ며 종일(終日)토록 경(經)을 을프며 쥬ᄭᅴ 감샤(感謝)홈을 입에 ᄭᅳᆫ지 아니ᄒᆞ야 ᄀᆞᆯ오ᄃᆡ "텬국(天國)인져! 텬복(天福)인져! 내 쟝ᄎᆞ

【402】

무궁(無窮)히 누리리라." ᄒᆞ니 이제 학ᄉ(學士)의 말을 샹고(相考)ᄒᆞ면 련령이 스ᄉᆞ로 승텬(昇天) 수(數)에 잇심을 아ᄂᆞ지라. 蘇亞來治(소아ᄅᆡ치)ㅣ 닐오ᄃᆡ "련령이 임의 셩총(聖寵)이 잇서 쟝ᄎᆞ 영복(永福) 엇을 줄을 붉이

---

205 영혼의 기쁨.
206 예수가 십자가에 못 박혀 죽을 때 생긴 다섯 상처. 아시시의 프란치스코 성인이 신비 체험 과정에서 두 손과 두 발 그리고 옆구리에 오상을 받은 바가 있으므로 오상의 프란치스코라고 한 것임.

알아 무옴이 심히 평안(平安)호다." 호고, 裵衣主敎(배의주교)²⁰⁷ 勃拉而孟(발랍이맹)²⁰⁸이 굴오디 "련령이 평안(平安)혼 조름의 쎼엿다."²⁰⁹ 호니, 만일 련령이 승텬홈을 아지 못혼즉 실망(失望)을 면(免)키 어려올지라. 엇지 편안이 잔다 호리오? 또 싱각호건대 사름의 령혼이 혼번 육신(肉身)을 버서나매 곳 쥬디젼(主臺前)에 니르러 심판을 밧을 제 텬쥬(天主)의 결단(決斷)호심을

【403】

친(親)히 듯고 그 누리며 올님을 부득불(不得不) 알 거시니, 혹(或) 굴오디 "련령이 고로옴 춤음이 극난(極難)호야 일렴(一念)의 고(苦)롤 싱각호는 고(故)로 몸이 어느 싸희 잇심을 아지 못혼다." 호나 이 말이 그른지라. 셩(聖) 엔²¹⁰ 뢰(額吾畧)²¹¹의 긔록(記錄)혼바 련령이 나타나 사름의 디신 긔도(祈禱)홈을 구(求)혼 쟈 만흐니 만일 련령이 어느 싸희 잇심을 아지 못혼즉 쏘훈 사름의 공이 리(利)호고 리치 아님을 알지 못홀지니 엇지 셰상

---

207 裵衣(배의)를 치렁치렁한 옷 정도로 해석하면, '배의 주교'는 치렁치렁한 옷을 입은 주교가 된다. 한문본 『煉獄畧說』의 1936년 개정판 『煉獄考』에는 '樞機聖師'라고 나온다. 그러므로 배의 주교는 홍의(紅衣) 주교와 마찬가지로 추기경을 가리키는 말로 이해할 수 있다.

208 앞서 로베르토 벨라르미노 추기경은 盤拉而孟, 盤而孟 등으로 표기되었다. 위의 勃拉而孟과는 약간 차이가 있다. 하지만 1936년 개정판 『煉獄考』에서는 모두 '伯辣彌諾'으로 통일되어 있다. 그러므로 지금까지 나온 세 가지 표기는 모두 벨라르미노를 가리키는 것으로 보아야 한다.

209 한문본에는 "聖敎謂信友之靈 寐于安眠"이라고 되어 있어서 한글 필사본의 번역문과는 약간 다르다. 즉 "교회에서는 믿는 교우들의 영혼이 평온하게 잠을 자고 있다고 말한다."

210 에오리오를 줄여서 표기한 것이다. 'ㅔ'와 'ㅗ'가 하나로 합쳐져 있다. 그레고리오의 표기에 관해서는 이전에도 한 번 나온 적이 있다. 거기서는 '에오뢰'라고 표기하였다.

211 그레고리오 성인.

에 와셔 도음을 구ᄒ리오? 혹(或) ᄀᆞᆯ오ᄃᆡ "그런즉 련령이 ᄯᅩᄒᆞᆫ 옥에 나올 긔한(期限)을 아ᄂᆞ냐?" ᄀᆞᆯ오ᄃᆡ "이 일은 가히 샹고(詳考)치 못ᄒᆞᆯ지라.

【404】

내 쳔견(淺見)으로 혜아리건대 텬쥬(天主) ㅣ 련령(煉靈)을 ᄉᆞ랑ᄒᆞ심이 조흔 벗 ᄀᆞᆺᄒᆞ니 부득이(不得已)ᄒᆞ야 옥(獄)에 두엇시나 반ᄃᆞ시 형벌(刑罰) 버슬 날을 알게 ᄒᆞ야 그 ᄆᆞ음을 위로(慰勞)ᄒᆞ실 거시오 ᄯᅩ 련령의 나타난 자최ᄅᆞᆯ 보면 옥에 어ᄂᆞ ᄯᅢᄭᆞ지 잇실 줄을 아는 쟈 잇ᄉᆞ니 다만 친우(親友)의 구홈을 인ᄒᆞ야 텬쥬(天主) ㅣ 그 ᄯᅢᄅᆞᆯ 감(減)ᄒᆞᄂᆞ니라."

녯자최라

眞多舍楞(진다샤릉)에 온뎡(溫井)이 잇서 목욕(沐浴)ᄒᆞᄂᆞᆫ 쟈 만흔지라. ᄒᆞᆫ 탁덕(鐸德)이 ᄯᅩᄒᆞᆫ 자조 가 목욕ᄒᆞ더니 우연이 ᄒᆞᆫ 사ᄅᆞᆷ을 맛나니 얼골의 근심ᄒᆞᄂᆞᆫ 빗치 잇고 쥬션(週旋)ᄒᆞ고

【405】

ᄃᆡ졉(待接)홈의 극히 공경(恭敬)ᄒᆞ니 이ᄀᆞᆺ치 ᄒᆞᆫ 쟈 ᄒᆞᆫ두 번이 아니라. 탁덕(鐸德)이 스스로 혜아리ᄃᆡ, '이 사ᄅᆞᆷ이 나ᄅᆞᆯ ᄃᆡ졉(待接)홈이 심히 후(厚)ᄒᆞ니 무어스로 갑흘고? 다만 ᄆᆞᄅᆞᆫ ᄀᆞ로 잇ᄉᆞ니 일노써 희샤(喜捨)홈이 무방(無妨)ᄒᆞ다.' ᄒᆞ고, 다시 목욕(沐浴)ᄒᆞᄂᆞᆫ 곳에 니ᄅᆞ니, 그 사ᄅᆞᆷ의 ᄃᆡ졉(待接)홈이 젼(前)과 ᄀᆞᆺᄒᆞᆫ지라. ᄆᆞᄅᆞᆫ ᄀᆞ로ᄅᆞᆯ 준대 샤례(謝禮)ᄒᆞ야 ᄀᆞᆯ오ᄃᆡ, "이 ᄀᆞ로ᄂᆞᆫ 내게 무익(無益)ᄒᆞᆫ지라. 만일 떡을 ᄆᆞᆫ드러 미사ᄅᆞᆯ ᄒᆡᆼᄒᆞ면 내게 크게 유익(有益)ᄒᆞ리이다." 탁덕이 ᄀᆞᆯ오ᄃᆡ, "이 엇진 말인고?" ᄃᆡ왈

"나는 이 온뎡 녯 쥬인(主人)이라. 이에 잇서 련옥 형벌(刑罰)을 밧으니, 빌건대 거륵흔 제사를

【406】

디신(代身) 힝(行)ᄒ야 내 령혼을 구ᄒ쇼셔. 만일 신부(神父) 다시 와서 나를 보지 못ᄒ거든 승뎐(昇天)흔 줄노 알쇼셔." 탁덕(鐸德)이 당(堂)에 도라와 날마다 미사를 힝ᄒ고 칠일(七日) 후(後)에 다시 가매 그 사름이 뵈이지 아니하니, 가히 승쳔(昇天)홈을 아니라.

련령이 쥬(主)의 뜻을 힝(行)ᄒ기를 원(願)홈이라

련령이 극히 고로온 즁이라도 텬쥬(天主)의 뜻에 미인 줄을 아는 고로 감심(甘心)ᄒ야 즐겨 밧고 함묵(緘黙)ᄒ야 말이 업슬지라. 셩 벨나도(伯爾納多) ㅣ 골오디, "텬쥬(天主)의 ᄒ고져 ᄒ시는 바를 ᄒ고져 홈은 텬쥬의 덕(德)을 둛음이니, 만일(萬一)

【407】

능(能)히 텬쥬(天主)의 ᄒ고져 ᄒ시²¹² 바를 깃거ᄒ면 이는 곳 텬쥬로 더브러 뜻이 굿홈이라." 련령이 비록 죄(罪) 업시 형벌(刑罰)을 밧아도 ᄯ호흔 ᄉ양(辭讓)치 못ᄒ려든 하믈며 허물이 잇서 련옥(煉獄)에 잇는 쟈냐? 이젼(以前) 치명(致命) 셩인(聖人)이 ᄌ긔(自己)의 고로옴이 텬쥬(天主)의 영광(榮光)이 됨을 아는 고로 형벌 밧음이 다만 노여옴이 업슬 ᄲᆞᆫ 아니라

---

212 'ᄒ시는'의 오기.

도로혀 만히 밧지 못홈을 혼(恨)ᄒ고 거위 죽게 된 터에 그 뜻을 엿보면 곳 셰샹이 못도록 밧은 후(後)에야 쾌(快)히 넉이는 돗ᄒ니, 련령이 쥬지(主旨)를 승ᄒᆡᆼ(承行)홈을 즐겨홈이 더옥 이의셔 심홀지라. 셩녀(聖女) 가다리나와 日能西(일능셔)²¹³ ㅣ 골오ᄃᆡ, "텬신(天神)과

【408】

셩인(聖人)의 즐거옴 외(外)에는 련령(煉靈)의 즐거옴 곳흔 이 업셔 ᄀ장 졍(淨)ᄒ고 ᄀ장 크니 병(病)든 쟈로 비유(比喻)ᄒ면 약(藥)을 먹음이 고롭지 아님이 아니로ᄃᆡ, 약이 능히 병을 낫게 홈을 아는 고로 비록 고로오나 돌게 넉이고, 오린 죵긔(腫氣)의 침(針) 맛는 것 곳ᄒ니 침을 밧음이 압프지 아님이 아니로ᄃᆡ 침이 아니면 능히 낫지 못홀 고로 비록 압프나 쏘흔 즐겨 밧ᄂᆞ니 련령의 밧는 형벌(刑罰) 가히 그 죄(罪)를 슬올 줄을 아는 고로 ᄉᆞ랑ᄒ기를 영이(靈異)혼 약(藥) 곳치 ᄒ고 밧기를 큰 은혜(恩惠) 곳치 홀지라." 이사악(依撒格)이 쟝ᄎᆞ 아바랑(亞巴郞)의 죽임을 닙을 ᄶᅢ에 텬쥬(天主)의 명(命)을

【409】

아는 고(故)로 혼 번도 손을 드러 그 몸을 막지 아니ᄒ고 혼 번도 볼을 드러 그 명(命)을 도망(逃亡)치 아니ᄒ니, 내 ᄉᆡᆼ각건대 련옥 즁에 비록 쳔문만호(千門萬戶)가 잇실지라도 련령이 쏘흔 일즉 나와 ᄀᆞ만이 텬당(天堂)에 들기를 원치 아니홀지라. 셩녀(聖女) 가다리나의 닐온바 "련령

---

213 한문본을 보면 두 명의 셩녀가 아닌 것 같다. 제노바의 가타리나 셩녀라고 해야 할 것으로 보인다.

이 만일 미죄(微罪)롤 보쇽(補贖)지 못ᄒᆞ엿시면 승텬(昇天)홈을 ᄉᆞ랑치 아니ᄒᆞ고 련옥을 ᄉᆞ랑ᄒᆞ겟다." ᄒᆞ니라.

녯자최라

녯젹에 ᄒᆞᆫ 닥는 동녀(童女) 잇서 뜻을 밍셰(盟誓)ᄒᆞ고 슈졍(守貞)ᄒᆞ니 신혼(神魂)이 쳥결(淸潔)ᄒᆞ야 가히 텬신(天神)의 비기고 거동(擧動)과 힝위(行爲)눈

【410】

사름을 감동(感動)케 ᄒᆞ니 ᄒᆞᆫ²¹⁴ 회(會)의 슈녀(修女)들이 놉혀 공경(恭敬)치 아니 리 업ᄂᆞᆫ지라. 텬쥬ㅣ 그 령혼(靈魂)을 ᄉᆞ랑ᄒᆞ샤 속히 셰샹을 써나 습쇽(習俗)의 무드지 아니코 헛된 셰샹을 일즉 버서나게 ᄒᆞ시니 임의 죽은 후(後)에 셩녀(聖女) 日多達(일다달)²¹⁵ㅣ 그 령혼(靈魂)을 보매 예수 안즈신 겻히 오래 섯시니 흰 옷시 눈굿고 편톄(遍體)가 광명(光明)ᄒᆞ나 다만 머리롤 숙이고 감히 예수의 셩용(聖容)을 우러러보지 못ᄒᆞ거놀 셩녀ㅣ 긔이(奇異)히 녁여 예수ᄭᅴ 향(向)ᄒᆞ야 골오ᄃᆡ "오쥬(吾主)여, 이 녀ᄌᆞ(女子)ㅣ 싱시(生時)에 잇ᄂᆞᆫ 바롤 다 바리고 오쥬롤 셤겨시니 엇지ᄒᆞ야

【411】

녀롤 블너 셩용(聖容) 봄을 주샤 ᄌᆞ이(慈愛)ᄒᆞ심을 뵈이지 아니ᄒᆞ시ᄂᆞᆫ잇가?" 예수ㅣ 과연(果然) 브르시ᄃᆡ 이 녀ᄌᆞㅣ 감히 쥬ᄭᅴ 갓가히 못 ᄒᆞ고

---

214 한문본을 참고할 때 'ᄒᆞᆫ'은 'ᄀᆞᆺᄒᆞᆫ(同)'이 되어야 함.
215 제르트루다 셩녀.

다만 머리를 숙이고 디답(對答)홀 뜬이라. 셩녀ㅣ 더옥 괴이 넉여 꾸지져 골오디 "예수ㅣ 임의 너를 브르시거놀 엇지 고집(固執)후고 쫏지 아니후눈고?" 디왈 "슬프다. 내 미(微)훈 허물을 보속(補贖)지 못훔이 잇시니 엇지 지극(至極)히 결졍(潔淨)후샤 하주(瑕疵) 업스신 텬쥬(天主)의 고양(羔羊)끠 뵈오리오?" 후니 련령(煉靈)이 고로옴을 춤아 그 허물을 온젼이 깁기를 심히 원(願)홀지니라.

【412】

련령이 고(苦)를 춤아 쥬를 영화(榮華)롭게 홈이라

므롯 쥬를 스랑훔이 진졀(眞切)훈 쟈눈 쥬끠 영광(榮光)될 거슨 무숨 일을 의논(議論)치 말고 후나토 깁히 스모(思慕)치 아니홈이 업스니 텬쥬의 영광이 다만 은혜 더을 째에만 나타날 뜬 아니라 또훈 고로옴 더을 째에도 나타나느니 은혜 더을 째는 그 인주(仁慈)를 나타내시고 고로옴 더을 째는 그 엄위(嚴威)를 나타내시눈지라. 련령의 이쥬(愛主)훔이 지극(至極)후야 홍샹(恒常) 쥬의 영광 나타내기를 원(願)홀지니 주긔(自己)의 춤눈 바 고로옴이 쥬의 영광됨을 아눈 고(故)로 즐거옴의 깁흔 뜻을 다 긔록(記錄)지 못홀지라. 고(古) 셩인(聖人)

【413】

石伯(석백)[216]ㅣ 군난(窘難) 즁(中)에 스스로 위로(慰勞)후야 골오디 "임의

---

[216] 구약셩경 느헤미야기에 나오는 스바니야. 위의 인용문은 느헤미야기 9장에 나오는 참회 기도 내용과 유사함.

쥬의 인이(仁愛)로온 손 フ온디셔 은덕(恩德)을 밧앗시니 엇지 공의(公義)
호신 손 フ온디셔 꾸지럼을 밧지 아니호랴?"호고, 젼(前) 셩인(聖人)이
극긔고신(克己苦身)호야 흉샹(恒常) 게어르지 아니홈은 사룸의 본셩(本性)
이 고로옴을 즐거워홈이 아니로디 몸을 고룹게 홈이 쥬룰 영화(榮華)롭
게 홈인 고로 더옥 고로을스록 더옥 둘게 넉이눈지라. 대개(大蓋) 스랑
의 춤된 쟈눈 즈긔(自己)의 니익(利益)은 싱각지 아니호고 오직 스랑홀바
쟈의 영화(榮華)룰 구(求)호고 즈긔의 어려옴은 니져 버리고 오직 스랑홀
바 쟈의 복(福)을 도모(圖謀)호느니 일노써

【414】

봐로(保祿) 종도(宗徒)눈 "출하리 텬주(天主)의 바린 바 될지언뎡 본국(本
國) 사룸이 그룬디 째짐은 춤아 못혼다."호고, 므식(梅瑟) 고셩(古聖)은
"텬당셩칙(天堂聖册)에 일흠을 덜지언뎡 텬쥬의 빅셩(百姓)이 다 쇼멸(消
滅)홈을 밧음은 춤아 못혼다." 호시니, 하믈며 련령의 텬주 스랑홈은 이
의셔 멀기 심(甚)혼지라. 그런즉 모든 간난(艱難)을 감수(甘受)호야 쥬룰
영화(榮華)롭게 홈을 즐겨홈이 더옥 엇더홀고.

녯자최라

녯젹에 노마(羅瑪)부 사룸이 미년(每年) 셩모승텬쳠례(聖母昇天瞻禮) 젼날

【415】

져녁에 벗을 모화 무리룰 일워 각각 혼 쵹불을 フ지고 두루 셩즁(城中)

거륵흔 곳에 놀며 셩모 큰당²¹⁷에 죠비(朝拜)ᄒᆞᄂᆞᆫ지라. 아모 ᄒᆡ 당(堂)에 놀 째에 흔 부인(婦人)이 보니 임의 죽은 디모(代母) ㅣ 홈긔 노ᄂᆞᆫ ᄀᆞ온ᄃᆡ 잇거놀 ᄆᆞ옴의 심히 이샹(異常)히 넉여 더브러 말ᄒᆞ려 ᄒᆞ나 여러 사룸이 셔 밀치니 갓가히 못 ᄒᆞ고 믈너와 당 모통이에서 기ᄃᆞ리다가 셔로 맛나 그 손을 잡고 무러 골오ᄃᆡ "네가 내 령셰(領洗) 디모가 아니냐?" 디왈 "그럿타." 부인이 골오ᄃᆡ "디모 죽은 지 임의 ᄒᆡ가 남은지라. 엇지ᄒᆞ야 이 세샹에 잇ᄂᆞ뇨?" 디왈(對曰) "니 어려실 째에

두어 ᄎᆞ(次) 말이 단졍(端整)치 못ᄒᆞ고 싱각이 편벽(偏僻)되여 비록 죄 샤(赦)ᄒᆞ옴은 닙엇시나 보속(補贖)지 못흔 고로 지금ᄭᆞ지 련옥에 잇서 다ᄒᆡᆼ(多幸)이 셩모(聖母)의 큰 ᄌᆞ비(慈悲)ᄒᆞ심을 닙어 텬쥬(天主)끠 젼구(轉求)ᄒᆞ샤 옥(獄)에 내여 보내시니 네 보ᄂᆞᆫ 바ᄂᆞᆫ 오직 내 흔 령혼(靈魂)이어니와 날노 더브러 홈긔 옥에 나온 쟈 만키가 본 고을 사룸의 명수(名數)와 굿흔지라. 이졔 우리 무리 홈긔 셩모당(聖母堂)에 죠비(朝拜)ᄒᆞ야 그 무궁(無窮)흔 은혜(恩惠)룰 샤례(謝禮)ᄒᆞ노라." 부인(婦人)이 이 말을 듯고 반신반의(半信半疑)ᄒᆞ니 디모 ㅣ 골오ᄃᆡ "내 말을 의심(疑心)치 말나. 명년(明年) 이날에 네 쟝ᄎᆞ 세샹을 바리리니 내 말노써 증거(證據)룰

삼으라." 부인이 듯고 놀납고 두려옴을 이긔지 못ᄒᆞ야 세속(世俗)을 ᄯᅥ나 졍수(精修)ᄒᆞ매 극긔고신(克己苦身)ᄒᆞ고 셩ᄉᆞ(聖事)룰 삼가 밧더니 과연

---

217 로마의 산타 마리아 마조레 대성당(Basilica di Santa Maria Maggiore).

셩모승텬쳠례(聖母昇天瞻禮) 젼날에 병(病)들어 쳠례 본날에 평안(平安)이 셰샹을 하직ᄒᆞ니라.

련령이 텬쥬(天主)끠 결합(結合)홈이라

대져 어질고 거륵ᄒᆞᆫ 사ᄅᆞᆷ이 셰샹에셔 몬져 텬복(天福)을 맛봄은 엇지뇨? 텬쥬끠 결합ᄒᆞ야 렴렴(念念)히 닛지 못ᄒᆞ야 몸은 셰샹에 잇시나 령신(靈神)은 하ᄂᆞᆯ에 노ᄂᆞᆫ 연고(緣故)ㅣ라. 그러나 싱시(生時)에 육졍(肉情)의 조당(阻擋)이 잇시니 육졍 업ᄂᆞᆫ 련령의 텬쥬끠 결합홈이 더옥 깁흠만

【418】

굿지 못ᄒᆞ니 흉샹 셩총(聖寵) 빗치 그 령셩(靈性)을 빗최여 ᄶᆡᄶᆡ로 이쥬지졍(愛主之情)을 발(發)ᄒᆞ야 쥬의 ᄆᆞ음에 ᄉᆞᄆᆞᆺᄎᆞ 그 신덕(信德)이 ᄀᆞ장 굿고 망덕(望德)이 ᄀᆞ장 곤졀(懇切)ᄒᆞ고 이덕(愛德)이 ᄀᆞ장 열졀(熱切)ᄒᆞ고 겸덕(謙德)이 ᄀᆞ장 깁고 명(命)을 순히 홀 싱각이 ᄀᆞ장 아름답고 허물 기울 ᄯᅳᆺ이 ᄀᆞ장 졍셩(精誠)되니 이ᄂᆞᆫ 다 텬쥬끠 결합(結合)ᄒᆞᆫ ᄯᅳᆺ이라. 옥(獄)에 잇심이 하ᄂᆞᆯ에 잇심과 다ᄅᆞᆷ이 업ᄉᆞᆯ지니 그 락(樂)이 엇더ᄒᆞ고? 녯젹에 오샹(五傷) 방지거(方濟各)ㅣ ᄒᆞ로ᄂᆞᆫ 우ᄒᆞ로 텬쥬끠 ᄉᆞ괴여 합(合)ᄒᆞᆯ 즈음에 사ᄅᆞᆷ이 불의 ᄃᆞ론 쇠판으로쎠 그 몸에 더으되 셩인(聖人)이 묵묵(默默)ᄒᆞ야 ᄭᆡᄃᆞᆺ지

【419】

못홈과 ᄀᆞᆺᄒᆞ니 이ᄂᆞᆫ 무타(無他)라. 그 ᄆᆞ음이 온젼이 쥬를 ᄉᆞ랑홈으로 육신(肉身)의 압흠을 ᄭᆡᄃᆞᆺ지 못ᄒᆞᆫ지라. 그런즉 련령이 비록 ᄉᆞ랑을 인

㈎호야 고로옴은 감(減)치 못호나 ᄉ랑으로 말미암아 즐거옴을 내지 아니치 못홀 거시오. ᄯ호 옥(獄)에 거(居)홈이 더옥 오릴ᄉ록 승텬(昇天) 홀 날이 더옥 갓가와 바름이 더옥 곤졀(懇切)호고 즐거옴이 더옥 깁흘지니 련령 즁에 만일 큰 죄(罪) 잇서 디옥(地獄)에 가미 맛당호되 가지 아니훈 쟈의 니르러는 그 경하(慶賀)호고 다힝(多幸)이 넉이는 ᄯᆺ을 혜아려 아지 못홀지니라.

【420】

넷자최라

도밍고(多明我)회의 훈 슈ᄉ(修士) 잇서 셰샹 바린 지 오릭더니 그 벗의게 뵈여 골오딕 "본회(本會) 규구(規矩)에 므릇 새 신을 엇으면 늙은 신은 물건 ᄀ음아는 곳으로 맛당이 돌녀보내거놀 내 앗끼는 졍(情)이 심(甚)호야 두 신을 겸(兼)호야 둔 고로 텬쥬(天主)ㅣ 나롤 련옥(煉獄)에 벌(罰)호시니 고로옴을 니겨 말호지 못홀지라. 이졔 두 신이 오히려 샹(床) 아릭 잇시니 쳥컨대 원쟝끠 들여 뵈이고 뭇 벗 압희셔 내 죄 샤(赦)홈을 구(求)호고 ᄯᅩ 모든 벗의게 쳥(請)호야 미사 신공(神功)을 힝(行)호야 날노 호여곰 일즉 승텬(昇天)호게

【421】

호쇼셔." 언필(言畢)에 뵈이지 아니호는지라. 모든 벗이 신공(神功)을 못ᄎ니 이 령혼이 ᄯᅩ 뵈여 모든 벗의 도아줌을 샤례(謝禮)호고 흥심(恒心)으로 슈도(修道)홈을 권(勸)호니라.

고로옴와 즐거옴을 엇더케 능(能)히 겸(兼)홈이라

우리 사룸이 셰샹에 잇실 째에 령신(靈神)의 능(能)이 반(半)은 육신(肉身)의 그리옴이 되여 병(病)이 몸의 잇눈 쟈눈 ᄆᆞ옴이 번거ᄒᆞ며 민망(憫惘)ᄒᆞ고 몸이 강건(剛健)ᄒᆞᆫ 쟈눈 령신(靈神)이 깃거ᄒᆞᄂᆞ니 일노써 극(極)ᄒᆞᆫ 즐거옴과 극ᄒᆞᆫ 슬픔이 ᄒᆞᆫ째에 겸(兼)치 못ᄒᆞ나 그러나 텬쥬(天主)의

【422】

권능(權能)은 인셩(人性) 밧긔 뛰여나 가ᄉᆞ(可使) 극고(極苦)ᄒᆞᆫ 즁에도 능히 극락(極樂)을 겸(兼)ᄒᆞ야 맛보게 ᄒᆞ눈지라. 예수ㅣ 산원(山園)에셔 긔도(祈禱)ᄒᆞ실 째 ᄀᆞᆺᄒᆞ야 근심 ᄯᅴ고 민망(憫惘)홈이 쟝ᄎᆞ 죽기에 니르러도 그 령혼(靈魂)은 텬쥬롤 누려 뵈와 ᄆᆞ옴이 화열(和悅)ᄒᆞ고 령신(靈神)이 즐거워ᄒᆞ신지라. ᄯᅩ 치명(致命) 셩인(聖人)을 보건대 고로옴 밧음이 더옥 만토록 깃버홈이 더옥 심ᄒᆞ니, 셩(聖) 안드뢰아[218]눈 십ᄌᆞ가(十字架) 압희 잇심을 보매 쟝ᄎᆞ 못 밧혀 죽을 터에 골오디 "슬프다. 가히 ᄉᆞ랑ᄒᆞ올 십ᄌᆞ가여. 내 ᄉᆞ모(思慕)ᄒᆞᆫ 지 임의 오리고 ᄎᆞᄌᆞᆫ 지 ᄯᅩᄒᆞᆫ 오리더니

【423】

금일(今日)에 다힝(多幸)이 엇어시니 엇지 쾌(快)ᄒᆞ지 아니랴?" ᄒᆞ고, 셩(聖) 노렌됴[219]눈 불 편샹[220] 우희 잇서 몸이 반 남아 닉어시디 학왕(虐王)

218 안드레아 셩인.
219 라우렌시오 셩인.
220 '평샹(平床)'의 오기.

을 향(向)ᄒ야 굴오디 "이 형벌(刑罰)이 형벌이 아니라 실노 내 희락(喜樂)의 연유(緣由)되고 이 불이 불이 아니라 실노 내 식원ᄒ 복(福)이 된다." ᄒ고, 또 치명 셩인 依納爵(의납작)[221]눈 닐오디, "내 몸이 다 토 지됨을 원(願)ᄒ며 주린 범과 주린 ᄉᄌ(獅子)가 내 몸을 씨져 샹(傷)ᄒ야 ᄉ지(四肢)가 눈호이며 모든 쎠가 슬허지고 쏘훈 뭇 마귀(魔鬼)ㅣ 나ᄅᆞᆯ 해(害)ᄒ야 그 분훈(忿恨)훈 ᄆ움디로 ᄒ기ᄅᆞᆯ 원(願)ᄒ야 모든 고난(苦難)을 ᄎ례로

밧아도 ᄆ움이 심히 평안(平安)ᄒ고 즐거오리라." ᄒ니, 이 셩인(聖人)들이 비록 육신(肉身)을 벗지 못ᄒ엿시디 오히려 능(能)히 고락(苦樂)을 겸(兼)ᄒ야 밧앗거든 하믈며 령혼은 임의 육신의 누(累)훔을 벗은 자냐? 셩녀 가다리나 굴오디, "텬쥬(天主)ㅣ 령혼의 비샹(非常)훈 ᄉ랑을 쥬샤 희락(喜樂)의 연유(緣由)가 되게 ᄒ시니, 희락은 비록 심(甚)ᄒ나 고로옴은 호말(毫末)도 감(減)치 못훈다." ᄒ니라.

녯자최라

녯젹에 훈 슈ᄉ(修士)ㅣ 잇서 규계(規戒)ᄅᆞᆯ 직휨과 본분(本分)을 다훔이

심샹(尋常)치 아니ᄒ나, 다만 본셩(本性)이 질둔(質鈍)ᄒ야 ᄆᆡᄉ(每事)의 지

---

[221] 안티오키아의 이냐시오 셩인.

완(遲緩)홈이 만흔지라. 원즁(院中) 으식²²² 홈이 각각 뎡(定)훈 째 잇서 종(鐘)을 울녀 무리롤 모화 음식(飮食)홀 새, 오직 이 슈ᄉ(修士)논 혹 렴경(念經)을 장ᄎᆞ 못츨 째에도 니르고 혹 임의 필(畢)훈 후(後)에도 오ᄂᆞᆫ지라. 슈ᄉ(修士)ㅣ 셰샹 바릴 째에 사롬이 다 닐오디, "여러 히 도(道)롤 닥가시니 반두시 일즉 승텬ᄒᆞ리라." ᄒᆞ더니, ᄒᆞ로논 종을 울니고 음식홀 제, 슈ᄉ들이 다 뫼힌 즁에 죽은 쟈ㅣ 믄득 뵈이니 얼골의 크게 근심ᄒᆞ눈 빗치 잇눈지라. 렴경(念經)을 필(畢)ᄒᆞ고 못 벗이 ᄎᆞ례로 안즈매 더도 ᄯᅩ훈

【426】

ᄎᆞ례롤 의지(依支)ᄒᆞ야 안즈니 그 겻히 안즌 쟈ㅣ 모골(毛骨)이 송연(悚然)ᄒᆞ야 ᄆᆞ옴이 놀납고 어즈러온지라. 규구(規矩)디로 경(經) 외옴을 필ᄒᆞ매 죽은 쟈 믄득 뵈이지 아니ᄒᆞ니 이ᄀᆞᆺ치 훈 쟈 훈두 번ᄲᅮᆫ이 아니라. 민ᄎᆞ(每次) 음식(飮食)홀 째에 반두시 식후(食後)에 편직(片刻)을 지나 니르니, 원장(院長)이 그 연고(緣故)롤 아지 못ᄒᆞ야 엇지 홀 줄을 몰나 늙은 슈ᄉ(修士)롤 일졔히 모화 ᄒᆞ고 샹의(相議)ᄒᆞ니 그즁에 훈 사롬이 굴오디, "제 셰샹에 잇실 째에 미양(每樣) 음식 쌔롤 뒤진 고로 혹 텬쥬(天主)ㅣ 련옥에 벌ᄒᆞ셧ᄂᆞᆫ지 일뎡(一定) 아지 못홀지라. 만일 다시 옴을 기ᄃᆞ려 원장이 그 죄(罪) 보쇽(補贖)홈으로써

【427】

명(命)홈이 ᄯᅩ훈 가(可)치 아니ᄒᆞ리잇가?" 원장(院長)이 그러히 넉여 명일

---

222 '음식(飮食)'의 오기.

(明日) 음식홀 째에 죽은 쟈 과연 뵈이거놀 원쟝이 소리롤 놉혀 더롤 명(命)ᄒᆞ야 꿀고 보쇽을 힝케 ᄒᆞ니 죽은 쟈ㅣ 명(命)을 좃ᄎᆞ 힝ᄒᆞ고 필(畢)ᄒᆞ매 샤례ᄒᆞ야 골오디, "원쟝(院長)이 나롤 명ᄒᆞ야 보쇽(補贖)ᄒᆞᆫ 공(功)으로 이졔 옥에 나와 승텬ᄒᆞ엿노라." ᄒᆞ고 다시 뵈이지 아니ᄒᆞ니라.

데오편(第五篇)은 련령(煉靈) 구(救)ᄒᆞᄂᆞᆫ 영유[223]롤 의논홈이라

련령을 구(救)홈이 텬쥬롤 깃겁게 홈이라

젼(前) 셩인(聖人)이 닐오디 "텬쥬롤 셤기고 셩모(聖母)롤 공경(恭敬)ᄒᆞᆫ

【428】

외(外)의ᄂᆞᆫ 오직 련령(煉靈) 구ᄒᆞᄂᆞᆫ 공이 ᄀᆞ쟝 크다." ᄒᆞ지라. 오샹(五傷) 방지거ㅣ 골오디 "련령을 구(救)치 아니ᄒᆞᄂᆞᆫ 쟈ᄂᆞᆫ 텬쥬(天主)의 사롬 되기 어렵다." ᄒᆞ고, 셩(聖) 앗스딩이 골오디 "졔(祭)롤 밧들며 지(齋)롤 엄(嚴)히 ᄒᆞ며 가난을 구졔(救濟)ᄒᆞ며 곤(困)ᄒᆞᆫ 이롤 붓드러 써 련령을 구ᄒᆞ면 그 공(功)의 무셩(茂盛)홈이 멀니 심샹(尋常)ᄒᆞᆫ 공에 지나니 엇진 ᄯᅳᆺ인고? 은혜(恩惠)ㅣ 련령(煉靈)의게 밋ᄎᆞᆷ은 곳 텬쥬끠 은혜롤 갑홈이라." ᄒᆞ니 대개 련령은 텬쥬(天主)ㅣ 그 모샹(模像)과 ᄀᆞᆺ치 지으신 바오, 쏘 고난(苦難)을 밧으샤 구쇽(救贖)ᄒᆞ신 바라. 금일(今日) 련옥에 벌(罰)ᄒᆞ심은

---

[223] '연유(緣由)'의 오기.

【429(431)】[224]

텬쥬의 춍인(寵愛)ᄒ심이 니즈러짐이 아니로디 실노 공의(公義)의 부득이(不得已)ᄒ신 바니 그런즉 구훈 바 령혼이 곳 텬쥬의 ᄉ랑ᄒ시ᄂ 령혼이라. 텬쥬(天主)의 심히 깃거ᄒ실 바 쟈 아니냐. 비(譬)컨대 ᄒᆫ 부쟈(富者)의 아ᄃᆞᆯ이 믄득 큰 난(難)을 맛나 일시(一時) 군박(窘迫)ᄒᆫ 즁에 사ᄅᆞᆷ이 잇서 주션(周旋)ᄒ야 그 환(患)을 버셔나면 부쟈ㅣ 듯고 엇더케 감격(感激)ᄒ고 닛지 못ᄒ야 모됴록 갑지 아니ᄒ랴? 또 ᄉᆡᆼ각건대 령령이 승텬ᄒᆫ 후에 텬쥬ᄅᆞᆯ 찬송(贊頌)ᄒ고 칭양(稱揚)ᄒ야 광영(光榮)케 ᄒᄂ니 만일 령령의 미리 오람이 일직(一刻) 동안이라도 쥬의 일직 영광(榮光)을

【430(432)】

더으고 ᄒᆞ로 동안이라도 쥬의 ᄒᆞ로 영광(榮光)을 더을지니 그 일즉 오라기ᄅᆞᆯ 돕ᄂ 쟈ᄂ 실(實)노 쥬의 영광(榮光)을 도음이오. 또 령령 돕ᄂ 공(功)이 텬쥬ᄅᆞᆯ 깃겁게 홀 ᄲᅮᆫ 아니라 셩모(聖母)와 모든 신셩(神聖)[225]이 다 심히 깃거ᄒ실지니 무슴 ᄯᅳᆺ인고? 령혼이 승텬(昇天)ᄒ야 영(永)히 텬신(天神)의 ᄶᅡᆨ이 되고 셩인(聖人)의 벗이 되여 홈긔 쥬ᄅᆞᆯ 찬양(讚揚)ᄒ야 무궁셰(無窮世)로 ᄒᆞᆫ즉 ᄒᆞᆫ 령혼이 승텬ᄒ면 모든 신셩(神聖)이 셔로 경하(慶賀)ᄒᆯ지니 공의 큼이 이의셔 지나 리 업ᄂᆞᆫ지라. 우리 벗은 임의 텬쥬ᄅᆞᆯ ᄉ랑ᄒ고 셩모ᄅᆞᆯ 공경(恭敬)ᄒ니 엇지 그 깃겁게 ᄒᄂ

---

224 이하의 네 쪽은 순서가 잘못되어 있다. 한글 필사본 자체가 한 장에 좌우로 나누어 적고 양면을 사용한 다음에 한 장씩 접어서 실로 묶었는데, 묶는 과정에서 두 장의 순서가 뒤바뀐 것으로 보인다. 혹은 영인본을 만드는 과정에서 오류가 발생하였을 수도 있다. 이하의 네 쪽에 한해서는 내용에 맞게 순서를 바로잡아 숫자를 매기고, 영인본에 매겨진 잘못된 쪽수를 괄호에 넣어서 함께 표기하였다.

225 신성은 천신과 성인을 결합한 말이며, 천사와 성인을 통칭한다.

연유(緣由)롤 ᄒᆞ지 아니ᄒᆞ리오?

녯자최라

예수ㅣ 영히(嬰孩) 모상(模像)으로 셩녀(聖女) 노나(羅納)²²⁶의게 뵈이시고 귀(貴)ᄒᆞᆫ 사롬 아모ㅣ 죄(罪)가 크고 악(惡)이 즁(重)ᄒᆞ야 크게 쥬의 노(怒)를 동(動)케 ᄒᆞ야 넉 달 후(後) 모일모시(某日某時)에 죽을 긔한(期限)을 알게 ᄒᆞ시고 셩녀를 명(命)ᄒᆞ샤 격외(格外) 신공(神功)으로 디신 텬쥬(天主)ᄭᅴ ᄒᆞ게 ᄒᆞ시니 셩녀ㅣ 명을 밧드러 브ᄌᆞ런이 구(求)ᄒᆞ더니 뎡(定)ᄒᆞᆫ 긔약(期約)이 임의 니ᄅᆞ매 텬쥬ㅣ 셩녀의 몸을 두 곳에 눈화 거(居)ᄒᆞ야 친(親)히 귀ᄒᆞᆫ 쟈의 집에 니ᄅᆞ러 진심(眞心)으로 회과(悔過)홈을 권(勸)ᄒᆞ고 예비(預備)ᄒᆞ야 션종(善終)ᄒᆞ지라.

죽은 후(後)에 셩녀ㅣ 그 령혼(靈魂)을 보니 다만 벌(罰)이 엄(嚴)ᄒᆞ고 형벌(刑罰)이 즁ᄒᆞᆫ 고로 ᄆᆞ음이 어ᄌᆞ럽고 졍신(精神)이 어두어 ᄌᆞ긔(自己) 몸이 어ᄂᆞ ᄯᅡ희 잇ᄂᆞᆫ지 아지 못ᄒᆞ지라. 셩녀ㅣ 비(倍)로써 긔구(祈求)ᄒᆞ야 이 령혼을 구(救)ᄒᆞ니 옥(獄)에 나와 셩녀의게 뵈이고 은혜를 샤례(謝禮)ᄒᆞ니라.

---

226 한문본 『煉獄畧說』의 1936년 개정판 『煉獄考』에서는 '罷納'로 수정되었다. 지오바나(Giovanna)의 줄임말로 추정된다.

련령 구(救)ᄒᆞᄂᆞᆫ 공(功)이 ᄀᆞ장 아름답다 홈이라

이긍(哀矜)ᄒᆞᄂᆞᆫ 공(功)이 령혼과 육신(肉身) 두 가지 등분(等分)이 잇ᄉᆞ니 다만 령혼이 육신의셔 더 귀(貴)ᄒᆞᆫ 고로 신이긍(神哀矜)이 형이긍(形哀矜)의셔 더옥 귀ᄒᆞ지라. 젼(前) 셩인(聖人)의 ᄯᅳᆺ을 살펴보건대 신이긍 즁에 련옥 벗을 이긍홈의셔 더 큰

【433】

공이 업다 ᄒᆞ니 엇진 ᄯᅳᆺ인고? 사ᄅᆞᆷ이 살아실 ᄯᅢᄂᆞᆫ 오히려 능(能)히 션(善)을 ᄒᆡᆼ(行)ᄒᆞ고 공(功)을 셰우려니와 임의 련옥에 든즉, 공을 더ᄒᆞ며 죄(罪)ᄅᆞᆯ 쇽량(贖良)치 못ᄒᆞ니 비(譬)컨대 두 사ᄅᆞᆷ이 잇서 장ᄎᆞ 주려 죽을지라. 그 ᄒᆞᆫ 사ᄅᆞᆷ은 오히려 거러 ᄒᆡᆼᄒᆞ야 걸식(乞食)ᄒᆞ기 어렵지 아니ᄒᆞ나, ᄒᆞ나흔 능히 긔지도 못ᄒᆞ고 ᄉᆡᆼ명(生命)을 스스로 구(救)ᄒᆞᆯ 법(法)이 업ᄉᆞ면 두 사ᄅᆞᆷ 즁에 스스로 구(救)치 못ᄒᆞᄂᆞᆫ 쟈ᄅᆞᆯ 더옥 불샹이 넉일지니 련령도 ᄯᅩ흔 그러ᄒᆞ야 비록 극즁(極重)ᄒᆞᆫ 형벌(刑罰)을 밧으나 능히 승텬(昇天)ᄒᆞᆯ 복(福)은 더으지 못ᄒᆞᄂᆞᆫ지라. 그러나 련령이 텬쥬(天主) 츙신(忠臣)이

【434】

되고 예수의 됴흔 벗이 되고 셩모(聖母)의 효ᄌᆞ(孝子)가 되고 신셩(神聖)의 어진 벗이 되니 므릇 은혜(恩惠) 닙ᄂᆞᆫ 사ᄅᆞᆷ이 더옥 놉흘ᄉᆞ록 은혜 더은 공이 더옥 셩(盛)ᄒᆞᆯ지니 련령의 놉고 귀(貴)홈이 이 ᄀᆞᆺᄒᆞᆫ즉, 구(救)ᄒᆞᄂᆞᆫ 공(功)이 엇지 그 분수(分數)ᄃᆡ로 더 귀ᄒᆞ지 아니ᄒᆞ리오? ᄯᅩ ᄉᆡᆼ각건대 셰샹 사ᄅᆞᆷ을 이긍(哀矜)홈은 혹 그 사ᄅᆞᆷ이 탐지(貪財)홈이 과(過)ᄒᆞ야 눈 두릴 ᄉᆞ이에 은혜ᄅᆞᆯ 닛거니와 련령은 그러치 아니ᄒᆞ야 감격(感激)ᄒᆞᄂᆞᆫ

졍(情)이 깁허 갑지 아님이 업슬지니 셩경(聖經)에 닐오시딕 "망쟈(亡者)의 죄(罪) 벗겨 주심을 구(求)홈이 거륵호고 유익(有益)혼 아름다온 쯧이라." 호니

【435】

이룰 닐옴이뎌.

녯자최라

녯젹에 혼 군亽(軍士) 잇서 몸은 비록 항오(行伍)[227]에 버려시나 쥬룰 셤김이 ᄀ장 졍셩(精誠)되여 규계(規誡)룰 직흼과 죄(罪)룰 피(避)호ᄂᆞ 외에 쯧을 세워 므릇 셩당(聖堂)을 맛나면 반드시 들어가 텬쥬경(天主經)[228] 일편(一遍)을 외와 련령을 구호니 쯧을 뎡(定)혼 후에 오릭 힝(行)호야 결(缺)호지 아니호더니 호로ᄂᆞ 뎍국(敵國)으로 더브러 ᄉᆞ괴여 싸호다가 다른 군亽ㅣ 다 도망(逃亡)호고 이 사름이 홀노 드라날 때에 길 겻히 혼 무덤을 맛나니 그 안희 셩당(聖堂)이 잇ᄂᆞ지라.

【436】

젼일(前日) 세운 쯧을 의지(依支)호야 맛당이 쥬경(主經)[229] 일편을 외오려 호나 뎍병(敵兵)이 압희 당(當)호엿시니 능히 지체(遲滯)홀 수 업ᄉᆞ나

---

227 군대를 편성한 대오.
228 주님의 기도. 그리스도가 몸소 명하신 기도문.
229 한문본에는 "在天"이라고 되어 있다. 이 말은 천주경. 즉 주님의 기도 첫 구절을 가리킨다. 그래서 한글 필사본에서는 '주경'이라고 옮겼다.

다시 구울너 싱각ᄒᆞ되 '출ᄒᆞ리 치명(致命)ᄒᆞ기를 원(願)ᄒᆞᆯ지언뎡 가히 사름 ᄉᆞ랑ᄒᆞ는 딕(德)을 일치 못ᄒᆞ리라.' ᄒᆞ고, 무덤 압혜 ᄭᅮ러 공순(恭順)이 쥬경 일편을 외와 필(畢)치 못ᄒᆞ야 뎍병(敵兵)이 ᄯᅩ라 니르니 엇지 알니오? 일이 불의(不意)에 난지라. 뎍병이 갓가히 못ᄒᆞᆯ 쑨 아니라 도로혀 물너갓더니 냥국(兩國)이 화히(和解)ᄒᆞᆫ 후에 군ᄉᆞㅣ 셔로 뫼혀 젼일 물너간 연고(緣故)를 무른대 뎍병이 골오되 "무덤 우희 무수(無數)ᄒᆞᆫ

【437】

용병(勇兵)이 창검(槍劍)을 잡고 네 몸을 두룬 고도²³⁰ 감히 손을 들지 못ᄒᆞ엿노라." ᄒᆞ니, 다 닐오되 "이 일진(一陳) 용병은 무비(無非) 련옥 령혼인가?" ᄒᆞ니라.

련령을 구(救)ᄒᆞᆷ이 크게 니익(利益)을 엇음이라

셩경(聖經)에 미리 공심판(公審判) 날을 말ᄉᆞᆷᄒᆞ시되 이때에 예수ㅣ 쟝ᄎᆞ 션인(善人)을 향(向)ᄒᆞ야 골오사되 "너희 무리 텬쥬(天主) 셩부(聖父)의 복(福) 밧을 쟈 되니라. 텬국(天國)으로 올나오라. 녯날에 내 몸이 벗섯시매 너희 무리 나를 닙히고 내 병(病)들매 너희 나를 구료(救療)ᄒᆞ고 내 주리고 목 ᄆᆞ르매 너희 나를 먹이며 마시고 내 갓치이매 너희 나를 도라보앗다."²³¹ ᄒᆞ시니, 이 말ᄉᆞᆷ은 가난ᄒᆞᆫ

---

230 '고로'의 오기.
231 마태오 복음 25장 35–36절.

【438】

이룰 구졔(救濟)ㅎ고 곤(困)혼 이룰 이긍(哀矜)홈이 곳 예수쯰 은혜(恩惠)룰 더음과 굿혼 고로 텬국(天國)으로써 갑흠이라. 셰샹 사룸을 이긍(哀矜)홈 도 그 공(功)이 오히려 이러ㅎ거든 하믈며 련령을 이긍혼 쟈(者) 그 공이 더옥 크지 아니ㅎ랴? 맛당이 알지라. 련령이 니익(利益)을 닙은 후에 반 두시 감격(感激)홈이 비샹(非常)ㅎ야 련옥 고로온 フ온대 잇실지라도 몬 져 주(主)꾀 구(求)ㅎ야 나룰 갑흘 거시오. 그러치 못ㅎ면 련령의 호슈텬 신(護守天神)이 쏘혼 나룰 위ㅎ야 긔도(祈禱)홀 거시오. 련령이 텬국에 오 라면 다만 내 싱젼(生前)에 나룰 도울 뿐 아니라 쏘혼 내 련옥에 가면 되 신 관유(寬宥)ㅎ시기룰 긔구(祈求)ㅎ다가

【439】

홈긔 승텬(昇天)혼 후(後)에야 말지니, 이 셰샹 사룸이 뉘러 대신(大臣)을 수괴고 니(利) 밧아 급(急)혼 째에 셔로 도음을 원(願)치 아니ㅎ리오? 우 리 무리 승텬ㅎ는 길에 삼구(三仇)의 조당(阻擋)과 범죄(犯罪)홀 긔회(機會) 젹지 아니ㅎ니 신셩(神聖)이 하놀에 잇서 잠이 도아줌을 뉘ㅣ 바루지 아 니리오? 이졔 련령을 구(救)ㅎ면 실노 련령으로 더브러 벗이 되고 쟝ᄎᆞ 쥬되젼(主臺前)에 쥬보(主保)[232]될지니 보쇽(補贖)ㅎ는 공을 다만 련령의게 ᄉᆞ양(辭讓)혼다 닐오지 말나. 나도 련옥에 들어가 일즉 텬복(天福)을 밧지 못ㅎ면 텬쥬 지극히 인ᄌᆞ(仁慈)ㅎ시니 나의 ᄉᆞ양혼 공의 아룸다옴을 보 샤 쟝ᄎᆞ 내 응당 밧을 벌을 감(減)ㅎ시리라.

---

232 수호자.

【440】

녜적에 方濟加(방제가) ㅣ 일싱(一生)에 공녁(功德)을 다 련령의게 사양(辭讓)ᄒᆞ엿더니 림죵(臨終) ᄯᅢ에 마귀(魔鬼) ㅣ 유감(誘感)ᄒᆞᄃᆡ "네 일싱(一生) 공덕을 다 다른 사ᄅᆞᆷ의게 ᄉᆞ양ᄒᆞ고 너는 쟝ᄎᆞ 무진(無盡)ᄒᆞᆫ 고로옴을 밧으리라." ᄒᆞ니 셩녀(聖女) ㅣ 유감(誘感)을 닙어 심히 근심ᄒᆞ더니 예수 ㅣ 즉시 나타나 뵈이시고 위로(慰勞)ᄒᆞ야 골오사ᄃᆡ "너는 렴례(念慮)치 말나. 네 능히 인이(仁愛)로 사ᄅᆞᆷ을 ᄃᆡ졉(待接)ᄒᆞ엿거ᄂᆞᆯ 내 엇지 홀노 ᄎᆞᆷ아 못ᄒᆞᆯ ᄆᆞ음으로 너를 ᄃᆡ졉ᄒᆞ랴?"

녯젹 자최라

녯젹에 勃爾大溺(발이대익) 고올에 ᄒᆞᆫ 어진 사ᄅᆞᆷ이 잇서 몸이

【441】

비록 셰쇽(世俗)에 거(居)ᄒᆞ야 ᄉᆞ무(事務)가 분주(奔走)ᄒᆞ나 련령 구흠을 오리 게얼니 아니ᄒᆞ야 혹 위(爲)ᄒᆞ야 긔도숑경(祈禱誦經)ᄒᆞ며 혹 이긍시샤(哀矜施捨)ᄒᆞ며 혹 극긔고신(克己苦身)ᄒᆞ며 혹 엄지(嚴齊)ᄒᆞ야 음식을 주리며 ᄆᆡ양 무덤 압희 지나매 ᄭᅮᆯ고 렴경(念經)ᄒᆞ야 ᄃᆡ신 쥬끠 구(求)치 아니홈이 업더니 즁병(重病)을 들어 신부(神父)를 마자 림죵(臨終)을 예비(預備)ᄒᆞᆯ ᄉᆡ, ᄯᅢ 반 밤을 당(當)ᄒᆞ야 신부 ㅣ 연고(緣故) 잇서 친(親)히 가지 못ᄒᆞ고 버금 탁덕(鐸德)을 명(命)ᄒᆞ야 셩톄(聖體)를 밧드러 병인(病人)의게 보내고 셩ᄉᆞ(聖事)를 필(畢)ᄒᆞ매 탁덕이 당(堂)으로 도라오다가 길이 의인(義人)의 무덤을 지나니 홀연(忽然) 거름이 저즈버 사ᄅᆞᆷ이 잇서 거름을 막는 ᄃᆞᆺᄒᆞᆫ지라. 두루

보디 아모 자최도 업더니 젹은 듯ᄒᆞ야 무덤 압희 셩당(聖堂) 문이 졀노 열니고 크게 불너 골오디 "너희 무리 므른 쟤도 다 니러나고 하ᄂᆞᆯ에 잇셔 복(福) 누리는 쟈도 일졔히 ᄂᆞ려와 홈긔 우리 극대(極大)ᄒᆞᆫ 은인(恩人)을 위ᄒᆞ야 뎐쥬ᄭᅴ 긔구(祈求)ᄒᆞ라." 언필(言畢)에 무덤 ᄀᆞ온대 쎡은 시신(屍身)이 소리ᄅᆞᆯ 응(應)ᄒᆞ야 다 니러나고 당(堂) ᄀᆞ온대 빗치 발(發)ᄒᆞ야 낫ᄀᆞᆺ고 모든 시신이 눈화 두 줄을 지어 홈긔 망쟈(亡者) 위ᄒᆞᆫ 일과(日課)ᄅᆞᆯ 외와 필(畢)ᄒᆞ매 ᄯᅩ 소리ᄒᆞ야 골오디 "너희 무리ᄂᆞᆫ 각각(各各) 본소(本所)로 도라가라." 이ᄯᅢ에 등쵹²³³이 ᄭᅥ지고 젹막(寂寞)홈이 젼(前) ᄀᆞᆺᄒᆞᆫ지라. 탁덕(鐸德)이 비로샤 셩톄(聖體)ᄅᆞᆯ 밧들고

당에 들어오니 ᄯᅢ에 병인이 죽은지라. 탁덕의 본 바 ᄭᅮᆷ이 아니오, 이ᄂᆞᆫ 련령이 나타나 이 사ᄅᆞᆷ의 은혜(恩惠) 갑ᄂᆞᆫ ᄯᅳᆺ을 뵘이라. 탁덕이 이샹(異常)ᄒᆞᆫ 자최ᄅᆞᆯ 보고 더옥 셰샹 일의 헛됨과 신공(神功)의 참됨을 감동(感動)ᄒᆞ야 ᄯᅳᆺ을 셰우고 집을 ᄯᅥ나 도ᄅᆞᆯ 닥가 죽도록 도라오지 아니ᄒᆞ니라.

뎨뉵편(第六篇)은 망쟈(亡者)ᄅᆞᆯ 위ᄒᆞ야 디신 기움을 의논(議論)홈이라

디신 기움이 무ᄉᆞᆷ ᄯᅳᆺ이며 무ᄉᆞᆷ 니익이라?

---

233 '등쵹(燈燭)'의 오기.

므룻 훈 가지 션(善)을 힝(行)ㅎ매 반두시 세 가지 효험(效驗)이 잇스니, ㅎ나흔 허물 깁눈 효험이오, 둘흔 은혜(恩惠) 닙눈

【444】

효험(效驗)이오, 세흔 영화(榮華)롤 더으눈 효험이라. 닐온 바 디신 깁눈 다 훔은 산 사룸의 곤고(困苦)훈 공부(工夫)로 텬쥬끠 드려 련옥 벗의 벌면(免)ㅎ기롤 구(求)훔이니 하눌에 잇눈 텬신(天神) 셩인(聖人)은 비록 쥬끠 디신 구ㅎ야 련령을 건지나 그러나 능히 고(苦)롤 밧아 공을 세우지 못ㅎ눈 고로 디신 깁지눈 못ㅎ고 오직 이젼(以前) 공노(功勞)롤 드리며 혹 예수와 모든 셩인의 공을 드려 쥬끠 불샹이 넉이심을 구훌 뿐이로 디 살아 잇눈 사룸은 그러치 아니ㅎ야 능히 극긔고신(克己苦身)ㅎ야 디신 보쇽(補贖)을 힝ㅎ니 이눈 다 고로온 공부ㄴ 고로 닐크러 디신 깁눈 다 훔이라. 디신 깁눈

【445】

니익(利益)을 의논(議論)ㅎ면 셩현(聖賢)의 뎡(定)훈 의논(議論)을 가히 샹고(詳考)홀지니 교우(教友)눈 훔긔 밋어 의심(疑心)이 업술지라. 셩(聖) 안스딩이 닐오디 "셩교(聖教)의 셩디(聖臺) 졔스(祭祀)와 이긍(哀矜)ㅎ눈 공(功)이 가히 망주(亡者)롤 도아 니익(利益)게 훔은 의혹(疑惑)이 업눈지라. 대개(大蓋) 셩교(聖教) 모든 셩인이 통공(通功)ㅎ눈 의(義) 잇스니 특별이 산 쟈로 더브러 셔로 통(通)홀 뿐 아니라 또훈 련령의게도 통훈다." ㅎ니라.

녯자최라

녯젹에 아모 슈ᄉ(修士)ㅣ 여루ᄉ름 부(府)로부터 본국(本國)에 도라오다가 즁노(中路)에 표풍(飄風)ᄒ야 ᄒᆞᆫ 셤 즁에 니르러 우연(偶然)이

【446】

늙은 은ᄉ(隱士)를 맛나 수ᄎᆞ(數次) 슈작(酬酌)홀 즈음에 은ᄉ(隱士)ㅣ ᄀᆞᆯ오디 "그디 奧弟朗(오제랑)²³⁴과 克羅你(극라니) 슈원(修院)²³⁵을 아ᄂᆞ냐?" 디왈(對曰) "아노라." 은ᄉㅣ ᄀᆞᆯ오디 "도라가 뎌희들의게 고(告)ᄒ야 공(功)을 더어 곤졀(懇切)이 긔도(祈禱)ᄒ야 련령을 돕게 ᄒ라. 내 이곳에셔 드르니 사마(邪魔)ㅣ 쳔방빅계(千方百計)로 사ᄅᆞᆷ의 령혼을 독해(毒害)ᄒ고, 졔 ᄯᅩ 여러 번 분(憤)ᄒ야 닐오디 '가히 믜운뎌! 奧弟朗(오제랑)과 닥는 션비의 긔도와 이긍(哀矜)ᄒᄂᆞᆫ 공(功)으로 령혼을 내 손 ᄀᆞ온대셔 쎼앗ᄂᆞᆫ다.' ᄒ더라." ᄒ니 슈ᄉㅣ 도라와 드른 바를 다 젼(傳)ᄒᆞᆫ대 奧弟朗(오제랑)이 쇼쇽(所屬) 슈원(修院)에 명(命)ᄒ야 곤졀이 디신 긔도ᄒ고 져셩쳠례(諸聖瞻禮)²³⁶ 이튼날은 신공(神功)을 비(倍)로 더ᄒ야

【447】

공번되이 주피 구(求)ᄒ고 미사를 만히 ᄒᆡᆼ(行)ᄒ야 련령을 도으니 이졔 추ᄉᆞ이망쳠례(追思已亡瞻禮)ᄂᆞᆫ 일노 말ᄆᆡ암아 비로소 ᄒᆞ니라.

---

234 오딜로 셩인.
235 클뤼니 수도원.
236 모든 셩인의 축일.

녯젹에 훈 부인(婦人)이 훈 아돌을 나흐니 셩품이 돈후(敦厚)ㅎ고 령리(怜悧)홈이 이상(異常)ㅎ더니 불힝(不幸)이 요ᄉ(夭死)ㅎ매 울기를 마지 아니 ㅎ다가, ᄒᆞ로는 보니 길 우희 허다(許多)훈 쇼년이 압셔가며 뒤셔오니 의긔양양(意氣揚揚)ㅎ야 심히 즐거워ㅎ디 그 아돌은 뒤에 쎠러져 피곤(疲困)홈을 이긔지 못ㅎ거놀 부인이 곳 불너 골오디 "슬프다! 내 아히는 엇지ㅎ야 홀노 더듸 힝(行)ㅎᄂᆞ뇨?" 그 아돌이 훈 옷깃 묽은 물노써 뵈여 골오디 "이는

【448】

곳 모친(母親)의 눈물이니 나의 힝(行)홈을 조당(阻擋)ㅎᄂᆞᆫ쟈ㅣ라. 그 훈 갓 울므로 더브러는 신부(神父)꾀 쳥(請)ㅎ야 미사를 드리며 가난을 구졔(救濟)ㅎᄂᆞᆫ 공(功)이 내 고로옴을 면(免)케 홈이만 ᄀᆞᆺ지 못ㅎ다." ㅎ고 언필(言畢)에 뵈지 아니ㅎ니 가히 알지라. 이 령혼의 벌이 실노 본죄(本罪)로 인(因)홈이오. 모친의 눈물을 위(爲)홈이 아니라. 그러나 모친의 눈물이 조당된다 홈은 춤 조당이 아니라 오직 돕지 아니홈을 닐옴이니라.

되신 깁는 쟈ㅣ 맛당이 엇더케 홈이라

되신 깁는 니익(利益)을 엇고져 홀진대 몬져 ᄀᆞ춤이 세 가지

【449】

잇실지니, ᄒᆞ나흔 맛당이 몸의 대죄(大罪) 업고 령혼(靈魂)의 셩춍(聖寵)을 보존(保存)홈이니 대개 텬쥬(天主)ㅣ 지극(至極)히 놉흐샤 디(對) 업ᄉ

시고 지극히 졍결(淨潔)ᄒᆞ샤 하ᄌᆞ(瑕疵) 업ᄉᆞ시니 죄인(罪人)의 손의셔 더러온 공부(工夫)를 즐겨 거두지 아니 ᄒᆞ심이오, 둘흔 드리ᄂᆞᆫ바 션공(善功)이 맛당이 리(理)의 합(合)ᄒᆞᆯ지니 리의 합지 아니면 텬쥬(天主)ᄭᅴ 드리지 못홈이오, 세흔 공부(工夫) 힝(行)ᄒᆞ기 젼(前)에 맛당이 공(功)을 ᄉᆞ양(辭讓)ᄒᆞᆯ 뜻을 둘지니 그러치 아니면 공이 힝ᄒᆞᄂᆞᆫ 사ᄅᆞᆷ의게 도라가고 련령(煉靈)의게 무익(無益)ᄒᆞᆯ지라. 그남아 요긴훈 예비(豫備)ᄂᆞᆫ 학ᄉᆞ(學士)의 뎡(定)ᄒᆞᆫ 말이 업ᄉᆞ니 펴지 못ᄒᆞ노라. 다만 곳훈 션공(善功)이라도 니익(利益)은

【450】

반드시 곳지 못ᄒᆞᆯ지니 효험(效驗)의 크고 젹음은 밧겻 공부(工夫) 다소(多少)를 ᄯᅩᆺ지 아니ᄒᆞ고 오직 셩총(聖寵)의 등분(等分)과 이덕(愛德)[237]의 근졀(懇切)ᄒᆞ며 근졀치 못홈을 ᄯᅩᆺᄎᆞᆯ지라. 내 원(願)컨대 열심(熱心) 교우(教友), 대죄(大罪) 업ᄂᆞᆫ 사ᄅᆞᆷ은 ᄆᆡ일(每日) 새벽에 믄져 공(功) ᄉᆞ양(辭讓)ᄒᆞᆯ 뜻을 셰워 종일(終日) 말ᄒᆞᆯ 바와 힝ᄒᆞᆯ 바와 외오ᄂᆞᆫ 바 경문(經文)과 밧ᄂᆞᆫ 바 고로옴이 가히 죄를 보속ᄒᆞ고 기울 만훈 쟈를 다 련령의게 ᄉᆞ양훈즉 공을 ᄉᆞ양(辭讓)ᄒᆞᄂᆞᆫ 쟈ᄂᆞᆫ 숙습(熟習)ᄒᆞ야 어렵지 아니ᄒᆞ고 효험(效驗) 밧ᄂᆞᆫ 쟈ᄂᆞᆫ 은혜(恩惠) 감격(感激)홈을 말지 아니 ᄒᆞ리라.

녯자최라

---

[237] 하느님의 사랑에 응답하여 이웃을 사랑하는 마음 또는 그러한 능력.

【451】

녯젹에 濟世德爾(제세덕이)²³⁸ 회(會)의 슈ᄉ(修士) ㅣ 본셩(本性)이 튱셩(忠誠)되여 본디 셩모(聖母)를 경이(敬愛)ᄒ고 규구(規矩)를 직희며 극긔(克己) 홈이 크게 쥬(主)의 ᄆᆞ음의 흡합(洽合)ᄒ니 텬쥬(天主) ㅣ 그 덕을 일우워 ᄉᆞ후(死後)의 영화(榮華)를 더으고져 ᄒ샤 눔의 능욕(凌辱)과 질병환난(疾病患難)을 밧게 ᄒ고 무릇 우레소리를 드르면 ᄆᆞ음이 놀나 죽을 것 굿게 ᄒ고 얼골에 악ᄒᆞᆫ 챵질(瘡疾)이 나셔 ᄀᆞ족과 술이 다 썩게 되니 일년지니(一年之內)에 몃 돌을 홀노 병방(病房)에 쳐ᄒᆞ야 눔의 눈과 코를 피ᄒᆞᄂᆞᆫ지라. ᄒᆞ로ᄂᆞᆫ 일과경(日課經)을 렴ᄒᆞᆫ 후에 병방(病房)에 도라와 평싱(平生)의 만흔 허물을 싱각ᄒ고 ᄆᆞ음이 압ᄒ고 눈물

【452】

흐름을 금(禁)치 못ᄒ더니 믄득 보니 허다(許多)ᄒᆞᆫ 슈ᄉ(修士)들이 ᄎᆞ례로 항렬(行列)을 일워 방(房)을 지나니 새로 죽은 본원(本院) 슈ᄉ 십여 인이 ᄯᅩᄒᆞᆫ 그즁에 잇ᄂᆞᆫ지라. 마춤 ᄒᆞᆫ 슈ᄉ ㅣ 갓가이 와 닐오되 "네 본 바 슈ᄉᄂᆞᆫ 다 본원 슈도(修道)ᄒᆞᆫ든²³⁹ 사ᄅᆞᆷ이라. 우리 무리 비록 승텬(昇天) ᄒᆞᆯ ᄇᆞ람이 잇시나 오히려 지금ᄭᆞ지 련옥(煉獄)에 잇심은 너희 무리 열심(熱心)으로 딕신 긔도(祈禱)ᄒᆞ지 못ᄒᆞᆫ 연고(緣故) ㅣ라. 만일 너희 무리 일향(一向) 쇼흘이 ᄒ고 곳치지 아니ᄒ면 우리 무리만 원망(怨望)ᄒᆞᆯ ᄲᅮᆫ 아니라 텬쥬(天主) ㅣ ᄯᅩᄒᆞᆫ 츰지 못ᄒ실지라. ᄀᆞ장 텬쥬(天主)의 의노(義怒)를

---

238 이 수도회의 명칭은 한문본 『煉獄畧說』의 1936년 개정판 『煉獄考』에서 '濟斯德'으로 수정되었다. 한자의 중국식 발음으로 보자면 필사본 309쪽에 나오는 제사덕회(濟斯德會)와 마찬가지로 시토(Cistercian) 수도회로 추정된다.
239 'ᄒᆞ든'의 오기.

동(動)케 ㅎ는 쟈는 므릇

【453】

바드레 필리이 스비리туs[240] 스비리 삼위셩호(三位聖號)룰 렴(念)홀 졔 ᄒᆞᆫ갓 몸 굽히는 례(禮)룰 ᄒᆡᆼᄒᆞ고 공경(恭敬)ᄒᆞ는 ᄆᆞᄋᆞᆷ이 업스며 혹 등을 쨋쨋이 ᄒᆞ야 겸비(謙卑)ᄒᆞᆫ ᄐᆡ도(態度)룰 짓지 아니ᄒᆞ며 심지어(甚至於) 좌우(左右)룰 도라보며 졍신(精神)이 흐려 조는 쟈도 잇시니 쳥(請)컨대 쌸니 원쟝(院長)끠 알외여 엄히 쳐치(處置)ᄒᆞ게 ᄒᆞ라. 그러치 아니ᄒᆞ면 텬쥬(天主)의 즁벌(重罰)을 도망키 어려오리라." 언필(言畢)에 뵈이지 아니ᄒᆞ니 병쟈(病者)ㅣ 쌸니 니러나 당(堂)에 들어가 쥬끠 구(求)ᄒᆞ고 졔ᄃᆡ(祭臺) 압희 ᄭᅮᆯ어 눈물을 흘녀 통곡(慟哭)ᄒᆞ다가 우러러보니 ᄒᆞᆫ 아ᄅᆞᆷ다온 녀인(女人)이 하강(下降)ᄒᆞ샤 무러 갈오샤ᄃᆡ

【454】

"나룰 아느냐?" ᄃᆡ왈 "아지 못ᄒᆞᄂᆞ이다." 갈오샤ᄃᆡ "나는 곳 예수의 모친이라.[241] 네 근구(懇求)ᄒᆞᆷ과 눈물 흘님을 보고 특별(特別)이 와 네 ᄆᆞᄋᆞᆷ을 위로(慰勞)ᄒᆞᄂᆞ니 너룰 해(害)ᄒᆞ는 사ᄅᆞᆷ이 이졔 임의 벌 밧는 줄을 알게 ᄒᆞ노라." ᄒᆞ시고, 옷소ᄆᆡ로써 그 낫희 썰치니 홀연(忽然) 모든 병(病)이 다 나흔지라. 슈ᄉᆞㅣ 원쟝끠 ᄌᆞ셰히 고ᄒᆞ니 뭇 벗이 듯고 놀나며 뉘 웃지 아니 ᄒᆞ는 이 업더라.

방지거회 슈ᄉᆞㅣ ᄉᆞ후(死後)에 동회(同會) 탁덕(鐸德)의게 뵈이니 탁덕이

---

240 셩부(聖父, Pater), 셩자(聖子, Filius), 셩령(聖靈, Spiritus Sanctus)을 말한다.
241 한문본에는 "吾卽 瑪利亞 耶穌之母"라고 되어 있다. 한글 필사본에는 '마리아'가 빠져 있다.

무르듸 "그 처훈 디경이 엇더ᄒ며 고락(苦樂)이 엇더ᄒ뇨?" 디답(對答)ᄒ듸 "내 평ᄉᆡᆼ(平生)에 만히 ᄎᆞᆷ지 못ᄒᆞᄂᆞᆫ

【455】

허물을 법²⁴²ᄒ고 벗을 디졉(待接)홈이 온공(溫恭)치 못ᄒᆞᆫ 고로 련옥에 잇서 즁(重)ᄒᆞᆫ 고로옴을 밧노라." 탁덕이 ᄯᅩ 무러 골오듸 "우리 무리 너ᄅᆞᆯ 위ᄒᆞ야 힝ᄒᆞᆫ 미사 ㅣ 능히 네 고로옴을 감(減)ᄒᆞᄂᆞ냐?" 디왈 "젹이 감ᄒᆞ나 그러나 미사 힝홀 째에 열심(熱心)을 더 ᄒᆞ엿시면 내게 니익(利益)홈이 반ᄃᆞ시 이 ᄀᆞᆺ치 미(微)ᄒᆞ지 아니리라."

듸신 깁ᄂᆞᆫ 니익(利益)이 어느 사ᄅᆞᆷ의게 도라감이라

므릇 사ᄅᆞᆷ이 친우(親友) ㅣ 셰샹을 ᄇᆞ리면 만히 위(爲)ᄒᆞ야 이긍(哀矜)ᄒᆞ야 쥬꾀 구ᄒᆞᄂᆞ니 만일 그 공(功)의 니익(利益)이 반ᄃᆞ시 죽은 친우(親友)의게 도라가ᄂᆞᆫ 줄을 알면 ᄆᆞ음의 크게

【456】

위로(慰勞)되지 아니ᄒᆞ랴? 이졔 학ᄉᆞ(學士)들의 말을 샹고(詳考)ᄒᆞ건대 듸신 깁ᄂᆞᆫ 니익(利益)을 ᄂᆞ회쥼²⁴³이 텬쥬 의향(意向)에 잇지 아니ᄒᆞ고 션공(善功) 드리ᄂᆞᆫ 사ᄅᆞᆷ의 의향에 잇다 ᄒᆞ니 셩(聖) 도마스 골오듸 "공(功)을 누ᄅᆞᆯ 위ᄒᆞ야 힝ᄒᆞ여스면 그 효험(效驗)이 뉘게로 도라감이 리(理)의 당

---

242 '범(犯)'의 오기.
243 'ᄂᆞ화쥼'의 오기.

연(當然)훈 바라. 엇지 가히 만흔 것슬 옴겨 젹은 것슬 기우며 이룰 앗샤
뎌룰 주리오?" 후니, 일노 밀외면 아비룰 위후야 이긍(哀矜)훈 쟈눈 니
익이 아비게 도라가고 아돌을 위후야 이긍훈 쟈눈 아돌의게 도라가고
벗과 뭇 령혼을 위훈 쟈눈 벗과 뭇 령혼의게 도라가 피츠(彼此) 분명(分
明)후고

【457】

목시 각별(各別)훈지라. 다만 공효(功效)가 한명(限定)이 잇서 훈 가지 공
을 홀노 훈 령혼의게 수양후엿시면 니익 엇음이 더옥 만코 여러 령혼
의게 논화주면 니익 엇음이 더옥 젹을지라. 텬쥬(天主)눈 크게 공번되[244]
쥬ㅣ시오. 만션(萬善)의 근원(根源)이시라. 우리 공덕(功德)이 텬쥬로 말
미암아 오지 아니후눈 거시 업스니 가수(假使) 텬쥬ㅣ 우리 드리눈 공을
다른 사룸의게 논회[245]주시려 후면 쏘훈 공번되지 아님이 아니로되 만
일 큰 연고(緣故) 업수면 반두시 구후눈 령혼(靈魂)을 주지 아니후고 다른
사룸의게 효험(效驗)을 눈호지 아니후시리라.

【458】

혹(或)이 므루되 "즈손(子孫)이 션공(善功)을 힝후야 그 망친(亡親)을 구후
눈되 만일 그 령혼이 임의 승텬(昇天)후엿시면 그 효험(效驗)이 어느 사
룸의게 도라갈고?" 골오되 이눈 학스(學士)들의 말이 곳지 아니후니, 혹
"옥에 잇는 친우(親友)의게 도라간다." 후며, 혹 "긔도(祈禱)훈 리 업는 령

---

[244] '공번된'의 오기.
[245] '논화'의 오기.

혼의게 도라간다." ᄒᆞ며, 혹 "련옥 즁에 ᄀᆞ장 고로온 령혼의게 도라간다." ᄒᆞ며, 혹 "셩교회(聖敎會) 션공(善功) 곳집에 도라가 모든 셩인(聖人)의 공으로 더브러 ᄒᆞᆫ 곳집에 둔다." ᄒᆞ며, 혹 "셰샹의셔 즐겨 련령 구(救)ᄒᆞ든 사ᄅᆞᆷ의게 도라간다." ᄒᆞ니, 대개 싱젼(生前)에 놈을 구ᄒᆞ고 도로혀 구홈을

【459】

보지 못홈은 결단코 공번된 도(道) 아닌 로,[246] 이 남은 공(功)으로써 그 곤익(困厄)을 덜어 주ᄂᆞ니 련령이 셔로 ᄉᆞ랑홈이 ᄒᆞᆫ 사ᄅᆞᆷ ᄀᆞᆺᄒᆞᆫ 고로 엇던 령혼을 거리끼지 말고 다 도음을 보ᄂᆞ니 뭇 령혼이 깃거 아니ᄒᆞᄂᆞᆫ 이 업ᄂᆞ니라.

녯자최라

분도회 규구(規矩)에 므릇 슈ᄉᆞ(修士) ㅣ 셰샹을 비리면[247] 그 사ᄅᆞᆷ의 혼 돌 쓸 것ᄉᆞᆯ 가지고 빈핍(貧乏)ᄒᆞᆫ 이ᄅᆞᆯ 이긍(哀矜)ᄒᆞ야 써 망쟈(亡者)ᄅᆞᆯ 구(救)ᄒᆞᄂᆞᆫ지라. ᄒᆞᆫ 지물(財物) ᄎᆞ지ᄒᆞᆫ 쟈 ㅣ 사ᄅᆞᆷ됨이 인쇡(吝嗇)ᄒᆞ야 이긍(哀矜)ᄒᆞ기ᄅᆞᆯ

【460】

즐겨 아니ᄒᆞ더니, ᄒᆞ로ᄂᆞᆫ 당(堂)에 잇서 쥬끠 긔도ᄒᆞ다가 믄득 보니 이

---

[246] '고로'의 오기.
[247] '바리면'의 오기.

왕(以往) 지물(財物) 추지ᄒᆞ든 슈ᄉᆡ의 령혼이 일졔히 뵈이고 노(怒)ᄒᆞᆫ 얼골노 ᄭᅮ지져 골오ᄃᆡ "네 엇지 ᄎᆞᆷ아 못ᄒᆞᆯ ᄆᆞ음을 ᄒᆞᄂᆞ냐? 네 즐겨 시사(施舍)ᄒᆞ지 아니홈을 인(因)ᄒᆞ야 우리 무리 지금ᄭᆞ지 고로옴을 밧으니 맛당이 알지라. 삼일(三日) 후에 네 장ᄎᆞ 벌(罰)을 닙으리라." ᄒᆞ니, 지물 ᄎᆞ지ᄒᆞᆫ 쟈ㅣ 말을 듯고 ᄶᅥ희²⁴⁸ ᄶᅥ러져 졍신(精神)이 혼미(昏迷)ᄒᆞ야 죽은 것 ᄀᆞᆺᄒᆞᆫ지라. 겻히 사ᄅᆞᆷ이 붓드러 드려 겨우 ᄭᆡ여 낫더니 삼일 후에 과연 셰샹을 하직(下直)ᄒᆞ거ᄂᆞᆯ 원장이 규구(規矩)ᄃᆡ로 뎌룰

【461】

위ᄒᆞ야 시사(施舍)ᄒᆞ니 오리지 아니ᄒᆞ야 망ᄌᆞ(亡者)ㅣ 낫타나 뵈여 골오ᄃᆡ "원장이 나를 위ᄒᆞ야 이긍ᄒᆞ나 내게 무익(無益)ᄒᆞ니 반ᄃᆞ시 다른 슈ᄉᆡ의 령홀²⁴⁹을 다 구(救)ᄒᆞ야 낸 연후(然後)에야 내게 밋ᄎᆞ리라." ᄒᆞ니라.

흉(凶)ᄒᆞ게 죽은 사ᄅᆞᆷ을 위ᄒᆞ야 디시²⁵⁰ 기움이라

셩회(聖會) 교종(敎宗)²⁵¹이 ᄆᆡ양 셩인(聖人)의 품수(品數)를 논렬(論列)ᄒᆞ야 그 텬국(天國)에 잇심은 뎡(定)ᄒᆞ나 일즉 ᄒᆞᆫ 사ᄅᆞᆷ도 디옥(地獄)에 ᄂᆞ림은 결단(決斷)치 못ᄒᆞ거ᄂᆞᆯ 이제 보니 교우(敎友) 즁에 혹 디옥에 ᄂᆞ리는 사ᄅᆞᆷ을 결단(決斷)ᄒᆞᄂᆞᆫ 쟈ㅣ 잇서 엇던 사ᄅᆞᆷ의 션죵(善終) 못홈을 보면 곳

---

248 '짜히'의 오기.
249 '영혼'의 오기.
250 "디신"의 오기.
251 교회의 근본이며 으뜸이라는 뜻으로 교황을 지칭하는 말.

【462】

닐오디 "그 령혼은 임의 일헛다." ᄒᆞ고 공(功)을 드려 구(救)ᄒᆞ지 아니ᄒᆞ니, 슬프다, 사람의 각박(刻薄)홈이 엇지 그 심ᄒᆞ며 엇지ᄒᆞ야 텬쥬(天主)의 지극(至極)히 인ᄌᆞ(仁慈)ᄒᆞ심으로 민양 림죵(臨終) 째에 샹등통회(上等痛悔)²⁵²를 주샤 써 신명(神命)²⁵³을 보존(保存)케 ᄒᆞ심을 싱각지 아니ᄒᆞᄂᆞᆫ고? 녯젹에 대쟝군(大將軍) 일홈 愛格而孟(애격이맹)²⁵⁴이라 ᄒᆞᄂᆞᆫ 쟈ㅣ 쇼힝(所行)이 단졍(端正)치 못ᄒᆞ야 규계(規誡)를 실슈(失守)홈이 잇더니, ᄒᆞ로ᄂᆞᆫ 말의 써러져 고ᄒᆡ(告解)치 못ᄒᆞ고 죽으니 사ᄅᆞᆷ이 다 닐오디 "이 사ᄅᆞᆷ이 허믈이 만ᄒᆞ 필연(必然) 승텬ᄒᆞ기 어렵다." ᄒᆞ더니 이날에 텬쥬(天主)ㅣ

【463】

한 대덕(大德) 사ᄅᆞᆷ의게 믁시(黙示)ᄒᆞ야 닐오시디 "내 인이(仁愛)홈이 너르고 깁허 사ᄅᆞᆷ의 의ᄉᆞ(意思) 밧긔 뛰여나 이미(暗昧)한 령혼이 만히 샤죄(赦罪)홈을 닙ᄂᆞᆫ다." ᄒᆞ시니 일노써 쟝군(將軍) 령혼이 샤(赦)홈을 닙어 디옥(地獄) 면(免)홈을 알거시오. 녯젹에 셩녀 日多達(일다달)²⁵⁵ㅣ 아모 사ᄅᆞᆷ의 악(惡)히 죵명(終命)홈을 듯고 슬픔을 이긔지 못ᄒᆞ야 쥬끠 구(求)ᄒᆞ야 골오디 "오쥬(吾主)여, 네 능히 내게 셩총(聖寵)을 주샤 슬허ᄒᆞ고 압ᄒᆞᄒᆞ야 디신 긔도(祈禱)ᄒᆞ게 ᄒᆞ시면 엇지 더욱 아름답지 아니ᄒᆞ리잇가?" 예수ㅣ 뵈여 골오샤디 "므릇 죽은 사ᄅᆞᆷ을 슬퍼ᄒᆞ야 디신

---

252 죄를 용서받고자 하는 동기가 하느님에 대한 사랑에서 나온 것일 때에 상등통회라고 인정한다. 상등통회는 하느님이 베푸시는 은총의 결실이므로, 대죄를 지은 사람도 통회함으로써 하느님과의 친교를 회복할 수 있다.
253 신적인 또는 영적인 생명.
254 레미 조제프 이지도르 엑셀망스(Rémy Joseph Isidore Exelmans, 1775~1852).
255 제르트루다 셩녀.

구(求)ᄒᆞᄂᆞᆫ 아ᄅᆞᆷ다온 ᄯᅳᆺ이 참 내 ᄆᆞ음을 즐겁게 ᄒᆞᄂᆞᆫ 쟈오, ᄯᅩᄒᆞᆫ 슬픔이 나매 구홈이 간졀(懇切)ᄒᆞ야 긔도(祈禱)ᄒᆞᄂᆞᆫ 공이 비로소 아ᄅᆞᆷ답다 닐ᄏᆞ르리라." 셩녀(聖女) ㅣ 다시 기움이 임의 오ᄅᆞ매 이 사ᄅᆞᆷ의 령혼이 와셔 뵈이니 검기가 숫빗 ᄀᆞᆺ고 그 고로옴을 형용(形容)치 못ᄒᆞᆯ지라. 셩녀 ㅣ 보고 슬퍼ᄒᆞ야 텬쥬(天主)ᄭᅴ 고(告)ᄒᆞ야 ᄀᆞᆯ오ᄃᆡ "오쥬는 엇지 ᄡᅥ 나를 윤허(允許)ᄒᆞ샤 이 령혼을 샤(赦)치 아니ᄒᆞ시ᄂᆞ니잇가?" 예수 ㅣ ᄯᅩ 뵈여 ᄀᆞᆯ오샤ᄃᆡ "내 네 진졀(眞切)홈을 ᄉᆞ랑ᄒᆞ야 특별이 이 ᄒᆞᆫ 령혼의 샤홈을 윤허ᄒᆞᆯ ᄲᅮᆫ 아니라 곳 쳔만 인의

령혼이라도 ᄯᅩᄒᆞᆫ 너를 위ᄒᆞ야 관면(寬免) 아니홈이 업ᄉᆞ리라." 셩녀 ㅣ ᄀᆞᆯ오ᄃᆡ "원(願)컨대 쥬는 이 령혼을 관셔(寬恕)ᄒᆞ심이 다만 공의(公義)[256]에 합ᄒᆞ고 합지 아니홈을 아지 못ᄒᆞᄂᆞ이다." 예수 ㅣ ᄀᆞᆯ오샤ᄃᆡ "무슴 불합(不合)홈이 잇시리오? 내 미리 너의 뎌를 위ᄒᆞ야 긔도ᄒᆞᆯ 줄을 알고 임의 뎌의 션죵(善終)ᄒᆞᆯ 은혜를 주엇노라." ᄒᆞ시니 이 ᄒᆞᆫ 말ᄉᆞᆷ으로 가히 알지라. 텬쥬(天主) ㅣ 사ᄅᆞᆷ의 쟝ᄎᆞ 구(求)홈을 인ᄒᆞ야 몬져 림죵셩총(臨終聖寵)을 주실 줄을 알지니, 슬프다, 텬쥬의 ᄌᆞ비(慈悲)ᄒᆞ신 ᄆᆞ음을 뉘 가히 측량(測量)ᄒᆞ리오?

넷자최라

---

[256] 신적인 정의, 즉 공정함과 의로움.

녯젹에 흔 은슈(隱修)ᄒᆞᄂᆞᆫ 슈ᄉᆞ(修士) ㅣ 잇ᄉᆞ니 일홈은 如斯督(여사독)[257]ㅣ라. 마귀(魔鬼)의 유감(誘感)을 닙어 금돈 세 닙을 도젹(盜賊)ᄒᆞ엿더니 병(病) 들어 쟝ᄎᆞ 위ᄐᆡ(危殆)ᄒᆞ매 문병(問病)ᄒᆞᄂᆞᆫ 사롬이 그 집에 들어가 이 돈을 보고 회쟝(會長)ᄭᅴ 고(告)ᄒᆞᆫ대 회쟝(會長)이 그 허믈을 알게도 ᄒᆞ고 ᄯᅩ 다른 사롬의 본밧음을 업고져 ᄒᆞ야 동원(同院) 사롬을 금ᄒᆞ야 더브러 ᄉᆞ괴지 못ᄒᆞ게 ᄒᆞ니 如斯督(여사독) ㅣ 죄 즁(重)ᄒᆞᆷ을 알고 참 통회(痛悔)ᄒᆞ고 죽으니 회쟝이 명(命)ᄒᆞ야 원(院) 밧긔 쟝ᄉᆞ(葬事)ᄒᆞ고 금젼 세 닙을 관(棺) 안희 더져 골오ᄃᆡ "금돈이

【467】

쓰라가 ᄉᆞ후(死後)의 지앙(災殃)을 더ᄒᆞᆫ다." ᄒᆞ고 흔 돌이 되도록 흔 사롬도 듸신 구(求)ᄒᆞᄂᆞᆫ 이 업더니 후에 회쟝(會長)이 통회(痛悔)흔 ᄉᆞ졍을 살피고 가히 그 승텬(昇天)ᄒᆞᆯ ᄇᆞ람이 잇심을 알고 흔 돌 사이에 날마다 미사를 ᄒᆡᆼᄒᆞ야 망쟈(亡者)를 구ᄒᆞ니 삼십 일 후에 如斯督(여사독) ㅣ 그 ᅌᆞ오의게 뵈여 골오ᄃᆡ "죽은 후로 이계ᄭᆞ지 흥샹(恒常) 곤고(困苦)ᄒᆞ더니 다ᄒᆡᆼ(多幸)이 회쟝(會長)이 쥬ᄭᅴ 졔헌(祭獻)[258]ᄒᆞ야 슬피 구홈으로 금일(今日)에 고로옴이 늣추이고 텬당만복(天堂萬福)이 목젼(目前)에 잇다." ᄒᆞ니라.

듸신 깁ᄂᆞᆫ 쵝망(責望)이 심히 엄홈이라

257 유스토.
258 미사를 봉헌함.

【468】

십계(十誡) 즁(中)에 텬쥬ㅣ 명(命)ᄒᆞ샤 사름 ᄉᆞ랑ᄒᆞ기를 ᄌᆞ긔(自己)ᄀᆞ치 ᄒᆞ라 ᄒᆞ시니 붉은 사름이 다 글오디 "쥬의 명ᄒᆞ신 뜻을 살피건대 사름의 곤(困)홈이 더욱 클ᄉᆞ록 구원(救援)ᄒᆞᄂᆞᆫ 칙망(責望)이 더욱 엄(嚴)홀지라." 그런즉 디옥(地獄) 외에ᄂᆞᆫ 고로옴 ᄎᆞᆷᄂᆞᆫ 사름이 련옥 령혼 굿흔 쟈 업ᄉᆞ니 구원ᄒᆞᄂᆞᆫ 칙망이 ᄯᅩᄒᆞᆫ 곤홈을 건지고 가난을 시샤(施舍)홈의셔 더욱 엄홀지니 특별(特別)이 셰샹 지앙(災殃)은 사름의 이목(耳目)을 음죽이되 련령의 고로옴은 사름의 ᄆᆞ옴을 ᄉᆞᄆᆞᆺ지 못ᄒᆞᄂᆞᆫ 고로 늙은이를 양(養)ᄒᆞ며 영ᄒᆡ(嬰孩)를 기르며 병(病)을 의원(醫院)ᄒᆞ며 주린 이를 먹이ᄂᆞᆫ

【469】

쟈ㅣ 젹지 아니ᄒᆞ나 긔도송경(祈禱誦經)ᄒᆞ야 련옥 벗을 위로(慰勞)ᄒᆞᄂᆞᆫ 쟈ᄂᆞᆫ 별노 보지 못ᄒᆞ니 이ᄂᆞᆫ 젹은 것슨 믄져 ᄒᆞ고 큰 것슨 후에 홈이 아니냐? 만일 놈의 ᄌᆞ녀(子女) 된 쟈ㅣ 부모의 씻친 지물(財物)을 밧아 더욱 맛당이 시샤(施舍)ᄒᆞ고 디신 구ᄒᆞ야 션인(先人)의 령혼을 도울 거시어ᄂᆞᆯ 그러치 못ᄒᆞᆫ 쟈ᄂᆞᆫ 부모의 망극(罔極)ᄒᆞᆫ 은혜(恩惠)를 눈 두릴 ᄉᆞ이에 니져 버림이니 이ᄂᆞᆫ 부모를 불가마 속에 버려두고 슈수방관(袖手傍觀)홈과 굿ᄒᆞ니 ᄎᆞᆷ아 ᄒᆞ랴 못ᄒᆞ랴? 더욱 가히 원통(怨痛)ᄒᆞᆫ 쟈ᄂᆞᆫ 붉지 못ᄒᆞᆫ ᄌᆞ식이 부모 죽은 후에 ᄒᆞᆫ갓 상ᄉᆞ(喪事)와 장ᄉᆞ(葬事)의 헛된 례(禮)를 ᄒᆡᆼ(行)ᄒᆞ고

【470】

추후(追後)로 ᄉᆞ모(思慕)ᄒᆞᄂᆞᆫ 거륵ᄒᆞᆫ 례졀(禮節)은 ᄉᆡᆼ각지 아니ᄒᆞ며 혹 사름을 쳥(請)ᄒᆞ야 렴경(念經)ᄒᆞ나 ᄯᅩᄒᆞᆫ 죵일 한담(閑談)ᄒᆞ고 쥬식(酒食) 탐ᄒᆞ

눈 디 지나지 못ᄒᆞ니 다만 련령의게 무익(無益)ᄒᆞᆯ 뿐 아니라 도로혀 텬쥬끠 욕(辱)이 되며 부모의 씻친 지물을 만일 명(命)ᄒᆞ야 이긍(哀矜)ᄒᆞ라 ᄒᆞᆫ 거ᄉᆞᆯ ᄉᆞᄉᆞ(私私)로이 쓰고 비록 보환(補還)ᄒᆞᆯ 뜻이 잇노라 ᄒᆞ나 쳔연(遷延) 셰월ᄒᆞ야 수십 년을 지내되 온젼케 갑지 아니ᄒᆞ야 옥(獄)에 잇ᄂᆞᆫ 부모의 령혼으로 ᄒᆞ여곰 오리 불 가온대 잇서 나오지 못ᄒᆞ니 이ᄂᆞᆫ 허물 갑ᄂᆞᆫ 공(功)을 힝치 못ᄒᆞᆫ즉 련옥 형벌(刑罰)을 면(免)치 못ᄒᆞᄂᆞᆫ 연고(緣故)라. 반드시 그 죄ᄅᆞᆯ 다 단련(鍛鍊)ᄒᆞᆫ

【471】

후(後)에야 나올지니, 슬프다, 일의 가통(可痛)ᄒᆞᆫ 거시 이의셔 무어시 더 ᄒᆞᆯ 쟈 잇ᄉᆞ리오? 우리 벗은 만일 ᄎᆞᆷ아 못ᄒᆞᆯ ᄆᆞᄋᆞᆷ으로써 ᄂᆞᆷ을 디졉(待接)ᄒᆞ면 텬쥬(天主)] 쏘ᄒᆞᆫ ᄎᆞᆷ아 못ᄒᆞ실 ᄆᆞᄋᆞᆷ으로써 너ᄅᆞᆯ 디졉ᄒᆞ시리니 너ᄂᆞᆫ 그 경계(警戒)ᄒᆞ야 후회(後悔)ᄅᆞᆯ 업게 ᄒᆞᆯ진뎌.

넷자최라

넷젹에 ᄒᆞᆫ 슈ᄉᆞ(修士)] 션공(善功)에 게얼너 련령을 구(救)치 아니ᄒᆞ더니 죽은 후에 그 령혼이 나와 뵈여 골오듸, "내 비록 승텬(昇天)ᄒᆞᆯ ᄇᆞ람은 잇시나 련옥에 잇서 고로옴을 이긔여 말ᄒᆞ지 못ᄒᆞ리로다. 빌건대 나ᄅᆞᆯ 위(爲)ᄒᆞ야

【472】

디신 구(求)ᄒᆞ야 련옥 고로옴을 면ᄒᆞ게 ᄒᆞ쇼셔." 디답(對答)ᄒᆞ듸, "우리 무리 일즉 미사 등 션공(善功)을 힝ᄒᆞ엿시니 네게 니익(利益)이 잇ᄂᆞ냐,

업느냐?" 골오디, "업스니 내 싱시(生時)에 련령을 구치 못혼 연고(緣故)로 텬쥬ㅣ 너의 무리 긔도(祈禱)혼 공을 다른 령혼의게 옴겨 주신지라. 오직 비느니 다시 신공(神功)을 힝ᄒ야 나의 고로옴을 덜어주어야 가히 내게 니익(利益)ᄒ리라." ᄒ니라.

뎨칠편은 구령(救靈)ᄒ는 션공(善工)을 의논홈이라

미사에 쥬롤 령(領)홈이라

미사의 뜻이 네 가지 잇스니 쥬롤 흠슝(欽崇)ᄒ고 공경(恭敬)홈이

【473】

ᄒ나히오, 젼(前) 은혜롤 감사(感謝)홈이 둘히오, 새 은혜(恩惠)롤 구홈이 세히오, 이왕(已往) 죄롤 보속(補贖)홈이 네히라. 미사 즁에 졔(祭)롤 짓는 쟈는 탁덕(鐸德)이오, 졔롤 쥬(主)혼 쟈는 오쥬(吾主) 예수ㅣ시오. 드리는 바 희싱(犧牲)은 고교(古敎) 졔(祭)의 우양(牛羊)과 오곡(五穀) 등물(等物) ᄀᆞᆺ지 아니ᄒ고, 이 오쥬(吾主)의 셩톄(聖體) 셩혈(聖血)과 삼십삼 년 표양(表樣)을 셰워 사롬을 권ᄒ여 령젹(靈蹟)을 만히 힝(行)ᄒ신 일톄(一體) 텬쥬ㅣ시라. 그 공이 무한(無限)ᄒ고 그 덕이 무궁(無窮)혼 고로 사롬의 죄롤 깁고 령을 구ᄒ기에 ᄀᆞ장 신력(神力)이 잇스니 대뎌(大抵) 텬쥬셩부(天主聖父)의 심히 ᄉᆞ랑ᄒ시는 바 쟈 오직 혼 셩ᄌᆞ(聖子) ᄀᆞᆺ혼 이 업눈지라. 미사 즁에 오쥬ㅣ ᄌᆞ긔 몸과 피롤

【474】

셩부(聖父)끠 드리고 련령의 샤(赦)ᄒᆞ심을 구(求)ᄒᆞ시면 셩부ㅣ 엇지 그 구ᄒᆞ심을 허락(許諾)지 아니ᄒᆞ시며 미사 외(外)의논 오직 셩톄(聖體)를 잘 령(領)ᄒᆞ논 니익(利益)이 ᄀᆞ장 크니 닐온 잘 령혼다 ᄒᆞᆷ은 졍셩(精誠)과 공경(恭敬)과 겸손(謙遜)과 ᄉᆞ랑을 다ᄒᆞᆷ이라. 대개 셩톄를 령혼 후논 예수로 더브러 ᄆᆞ옴마다 셔로 합(合)ᄒᆞ고 싱각마다 셔로 통(通)ᄒᆞ니 오쥬 셩심(聖心)의 무한(無限)이 인ᄌᆞ(仁慈)ᄒᆞ심을 힘닙어 련령 돕기를 구ᄒᆞ면 예수ㅣ 내 흉즁(胸中)에 계셔 친(親)히 내 긔도(祈禱)를 드르시고 반두시 내 구ᄒᆞᆷ을 윤허(允許)ᄒᆞ시리라. 녯젹에 나자로 죽은 지 ᄉᆞ일(四日)에 시츄(屍臭)가 밧긔 나오되, 셩녀 말다²⁵⁹ 통곡(痛哭)ᄒᆞ고 긍련(矜憐)이 넉이심을 구ᄒᆞ니

【475】

오쥬(吾主)ㅣ 다시 살게 ᄒᆞ신지라.²⁶⁰ 이졔 련옥 령혼이 ᄯᅡ희 장ᄉᆞ(葬事)홀 ᄲᅮᆫ 아니라 실노 불 속에 뭇쳐시니 우리 벗은 셩톄(聖體)를 령(領)혼 후에 오쥬끠 련령 구(救)ᄒᆞᆷ을 엇지 싱각지 아니ᄒᆞ랴?

녯자최라

녯젹에 도밍고회 탁덕(鐸德) 依徨(의황)이 혼 련령의 발현(發現)ᄒᆞᆷ을 보고 므르되, "뉘뇨?" 디답ᄒᆞ되 "나논 근쟈(近者)에 죽은 아모 슈ᄉᆞ(修士)ㅣ 라.

---

259 마르타 셩녀.
260 신약셩경의 요한 복음 11장에 나오는 이야기이다.

이졔 련옥에 잇서 즁(重)훈 형벌(刑罰)을 밧으니 십오 년 후(後)에야 바야
흐로 버셔나겟노라." ᄒᆞ니, 탁덕이 듯고 급(急)히 졔의(祭衣)룰 닙고 미
사룰 힝(行)홀신, 슈ᄉᆞ의 형벌을

【476】

싱각ᄒᆞ고 눈물이 흘너 비곳ᄒᆞ며 손에 셩톄(聖體)룰 밧들고 슬피 비러 ᄀᆞᆯ
오디 "오쥬(吾主)여! 젼(前)에 罷皮郎(파피랑)²⁶¹ 님금이 훈 살오잡힌 사ᄅᆞᆷ
을 구ᄒᆞ니 그 신하(臣下) 아모ㅣ 슈십 년 셤긴 공(功)을 밋고 관샤(寬赦)ᄒᆞᆷ
을 구훈대 님금이 허락(許諾)ᄒᆞ엿시니, 하믈며 오쥬는 지극(至極)히 ᄌᆞ비
(慈悲)ᄒᆞ심이 그 님금의셔 멀니 승(勝)ᄒᆞ시니 나ㅣ 비록 불민(不敏)ᄒᆞ오나
쥬룰 셤김이 임의 여러 ᄒᆡ라. ᄀᆞᆫ졀(懇切)이 비ᄂᆞ니 굽흐려 내 미(微)훈 공
부(工夫)룰 보샤 이 벗을 노하 쥬쇼셔." ᄒᆞ고, 이 두어 말ᄉᆞᆷ으로 ᄌᆡ삼(再
三) 눈물을 흘니며 외오니, 이날 밤에 탁덕(鐸德)이 경을 념훈 후에 련령
을 보니 옷시 희기 눈ᄀᆞᆺ고 희락(喜樂)이 비샹(非常)ᄒᆞ야

【477】

샤례(謝禮)ᄒᆞ야 ᄀᆞᆯ오디 "내 텬쥬의 인ᄌᆞ(仁慈)ᄒᆞ심을 인(因)ᄒᆞ야 임의 승텬
(昇天)홈을 엇어시니, 다 네 긔도(祈禱)훈 공(功)을 힘닙엇노라." ᄒᆞ니라.
복녀(福女)²⁶² 瑪加利(마가리)ㅣ ᄒᆞ로 져력²⁶³ 잠잘 때에 훈 련령이 압희
와 브ᄅᆞ니, 복녀ㅣ '헛된 움이라, 빙거(憑據) 업다.' ᄒᆞ고 다시 살피지 아

---

261 바빌론(Babylon).
262 마르가리타 마리아 알라코크 성녀는 1864년에 시복되었고 1920년에 시성되었다. 그
러므로 여기서는 마르가리타 성녀를 복녀라고 부른 것이다.
263 '저녁'의 오기.

니ᄒᆞ더니, 련령이 두세 번 핍박(逼迫)ᄒᆞ야 잠을 일우지 못ᄒᆞ고, 와셔 뵈이ᄂᆞᆫ 연고(緣故)를 므르니, 디왈(對曰) "나ᄂᆞᆫ 슈녀(修女)의 령혼이라. 일ᄉᆡᆼ(一生)에 사ᄅᆞᆷ 디졉(待接)홈이 실수가 만코 주긔(自己) ᄭᅮ짓기를 엄(嚴)히 못ᄒᆞ고 ᄂᆞᆷ을 훼방(毁謗)ᄒᆞ여 존장(尊長)을 망증(妄證)ᄒᆞᆫ 연고(緣故)로 텬쥬ㅣ 나를 련옥에 벌(罰)ᄒᆞ샤

【478】

허물을 깁게 ᄒᆞ시니, 슬프다! 만일 온 셰샹 닥ᄂᆞᆫ 벗이 나의 고로옴을 알면 반ᄃᆞ시 구홈을 게얼니 아니ᄒᆞ리라." ᄒᆞ니, 瑪加利(마가리)ㅣ 공손(恭遜)이 셩톄(聖體)를 령ᄒᆞ고 신부ᄭᅴ 쳥(請)ᄒᆞ야 미사 일 디를 힝ᄒᆞ고 예수의 고난(苦難)을 ᄉᆡᆼ각ᄒᆞ야 겨우 이 령혼의 고로옴을 감(減)ᄒᆞ게 ᄒᆞ니라.

숑경(誦經)ᄒᆞ고 묵도(黙禱)홈이라

쥬ᄭᅴ 구(求)ᄒᆞᄂᆞᆫ 법(法)이 두 가지 잇ᄉᆞ니 ᄒᆞ나흔 입으로 빌미오, ᄒᆞ나흔 ᄆᆞ음으로 빌미니, 녯젹에 부비리가노(波彼皆諾)²⁶⁴ᄂᆞᆫ 당 밧긔 ᄭᅮᆯ고 겸손(謙遜)ᄒᆞᆫ ᄆᆞ음으로 쥬ᄭᅴ 구ᄒᆞ디,

【479】

"비ᄂᆞ니 쥬ᄂᆞᆫ 죄인을 긍련(矜憐)이 넉이쇼셔."²⁶⁵ ᄒᆞ니, 이ᄂᆞᆫ 입으로 빌

---

264 Publicans. 셰리(稅吏).
265 신약성경의 루카 복음 18장 13절.

미라. 이제 숑경(誦經)ㅎᆞᄂᆞᆫ 쟈 이와 ᄀᆞᆺ고, 막다릐나(瑪達肋納)²⁶⁶ᄂᆞᆫ 입으로 말ᄒᆞ지 아니ᄒᆞ고 오직 안ᄆᆞ음으로 쥬쯰 구ᄒᆞ며 눈물을 흘녀 쥬의 발을 씻ᄉᆞ니²⁶⁷ 이ᄂᆞᆫ ᄆᆞ음으로 빌미라. 이제 잠잠(潛潛)이 구ᄒᆞᄂᆞᆫ 쟈 이와 ᄀᆞᆺᄒᆞ니 두 가지 다 가히 련령을 도아 형벌(刑罰)을 면(免)케 ᄒᆞᆯ지라. 셩 안스딍이 골오대, "션인(善人)의 구홈이 텬문(天門) 열쇠 ᄀᆞᆺ다." ᄒᆞ고, ᄯᅩ 닐오대, "션인의 비는 졍셩(精誠)이 우흐로 오라매 텬쥬의 ᄉᆞ랑ᄒᆞ시ᄂᆞᆫ 샹셔(祥瑞) 아리로 ᄂᆞ린다." ᄒᆞ고, 德奧陶來(덕오도래)²⁶⁸ㅣ 골오대, "젼능(全能)ᄒᆞ다. 긔도(祈禱)홈이여!

【480】

긔도(祈禱)ㅣ 오직 ᄒᆞ나히로대, 만ᄉᆞ(萬事)를 능(能)히 ᄒᆞᆫ다." ᄒᆞ니라. 대뎌(大抵) 셩경(聖經) 말ᄉᆞᆷ 즁(中)에 읏듬으로 셩노션공(聖路善功)²⁶⁹을 즁(重)히 넉이니 사ᄅᆞᆷ이 셩노(聖路)를 죠비(朝拜)ᄒᆞᆯ 째에 예수의 고난(苦難)을 ᄉᆞᆼ각홈이 ᄀᆞ쟝 능히 쥬의 션심(善心)을 감동(感動)ᄒᆞ야 망쟈(亡者)를 불샹이 넉이게 홈이오. ᄯᅩ 교죵(敎宗)²⁷⁰이 젼샤(全赦)²⁷¹의 신이(神異)ᄒᆞᆫ 은혜(恩惠) 더음이 만ᄒᆞ 가히 다 혜지 못ᄒᆞ고, 그 버금은 ᄆᆡ괴경(玫瑰經)²⁷²이 족(足)히 즁(重)홈이 되니 이ᄂᆞᆫ 쥬모(主母) 두 경(經)²⁷³을 위홈이니 ᄒᆞ

---

266 마리아 막달레나 성녀.
267 신약성경의 루카 복음 7장 38절.
268 테오도로 성인.
269 셩노션공(聖路善功) : 십자가의 길.
270 한글 필사본에는 교종이라 하였고, 한문본에는 "셩교종(聖敎宗)"이라 나옴. 바로 뒤에 교황이 따로 나오므로 교종은 교황과는 다른 용어라고 추측됨.
271 젼샤(全赦) : 전대사(全大赦). 대사의 하나로 잠벌(暫罰)을 모두 없애 주는 일.
272 ᄆᆡ괴경(玫瑰經) : 묵주기도.
273 한문본에는 "在天 亞物 二經"이라고 나옴. 재천("하늘에 계신")은 주님의 기도 첫

나흔 예슈ㅣ 친(親)히 지으신 바오, ᄒᆞ나흔 텬신(天神)과 셩교회(聖教會)ㅣ 셩모(聖母)끠 향(向)ᄒᆞᄂᆞᆫ 말숨이 다 보비롭고 귀(貴)홈이 지극(至極)ᄒᆞ야 ᄀᆞ쟝

【481】

텬쥬의 ᄆᆞ음을 깃겁게 홈이오. 쏘 그 버금은 오직 은샤(恩赦) 더은 경(經)이니, 교황(教皇)이 대샤(大赦)를 더어 가히 외와 엇게 ᄒᆞᄂᆞᆫ 쟈오. 그 남아 이망일과(已亡日課)²⁷⁴ ᄀᆞᆺᄒᆞᆫ 셩교(聖教)의 뎡(定)ᄒᆞᆫ 바ᄂᆞᆫ 별(別)노 련령 구ᄒᆞᄂᆞᆫ 효험(效驗)이 잇시나 필경(畢竟) 공효(功效)의 ᄀᆞᆺ지 아니홈은 온젼이 열심(熱心) 다과(多寡)의 믹엿시니 만일 입의만 외오고 ᄆᆞ음의 잇지 아니ᄒᆞ면 훈갓 련령의 무익(無益)홀 ᄲᅮᆫ 아니라 실노 텬쥬끠 죄(罪)를 엇ᄂᆞ니라. 혹(或)이 므르디, "셩교례규(聖教禮規)²⁷⁵의 추ᄉᆞ(追思)와 쟝ᄉᆞ(葬事)와 셩슈(聖水) ᄀᆞᆺᄒᆞᆫ 거시 무슴 니익(利益)과 효험(效驗)이 잇ᄂᆞ냐?" 굴오디, "이런 셩례(聖禮)ᄂᆞᆫ 교즁(教中) 셩ᄉᆞ(聖事)의 반ᄃᆞ시 은총(恩寵) 엇ᄂᆞᆫ 것과

【482】

ᄀᆞᆺ지 못ᄒᆞ나 례(禮)를 ᄒᆡᆼ(行)ᄒᆞᄂᆞᆫ 쟈의 덕(德)이 잇시며 업숨을 보아 그 효험(效驗)의 만코 젹음을 뎡(定)홀 거시나 임의 셩교(聖教)의 뎡ᄒᆞᆫ 례 되니 다른 쩟쩟ᄒᆞᆫ 경(經)의 비겨 더옥 텬쥬 의향(意向)의 합(合)홀지니 연고(緣

구절이고, 아물("아베"은 셩모셩 첫 구절임.
274 셩무일도의 만과 또는 위령 셩무일도(Officium Defunctorum)를 말함.
275 쟝례, 혼인 등의 셩사 예절을 담은 의례서.

故)로 련령을 도음이 더옥 신이(神異)홀지니라."

녯자최라

녯젹에 예수회(耶穌會) 즁에 흔 쇼년(少年) 슈亽(修士)ㅣ 잇서 미일 미괴경(玫瑰經) 혼 궴을 렴(念)ᄒ야 련령을 구ᄒ더니, ᄒ로는 이 경을 렴치 못ᄒ고 편안이 쉬더니 잠간 조을 졔 텬신(天神)이 불너 왈, "련옥 모든 령혼이 네 미괴경

【483】

렴(念)홈을 기ᄃᆞ려 그 고로옴을 위로(慰勞)ᄒ니 뎌의 무리의 브람이 은근(慇懃)ᄒ거놀 네 엇지 ᄎᆞᆷ아 평안(平安)이 조ᄂᆞ냐?" 슈亽ㅣ 말을 듯고 ᄯᅡᆯ니니러나 그 경을 기워 렴ᄒ고 일노브터 죵신(終身)토록 게얼니 못ᄒ니라. 依斯巴(의사파)²⁷⁶ 나라에 혼 부ᄌᆞ집 ᄯᆞᆯ이 잇亽니 일홈은 亞立山(아립산)²⁷⁷이라. 셩(聖) 도밍고의 미괴경(玫瑰經) 효험(效驗) 강논(講論)홈을 듯고 ᄯᅳᆺ을 셰워 날마다 외와 셩모(聖母)ᄅᆞᆯ 공경(恭敬)ᄒ더니 그 후에 두 니웃 사룸이 분연(奮然)이 몸을 도라보지 아니ᄒ고 셔로 싸화 죽으니 그 연고(緣故)ᄅᆞᆯ 궁구(窮究)ᄒ면 다 亞立山(아립산)

【484】

혼 사룸을 인(因)홈이라. 두 사룸의 친우(親友)들이 알고 분혼(憤恨)ᄒ야

---

276 에스파냐 즉 스페인.
277 알렉산드라(Alexandra).

원(怨)을 갑고져 ᄒᆞ야 亞立山(아립산)을 독히 쳐 쟝ᄎᆞ 죽을지라. 신부(神父)를 쳥ᄒᆞ야 고히(告解)ᄒᆞ기를 구ᄒᆞ되 허락(許諾)지 아니ᄒᆞ고 ᄯᅩ 그 머리를 베혀 우물 안희 더지니 쌔에 셩모(聖母) ㅣ 도밍고의게 뵈시고 亞立山(아립산)을 가 구원(救援)ᄒᆞ게 ᄒᆞ시나 다만 셩인(聖人)이 만흔 일이 몸을 믜여 즉시 가지 못ᄒᆞ고 십여 일 후에 亞立山(아립산)의 집에 니르러 그 우물ᄭᅴ희 가 일홈을 불너 골오ᄃᆡ, "亞立山(아립산)아, 니러나라." 믄득 머리 나오고 몸이 ᄯᅡ라 나와 즉디(卽地)에 몸과 머리 셔로 련(連)ᄒᆞ야 다시 살아 셩인의 볼 아ᄅᆡ

【485】

업ᄃᆡ여 일ᄉᆡᆼ(一生) 죄과(罪過)를 통회(痛悔)ᄒᆞ고 고(告)홈을 필(畢)ᄒᆞ매 셩인이 므러 왈, "일즉 무슴 일을 힝(行)ᄒᆞ야 이런 대은(大恩)을 닙ᄂᆞ뇨?" ᄃᆡ왈, "내 일ᄉᆡᆼ(一生)에 별(別)노 션(善)ᄒᆞᆫ 일이 업고 오직 ᄆᆡ괴경을 외와 은근이 게어르지 아니ᄒᆞᆫ 고로 림종(臨終) 쌔에 셩모ㅣ 나ᄅᆞᆯ 참통회를 주샤 영고(永苦)를 버셔나 이제 련옥에 잇서 칠ᄇᆡᆨ 년 후에야 면(免)ᄒᆞᆯ지니 대개 두 사룸이 싸화 죽은 연고(緣故)로 맛당이 이ᄇᆡᆨ 년을 거(居)ᄒᆞ고 ᄯᅩ 일ᄉᆡᆼ의 범(犯)ᄒᆞᆫ 죄(罪)로써 오ᄇᆡᆨ 년을 거(居)ᄒᆞᆯ지라. 빌건대 우리 신부(神父)와 모든 회우(會友)[278]는 긔도(祈禱)ᄒᆞ고 숑경(誦經)ᄒᆞ야 나의 고로옴을 감(減)ᄒᆞ게 ᄒᆞ쇼셔."

【486】

말을 ᄆᆞᄎᆞ매 다시 죽으니 셩인(聖人)이 회즁(會中) 사룸을 명(命)ᄒᆞ야 만

---

[278] 회우는 매괴회 혹은 로사리오 신심회 회원들을 가리킴.

히 미괴경을 외와 죽은 사룸의 고로옴을 감(減)ᄒ게 ᄒ니 십오 일 후에 亞立山(아립산)이 다시 뵈이니 광명(光明)홈이 비샹(非常)ᄒ야 쟝ᄎᆞ 텬국(天國)에 오랄지라. 셩인끠 젼구(轉求)²⁷⁹ᄒ신 은혜(恩惠)와 회우(會友)의게 디신 구(求)ᄒᆞᆫ 졍(情)을 감샤(感謝)ᄒ니 대뎌(大抵) 미괴경 렴(念)홈을 인(因)ᄒ야 칠빅 년 고로온 형벌(刑罰)이 감(減)ᄒ야 십오 일에 니ᄅ럿도다. ᄯᅩ 미괴경이 심히 오쥬(吾主)의 ᄆᆞ음을 깃겁게 ᄒ고 크게 텬신(天神)의 ᄯᅳᆺ에 합(合)ᄒ니 그 긔이(奇異)ᄒᆞᆫ 공(功)과 령이(靈異)ᄒᆞᆫ 효험이 다른 경(經)에셔 멀니 ᄲᅱ여나 련령을 구홈이

【487】

별(別)노 신력(神力)이 잇ᄉᆞ니, 내 원(願)컨대 셰샹에 잇ᄂᆞᆫ 밋ᄂᆞᆫ 사룸들은 ᄆᆞ음으로 싱각ᄒ고 입으로 외오지 아니홈이 업술지니라.
納巴利(납파리)²⁸⁰ 고을 가다리나 원 즁(中)에 미 젹녁²⁸¹ 잠자기 젼(前)에 뭇 슈녀(修女)ㅣ 침실(寢室)에셔 ᄭᅮᆯ고 이망일과(已亡日課) 일 단을 외와 련령을 구ᄒᄂᆞᆫ 규구(規矩) 잇ᄂᆞᆫ지라. ᄒᆞ로 져녁은 뭇 슈녀ㅣ 피곤(疲困)ᄒ야 이 경을 외오지 못ᄒ고 다 누어 익희 조을디²⁸² 오직 ᄒᆞᆫ 슈녀ᄂᆞᆫ 눈을 감지 아니ᄒ엿더니 믄득 보니 허다(許多)ᄒᆞᆫ 텬신(天神)이 본원(本院) 슈녀의 수와 ᄀᆞᆺ치 두 쎄롤 논화 경문(經文)을 외와 깁거ᄂᆞᆯ, 이튼날 슈녀ㅣ

---

279 젼구(轉求) : 셩모나 쳔사 또는 셩인들을 통ᄒ야 쳔쥬께 간졉젹으로 은혜를 구홈.
280 나폴리.
281 '져녁'의 오기.
282 '조을시'의 오기.

【488】

본 바로써 고(告)호니 듯는 쟈 무옴의 감동(感動)치 아니호는 이 업더라.

이긍(哀矜)[283]호야 곤(困)홈을 건짐이라

녯 셩인 요버[284] 닐오디, "이긍하는 덕(德)이 가히 사롬을 구원(救援)호야 죄롤 버서난다."[285] 호고, 고경(古經)에 쏘 닐오시디, "믈은 능히 불을 멸(滅)호고 이긍호는 공은 능히 죄롤 멸혼다." 호시고, 션지(先知) 셩인 大宜厄(대의액)[286] 사롬의게 고호야 골오디, "쳥(請)컨대 이긍으로써 네 죄롤 깁고, 가난을 구제(救濟)홈으로써 네 악을 속(贖)하라."[287] 호니, 그런즉 이긍호는 공이 가히 련령의 벌을 디신 기울지니, 일노써 셩교회(聖敎會)의셔

【489】

즈초(自初) 지금(至今)에 미양 죽은 이 잇시면 위(爲)호야 시샤(施捨)호는지라. 안스딩 셩인이 살아 잇실 째에 므릇 교우(敎友) 셰상을 하직호면 그 친쳑(親戚)이 무덤 우희 자리롤 펴고 빈핍(貧乏)혼 사롬을 잔치호더니, 이제 비록 이 례(禮)가 쇠(衰)호야 젼(前)과 깃치 힝치 아니호나 시샤(施舍)

---

283 이긍(哀矜) : 사랑과 정의감을 발로로 경제적인 수단을 가진 자가 가난한 이웃을 물질적으로 돕는 행위. 오늘날은 '자선'이라는 말이 널리 쓰인다.
284 욥. 한문본에는 '若伯有'로 나온다. 그런데 1936년 개정판 『煉獄考』에는 그 이름이 바뀌어 '多俾亞(토비야)'로 되어 있다. 필사본 277면에도 동일한 이름이 나온다.
285 구약성경의 토빗기 12장 9절에 해당 구절이 실려 있다.
286 다니엘.
287 구약성경의 다니엘서 4장 24절.

홈이 가히 망ᄌᆞ(亡者) 구ᄒᆞᄂᆞᆫ 줄은 아지 못ᄒᆞᄂᆞᆫ 이 업ᄂᆞᆫ지라. 혹(或)이 골오ᄃᆡ "내 집이 가난ᄒᆞ야 ᄌᆞ긔(自己)도 넉넉지 못ᄒᆞ니 엇지ᄒᆞ리오?" ᄃᆡ답ᄒᆞᄃᆡ, "만일 과연(果然) 힘의 부죡(不足)홈은 텬쥬ㅣ 안셔(安恕)ᄒᆞ시려니와 나ᄂᆞᆫ 이 의논(議論)이 가난ᄒᆞᆫ 쟈ᄅᆞᆯ 권(勸)홈이 아니라, 특별이 부ᄌᆞ(富者)ᄅᆞᆯ 권홈이오.

【490】

ᄯᅩ 우리 벗은 능(能)히 ᄌᆡ물(財物)을 만히 베풀지 못ᄒᆞ나 엇지 져ᄭᅳ락 아리 남은 밥을 논호지 못ᄒᆞ며, 혹 형이긍(形哀矜)²⁸⁸은 능히 ᄒᆡᆼ치 못ᄒᆞ나 엇지 신이긍(神哀矜)²⁸⁹도 ᄯᅩ흔 ᄒᆡᆼ치 못ᄒᆞ랴, 져프건대 능치 못ᄒᆞ다 홈은 힘의 밋지 못홈이 아니라 실노 ᄆᆞ음의 원(願)치 아니ᄒᆞᄂᆞᆫ 바니 가통(可痛)치 아니ᄒᆞ랴?"

넷자최라

셩녀 利未納(리미납)²⁹⁰ㅣ 호슈텬신(護守天神)을 ᄯᆞ라 련옥에 들어가니 흔 령령이 긴 창의 ᄶᆡᆯ녀 형용(形容)이 참혹(慘酷)ᄒᆞᆫ지라. 셩녀 놀납고 두림을 이긔지 못ᄒᆞ고 불샹ᄒᆞᆫ ᄆᆞ음이 나 비록

---

288 이웃에게 베푸는 물질적인 자선.
289 이웃에게 베푸는 정신적인 자선. 훈몽(訓蒙), 훈우(訓愚), 위환(慰患), 위수(慰愁), 관서(寬恕), 인모(忍侮), 애구(愛仇)를 이른다.
290 이레네 성녀.

【491/493】[291]

셩씨(姓氏)를 알고져 ㅎ나 감(敢)히 뭇지 못ㅎ니 텬신이 임의 그 뜻을 알고 고ㅎ되, "작일(昨日)에 네게 그 ㅇ오를 위ㅎ야 구(求)ㅎ던 부인(婦人)의 령혼이라.[292] 네 만일 구ㅎ면 텬쥬ㅣ 반드시 윤허(允許)ㅎ시리라." 셩녀ㅣ ᄀᆞ오되 "원컨대 그 긴 창의 고로옴을 덜어주쇼셔." 언필(言畢)에 곳 그 창을 ᄲᅢ어 버리니 고로옴이 젹이 감(減)ᄒᆞ지라. 이튼날 부인이 ᄯᅩ 와 그 ㅇ오의 일을 므르니 셩녀ㅣ ᄀᆞ오되 "만일 내 본 바로ᄡᅥ 고(告)ㅎ면 네 반드시 근심을 이긔지 못ᄒᆞ리라." 부인이 ᄀᆞ오되 "아니라. 쳥컨대 붉이 고ㅎ쇼셔." 셩녀ㅣ 실샹(實狀)으로 디(對)ㅎ고 부인을 명(命)ㅎ야 긔도(祈禱) 이긍(哀矜)ㅎ야 그 ㅇ오를 구원(救援)ㅎ게 ㅎ니, 부인이 낫낫치

【492/494】

명(命)되로 ㅎ되, 오직 이긍을 원(願)치 아니ㅎ니 텬쥬ㅣ 즁병(重病)으로 벌(罰)ㅎ샤 고로옴을 견듸기 어려온지라. 셩녀ㅣ 다시 쥬끠 구ㅎ야 죄를 샤(赦)ㅎ며 벌을 면(免)케 ㅎ고 ᄯᅩ 디신 보쇽ㅎ야 ᄌᆞ미(姉妹) 두 사ᄅᆞᆷ을 구원ㅎ니라.

依斯巴(의사파) 나라희 혼 귀(貴)혼 사ᄅᆞᆷ이 잇서 셰쇽(世俗)을 힘쓰고 구령(救靈)홈은 싱각지 못ᄒᆞ나 일즉 셩녀(聖女) 더릐샤의게 집을 주어 셩모

---

291 앞에서도 그런 사례가 있었지만, 한글 필사본을 엮은 사람이 잘못 엮어 이하 4쪽의 순서가 뒤바뀌었다. 순서에 맞는 쪽수를 먼저 적고, 이어서 영인본의 쪽수를 적었다.

292 한글 필사본에는 번역 오류가 있다. 한문본에는 "昨日一婦人, 懇爲其弟求主, 卽此靈魂也(어제 어떤 부인이 간절하게 아우를 위하여 주님께 기구하였는데, 바로 그 아우의 영혼이다)"로 되어 있다. 내용 전개를 보면 한문본의 내용이 맞다. 이에 번역문은 한문본에 맞추었다.

성당 시티(始胎)²⁹³ 슈원(修院)을 경영(經營)ᄒ게 ᄒ고 죽을 ᄯᆡ롤 림(臨)ᄒ야 자조 셩녀롤 지쵹ᄒ야 당(堂)을 세우게 ᄒ나, 셩녀ㅣ 다른 ᄉ무(事務)의 분주(奔走)ᄒ야 밋쳐 도모치 못ᄒ엿더니, 오리지 못ᄒ야 귀인(貴人)이 셰샹을 하직ᄒ니

【493/491】

셩녀(聖女)ㅣ 슬픔을 이긔지 못ᄒ야, 쥬ᄭᅴ 이 령혼 불샹이 넉이심을 구(求)ᄒᆞᆫ대 예수ㅣ 셩녀의게 뵈여 골오샤ᄃᆡ "내 임의 그 집 드린 공을 보아 샹등통회(上等痛悔)롤 주어 이졔 련옥에 잇서 잠간 보쇽(補贖)ᄒ게 ᄒ니, 진실노 드린 집에셔 미사 ᄒᆞᆫ ᄃᆡ롤 거힝(擧行)ᄒ면 구(救)ᄒ여 내리라." 셩녀ㅣ ᄲᆞᆯ니 쥬교(主敎)ᄭᅴ 준허(準許)ᄒ심을 구ᄒ고 탁덕(鐸德)ᄭᅴ 쳥ᄒ야 졔ᄉ(祭祀)롤 밧들며 미사 즁에 셩녀ㅣ 셩톄(聖體)롤 령(領)ᄒᆯ ᄯᆡ에 보니 귀인(貴人)의 령혼이 감격(感激)ᄒᄂᆞᆫ ᄆᆞᄋᆞᆷ이 곤졀(懇切)ᄒ고 깃거온 빗치 나타나 텬국(天國)에 오르니 영락(榮樂)이 비샹(非常)ᄒ더라.

【494/492】

극긔(克己)ᄒᄂᆞᆫ 고로온 공부(工夫)라

고경(古經)에 닐오ᄃᆡ "녯젹에 撒五爾(살오이)²⁹⁴ 왕이 그 세 아돌노 더브

---

293 시틱(始胎) : 무염시태(無染始胎). 성모 마리아가 하느님의 특별한 은총을 입어 원죄에 물듦이 없이 잉태되었음을 뜻하는 말. 오늘날에는 '원죄 없으신 잉태' 또는 '원죄 없이 잉태되신 성모'로 바꾸어 쓴다.
294 사울 임금.

러 뎐쟝(戰場)에 죽으니 加拉亞(가랍아)²⁹⁵ 사룸이 듯고 칠 일 엄지(嚴齋)ᄒᆞ야 써 망ᄌᆞ(亡者)를 구ᄒᆞ엿다."²⁹⁶ ᄒᆞ니, 몸을 고롭게 ᄒᆞ야 련옥 벗을 구홈은 진실노 녜로브터 그러ᄒᆞ지라. 그러나 금셰(今世) 사룸은 혹 나히 늙음으로 ᄉᆞ양(辭讓)ᄒᆞ며 혹 힘이 약(弱)홈으로 ᄉᆞ양ᄒᆞ며 혹 직업(職業)의 분주(奔走)홈으로 ᄉᆞ양ᄒᆞ고 고로히 넉임이 심(甚)ᄒᆞ야 도모지 빅(百) 가지로 핑계ᄒᆞ고 혼 기 편퇴(鞭笞)의 압흠과 ᄒᆞ로 지쇼(齋素)²⁹⁷로써 련령을 만고(萬苦) 중에 구(救)ᄒᆞ기롤 즐겨ᄒᆞ지 아니ᄒᆞ니, 내

【495】

골오디, 즁(重)혼 고로옴은 춤지 못ᄒᆞ나 엇지 능(能)히 극긔(克己)ᄒᆞᄂᆞᆫ 미(微)혼 공(功)을 힝치 못ᄒᆞ랴? 셜ᄉᆞ(設使) 말 혼마디롤 내여 졍의(情誼)롤 샹(傷)하게 ᄒᆞ고져 ᄒᆞ나 련령 구홀 연고(緣故)로 함믁(緘黙)ᄒᆞ야 평안(平安)이 ᄒᆞ며, 혹 혼 물건을 과(過)히 ᄉᆞ랑홈이 비록 즁죄(重罪)ᄂᆞᆫ 아니로되 필경 내 션공(善功)을 조당(阻擋)홀 고로 이 련령 구홈을 위ᄒᆞ야 이 졍(情)과 이 ᄉᆞ랑을 베혀버리며, 혹 놈의 욕(辱)을 밧으면 원통(怨痛)ᄒᆞ야 닛지 못홀 거시나 ᄯᅩ혼 련령 구홈을 위ᄒᆞ야 그 욕을 닛고 안셔(安恕)ᄒᆞ면 이는 다 미셰(微細)혼 공이라. 힝홈이 어렵지 아니홀지니, 만일 우리 벗은 이에 ᄯᅳᆺ을 더ᄒᆞ면 련령이 네 은혜(恩惠) 밧을 쟈ㅣ

---

295 야베스.
296 구약성경의 사무엘기 상권 31장.
297 단식재(斷食齋)와 금육재(禁肉齋)를 지키는 일.

쟝ᄎᆞ 혜지 못ᄒᆞ리라.

녯자최라

텬쥬 강ᄉᆡᆼ(降生) 일쳔뉵ᄇᆡᆨ삼십이년(一千六百三十二年)에 蒙瑪稜(몽마릉) 셔편(西便)에 ᄒᆞᆫ 모반(謀叛)ᄒᆞᆫ 무관(武官)이 잇시니 죄 맛당이 베힐지라. 어진 부녀 瑪加利(마가리) ㅣ 듯고 간졀(懇切)이 긔도ᄒᆞ야 월여(月餘)를 긋치지 아니ᄒᆞ고 쥬끠 구(求)ᄒᆞ되 "뎌로 ᄒᆞ여곰 감심(甘心)ᄒᆞ야 죽어 젼죄(前罪)를 깁게 ᄒᆞ쇼셔." ᄒᆞ니, 텬쥬ㅣ 윤허(允許)ᄒᆞ샤 그 사ᄅᆞᆷ을 은혜로 주샤 번연(翻然)이 곳쳐 화(化)케 ᄒᆞ니 곳 다른 사ᄅᆞᆷ이 된지라. 형벌(刑罰)을 밧을 ᄶᆡ에 붓그리며 뉘웃ᄎᆞᆷ과 겸손(謙遜)ᄒᆞ고 즁직(中直)ᄒᆞᆷ이 사ᄅᆞᆷ으로 ᄒᆞ여곰 감동(感動)케 ᄒᆞᄂᆞᆫ지라. ᄉᆞ후(死後) 삼일(三日)에

마가리의게 뵈여 ᄀᆞᆯ오되 "내 셰샹 영화(榮華)를 ᄇᆞ리고 감심(甘心)ᄒᆞ야 죽은 고로 텬쥬ㅣ 내 련옥 고로옴을 감(減)ᄒᆞ샤 금일(今日) 승텬ᄒᆞᆷ을 주시니 거룩ᄒᆞ신 얼골을 무궁셰(無窮世)에 누려보겟다." ᄒᆞ니라.
진복 마가리다ㅣ 일즉 초학신ᄉᆞ(初學神師) 되엿더니 마츰 ᄒᆞᆫ 학ᄌᆞ(學者)의 부친(父親)이 셰샹을 ᄇᆞ리매 그 집 사ᄅᆞᆷ이 온 슈원(修院) 슈녀(修女)들의게 ᄒᆞᆫ 가지로 쥬끠 구홈을 간쳥(懇請)ᄒᆞ니 셩녀ㅣ 익수(額數) 외에 신공(神功)을 더어 몸을 고롭게 ᄒᆞ고 슬피 긔도ᄒᆞ엿더니 후(後)에 학ᄌᆞ(學者)ㅣ 다시 셩녀의게 긔도(祈禱)홈을 쳥(請)ᄒᆞ거ᄂᆞᆯ 셩녀ㅣ 되답ᄒᆞ되 "과(過)히 렴려(念慮)하지 말나. 네 부친이 임의 승텬ᄒᆞᆫ지라.

【498】

그 죽기 젼(前)에 흔 큰 공(功)을 셰워 심(甚)히 쥬의 셩의(聖意)의 흡합(洽合)흔 고로 텬쥬ㅣ 엄판(嚴判)을 아니 ᄒᆞ셧시니 셰운 공을 알고져 ᄒᆞᆯ진대 네 모친(母親)의게 무름이 가(可)ᄒᆞ니라." 학ᄌᆞ(學者)ㅣ 말을 듯고 심히 깃거ᄒᆞ야 그 모친의게 므른대 모ㅣ 골오ᄃᆡ "네 부친(父親)이 다른 일이 업서 오직 림종(臨終)에 탁덕(鐸德)이 셩톄(聖體)를 보내여 령(領)ᄒᆞ고 친흔 벗이 일졔히 뫼힌 즁에 흔 니웃 사롬이 ᄯᅩ흔 니른지라. 네 부친이 니웃 사롬을 갓가히 안치고 그 손을 잡고 관셔(寬恕)홈을 구ᄒᆞ니 다른 ᄉᆞ졍(事情) 아니라. 수일(數日) 젼(前)에 그 사룸을 말마디 간(間) 욕(辱)되게 흔 연고라." ᄒᆞ니 일노 말미암아 보건대 원슈(怨讐)를

【499】

관샤(寬赦)ᄒᆞ고 화목(和睦)을 구ᄒᆞ는 공(功)이 가히 련옥 고로옴을 감(減)홀지니라.

시샤(施舍)ᄒᆞ고 ᄉᆞ랑[298]ᄒᆞ는 큰 은샤(恩赦)ㅣ라

오쥬(吾主)의 무궁(無窮)흔 공젹(功績)과 모든 셩인(聖人) 셩녀(聖女)의 남은 공(功)이 교즁(敎中)에 머믈너 잇서 거륵흔 고씹을 일움 갓고 그 고씹의 열쇠ㅣ 흉샹 교화황(敎化皇)[299]의 손에 잇시니 예수ㅣ 일즉 친(親)히 베드

---

298 한문본의 제목은 시양대사(施讓大赦)임. 즉 큰 은사를 베풀고 양보한다는 뜻이므로 위의 'ᄉᆞ랑'은 'ᄉᆞ양'이 되어야 맞음.
299 '교황(敎皇)'의 다른 표기로 교화황이라는 용어를 사용하기도 하였음. 한문본에는 敎皇으로 되어 있음.

로 종도(宗徒)의게 명(命)ᄒᆞ시ᄃᆡ "내 장ᄎᆞ 네게 텬당(天堂) 열쇠롤 주리니 너희 셰샹에셔 프ᄂᆞ 바ᄂᆞ 나ㅣ 하ᄂᆞᆯ에셔 풀고 너희 밋ᄂᆞ 바ᄂᆞ 내 ᄯᅩ흔 미즈리라."300 ᄒᆞ셧시니 이졔 교종(敎宗)301의 반포(頒布)ᄒᆞ시ᄂᆞ 대샤(大赦)ᄂᆞ 곳 거륵흔 고씹의 허물 깁ᄂᆞ

【500】

공효(功效)롤 가져 교우(敎友)들을 주심이니 교우ᄂᆞ 엇어 ᄯᅩ흔 련령의게 ᄂᆞ화 ᄉᆞ양(辭讓)흘지라. 다만 대샤(大赦) 은혜(恩惠)롤 닙고져 훌진대 반두시 맛당이 셩춍(聖寵)을 보존(保存)훌 거시오. 샤(赦) 엇기로 ᄯᅳᆺ을 셰우고 교황의 뎡(定)ᄒᆞ신 신공(神功)을 온젼이 힝ᄒᆞ야 결(缺)홈이 업술지니 대뎌(大抵) 셩교회(聖敎會)ᄂᆞ 믓 교우의 ᄌᆞ모(慈母) 되여 ᄉᆞ랑ᄒᆞ심이 지극ᄒᆞ샤 반포(頒布)흔 은혜 만코 만흐 다 혜지 못흘지라. 혹(或) 각(各) 회(會)에 주시니 곳 령보회(領報會)와 셩의회(聖衣會)302들 ᄀᆞᆺ흔 거시오. 혹 경문(經文)에 주시니 미괴경(玫瑰經)과 셩노(聖路)들 ᄀᆞᆺ흔 거시오. 혹 셩믈(聖物)에 주시니 셩ᄃᆡ(聖臺)303와 셩샹(聖像)들 갓흔 거시오. 혹 쳐소(處所)에 주시니 셩당(聖堂)과 셩디(聖地) ᄀᆞᆺ흔 거시라.

【501】

우리 사룸 평일(平日) 공부(工夫)의 혹 도리롤 강논(講論)ᄒᆞ며 가난을 구졔

---

300 신약성경의 마태오 복음 16장 19절.
301 교황과 교종이라는 용어를 섞어 쓰고 있는데, 어떻게 구분해서 썼는지 알 수 없음.
302 평신도 신심회의 하나로 성의를 메는 사람은 영벌(永罰)을 받지 않게 될 것이라는 성모님의 약속에 따라 늘 성의를 메고 다니므로 이런 이름이 붙었다.
303 거룩한 제대.

(救濟)ᄒᆞ며 믁상(黙想)ᄒᆞ며 장ᄉᆞ(葬事)ᄒᆞᄂᆞ 것들도 다 한뎡(限定)ᄒᆞᆫ 은샤(恩赦) 잇시니 가히 련령의게 ᄉᆞ양(辭讓)ᄒᆞᆯ 거시어놀, 앗갑다! 우리 사롬이 범연(泛然)이 넉여 싱각지 아니ᄒᆞ야 이 지극(至極)ᄒᆞᆫ 보븨롤 일ᄒᆞ니 비(譬)컨대 강물이 내 압희 잇ᄂᆞᆫ대 다른 사롬의 목 몰나 죽음을 안져셔 봄과 ᄀᆞᆺᄒᆞᆫ지라. 우리 벗은 엇지 ᄎᆞᆷ아 ᄒᆞ리오?

(녯자최라)[304]

셩녀(聖女) 방지가(方濟加)[305] ㅣ 련령 구(救)ᄒᆞ기롤 ᄀᆞ장 졍셩(精誠)되고 ᄀᆞᆫ졀(懇切)ᄒᆞᆫ지라. 본쥬교(本主教) ㅣ 대샤문셔(大赦文書) 열네 권을 주니 다 교황(敎皇)의 친히 주신 거시라. 쥬교 ㅣ 셩녀 ᄃᆞ려 닐오대 "이졔

【502】

세 쥬교 련옥에 잇시니 세 권은 뎌의게 ᄉᆞ양ᄒᆞ고 그 남아ᄂᆞᆫ 네 임의로 ᄂᆞᆫ화 주라." 셩녀 ㅣ 명(命)대로 ᄂᆞᆫ화 주니 삼일(三日) 후에 세 쥬교 ㅣ 나타나 뵈여 그 은샤(恩赦) ᄉᆞ양(辭讓)ᄒᆞᆫ 은혜(恩惠)롤 감ᄉᆞ(感謝)ᄒᆞ고 남아 잇ᄂᆞᆫ 열ᄒᆞᆫ 권은 째에 련령이 셔로 니어 나와 은샤(恩赦) 문셔(文書) ᄉᆞ양(辭讓)ᄒᆞᆷ을 구(求)ᄒᆞ거놀 셩녀 ㅣ 다 ᄂᆞᆫ화 주고 오히려 엇지 못ᄒᆞᆫ 령혼이 잇시니 셩녀 ㅣ 쥬교ᄭᅴ 알게 ᄒᆞ대 쥬교 ㅣ ᄯᅩ 두 권을 주어 ᄂᆞᆫ혼 후에 두 령혼이 엇지 못ᄒᆞᆫ지라. 셩녀 ㅣ ᄀᆞᆯ오대 "다 주고 남은 거시 업노라." 두

---

304 한문본에는 고젹(故迹)이라는 제목이 붙어 있으나, 한글 필사본에는 없다. 내용상으로 제목이 들어가야 하므로 괄호로 묶어서 제목을 표시하였다. 번역문에는 괄호로 묶지 않고 제목을 달았다.
305 프란치스카 성녀.

령혼이 글오디 "쥬교 방즁(房中)에 샹긔 두 권이 잇시니 쳥(請)컨대 엇어 줌이 가ᄒᆞ니라." 셩녀 ㅣ ᄯᅩ 쥬교ᄭᅴ 보(報)ᄒᆞ야

【503】

ᄎᆞᄌᆞ 엇어 두 령혼의게 ᄉᆞ양(辭讓)ᄒᆞ니 두 령혼이 임의 이 은샤(恩赦)를 닙고 흔연(欣然)이 가니라.

뎨팔편(第八篇)은 두 글쟝을 븟쳐 의논홈이라

증망회(拯亡會) 규구(規矩)를 의논홈이라 (증망은 망ᄌᆞ를 건져 구하다 말.)

수십 년 젼에 교황(敎皇) 뎨구위(第九位) 비오 ㅣ [306] 훈 슈녀회(修女會)를 준허(準許)ᄒᆞ시니 그 종향(宗向)은 훙구(恒久)히 긔도ᄒᆞ야 공을 셰워 망ᄌᆞ를 건져 구ᄒᆞᄂᆞᆫ 고로 일홈을 증망회(拯亡會)[307]라 ᄒᆞ지라. 회(會)에 든 쟈 ㅣ 삼등(三等)의 ᄂᆞ호니 ᄒᆞ나흔 골온 슈도(修道, 도 닥ᄂᆞᆫ다 말)니 셰쇽(世俗)을 ᄯᅥ나 집을 ᄇᆞ리고 훈 원(院)에 거ᄒᆞ야 규구(規矩)와 의식(衣食)을 공변되이 훔긔 ᄒᆞ고 샤욕(私慾)을 ᄭᅳᆫ고 지물(財物)을 ᄭᅳᆫ고 ᄉᆞᄉᆞ(私私)

【504】

ᄯᅳᆺ을 ᄭᅳᆫ고 세 가지 원의(願意) 외에 허원(許願)ᄒᆞ디 일싱(一生) 공덕(功德)을

---

[306] 교황 비오(Pius) 9세(1792~1878) : 재위 1846~1878.
[307] 연옥 영혼의 조력자 수녀회(Soeurs Auxiliatrices des Âmes du Purgatoire). 1856년 설립.

다 런령의게 ᄉᆞ양(辭讓)ᄒᆞ고 밧겻 힘씀은 젼혀 빈핍(貧乏)ᄒᆞᆫ 병인(病人)을 도아 살아 잇신즉 구졔(救濟)ᄒᆞ고 죽은즉 장ᄉᆞ(葬事)홈을 졍셩(精誠)과 힘을 다ᄒᆞ야 ᄒᆞ고, 그 버금은 골온 부슈도(附修道, 븟쳐 슈도홈이라 말)니 오직 부녀(婦女)만 가히 들고 임의 그 등수(等數)에 들매 젼(前)과 ᄀᆞ치 셰쇽(世俗) ᄀᆞ온ᄃᆡ 잇셔 다만 엇는 바 은샤(恩赦)ᄅᆞᆯ 다 런령의게 ᄉᆞ양ᄒᆞ고 맛당이 직흴 규구(規矩)ᄂᆞᆫ ᄯᅩᄒᆞᆫ 쇽인(俗人)의 본분(本分)에 구이(拘碍)홈이 업고 부슈도의 든 쟈와 그 죽은 친쳑이 다 가히 증망회와 셩모(聖母) 죠망회(助亡會)로 더브러 셔로 통공(通功)[308]ᄒᆞ야 홈긔 대샤(大赦) 은혜ᄅᆞᆯ 닙으니

【505】

죠망회ᄂᆞᆫ 노마(羅馬)에 잇서 그 ᄯᅳᆺ이 ᄯᅩᄒᆞᆫ 런령을 위홈이오. 그 버금은 골온 찬슈도(贊修道, 도아 슈도ᄒᆞ다 말)니 이 등수(等數)ᄂᆞᆫ 남녀(男女) 다 능히 들고 오직 일홈을 회칙(會冊)에 쓰고 집됴(執照, 집됴는 의심컨대 빙거[憑據]ᄒᆞ는 체지[帖紙]와 표지[標紙]라 말) 조의ᄅᆞᆯ 밧고 미년에 젼지(錢財) 간 슈력(隨力)ᄒᆞ야 드려 써 회즁에 션공(善功)을 돕게 ᄒᆞ고 미일에 신망이(信望愛) 삼덕숑(三德誦)[309]을 각 일편(一遍) 렴ᄒᆞ되 ᄯᅩᄒᆞᆫ 귀졀(句節)을 외와 골오되 "슬프다, 우리 인ᄌᆞᄒᆞ신 예수여" ᄒᆞ고 ᄯᅩ 미월에 일ᄎᆞ(一次) 식 본(本) 회당(會堂)에 니르러 산 이와 죽은 은인(恩人)을 위ᄒᆞ야 미사ᄅᆞᆯ 참예(參禮)ᄒᆞ고 임의 그 등수에 들매 ᄯᅩᄒᆞᆫ 본회 몬든[310] 벗으로 더브러 셔로 통공(通功)ᄒᆞᄂᆞ니라.

308 공로(功勞)를 서로 나누고 공유함.
309 천주께 나아갈 수 있도록 믿음, 희망, 사랑의 세 가지 덕을 더해 주시기를 구하는 기도문으로 신덕송(信德誦), 망덕송(望德誦), 애덕송(愛德誦)을 아울러 이르는 말.
310 '모든'의 오기.

인익(仁愛)의 읏듬 공(功)을 의논(議論)홈이라

닐콧는 바 읏듬 공이라 홈은 사롬 ᄉ랑ᄒ는 막대(莫大)호 공이라. 곳 ᄯ과 원(願)을 셰워 일싱(一生)의 허물 깁는 공과 내 죽은 후 다른 사롬의 디신 긔도ᄒ는 니익(利益)ᄭᅵ지 다 인ᄌ(仁慈)ᄒ신 셩모(聖母)ᄭᅴ 드려 임의로 다른 령혼의게 눈화주시게 ᄒ니 셩교(聖敎) 교화황[311]이 원의(願意) 셰운 사롬의게 은혜(恩惠)로 주신 대샤(大赦)ㅣ 심히 만흔지라. 탁덕(鐸德)이 원의를 셰우고 미사를 거힝(擧行)ᄒ면 그 젼샤(全赦) 닙음이 특은셩디샹(特恩聖臺上)에 쥬제(主祭)와 다름이 업고 므릇 교우(敎友)ㅣ 원의를 셰우고 미 쳠례(瞻禮) 이일(二日)에 런령을 위ᄒ야 미사를 참예ᄒ며 셩당(聖堂)에 죠비(朝拜)ᄒ야

쥬ᄭᅴ 구(求)ᄒ면 교황의 뜻을 의지(依支)ᄒ야 가히 젼샤(全赦)를 엇고 쏘 병든 이와 늙은이와 가친 쟈는 만일 쳠례 이일에 미사를 참예치 못홀 터이면 쥬일(主日) 미사로 디신홀 거시오. 이 외에 므릇 교즁(敎中) 은샤(恩赦)ㅣ 본디 련령의게 가히 ᄉ양(辭讓)치 못홀 쟈라도 원의 셰운 사롬은 가히 ᄉ양치 못홀 거시 업ᄂ니라.

---

311 '교화황'의 오기. 한문본에는 "聖敎皇"으로 되어 있음. 거룩한 교황으로도 해석할 수 있음.

공(功) ᄉ양(辭讓)ᄒᆞᄂᆞᆫ 츅문(祝文)

무시무죵(無始無終)ᄒᆞ신 쟈 텬쥬여! 내 원(願)컨대 거륵ᄒᆞ신 ᄯᅳᆺ을 치오고 네 큰 영광(榮光)을 드러내기를 위ᄒᆞ야 내 일ᄉᆡᆼ(一生)의 보속ᄒᆞᄂᆞᆫ 공과 내 죽은 후 다른 사ᄅᆞᆷ이 나를 ᄃᆡ신ᄒᆞ야

【508】

깁ᄂᆞᆫ 효험(效驗)을 가져 다 셩모(聖母) 손에 부탁ᄒᆞ야 의향(意向)ᄃᆡ로 련령의게 ᄂᆞ화주시게 ᄒᆞᄂᆞ이다. 슬프다, 나ㅣ 예수의 공노(功勞)를 의지(依支)ᄒᆞ야 우러러 비ᄂᆞ니 내 드리ᄂᆞᆫ 바를 밧아드리시고 내 원의(願意)를 견고(堅固)케 ᄒᆞ샤 써 네 존영(尊榮)을 현양(顯揚)ᄒᆞ고 내 신명(神命)³¹²을 보존(保存)케 ᄒᆞ쇼셔. 아멘.

모ᄅᆞᆷ이 알지라. 이 츅문은 참 허원(許願)이 아니면 직희지 못ᄒᆞ여도 죄 업고 ᄯᅩᄒᆞᆫ 원을 셰운 후에 가히 친우(親友)와 은인(恩人)을 위ᄒᆞ야 ᄃᆡ신 텬쥬ᄭᅴ 구ᄒᆞᄃᆡ 이 츅문을 외오지 아니ᄒᆞ여도 ᄯᅩᄒᆞᆫ 가히 은샤(恩賜)를 엇ᄂᆞ니 다만 심즁(心中)에 ᄯᅳᆺ을 셰울 ᄯᆞ름이니라.

【509】

泉州(쳔쥬) 녯자최라 쳔쥬ᄂᆞᆫ 고을 일홈

泉州(쳔쥬)³¹³ 교우 顏魅賓(안매빈)의 나히 팔십이라. 슝졍(崇禎) 경진(庚辰)

---

312 신적인 또는 영적인 생명.
313 중국 복건성(福建省) 남단에 위치한 도시.

칠월 초십일에 병들어 朋嶺(붕령)³¹⁴관(舘) 즁(中)에 거(居)ㅎ엿더니, 그 돌 십스일 밤반에 보니 혼 텬신(天神)이 불너 골오디 "쥬ㅣ 너롤 브르신다." ㅎ거놀, 魅賓(매빈)이 명을 듯고 곳 나오니 텬신이 골오시디 "엇지ㅎ야 네 주손(子孫)의게 고(告)치 아니ㅎ나뇨?" 魅賓(매빈)이 골오디 "내 오리 가스(家事)의 참예(參預)치 아니ㅎ고 싱젼(生前) 스후(死後) 일을 온젼이 텬 쥬롤 의뢰(依賴)ㅎ니 고(告)ㅎ야 무엇 ㅎ리오?" 쳔신이 골오샤디 "션(善) 토." ㅎ고, 홈긔 공즁(空中)을 볿아 올나가 텬쥬 예수끠 뵈인대 졍(正)히 놉흔 자리에 안즈 계시니 위엄(威嚴)이

【510】

극(極)히 엄숙(嚴肅)ㅎ고 만흔 텬신이 둘너 뫼시고 째에 남녀노유(男女老幼)들이 심판(審判)을 기두리는 쟈 대략 이만 명(二萬名)이니, 다 이날에 셰샹을 부린 쟈라. 각각(各各) 혼 칙(冊)이 잇서 그 죄와 공을 긔록(記錄) ㅎ엿시니 총령텬신(總領天神) 미가엘이 샹쥬(上主)의 명을 밧드러 디신 심판을 힝홀싀, 낫낫치 붉혀 분별(分別)ㅎ야 죄악(罪惡) 잇는 쟈는 다 디옥(地獄)에 붓치니, 마귀(魔鬼)ㅣ 겻희 잇다가 곳 다루드러 임의로 시학(肆虐)ㅎ고, 대덕(大德) 잇서 승텬(昇天)ㅎ는 쟈는 겨유 ㅎ나뿐이오, 련죄소(煉罪所)로 보내는 쟈는 둘히라. 텬쥬ㅣ 벌 밧는 쟈롤 보시고 슬픈 빗치 잇는 둣ㅎ시고 심판이 魅賓(매빈)의게 밋츠매 미가엘이 소리롤 놉혀

---

314 붕령은 천주의 북쪽에 있는 쌍양산(雙陽山)의 별칭이다. 붕령관은 쌍양산에 있던 여관을 가리키는 것으로 보인다.

【511】

골오샤딕 "네 봉교(奉教)훈 지 여러 히에 세 가지 큰 죄(罪) 쑬희롤 덜지 못ᄒ엿도다." 魅賓(매빈)이 골오딕 "죄인(罪人)이 미년(每年) 월 끗히 흥샹 고히(告解)ᄒ야 감히 일치 아니ᄒ엿ᄂ이다." 텬신이 골오딕 "네 스스로 아지 못ᄒᄂ도다. 내 너두려 닐오리니, 탐(貪)홈과 앗낌과 분노(忿怒)홈 이니라." 魅賓(매빈)이 딕왈 "이 죄ᄂ 다 가난 쇼치(所致)로소이다." 텬신 이 골오사딕 "탐과 앗김은 가난을 위홈이어니와 분노도 ᄯ훈 가난의 튜시냐? 이 쑬희롤 뉘웃쳐 곳치지 아니ᄒ면 해(害)됨이 젹지 아니ᄒ리니, 쑬니 곳처 더딕지 말나. 오직 네 당(堂)에 잇서 슈고(受苦)ᄒ엿시딕 리해(利害)와 공노(功勞)롤 계교(計較)치 아니ᄒ고, 魅賓(매빈)이 일즉 그림을 잘ᄒ매 쳔주(泉州)

【512】

셩당(聖堂)에 잇서 모든 셩상(聖像)을 쑤며 슈고훈 지 수십 일 쥬야(晝夜)에 온젼이 그 공노(功勞)롤 계구(計求)치 아니훈 연고(緣故)라. 죠셕(朝夕) 신공(神功)을 일홈이 업스니 이 훈 가지롤 가히 취(取)훌지라. 네 이제 이십소일 지앙(災殃)이 잇시니 치와 단련(煅煉)치 못ᄒ면 션공(善功)의 결(缺)홈이 만흔 고로 아즉 노화보내고 다른 날 다시 브르리니 맛당이 뜻을 셰워 젼(前) 허물을 씻고 션공을 젼에셔 빅 비(倍) 더ᄒ야 모든 사롬의 표양(表樣)이 되게 ᄒ며 이제 본 바롤 다 젼(傳)ᄒ야 텬쥬의 젼능을 나타내라." 魅賓(매빈)이 골오딕 "내 말을 사롬이 밋지 아닐가 두리ᄂ이다." 텬신이 골오사딕 "말 젼홈은 네게 잇고, 밋고 아니 밋음은 사롬의게 잇시니, 도라가 탁덕의게 말ᄒ라." 이에

【513】

직일(直日)³¹⁵ 셩인(聖人)을 명(命)ᄒᆞ야 직일은 무ᄉᆞ 직명이온지? 도라갈 길을 인도(引導)ᄒᆞ게 ᄒᆞ니 魅賓(매빈)이 은혜(恩惠) 스례(謝禮)홈을 필(畢)ᄒᆞ매 디샹(臺上)으로 ᄒᆞᆫ 셩인이 ᄂᆞ려와 셔로 보고 골오디 "네 령셰(領洗)홈으로브터 텬쥬ㅣ 나ᄅᆞᆯ 명ᄒᆞ샤 너ᄅᆞᆯ 보호(保護)ᄒᆞ게 ᄒᆞ시니 네 나ᄅᆞᆯ 아ᄂᆞ냐?" 魅賓(매빈)이 골오디 "션인³¹⁶은 일홈은 뉘시니잇가?" 셩인이 골오디 "나는 뎨이종도(第二宗徒)ㅣ 쥬ᄅᆞᆯ 위ᄒᆞ야 치명(致命)ᄒᆞᆫ 쟈로라. 곳 바ᄅᆞㅣ니, 魅賓(매빈)의 령셰(領洗) 본명(本名) 셩인 네 평성 ᄌᆞ못 의긔(義氣) 잇ᄂᆞᆫ 고로 내 심히 아ᄅᆞᆷ다이 넉이더니 이졔 다ᄒᆡᆼ이 노혀 도라가니 이ᄂᆞᆫ 텬쥬의 홍은(洪恩)이라. 만의 ᄒᆞ나히 업슬 거시오. ᄯᅩ 셩모(聖母)의 도으신 바라. 도라간 후에 더욱 힘써 내 일홈을

【514】

져ᄇᆞ리지 말며 시샤(施捨)ᄅᆞᆯ 슈력(隨力)ᄒᆞ야 ᄒᆞ고 분노(忿怒)ᄅᆞᆯ 분노³¹⁷ ᄅᆞᆯ ᄎᆞᆷ아 이긔라. 다ᄅᆞᆫ 날에 다시 뫼히리라." 언파(言罷)에 직일(直日) 셩인이 압흐로 인도(引導)ᄒᆞ니 아ᄅᆞᆷ다온 얼골이 쥰슈(俊秀)ᄒᆞ고 쳥아(淸雅)ᄒᆞ거놀 魅賓(매빈)이 므러 왈 "뉘시니잇가?" 디답ᄒᆞ야 골오디 "張彌格(쟝미격)이로라. 곳 쳔군(泉郡) 사ᄅᆞᆷ 쟝식(張識)이니 브즈런이 슈계(修誡)ᄒᆞ야 공덕(功德)을 싸하 계ᄒᆡ년(癸亥年)에 몽쇼승텬(蒙召昇天)ᄒᆞ니 그 ᄭᅵ친 자최 잇ᄂᆞ니라" 魅賓(매빈)이 골오디 "아ᄅᆞᆷ다온 일홈을 븨불니 드른 지 오ᄅᆡ더니 금일에 다ᄒᆡᆼ이 뵈옵ᄂᆞ이

---

315 당직.
316 '셩인(聖人)'의 오기.
317 "분노ᄅᆞᆯ"이 중복되었다.

다." 彌格(미격)이 골오디 "그디 도라가는 편에 내 슉부(叔父)끠 편지 붓쳐 세 가지 허물을 덜게 코져 ᄒᆞ니 탐(貪)이 ᄒᆞ나히오 오(傲)가 ᄒᆞ나히오 망증(妄證)이 ᄒᆞ나히라. 젼공(前功)을 굿이

【515】

직혀 버리지 말게 ᄒᆞ고 ᄋᆞ오는 년쇼(年少)ᄒᆞ니 맛당이 음난(淫亂)ᄒᆞᆫ 싱각을 막으라. 온 집 노유(老幼)ㅣ 다 셩교(聖敎)에 들엇시나, 앗갑다! 두 모친(母親)이 화긔(和氣)가 젹도다." 魅賓(매빈)이 므러 골오디 "부친(父親)은 엇더ᄒᆞ뇨?" 디왈 "부친은 민셩(閩省) 싸희 ᄀᆞ장 유명(有名)ᄒᆞ나 습쇽(習俗)을 면(免)치 못ᄒᆞ엿다." ᄒᆞ고, 힝ᄒᆞ야 즁노(中路)에 니르러 디옥(地獄)이 잇시니 일홈ᄒᆞ야 골오디 '영고문(永苦門)'³¹⁸이라 ᄒᆞ고, 두어 거름을 못ᄒᆞ야 ᄒᆞᆫ 옥(獄)이 잇시니 현판(懸板)에 썻시디 '단련소(煅煉所)'라 ᄒᆞᆫ지라. 魅賓(매빈)이 문에 니르러 張爾谷(장이곡)을 쳔군(泉郡) 교우니 졍츅(丁丑) 츈(春)에 죽은 쟈라 맛나니, 爾谷(이곡)이 심히 깃거ᄒᆞ야 문을 열고 드리고져 ᄒᆞ거놀 張彌格(장미격)이

【516】

골오디, "쓸디 업ᄂᆞ지라. 텬쥬ㅣ 날노 ᄒᆞ여곰 보내여 도라가게 ᄒᆞ셧다." ᄒᆞᆫ대, 爾谷(이곡)이 크게 깃거ᄒᆞ야 골오디, "그디 도라가 내 쳐ᄌᆞ(妻子)의게 말ᄒᆞ야 내 싱질(甥姪) 周味篤(주미독)의게 부탁ᄒᆞ야 젼ᄎᆞ로 뭇 벗의게 쳥ᄒᆞ야 디신 삼쳔 팔빅 경문을 외와 나를 구(救)ᄒᆞ야 련옥을 면ᄒᆞ게 ᄒᆞ라." ᄶᅢ에 趙默盎(조묵앙), 白斯多(백사다) ᄯᅩᄒᆞᆫ 쳔군(泉郡) 교우니 수년(數

---

318 영원한 고통이 있는 곳의 문.

年) 젼에 죽은 쟈라 홈긔 옥 안희 잇서 고로옴이 심호야 말이 업눈지라. 張彌格(장미격)이 쏘 魅賓(매빈)을 향호야 굴오디 "그일³¹⁹에 王戶我(왕호아), 黏醫生(졈의생)이 쏘호 쳔군 교우 フ장 졍셩(精誠)된 쟈니 王戶我(왕호아)는 나히 팔십뉵에 죽고, 黏醫生(졈의생)은 봉교(奉敎)혼 지 이십여 년을 호로 굿치 호다가 다 긔묘년(己卯年)에 죽고, 이 우희 다숫 사룸이 림종(臨終)에 다 례졀(禮節)을 힝호고 평안(平安)이 가니라.

【517】

임의 평안(平安)훈 곳에 쉼을 엇어시나, 그 주손(子孫)으로 호여곰 상복(喪服) 즁에 더욱 모옴을 잘 쓰게 호라." 말을 필(畢)호매 믄득 씨치니 돍이 우눈지라. 그 아돌 顔維聖(안유셩)의게 말호야 텬쥬(天主)의 무궁(無窮)호신 인주(仁慈)롤 찬숑(讚頌)호고 쏠니 탁덕끠 쳥호야 고히(告解)호고 셩톄(聖體) 대은(大恩)을 밧고져 호더니, 마춤 艾老師(애노사)³²⁰ㅣ 쳔군(泉郡)에 왓다가 지나는 길에 관(舘)에 니르러 위로(慰勞)호려 호니, 魅賓(매빈)이 병이 젹이 덜녀 길에 나아가 문안(問安)홀 새, 곳 부라보고 크게 울며 젼亽(前事)롤 갓초 고(告)호니, 艾老師(애노사)ㅣ 굴오디, "이는 텬신(天神)이 텬쥬의 명을 젼(傳)호야 셰샹 사룸을 열어 인도(引導)코져 호심이로다."

【518】

곳 維聖(유셩)을 명(命)호야 긔록(記錄)호야 젼(傳)호게 호니, 째는 숭졍(崇

---

319 '근일(近日)'의 오기.
320 예수회 중국 선교사 줄리오 알레니(Giulio Aleni, 艾儒略, 1582~1649) 신부.

禎) 십삼 년이오. 이 사적(事迹)이 경교비(景敎碑)³²¹와 일반(一斑)으로 뵈 니라.³²²

321 중국 당나라 때인 781년에 장안의 대진사(大秦寺)에 건립된 비석. 정식 명칭은 대진 경교유행중국비(大秦景敎流行中國碑)이다. 경교는 기독교 종파 가운데 하나인 네 스토리우스교(Nestorianism)를 가리킨다. 경교의 교리에 대한 개요와 중국 전래사 를 담은 경교비는 땅속에 파묻혀 있다가 명나라 때 다시 발견되었다. 예수회 선교사 니콜라 트리고(Nicolas Trigault), 알바로 세메도(Alvaro Semedo) 등이 비문을 탁본 하고 번역하여 유럽에 소개하였다. 경교비는 현재 서안의 비림박물관에 보관, 전시 되어 있다.
322 한문본에는 "此一迹見景敎一斑"이라고 되어 있다. 즉 경교라는 말만 들어 있을 뿐 이다. 맥락으로 보면 천주 고을에서 벌어졌던 연옥 관련 고사가 알레니 신부의 기록 에 들어 있었고, 알레니 신부는 이 일을 기록하면서 당시에 널리 알려졌던 경교비의 발견 시점과 유사한 시기에 일어난 일이라고 적었는데, 이문어 신부가 알레니 신부 의 기록을 그대로 옮긴 것으로 보인다. 그런데 한글 필사본의 번역자는 어떻게 알았 는지 경교비라고 옮겼다. 자세한 연유에 대해서는 더 많은 연구가 필요하다.

제3부

『煉獄畧說』
한문본

煉獄畧說單

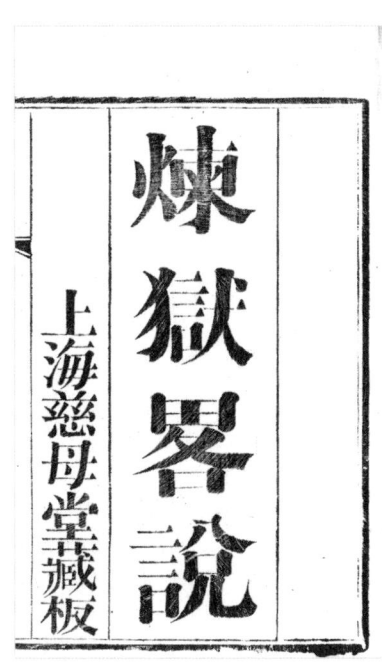

煉獄畧說

上海慈母堂藏板

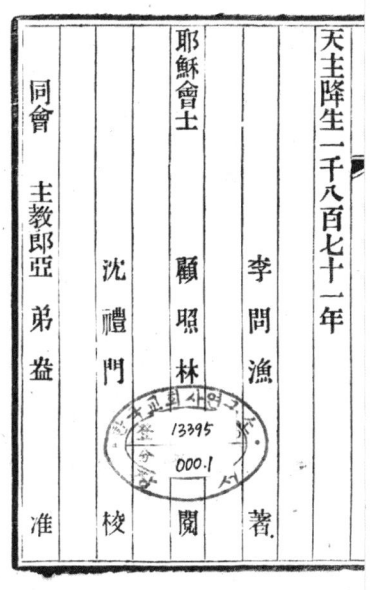

天主降生一千八百七十一年

耶穌會士 李問漁 著

顧焦林 閱

同會 沈禮門 校

主教郎亞弟盎 准

序

宇宙間事莫要于敬主敬主外莫要于救亡者煉靈何則人在生時猶堪舍舊圖新立功補歉而已亡者在已無能爲力必須將伯之呼然世人縱有矜亡之念追遠之思究未知煉獄之苦何如深煉獄之刑何如劇援溺之情或

淡通功之惠或疎而亡人待拯之心其曷以慰辛未夏李君問漁避暑來滙適出其所著煉獄畧說示予書凡八篇統閱書目雖云煉獄畧說實已包舉靡遺彬披誦之餘遂覺星羅碁布條析縷陳凡所引證博採旁搜沁人心脾鞭人肺腑眞拯靈之妙諦警世之格言也篇中詞取平庸意從顯淺虛

華浮藻一併芟除無非欲人一覽了然便於領悟然於底蘊則人所未明於論說則發人所未發而且前言往行確有可証者又詳人所未詳設世之志切拯亡心存淑已者常置一册於座右无必觸目驚心因救已而思救人情更勃發而不能自已矣所述故迹論修道者居多亦即以驚醒

斯人知修道者應天國速登且因微慾而多陷煉獄其膚常信友更當如何惻惕焉君傳教勸人勤勞晨夕而公餘之暇尤復著書立說悚動世人原欲統秀頑而偕之大道於以達天國而共享眞樂云爾是爲

序

天主降生一千八百七十一年
　聖巴爾多祿茂瞻體日同會弟許彬采
　　白氏敬題於
　　聖依納爵學館

自序

斯世信人莫不知有煉獄。凡人在世既蒙罪救而補贖未全者死後往歸焉。噫煉獄果何地哉。炎炎猛火爛炙神靈種種苦刑。莫能推測。最可悵者今之人或念切功名或心縈貨利誠能思及煉靈者千百人中竟無一二焉。想在獄之靈未嘗不哀號痛

泣求助於人特以隔地哀呼不聞斯世故人之忘棄依然也。余今著述是卷代作告哀之聲。書中意義尋常文詞淺近欲使愚蒙共曉領悟無遺所述者或出自聖經或本於聖傳或根於超性學旨本性靈明復於道理之後加以故迹亦皆人所載可信無疑。但望閱是書者弗求意想之新奇詞章之美麗遇於目而會於心信於衷而發於行不特返躬懷慄而亦思拯救亡人豈非愛已愛人之兼盡也哉。

煉獄畧說全目

第一篇 論煉獄有無
聖教定論信有煉獄
煉獄之有徵以聖經
煉獄之有徵以聖傳
煉獄之有徵以性理
煉獄何在何時受造

第二篇 論煉獄苦刑
煉火有形
煉火甚猛
煉靈失苦
煉靈自悔
煉靈受魔害否
煉獄之苦至重
煉獄之苦漸減

第三篇 論煉靈景況
煉靈何時出獄
何人之靈入獄

第四篇 論煉靈神樂
煉靈代人求主
煉靈無罪無惡
煉靈不能立功
煉靈知必升天
煉靈願行主旨
煉靈忍苦榮主
煉靈契合天主
苦樂如何能兼

第五篇論救靈緣由
　救煉靈悅天主
　救靈之功至美
　救煉靈獲大益
第六篇論代補已亡
　代補何意何益
　代補孝該何如
　代補益歸何人
　代補兇死之人

代補之責甚嚴
第七篇論救靈善工
　彌撒領主
　誦經默禱
　哀矜濟困
　克己苦工
　施讓大赦
第八篇附論二章
　論拯亡會規

論仁愛首功
錄泉州故迹

煉獄畧說全目終

煉獄畧說
第一篇論煉獄有無
　聖教定論信有煉獄
粵稽聖教初建以來邪說橫行無時蔑有卽論煉獄一端亦不少似是而非惑衆欺愚之說耶穌會紅衣主教盤拉而孟詳載于書井然可考夫聖教爲眞道指南升天正路兒此異論談人未嘗不深惡而痛絕之矣昔在二百年前或利滕大公會議昭告天下曰聖教公會蒙主默示按聖經所載前聖所傳公議所定論普天敎友

信煉獄之有、而在獄之靈見助于生友之功聖堂之祭。普世主教諭將前聖所傳公議所示煉獄之道遠遠講明時時口授使眾教友深信無疑堅持不失此深奧難明、無補于信人風化者不得講論于愚昧之前此真偽未分、似非而是者亦不得傳布四方彼此輕辯此議出新奇跡類求利者或事出異端本非真正者一概嚴除。母容宣布無異于修途之阻礙遺害之行為至論追思之功。如彌撒聖祭誦經祈主及哀矜施捨等眾主教該令信人勤行不怠以合教會定規此死者所託或別等

死者復生旁人驚其妻獨留提得曰爾曹母恐我真某人也餘繕世之後一青年美士引至幽區深莫可量一面猛火炎炎一面冰霜凜凜見許多靈魂痛苦非常形容醜陋忽自猛火移至寒冰又自寒冰移至猛火奈意此必地獄天神曰此非地獄乃煉獄也此告解已罪而未行補贖者都該如此挼得于復活之後將家資財物均分為三一與其妻一傳其子一以施濟貧窮自己則離家修道刻苦甚常迨至耳老力衰安然去世。
西國賢王國當御極多年恩週四海朗之前年適逢飢

善功不拘責在司鐸、與否皆宜謹慎全行萬無遺失由此觀之聖教公會深信煉獄之有而願普世教民咸盡拯亡之義矣是以讓靈之大敕甚多特寵之聖堂不少、每年有追思之禮、時時有葬斂之經仁愛首功通行于世已亡日課集誦公堂此皆諸國通行人人共見則煉獄之有、誰非教會之公評哉。

故迹

大英國一奉教入名提得素守教規修已安分、後得重病死于酉時翌日親友齊來同行殮禮、豈知事出意外

王乃賑濟斯民大發倉廩之麥通國修院被澤更深王干哀矜之外加以善功痛悔真情動人觀感依爾脟主教日積善如與當大王者一離此世似可直上天庭不須片時煉罪矣、不料天主審判之嚴出人意外當屝後亦入煉獄其姑母某為修院之長一日早起聞客廳惚上有叩擊之聲急趨啟之則見奧當大王也王曰予自死以來常在煉獄今曰來此求救于汝、請報知家修院為我念達味諸聖咏、一千遍、每聖咏後重打十鞭加念在天亞物痛悔第六聖咏各一遍、但念痛悔聖咏時

該以苦難自贖自上諸工既畢與當又現感謝諸代禱之八。

煉獄之有徵以聖經

聖經上雖爲煉獄之名然人死後有一煉獄之地鑿鑿有據試先以古經觀之瑪加勃書第十二章遠如達瑪加勃率兵攻敵陣死多人如達發銀錢萬有二千送至即升天堂亦非盡人永獄蓋既升天堂則不需奉祭代日路撒楞用爲亡人奉祭聖經斷曰然則求爲亡者脫罪免刑是聖而有益之美意也由此以推凡人死後非

求既入地獄則永不脫刑免罰安能得奉祭代求之益哉苟無其理而妄作其事則瑪加勃將罪人容誅矣豈得擁爲美意哉既稱爲美意則知地獄之外又有受刑之地離入而猶有得脫之時也明矣是即吾所謂煉獄也古聖多伸亞訓其子曰將爾酒食置于義人之坟勿與罪人共飲食與賢解曰古人設筵于墓上召貧困者食之是爲亡者代求大主此亦徵死者之靈轉居煉獄見助于貧人之所禱也達味聖王求士曰吾主勿于忿時責我亦勿于怒中懲斥我聖奧斯定解曰斯言之

補過贖罪之火也若然則煉獄之有明見于古新二經無容疑議已

故迹

昔在聯拉爾城有一華麗之宅姅至夜間聞鐵鏈之聲求之不得人皆以爲鬼祟爲患莫敢居住房主大受累盡高堂大廈恐變爲無用之地一寒士聞之自恃膽壯以爲人不敢佳而我獨能居告之房主房主悅甚不求租利肯住便是兩面言定房客卽將行李送入預備宿夜雖其人言語修張似無所畏然心中惶懼夜不能

眠點。一聖燭獨坐房中。作文看書主夜生聞有人跡之聲。自遠而漸近又聞鐵鏈之聲宛似繫于人足而拖于地上者。意欲候其過門窺其所往豈知事出意外一黑人形。直入房出坐于矮椅諒此時自誇胆壯者亦必毛髮聳然驚惶無措矣雖然特有聖燭在前魔鬼不能施害。挺然問曰爾為誰不答又問仍不答乃復作文書。因明日該入場應制故也作文曰久憶書中佳句尋之不得黑人殿曰問曰爾求何事對曰吾求某一句書某人曰在某書某卷某頁寒士求之果得更覺驚異坐至

昳爽黑人始起出房而去士執聖燭尋跡隨之跟至荒隅一穴。黑人入穴而逝不復得見士即以聖燭置于穴口。奔告房主及諸鄰次咸來觀察掘地饒深得一枯屍。無從可考人皆曰諒係此房舊主今在煉獄救助無人。故來求救毛房主卽請司鐸誦行聖祭遷葬于公墳自後此人永不復顯。

煉獄之有證以聖傳

余所謂聖傳者非他卽前聖所傳之言行示我後人者也。稽教會初時聖人第伍尼削追念亡人最為誠切尼

為煉靈祈禱主必至淚流痛泣感及旁人聖格肋孟多曰宗徒聖伯多祿慷慨勸人追思亡友對而多楞生于教會第四世。百年為言其同世信人莫不為已死親朋奉獻週年之禮其後聖亞笪納西曰吾人救助亡靈當深懷愛聖保利諸之弟年壯而死聖人書于聖代爾斐云仰懇代為求主賜伊一點之凉聖依西陶爾著書曰為死者祭主誦經教內自來有是豈非宗徒傳下者乎。且使聖教主不信煉獄之有則何以為死者之靈羹奉聖祭。而哀矜施捨乎。聖基所五可禱益于亡人者非吾所流

之淚乃惟哀矜祈禱之功也聖濟利祿云。因知赫赫聖祭大有益于煉靈故不論去世何人皆當為之求主聖寵巴羅削之妹死書于獲斯底諸日請勿流淚慟哭。惟祈主佑之由是以思歷代之聖人皆信煉獄之有而拯救煉靈者也。

故迹

聖尼各老島楞低諸方在某修院時日行彌撒盡敬盡謙。一主日會長派聖人專為建院恩人舉行彌撒是日之前夕。一煉靈出現大聲呼曰尼各老認識我乎聖人

同首視之不識其人煉靈曰我即某人之靈寶爾素相
識者也雖賴天主仁慈得免永獄之苦然吾在煉獄之
中未得升天享福懇汝明日代行彌撒以救吾靈引聖人
對曰不能會長已定不可不從也于是煉靈引聖人主
一圇獄見無數靈魂受萬般苦楚及旦聖人以所告
會長會長准于是日爲顯現之靈專行彌撒比准連行
七日皆爲煉靈七日後前日之靈復來顯現謝聖人救
助之恩然後上升天國。

聖女巴尼加片聞人死無不代求獨其父去世反恝然
置之後逢追思瞻禮日聖女閉戶誦經救援亡友是日
護守天神引聖女親入煉獄見其父之靈其父呼曰吾
女乎爾爲他人求主何獨忘棄吾也嗟吾苦極矣爾其
念之聖女聞言哀哭曰噫吾過矣今以吾苦將竭力
助父不敢再忘矣旣而問天神曰何以吾父死後常忘
求主對曰此何足異乃爾父在世惟圖世福不務神功。
故天主罰其慕助耳。

煉獄之有合于性理

夫煉獄之有于人性理甚爲相合性理者各人本性所

其之理也蓋罪有大小之別小者不可加以永刑亦不
可一無責罰者若永罰之則失之過刻于天主之至義有
乘不罰之則善惡無殊于天主之至公不合然則人有小
罪不得不加以暫罰也明矣可使暫罰未完而遽離斯
世則罰之不能在斯世也亦明矣不在斯世而應在後
世也更明矣此煉獄之宜有一也人犯大罪雖已告解
而其惡幸蒙赦宥然其罰未能盡免要必另行補贖而
後可耳便有人焉坐前獲赦而補贖未全則不當以一
廷消其罰亦不可以地獄刑其惡此煉獄之宜有二也。

人有畢世犯罪而臨終悔改者人有一生修德而稍樂
微愆者若死後無暫罰以輕重之則多犯無殊于少犯
矣此煉獄之宜有三也今世之人雖以圖報而立功懼
刑而避惡若無大罪卽可升天則小善微愆好心慢忽
而天主之榮光愈損矣此煉獄之宜有四也據此以推
煉獄之有可深信無疑矣。

故迹

上海徐文定公奉教虔誠實係中邦首倡夫人吳氏亦
一生積善可稱德配厥夫者也一日吳氏病劇作仰天

狀人間其故曰聖母降臨許我必升天國又一日交公自天來慰夫人問亡子某某何在父曰在煉獄當代為苦功求主免罰夫人聞倉卒告家人共相聽倍切熱心以救亡人出獄。

昔有一多助吾會修士大德不凡惟以救援亡人之功置之度外。且云煉靈不復犯罪何必為之感戚哉。反不若勸誘罪人更為美舉我是以惟求天主便失路之人咸歸正道耳。一日煉靈見于修士形貌醜惡莫可言傳。繞待其身不離左右修士驚恐晝夜不眠自此改意回心與前大異求天主苦己身講道勸人熱裹發怒所所行無一非救助煉靈矣。

某年聖體瞻禮日眞福瑪加利在聖體前忽見本篤會巳亡院長徧體皆火聖女一見心傷淚流如兩煉靈曰吾嘗聽汝神功許領聖體故天主准我來此求救于汝并准以汝三月之功全讓于我聖女聞受刑之故對曰其故惟三過怳聲名不專榮主一出與人相接和愛有顧一也私愛過多不能掩匿三也惟三者之中其末一端最動天主之怒三月之間聖女常見此靈不離左右。特以憐恤情深不久而神焦力疲矣院長欲減其困難行許多苦功以息天主之怒三月後煉靈免苦脫刑獄然作別許彼于升天之後萬勿忘恩

煉獄何在何時受造

煉獄何在聖教未有定斷。而超性學士之議論亦不相同或曰煉獄本無定所人犯罪之地是也立此說者證以故事蓋煉獄之顯現者有謂其煉罪之地或在山林或在川澤也然此一二故事未可為天主可使一二煉靈出獄而其餘者仍在定所也且世人犯罪不惟一處若必于犯罪之地為贖罪之區將必厯遷居不勝煩瑣罪非通論也。或曰煉獄甚尊不該下地受刑與邪魔同處則煉獄必在空隙此亦未可信也古經云余隆入地下。憐視死亡蒙主救援者以明光照之聖奧斯定解曰按此聖經之言耶穌釘死後亦降煉獄拯救煉靈也今追恩彌撒申可祭者求主曰天主乎求賜幽獄上魂脫刑免罰幽獄者地下之獄也聖多瑪斯曰聖經上雖未明言煉獄何在然考前聖所言與煉靈顯現煉獄有二一在地下。與地獄相近是為煉獄本所。一在世上

為偶居之地天主特恩賜煉靈出獄或用以警戒
生人或令人救援死友令聖教公評學士論說大抵與
聖人之意相同者問煉獄何時造成何時消滅更無可
考之據或曰煉獄造于世初而滅則無時盡此奇妙大
工明顯天主之智能為萬物燦陳之一故也如天地之
應罰之人則煉獄無用也故不造也公審判後或得升
無終也或曰不然天主造物各有其用然在世初未有
天或下永獄不復有煉罪之人則煉獄亦無用也故不
存也種種論說各有一理䮪是䮪非未敢妄鬮顧有識
者自擇可耳

故迹

聖瑪底諾述云昔一修女名曰多達死後顯現跪于唱
經之所好友之旁其友問曰吾友何故來此曰多達曰
因我生時齎與汝在此言語大犯修規故天主罰我在
此煉罪受刑今憐惜吾苦代求天主如是顯現一連
數日直至修友積德立功救此靈魂出獄而止
加布濟會修士某深夜入堂見近亡修友跪在堂隅處
恭祈祝某怪而問之曰昔予誦經分念聖體前未盡恪

恭故在此煉罪倘有人於特恩聖毫上代行聖祭一次
即可救予出獄君其為我圖之又修士名西爾維者一
日見一煉靈在聖體臺前慘然告曰惜哉吾矣惜哉吾
矣何罰不當膺何苦不當忍哉噫大義世人主將何時
除我刑乎吁爾曹修友詢得知是酷刑將何如戰慄
恐懼哉余乃某友之魂今受煉獄之刑口吾寬曾某苦
究其故則以我語言不慎仁愛有乘或以私誇尊長未
能順命所致也印懲代求會長果從其請令同會鐸德三日
庶可以援我脫刑矣會長果從其請令同會鐸德三日
內奉祭如數禮畢煉靈出獄謝會代禱之恩由是榮
升天國

第二篇論煉獄苦刑

煉火有形

濟斯德會誌記有一人因在生念聖三光誦未曾接
規低首死後罰在煉獄受苦難名
教會聖賢慨以煉獄之火為形火聖多瑪斯云地獄之
火焚惡人煉獄之火焚義人二者同是一火也然按教
會公論地獄之火實係形火則煉獄之火亦形火也可

知聖額我畧曰邪魔能受形火之傷何煉靈不能受耶。或曰有形之形莫焚神靈何則火之為性附于形火之為用着于物附物而體物。物着物而銷物物愈銷則火愈大光愈明熱愈甚物盡銷則火不發光不見熱不生若夫無形之體既不可着亦不可銷又安能透入而焚之哉。余曰凡物之用有常變二道火之常道必流然極熱以杖擊紅海海水中分如成兩岸。如是奇蹟明顯天主之全能可使世物不循常道而行則使有形之火焚無像之靈亦何不可之有乎。昔奧斯定曰神體而受形火其跡雖奇而其事實可信也譬如魂魄何以相合而為人此固人所共曉者也然問其何以成人則千古明人從無透達且人獲罪于主大都以過愛形物之故主以形火罰之不亦宜乎。

故迹

天主降生後一千六百四十一年于加納利修院中有一方濟各會修士名未亞者疾病之時同會亞生燒當侍湯藥頃刻不離及其死後倍切祈求道恩亡友一日

亞生燒在飯㕔內忽見一人遍體皆火勃然而問曰爾為誰對曰我卽未亞之靈也幸天主仁慈間在升天之數然尚在煉獄苦不堪當較之致命之刑遠甚無比若問何故在獄則以生時數次誦已亡日課未克專心也求爾代補我罪便我早升天國亞生燒聞言傅之通院舉行善功未幾未亞之靈復來顯謝生人救援之恩然後升天享福

聖女愛彼利屢見煉靈顯現一閨女名磨來當身勤勤修熱心事主世間俗事從未關心而且濟困扶危欠行

無憐朵何力強年富不幸早夭一日聖女于祈禱時間有哀歎之聲仔細聽之乃磨來當之聲也聞其言曰愛彼利乎我在火中爾其助我聖女聞言不顧恧然置之迫本神父知之責聖女畏怯過處命問之煉靈爲誰後煉靈復現聖女如命問之磨來當俱以實對且示渾身烈火苦不堪言

奧斯定會之聖女名物老宜格一日蒙天神導引親見煉獄之苦醒後嘆曰嗚呼是何刑哉與永苦地獄同是烈火同是刑役也言畢倒地人見物老宜格全體有火

焚之跡犬如手掌其時身熱皮焦無異出自火內。

煉火甚猛

夫雨大之間物之猛虐者莫火若也堅不過玉惟火銷之剛不過金惟火柔之然斯世之火天主之洪恩也遊以賜人非以罰罪其猛烈猶然而況煉獄罰人之火乎。今之精于性學者有能并合火力而消人罪惡乎聖與斯定曰斯世之艱難或親嘗或目覩或惟想像及之皆不可比全能天主不將千萬倍其力百倍于尋常之火況煉火之苦也聖額我畧曰吾意煉獄之火較現世諸難焚之跡犬如手掌其時身熱皮焦無異出自火內。

更不堪當也且其火幽黑無光坐烟致窒常炎不滅火焚莫休賠附神魂宛如軀體煉靈本無形焉。一若火為耳目火為股肱火為肺腑心肝百骸四體嗚呼苦何如哉嘗聞數十年前本省某縣叛賊未來士匪先起彼方紳士發號齊人將扨物者投于大火堆中灰其骨肉雖其人手足被縛然以疼痛非常有躍手火上高至數十尺者雖然較之煉靈之苦無異勺水于大海也何則。聖多瑪斯曰受擊之痛弗特由擊者之力以定其輕重然亦視受擊之體以知其大小體愈靈則痛愈深體愈

蠢則痛愈淺故同是一力也擊于目擊于皆為害不同然體之靈者莫靈乎神魂力之猛者莫猛乎煉火則士人之苦尚可形容哉。

故迹

昔于拉毛辣多明我院有一大德人與一方濟各會士最相契合屢屢叙談互相勉勵。一日相約曰爾我兩人先死者顯形于世示知死後何如不久方濟各會之士去世不虛所約果然發顯適值其友于飯廳中洒掃之時死者告曰因天主仁慈吾得脫免永獄然以微過未

悔今受煉獄之刑言畢。卽以其手覆于臺上忽爾手形深入臺面。一如煨紅火手加之者此以見煉獄之火猛烈也。

嘗到老滿之妹名安日拉者疾病甚危忽爾神遊煉獄見許多煉靈或在深氷之內或在烈火之中。或被猛獸嚙殘或被鐵杴裂碎種種苦刑不堪言述時有一人謂安日拉曰爾亦將來此受刑也安日拉聞言卽醒遍體驚躍苦求到老滿代求免死但主命難違安日拉竟然辭世及至殯殮聖人向屍曰吾因耶穌之名命爾復活。

言訖安曰拉應命復生形體強健。一如未病者然目是而後安曰拉加倍苦功。傷身克已苦衣帶時不離軀。守夜嚴齋為常事。身多病痛藥受無言。時際寒冬目按冰穴甚。至臥于棘上。皮破血流躍入火中。身燋肉糜者亦一而再再而三也。人責其苦刻太過。對曰此種之苦較之後世之苦。甘焉飴焉。何苦之有。

煉靈失苦

加利曰煉靈遠主之苦。古今來未有能知之者矣。聖多形火之苦雖大。然較之遠主之苦猶為淺鮮也。真福瑪瑪斯曰。萬苦之中遠主為最。何則曰。失物之憂稱乎物之美惡。所失愈美。則憂悶愈深。乃煉靈之所失者。無窮之天主。萬有之真原。神魂之宗向也。則所失無窮而心傷亦莫測耳。嘗聞人君失國。工商失利。廐人失子。往往寢不安席。食不甘味。贊戚成病。因而隕命者亦屬不少。然彼輩之所失皆微。而悲傷如是。則失天主者更何如乎。在世之人肉情固蔽。愛主不切。故遠主無憂。造靈魂一出肉身。明知天主固無窮美善。可愛無異。前居黑夜而今見明光。一時神目大開。衷情勃發。願見之意不能過

抑直似石在空中奚堪停止也。普達昧聖王切望求主曰。噫留世之時何其久。升天之日何其遠哉。吾渴想天主誠如渴鹿之望源泉也。聖保祿曰。吾願魂相離。與基利斯督同居一處。然前聖人願望之懃莫比煉靈于萬一也。再思斯世之憂。總有寬解之時。或以夜眠而忘憂。或以飲食而忘憂。或與朋友晤言。親戚安慰而忘憂。周旋接解悶多端。獨煉靈之苦則不然。無日夜之別。無慰藉之人。減苦之機。無分心之事。念念想主。念念愛主。念念悲傷不見主。一若愈思則愈慕。愈慕則愈傷不惟一日三秋。直覺片時數載也。聖女加大利納會取譬以解之曰。設令普世共有一餅之即可充飢。又使有人焉。楊腹難堪。無以餌口。越時已久。仿术死亡然生命愈延。則飢腸愈苦。聞此靈奇之餅。延欲一見以以充飢。奈餅已在頂而不容一視。則此時之憂苦更覺難堪矣。今煉靈之渴欲見主。猶斯人之渴欲見餅也。神燋心亂。終不能安。亟至升天之後。得見性命之糧而後可耳。

故迹

修士高爾撒者。聲名遠著者也。一生刻苦。半世嚴齋以

馬毯為衣常穿不脫以棘刺為裡透入其身時屆寒冬單衣之外加套衣一領曰夜勤苦臥于板上惟三點鐘時辰所飲者清水一椀所食者乾餅一塊奸此者惟葡萄五六枚而已毋夕鞭撻其身思念耶穌聖母曰內鞭至五點鐘之久撻至六千六百六十有六盞按前聖相傳此即耶穌愛擊之數也尚爾悄死後現于同會司病者曰汝生世行苦多苦功尚何復有如是重罰耶對曰吾立某修院後積聚賢貲以以許長久但此事不合會規

謂煉靈但知愛主不知愛已不愛已則不念主榮何悔之有然按他聖之言輿古來之諸煉靈于愛主之外亦能愛已故普遍天福悔恨無窮以余鄙見測之則二說皆是何則愛主之愛有二一曰友愛一曰貪愛愛者但思天主之美而愛之其愛純貪愛者因望天主之恩而愛之其愛雜譬如命聖人雖皆愛主之愛耳或者仰慕天主榮希圖永福或者細想前恩湯欲報謝或者捨生不吝以增天主之榮視死如歸用作世人之表然則相同者其事而不一者其心也則煉靈之愛主者

大返神貧之德雖疑起于心未能質之有識故罪歸于吾無能辭邪司病者曰煉獄之苦何如對曰形苦雖深尚堪含忍獨不見天主之苦甚不能當
聖會修女名高則白者夫世之後聖女巴齊見其靈魂不在天堂不在地獄亦不在煉火中但因生前幾次自甘憂鬱未能息氣放懷故天主罰其死後受此
主之苦
　煉靈自悔
或問煉靈遷天上之榮悔恨否耶余曰聖女加大利納

無不可如是也且雖一人之靈亦無不可間時而純愛間時而雜愛耳然則煉靈亦悔恨也可知噫此亦莫可明言之苦也念護守天神主保聖人與耶穌聖母等美善無可愛無窮一生敎之言念及之切願于一死之餘歎然相見奈煉靈在獄徒切懷思無異遊子思親聚違千里恨何如之然使失榮離主曰天主之意則其憂尚可解所恨者囘念生平立德之機不少免惡之法更冬如欲草上天堂何難之有以一時之惰一念之疏遲此榮福而無可挽回矣煉靈若曰噫吾過矣吾

愚矣昔日多能為善而未之為多能戒惡而弗之戒而今已矣悔何及哉若人稟性甚愚蒙恩亦少然以克持己職久巳榮耀在天吾也在修道之中哲人之蹩反不能脫凶免禁直赴主前是明哲而反不如愚昧也有靦面目何以自堪此煉靈之所以愧悔交深也。

故迹

天主降生後一千八百五十九年。本篤會司鐸斐依莫逝日吾味增爵院中一初學士見一會友之靈衣吠經之服目本年九月十八日。至十一月十九日每日兩次顯現。一在午前十二點鐘時。一在半夜二點鐘時。十一月十九日。初學士問煉靈來意對曰我因生時有彌撒七臺應作而未作至今七十七年常在煉獄余已顯于七修士矣彼皆置若罔聞不我憐憫倘汝亦不肯助我將復現于他士必至十一年後乃可升天仰懇代行彌撒七臺緘默無言七日又每日三次擊手赤足。念達味痛悔第四聖詠連誦三十日後方可休止且我告汝本院中已亡五司鐸現今皆未升天。昔有一精修士言行可風殷勤盡職及其去世人盡哀傷本修院理堂者往往未旦夙興鳴鐘醒眾。一日早起因定時未屆獨坐牀上待之忽見一人近前曰理堂兄吾即近亡某修士也在世時雖能勤守修規不犯大過。然以戀愛虛榮求墜六品覺心地不安而未克痛心悔罪故天主罰我在獄消補前愆然天主仁慈准我求此求救于汝矧轉告院長于衆修友前赦我之罪命伊等代求天主拯救我靈且我明以告汝昨日守門者偏夸未得之書今在某處爾可往取以驗吾言豈知者曰。理堂者不告一人惟自忖曰余所見者夢乎吾乎。是日之夜煉靈又現益加苦懇曰理堂兄爾待我過忍矣仰懇速成吾願盼復多疑守門者所失之書吾已取之可也及旦理堂者以所見所聞詳告院長并呈示其書以為實據院長命衆修友同行彌撒祈禱等功以免煉靈之苦。

煉靈受魔害吾

論邪魔入煉獄與否學士之議撝不同。或者曰煉靈有過。在獄受罰使魔鬼為刑役何不可之有且煉靈之現世甚多謂其被害于惡神者亦復不少。則邪魔亦入害

煉靈也可知然按聖多瑪斯之意不然曰戰勝敵人者
不應在敵人之手乃煉友于臨終之候克勝三仇不從
魔誘則勝功巳備而天福可保矣使天主仍許邪神施
害是猶以勝將功臣授之冠賊豈仁慈天主而肯為此
乎勿謂人罪至重非魔害不可盖天主全能豈少罰人
之且再思惡鬼恨人娼其享福若其殘害煉靈是使之
補贖早完速升天國是豈惡神之本心哉雖然以余測
之地獄邪魔本不能入煉獄然使天主准其施害以罰
人特出之罪亦無不合于理此二說不甚相違似可並

立也勿謂多瑪斯聖論昭昭莫能違挑盖煉靈在獄非
以其戰勝而罰之然以其戰敗而刑之則前日從魔犯
罪而今日被魔殘虐于理何不合之有至于魔鬼恨人
誠是也余且正因魔鬼恨人切願于煉靈升天之前一
肆其毒蓋既升天國則欲害無從矣
　　故迹
聖多明我會中有一修士克己太嚴釀成久病一年之
內忍苦異常一日求主牧其靈一天神下降云或在煉
獄三日以補前愆或受病苦一年聊以補過天主仁

准爾自擇病者對曰吾願三日居獄而不願一年病苦
也言畢去世既入煉獄猶未一日天神降獄視之修士
咤曰爾非天神實為欺人惡鬼曾許我三日之後出獄
升天迄今巳多年矣尚在煉獄此何等欺誑哉天神曰
爾訛其爾死尚未一日但煉苦之重惱汝之神一日而
若多年之久然天主許爾回世以病苦代之其人果然
復生一年之後補贖既全安然辭世
超性學士咪到利諾早入修院德學皆全按本會修規
該于定時以鞭自擊但咪到利諾數次自寬苦鞭未用

及其死後罰在煉獄而地獄眾神各來重打一鞭以責
其自寬之失
　　煉獄之苦至重
前聖人論煉苦之大有令人箠胆驚心不堪想像者矣
聖奧斯定曰一開目一閉目之間煉靈所受之苦較甚
于老楞佐火牀致命又云煉靈之苦較世人所見所嘗
所能想像者遠甚無比也聖多瑪斯世至大觀難聖女加大
利納曰儞非天主默示古今無一人之舌能言煉苦之
一毫苦雖至微小者亦超斯世大苦

大吾蒙天主示知萬一。然不能以言語告人也聖文多拉之論煉苦非若是其嚴厲其言蓋曰如謂最重之煉苦更重于至重之世菩薩是可信然謂至小之中功多德盛大于至大之世菩吾不信也試思去世入中功多德盛而或一念之微德求行補贖者豈少哉然豈以此等微德受煉獄非常之苦超出斯世諸難哉吾恐設是恕乎致辱于至仁天主矣耶穌會大學士蘇亞來治曰煉苦與世苦既非同類。不可一例以比之譬之金鋼不可比以小石何則。一物非同類者也雖然可以小石為

山高巍至極而其價反超乎金鋼一塊至于煉苦亦然本不可與世苦比惟重然使世間諸苦聚集一身豈不較煉苦之至微者更為難忍予哉聖賢之議論如是然皆推測之辭非一定不易之道余不欲過從苛刻徒生畏主之心亦不願過恃寬容以致身後之悔旦願諸信友畏主不離夫愛主而懼刑思所以免刑也

故迹

賢女格利斯低納奇恩滿被貞潔如神。一旦病亡忽爾復活後自述曰吾自氣絕之後天神引至幽獄見受

苦之靈多多莫計內有舊相識者亦復不少其刑罰之重莫可形容。余目擊心傷問天神曰此係何處天神對曰此煉罪獄也少頃又至一獄亦見有相識之人在彼忍苦。天神告我曰此永苦獄也少頃天神引至生前見吾主和顏納我曰或在此享榮與吾偕樂或復生于世代行補贖救汝所見之煉靈且立表示人使罪人自知悔改二者皆可任爾自擇。余既對以願回斯世天主即命天神引吾靈魂回世是日某神父在彌撒中。初次念天主羔羊云吾靈猶在天上及三次念畢吾靈已歸

肉體自死復生矣格利斯低納復活之後苦身無度自視如仇置身烈火肉腐皮燋或投入滾水慘號哭泣節屆寒冬。居深冰五六日道經風重受輪擊兩三時甚至中夜獨興佯作盜態使鄰犬噛之血流皮破者不止一次種種苦刑不堪枚舉遊德備功主安然辭世時天主降生後一千二百二十四年

昔有一苦修士熱心盡分超出等常適值院長公出忽染急病而終及院長歸後眾修友齊集公堂顯行喪禮忽爾死者顯現求院長赦罪因死前未告解也院長驚

惶至極意念赦罪之經死者求命補贖院長曰請居煉
獄至爾埋葬之時死者聞言大聲哀號曰嗚呼是何補
贖哉是何補贖哉其哀聲之大聞院之人皆聞之
昔有二修士克已苦身嚴齋恒修已以外專務救人
濟困扶危常行不倦因兩人志合道同而互相親愛無
異一人後一修士疾病天神降慰爾汝死後不應久在
煉獄只有彌撒一臺即可升天益汝一生修已愛人功
多罪少也病者不勝忻喜速召其友而告之并懇代行
彌撒萬勿延遲其友允諾失不食言翌日昧爽病者去

世其友趨赴聖臺速行彌撒禮畢方在謝主時亡者顯
現光明如日然怒容責友曰吾友情誼何在約信何在
既許速行彌撒何以待至一年之久耶
未數刻豈有一年之久耶僞不信我言爾屍猶在堂上
往視可也死者聞之天聲嘆曰嗚呼煉獄之苦何其大
哉不數刻而宛如一年之久矣

煉苦漸滅與否

煉苦漸滅與否明人之論說不同或謂煉獄之苦自始
至終不增不減入獄時受苦多少至出獄時亦如是多

少也或曰不然煉獄中失苦與覺苦皆能減損蓋失苦
者不見天主之苦也煉靈在獄愈久知見天主之日愈迫
既知見主之日愈近則盼望愈切而其憂減矣此失苦
之所以可減也若夫覺苦亦何不可減之有何則煉獄
之火其大小其性能著神體力之大小全隨天主之聖意
然天主非不能按人罪之重輕則靈魂在獄愈久
贖罪愈多而其刑漸減亦理所當然也再者熟心人流
淚哭泣聖教會奉祭獻功豈天主仁慈不生哀憐之心
而稍減其苦哉此以知覺苦亦能漸減也

故迹

聖瑪拉加之姊不欲聖人修道多方阻之聖人堅志不
從誓不相見聖人初壓六品後壓鐸德未幾其姊去也
聖人舉行彌撒以救其靈越時既久聖人不復求一
夕夢中聞聲曰爾姊在庭巳三十日不得飲食矣聖人
醒後囬思不助巳姊適巳匝月因知夢中所聞非肉軀
之飢渴而實神魂之飢渴也由是復行彌撒為姊所求
其姊穿灰色之衣立于堂內然未能附近祭臺又越數

曰見其姊衣白如雪而與榮光之聖相參爲伍矣
眞福瑪加利大見修友之靈禁囚煉獄或以疑議尊長
順命有虧故不得聖母之轉求天神之慰顧或以待人
接衆仁愛未全故不得修友之輔助代禱之洪恩又且
一修女之靈在獄忍非常之苦問其故則答以三晋接
往來多傷仁愛一也守規盡分謹慎未能二也不專修
德求逸貪安三也因此三罪天主許邪魔于臨終之候
三次誘之殺犯重罪幸在生素敬聖母故聖母三次救
之方能脫免。

第三篇論煉靈景況

何人之靈入獄

學士益利日納拉克登削等意人死後除耶穌聖母之
外皆經煉獄聖善而設伍。一日夢見升天路上大火充
盈上升者無不過火惟神魂清潔無可滌之罪者不受
火焚之災然爲此富而穀伍者洗後犯罪雖蒙赦者而補
獄也然今教會公評惟人領洗後犯罪雖蒙赦者而補
贖未行者應入煉獄其餘或大罪未除而入地獄如外
教人異端人大罪人等是或罪罰無存而直上天庭如

致命聖人受洗聖寵淸潔聖靈等是但天主之判八迥
與吾人之臆斷聖經云天主之目明于日蓋其純聖無
窮淸靈莫限微疵必罰小過不惟吾等罪人皆入
煉獄即聖教大德之人亦有不免煉罰者叅聖女德肋
撒得見死人之靈甚衆惟見三八之靈置上天堂其三
人一爲聖伯多祿達而見德一爲多明我會修士一
爲某司鐸皆聖德不凡神形潔者也又一日聖女見
人靈之下地獄者衆多如墜雪而下煉獄者多如下雨
昔多明我會中有鹽南者死後現于聖伴德冷曰吾入

煉獄別無他故因按會規止穿麻布而我當以毛布爲
裡衣也又一修士在獄受刑只以不求准許私打苦鞭
數次聖女達彌盎之妹亦聖女也素居聖堂之側屺堂中
作樂聖女履厚喜聞依依不舍此亦經情適意之一端
也故死後罰在煉獄中有八日或曰人獲罪于天主靈
魂與肉身兼其事何以靈魂受煉獄之刑而肉身獨
安然歸土乎曰靈魂有自主之權可以行善戒惡肉身
則本無知覺惟隨靈魂之指使而已則罰歸靈魂不歸
肉身亦理所當然且肉身歸土雖無痛苦然亦刑罰之

一類也。

故迹

昔在大法國巴利城內有一方濟各會修士熱心事主比衆不同同院之人共推爲有像天神及其去世一超性學士想其人一生清潔無罪當躋故不爲之擧行彌撒盡按會規尼修友去世同院司鐸該行彌撒三臺也一朝學士在園中朗念玟見死者顯現哀愁曰吾仰怨憐視我苦對曰豈吾平亦應受苦耶煉靈曰吾在煉獄火中俟爾三臺彌撒學士曰倘吾知汝亦需我助

必已早行彌撒何待至今但念爾大德非常一離斯世直上天堂是以未行也念當日殷勤祈禱忘切誠意者非汝耶克已苦身自視如悅者非汝耶對曰然是也然審判之嚴無人能料吾人至善之工天主亦以爲多失嗚呼天主目中彼濯濯者猶爲不潔而況人乎天主欲吾等在獄直至未刻雖然煉獄中自怨者則有之而怨天主必無其人也倘雖不見學士趨入聖堂速行彌撒後一二日

亦行之第三日靈魂又現榮耀非常巳非昔時之景像矣。

煉靈何時出獄

設令煉獄之刑亦不久卽脫則雖屬兇猛尚堪忍然而在獄之時未可知也所可知者煉苦非永遠此煉獄之與地獄所以別也煉獄之刑總不過公判之日蓋如奧斯定有云凡得罪赦之後猶該暫行補贖或行于斯世或行于他生或半在死後然從未聞公判之日尚存煉獄之刑也又可知者人之罪過輕重有殊

故煉罪之刑亦不同等久暫亦不一也雖然但知久暫之不同而不知其如何不同何則天主能減少其刑而以久罰微過亦能增益其刑或以暫苦罰重罪或按常道而行罪重則刑久罪輕則刑暫或有云煉靈在獄不過數刻此並無考據不可憑信今教會之意數數聖靈外居獄之時均非甚短是以人死百年之後猶爲之祈求奉祭或有云煉靈在獄多不過一年嗚呼明我會學士沙刃以爲人在煉獄多不過十年然超性二年在猛火之中豈不若百年之久乎而不特此也

明人皆以為謬論誠以煉獄之苦不可以十年限也
考煉靈人世顯現之迹片刻在獄者有之數載在獄者
有之百年在獄中待至公判之日然後可出者亦有之總之受刑之期天主定之亦惟天
主知之天主未嘗示人人亦無從可測耳或問既入煉
獄問能暫來斯世乎曰此不言而喻古今來煉靈顯現
者甚多不入世能顯現乎又問煉獄靈魂能復合肉
軀而重生乎曰能益吾主在世及古之大聖活死者多
人當其人未活之前靈魂不在天堂亦不在地獄以入

此二者不復能出也則其靈魂諒必在煉獄中也。
故迹
昔興爾蘭有一貴人素守教規多行善事親率兵攻
斥興端去世之後葬于奧斯定會堂內三十年後聖女
愛彼利到堂祈主毋見一老人立于門側身披舊衣一
領一若遠行者然但見其容貌感然無由可解疋聖女
入堂必求救助若聖女咨以不能則不欲也
非不能也如是者再三聖女命聖女問老人姓氏聖女
乏人耳既而告本神父神父命聖女問老人姓氏聖女

如命問之對曰我為某人之靈在煉獄已三十年矣因
我生前每逢瞻禮日喜穿華服昭耀一堂故也
煉靈不能立功
煉處靈魂雖忍極大之苦不能增一毫之功此亦古新
聖經所明示吾人者也古經云死者不復有知不復增
其賞報聖曰路宜莫解曰此人在生可成義人一死之
後更無為善之機矣新經有云後至矣不能去世之時
人墓所日路宜莫奧吾斯定等皆謂夜者去世之時也
不能作為者言人死後不能積德立功也聖女加大利

納日能西感念煉靈之苦云鳴呼倘煉處靈魂能以上
等真悔消其罪過之瑕則不多時而虧欠皆除神魂清
潔矣益煉靈知遠離天主何等傷悲故其痛悔之真誠
能使驕息間盡消其罪穢然而不能也天主至公不因
其悔過之情稍免其罪罰吾于是嘆世人之愚矣在世
之時雖一念之微勳可以增功補過及在煉獄苦無限
量而功業無成是猶殺人于公庭者不肯一言求赦而
反甘隕命服刑也豈不愚哉吾友其及早圖之
故迹

賢女方濟加自幼感煉靈之苦拯濟甚殷居恒誦日課之經歷久不倦平日嚴齋不啻肉味以鞭自擊必至血流猶念自己一人力有不逮是以勤勉同交屢屢不休煉靈知其博愛往往求助而求可奇者當方濟加疲倦不堪閉門稍歇則煉靈待于門外不敢直徹候其醒覺然後敢入賢女問何故久待于外不遠呼醒煉靈對曰爾也筋力已憊目當稍歇吾儕永恩不尐何敢過煩乎更可奇者煉靈發現之狀明顯其在生所居不位前爲鐸德者身垂火帶宛然七品之衣則爲書記者手持火

筆無異儒生之廣種種情形不勝枚舉惟方濟加知其來意而一一助之
賢女巴羅徐其父死後多行功德以救其靈旣久諒父已升天不復念及一日祈禱時耶穌與聖女加大利納領巴羅徐親入煉獄見其父之靈溺于火海巴羅徐一見心復高聲呼且吾主吾恩主求赦我父吾願代行補贖不忍吾父受苦也又求聖女加大利納轉求天主主因聖女之求遂賜此靈出獄

煉靈無罪無惡

人于犯罪之時兼取二害一曰罪惡是神體之玷辱也一曰罪罰大罪則永遠小罪則暫時惆于告解時大罪已赦則永罰改爲暫罰夫煉獄中之有罪罰固不待言而可知惟夫人于臨終時多惛亂不明或加犯罪惡非聖寵不赦然而其罪之惡不得赦于生前而必存于死後然則煉獄中亦有罪惡存也耶穌會大學士蘇亞來治及聖女加大利納旨能以聖寵爲我人死後靈魂一出肉身天主賜其眞悔旣以聖寵而消除其未赦之惡

故煉獄中只有罪罰而無罪惡也且煉靈旣入煉獄不復增益聖寵則接前一說之意或煉靈之惡永不赦宥或不加聖寵而天主除之二者皆不可信何如若永不赦宥則大堂上亦將有罪惡矣旦不謬哉若不加聖寵而赦之則人雖臨終惛亂之際大主亦可免其罪惡何必待至煉獄中哉夫善人于氣絕之後必發上等愛主之情有上等愛主之情則可以消尤補過菲然者將死後初刻天主不赦其惡而必待至他日吾不知天主何故而然也今超性諸學士皆曰煉靈不惟無惡且

不能犯罪盖如前章所言煉靈雖忍受苦不復立功然使不克立功但能犯罪則天主于仁愛之心有所不忍而于公義之德亦有所不待也况既犯罪過則應失天堂之福而在煉獄者反將轉至地獄此非畢教所深惡而求赦而已亡廚司顯現告以飲食之後誦經以短代

故迹

昔在露斐院中一修道廚司因烹煮事煩周旋人少故每于飲食後念一短便誦聖不念會規所定誦味痛悔第西聖詠及其死後人聞廚房内大聲喧闆初不知何自

長之事并云我在煉獄受極苦之刑幾將失堅今求同會諸交每日一次代念我未念之經一年後方可休止眾修友間亡代誦聖詠終年不息嗚呼一經之缺文罰多哉可不畏哉

煉靈代人求主

聖多瑪斯謂煉靈不能代求天主因煉靈在獄非同工而為忍苦非為代求天主而為順承主命耳之人至臨終不念他人之利害賊在刑下但思己體之痛傷至于煉靈亦然身居煉獄但知烈火縈身號求何耶

念及我人代為求主耶且煉靈未見天主不知吾人所需不知所求也夫多瑪斯以煉靈比將死之人受刑之际似可有所不合盖煉靈樂行主命雖苦亦世耐非常心思不紊常念天堂之禍時發愛主之情設使專想聖經上一富人在永獄之中猶能思念家人求哉再思聖經上一富人在永獄之中猶能思念家人求賜到家訓示肵使親朋從惡同入獄中夫豈煉獄之靈反不若地獄中人乎如謂煉靈未見天主故不知所求此亦未必然者方其在世之時親歷世上艱難之優多

問則雖細事不知而未嘗不知吾多艱則可以代求矣足以蘇亞來治箋不從聖多瑪斯之說而信煉處靈魂能為人代求天主也或問煉靈中能互相代禱否耶日學士于此更不合意且彼此皆臆斷之辭而無可憑之據以鄙見測之則不能相助何則使煉靈互相救助則因其覺苦最深衷求最切未幾而煉靈皆得脱刑上升天國何必求助于世人哉

故迹

聖達彌益日昔有一克老你修士一日遠行出外將渡

甚覺安心也裴衣主教勃拉而孟曰聖教謂信友之靈
寢于安眠倘煉靈不知已將升天則失望亦難免矣酒
得謂之安眠哉再思人靈一脫肉身卽至主前受判親
聞天主定斷判其或降或升故升天與否不得不知也
或曰煉靈忍苦至極一心苦竟不知己在何地此說
非也聖額者羔記載煉靈之迹多有顯于生人求其代
禱者倘煉靈不知己在何地亦不知生人之功神益與
吾豈復求世求助哉或曰然則煉靈亦知出獄之期乎
曰此事不可考若以鄒見測之天主極愛煉靈一如好

之時見已亡主教名舍楞者候爾顯現修士不勝驚
懼回思舍楞大德人也豈死後亦膺重罰乎正傍惶
無措之際將死者謂之曰請伸手與我使爾親嘗我苦言
訖卽將修士之手壓于水中修士立時縮手覺疼痛異
常無異手入火中皮肉皆廢修士驚嘆曰嗚呼主教在
世積德立功何以受此劇苦哉答曰其故無他但以事
務紛紜每于午前念完日課未能按時分念以合聖教
之規故天主罰在煉獄望爾同友懇切祈求天主速脫
是刑是爲萬幸我亦將懇求天主速愈爾手焉

第四篇論煉靈神樂

煉靈知必升天

斯世義人所最不安心者恐不能至死立功幸獲天福
倘一天神從天下降告以必升天堂則必悅樂異常滿
心喜慰矣凡一聞言八日內不思寢食不顧他事惟俟
于修院中終日咏經謝主且口不絕聲卽天國乎天福
乎吾將享受于無窮也今考學士之說煉靈自知在升
天之數聖多瑪斯出來治云煉靈明知已有聖寵將得永福而

友倪以不得已而置之幽獄必告以脫刑之日以慰煉
友之心且煉靈顯現者亦有知在獄之時應至何日
因親友之求天主減其時日耳

故迹

眞多舍楞有一溫泉往浴者甚衆。司鐸亦屢屢往浴
偶遇一人面有憂色過旋晉搔恭敬之至如是者一而
再再而三。鐸德自忖曰此人待我甚厚吾將何以報之
只有乾麵在家不妨以此持贈一日復至浴所其人相
待如前浴畢卽以乾麵贈之謝且是麵也于我無益反

不如以麵為餅以行彌撒則可大益于我矣鐸德曰是
何言哉對曰我為溫泉舊主在此受煉獄之刑仰懇代
行聖祭以助吾靈倘神父來此不復見我則可知我已
升天矣鐸德曰堂日行彌撒七日後復往浴所不見其
人則其升天也可知。

煉靈願行主旨

煉靈于極苦之中知係天主之意故甘心樂愛緘默無
言聖伯爾納多曰欲天主所欲是肖似天主之德若能
喜悅天主所欲是直與天主同情矣若夫煉靈雖無
罪

撒格將彼亞巴耶殺死因知天主之命未當一舉手以
衛其身。一舉足以逃其命吾想煉獄中雖有萬戶千門
可以逃遁煉靈亦不願早出偷入天堂也蓋如聖女加
大利納所云煉靈倘有微罪未贖則煉靈不愛升天而愛煉
獄也

故迹

昔有一童年修女矢志守貞神魂清潔可比天神舉措
行為動人觀感同會修女莫不推崇天主愛其靈魂速
便其人去世不染人間穢習早脫世上虛淫既死之後

受刑亦所不辭況有過而在煉獄乎前致命聖人因知
自己之苦節為天主之榮故不但受刑無慍反恨刑不
多時未幾將死窺其意直欲受至世盡而後快也然煉
靈之樂行主旨更甚于此聖女加大利納曰能西曰除
在天神聖之樂外莫如煉交之樂為最潔最大譬之惡
病者服藥夫藥非不苦也然知藥之樂可以療病故雖苦甘
嘗焉猶之病者受剔非不痛也然以不剔不能
痊故雖痛亦樂受焉乃煉靈知所受乃可以消除其
罪故愛之知靈奇之藥石受之如天主之洪恩無異依

聖女日多達見其靈魂站于耶穌座側白衣如雲徧體
光明。但俯首視下。不敢仰望耶穌聖面聖女見而奇之
何耶穌曰吾主乎此女在生盡舍所有以事主盡召伊
亨見聖容以示慈愛乎。耶穌果召之曰。耶穌既召何
執只低首唯諾而巳聖女更異之此曰耶穌既召爾何
固執不從對曰寬吾有微德未贖安可見至潔無玷天
主羔羊從知煉處靈魂甚願忍苦用以全補其德尤也

煉靈忍苦榮主

凡愛主真切者見不拘榮主之事無一不戀慕深之但

天主之榮不特于加恩時顯而亦于加苦時顯也加恩
時顯其慈愛加苦時著其嚴威煉靈愛主至切常顯嗟
主見己所忍之苦難中顯榮天主故其悅樂情深竟難言述
古聖名們曾于苦難中自慰云既于主仁惠于中受其
恩德何不于大義乎中受其嚴責耶前聖人克己苦身
常行不倦此非人之本性樂于苦楚但知苦己即所以
榮主故覺愈苦而愈甘耳盡忘己之難而惟圖所愛者之福是
以保祿聖徒寧為天主所棄而不忍本國之人沈于差
謬楊惡古聖自願名除天賦而不忍天主之民同受
滅況煉靈之愛天主遠甚于此也則其甘受諸艱
榮主更何如哉

故述

昔羅瑪府人每年聖母升天瞻禮日前夕集伍成群各
持一燭遊遊城中聖母所朝拜聖母大堂某年遊堂時一
賢婦見已亡代母亦在同遊者之中心甚異之欲與之
語但人多擁擠欲近不能只得退在堂階候其經過衆
人既出果得相逢婦人執其手而問曰汝非我領洗代
母乎對曰然婦人曰聞汝已死年餘何以猶在此世對
曰因我幼時曾數次言語不端心思邪僻難蒙罪赦而
補贖未行故自死迄今常在煉獄中蒙聖母大慈轉求
天主賜我出獄所見者惟我一靈然與我同出煉獄
者多如本府人丁之數今我儕同朝聖母大堂報謝其
無窮恩德賢婦聞言將疑信代母曰毋疑我言爾于
明年是日亦將去世可以此言為證賢婦聞之不勝驚
懼離俗精修克己苦身勤領聖事至明年聖母升天瞻
禮前夕果然得病瞻禮本日安然辭世

煉靈契合天主

大抵賢聖之人在世嘗天福何者以其契合天主念
念不忘身在世間神遊天上然在生時總有肉情相阻
不若煉靈離醜身契合天主更深深當家聖寵之光照其靈性時
發愛慕之意達于主心其信德最堅望德最切愛德最
熱謙德最深順命之思最為美善補過之意最為度誠
此其情皆契合天主在獄無異在天也樂何如也苦人
傷力濟各一日上契天主人以煨紅鐵板加其身聖人
默默不知如無覺此無他因其心專愛主而不覺肉

身之痛也苦然則煉獄靈魂雖不能因愛滅苦而無不
可也愛生樂也且居獄之時愈久則升天之日愈近因
而想望愈切悅樂愈深至于煉獄中有犯過大罪永獄
應入而未入者其慶幸之情更難推測也

故迹

多明我會一修士去世已久現于其友曰按本會規
矩得新鞋該以舊者還之公處我以舊愛情深兼留
舊故天主罰在煉獄前赦者我罪又懇何會諸友敬
呈示院長求其于衆友前赦者我罪猶在床下請以
苦樂如何能兼

行彌撒等功便我早登天國言畢不見諸會行功既
畢此靈又現謝衆友救助之恩而勸以恒心修道
吾人在世之時靈體之神能早爲肉身阻薇疾痛在身
者心思亦爲之煩悶身體强健者神靈亦爲之忻然是
以極樂極悲不得同時兼有然天主之權能超乎人性
之道可使于極苦之中兼菅極樂如耶穌于山園祈禱
時憂悶將死然其靈魂仍享見天主心怡神樂也又觀
致命聖人受苦愈多忻喜愈甚聖安德肋見十架在前

將受釘死曰呼可愛之十字架吾想慕已久等寬已久
矣今日幸而得之豈不快哉聖老楞佐在火炷上半體
已熟向虐主曰此刑非刑實為吾喜樂之緣此火非火
實爲要清凉之福致命聖女依納爵亦云吾願大火焚身盡
爲灰土願飢虎凱獅裂殘軀體四肢分析諸骨消磨亦
願群魔害我盡肆其忿恨之心吾將歷受諸難而心甚
安樂也夫此致命諸聖雖未脫肉軀尚能兼承苦樂況
煉獄靈魂已脫形骸之累者乎聖女加大利納曰天主
賜煉靈非常之愛爲其喜樂之由然喜樂雖深毫不
減

煉獄之苦也

故迹

昔有一修士守規盡分不等尋常但以秉性遲鈍事多
簡慢院中飲食各有定時鳴鐘衆集惟此修士或誦經
將終而至或誦經既畢而來迨其去世人聞其冬年修
道必得早升天堂詎料一日鳴鐘飲食修士齊集而死
者亦現次坐其側者毛髮蓬然魂驚心亂飲食畢照
常誦經誦畢死者不見如是顯現一而再再而三已止

數次但每次主時必後人片刻院長不解其故張皇無
措齊集老修士公同商議曾不能對內有一人曰彼在
世時每後至飯廳或天主因此罪過罰在煉獄未可知
也倘院長俟其復來命以補贖不亦可乎院長然之明
日飲食時果現院長高聲命伊跪下顯行補贖死
者從命之行畢謝曰謝院長命我補贖之功而今得
出獄升天矣言畢不見。

第五篇論救煉靈說天主

救煉靈緣由

前聖有云于拜天主敬聖母外惟拯救煉靈之功為最
大。五傷方濟各曰。不代煉靈祈禱者難必其為天主之
人也聖奧斯定云。奉祭嚴齋濟貧扶困以救煉靈其功
寶盛遠出尋常何則恩及煉靈即是報恩于天主盖
煉靈為天主所造依其肖像又為天主贖被受艱難。
今日罰在煉獄非天主所愛有憐實以公義有所不得
已然則救助煉靈者是救天主所愛之靈非天主所甚
悅者乎。譬如一富人之子。忽遭大難窘迫一時有人焉代
為經營助其脫患富人聞之豈不感激不忘多方酬報

升。再思煉靈于升天之後讚頌稱揚光榮天主煉靈早
升一刻增主一刻之榮早升一日增主一日之榮則助
其早升者豈增主之榮也且助靈之功不惟天主悅之
即聖母與諸神聖亦甚悅之何則因靈魂升天永為天
神之伴侶諸聖之友朋其相讚主迄于永世則一靈上
升而衆聖相慶則功之大者莫過于此矣吾子既愛天
主敬聖人何不與以悅榮之緣哉。

故跡

耶穌聖嬰示聖女羅納知貴人某罪大惡極大動主怒

四月後某日某時必將去世命聖女格外加功代求天
主聖女勤求不怠奉命不違定期已至天主使聖女一
身分居兩處親至貴者之家勸其真心悔過以備善終。
迫貴人死後聖女見其靈魂入于煉獄但以罰嚴刑重
心亂神惜竟不知已在何地聖女倍切祈求援救此靈
出獄煉靈出獄後現于聖女謝其救援之恩。

救靈之功最美

哀矜之功分神形二等但以入靈更尊于肉體故神哀
矜更貴于形哀矜然按前聖之意神哀矜中。功莫大于

哀矜煉友何則人在生之日尚能行善立功。既入煉獄則不得增勤贖罪譬如有兩人焉將成餓莩。其一尚可步行不難乞食其一則不能匍匐無自求生二人之中不能自救者更宜撫慰至于煉靈亦然雖受極大之刑不能增上天之福況煉靈為天主之忠臣耶穌之好友聖母之孝子神聖之良朋凢被澤之人愈尊則加惠之功愈感煉靈既尊貴若是則救之之功豈不因之而增貴乎更思哀矜世人者恐其人貪財無度轉眼忘恩若夫煉靈則感戴情深無不酬報聖經云求賜亡人脫罪是聖而有益之美意其斯之謂歟。

故迹

昔有一兵雖身列行伍而事主最誠其于誡避罪也定立志意凢過聖堂必入堂誦天主經一遍以救煉靈定志後久行不怠。一日與敵交戰他卒皆亡而其一人獨存焉適在逃奔時路遇一塚肉有聖堂按前日所立之意宜誦在天一遍然大敵當前不能延緩一轉念以為寧願致危而不可失此愛人之德于是敬跪墓前恭誦天主經一遍誦經未畢敵人追至豈知事出意外見敵兵不惟不前而且退去迨爾國和好兵卒相會問及前日退去之故敵兵對曰因見墓上無數兵勇操戈靴劍圍繞爾身故不敢起手也爾者皆謂此一陣兵勇無非煉獄靈魂氏

救煉靈獲大益

聖經上預言公判之日謂是時耶穌將向善人曰爾曹為天主聖父所福者咸來登天國昔吾裸爾曹衣我昔我疾病爾曹醫我我飢渴爾曹飲食我我被囚爾慰顧我此言哀矜貧困者猶之加惠于耶穌而報以天國也夫哀矜世人者其功尚然哀矜煉靈者其功非更大乎當知煉靈于被益之後必然感德非常在煉獄苦中。先將主報我間不然煉靈之護守天神亦將為我祈禱迨煉靈既升天國不特當我生前代求我即我入煉獄之後亦將交給大員綏急有助吾儕之同升天世之人孰不願交給大員綏急有助吾儕之同升天堂而後日今不少三仇之悶犯罪之機誰不望神聖在天默中賜作乃救助煉靈實與煉靈為友將為天上主保也亦勿謂補贖之功既讓煉靈則吾入煉獄不能早領天福因天

主至仁視我讓功之美意將減吾應受之重刑昔力濟加一生功德盡讓煉靈至臨終時魔鬼誘曰汝一生之功盡耶穌讓他人及汝死後將忍苦于無盡矣聖女被誘憂甚耶穌立現慰云汝安心無慮汝能仁愛待人余獨忍心待汝耶。

故迹

昔勃爾大溺庶有一仁人雖身居世俗事務紛紜不救助煉靈父母不倦或為之祈禱誦經或為之哀矜施捨或為之克己苦身嚴齋減食氏過墓前未有不跪誦經

文代求天主一日既染重病邀司鐸以全終禮時在半夜本堂神父有故不能親往只差副司鐸恭捧聖體往送病人聖事禮畢神父捧聖體回堂過一義塚爾躑躅不前如有人陰中阻步者輾眄視之則聲影全無少頃墓前聖堂門從中自闢開聲呼曰爾曹枯骨盡起立爾曹在天草福者齊來此回為吾極大恩人祈求天主言畢墓中枯屍應聲皆起同曰諸聖神父今爾等各歸本所是時燈燭皆滅寂寞如故神父始能移步

捧聖體入堂時有人來報曰病人已死因知所見非常乃煉靈顯現以示其報謝斯人之意鐸德見此異迹深感世事之虛神功之寶立志離家修道至死不返焉。

第六篇論代補已亡

代補何意何益

凡行一善必有三效一補過之效二蒙恩之效三增榮之效所云善者以生人苦因之工補過之效獻于天主求免煉友之罰也在天神聖雖能代求天主拯援煉靈然不能忍苦立功。故非代補要惟呈獻前功或獻耶穌與諸聖之功求主垂憐亡友耳。至于在生之人則不然能克己苦身代行補贖因此皆煩苦之工故得稱為代補至論代補之益則賢聖之定評可考衆教友共信無疑聖奧斯定有云聖教之求聖臺之祭與哀矜之功可以裨益亡人無惑也盡聖教有諸聖通功之義不特與生者相通而亦通于死者也。

故迹

昔某修士自目羅撒楞將回本國路過大風飄至一島偶遇老年隱士與之數次叙談隱士曰君識奧弟郎及

克羅你修院平對曰識隱士曰聞鄉之後請告伊等加功切禱救助煉靈盡余在此聞邪魔萬方百計殘虐人靈且屢次怒曰可惡哉奧斯弟郎及其修友常以祈禱哀矜等功奪出靈魂于我手修士歸後盡述所聞奧弟即命所屬修院懇切代禱于諸聖瞻禮後一日加倍神工公同求主多行彌撒救助煉靈今日追思瞻禮由此造端也。

昔有一婦生一子。性情敦厚伶俐異當不幸早夭哭之不已。一日在路上見許多青年人前者往後者隨意氣揚揚甚為得意惟其子步厭後塵不堪疲倦婦即呼曰噫吾子。何獨徐行乎。其子回首示以一袪清水曰此即吾母之淚阻我前行也頃其徒哭不若講神父恭獻彌撒并行濟貧等功可以救我免苦言畢不見知此靈愛罰實因本罪所致非為母哭而然所云母淚之阻其子者非真阻也惟不助耳。

代補者該何如

欲得代補之益先備有三。一代補者須無大罪在身而靈魂上保存聖寵蓋天主至尊無對至潔無滓不肯于罪人之手收其污穢之工也。二所獻之工本當合理不合理不得獻于天主三行工之前當有讓功之意不然功歸行善之人而無益于獄中亡友其餘要備學生未有定說茲故不陳但知同一善工未必同一益效因益效之大小不隨外工之多少惟隨聖寵之等級與愛德之深切者耳。吾顯熱心教友素無大罪之入冊日早晨立一讓功之意即將終日所言所行所誦經文所忍勞苦。凡可以贖罪消愆者盡讓于煉獄靈魂則讓功者為無難而收效者感恩靡已矣。

故迹

昔有一濟世德爾會修士本性忠誠素愛聖母守規克己大懍主心天主欲玉成其德增其死後之榮。令其受人欺抑及遭疾病等難凡聞雷聲心驚若死而上一惡瘡皮開肉皆腐。一年內總有幾月獨處病房避八目鼻一日念日課經後既悶病房追念生平多失不禁心痛淚流忽見許多修士雁序成行經過房內而本院近十餘修士亦在其間卒有一修士近榻謂之曰爾所見一班修士皆係本院修道之人我儕雖有升天之望而

尚在煉獄之中以爾等修友求能熱心代禱故也若爾
輩依然怠忽不速改遷不特我儕生怨而天主亦不能
舍忍矣最或動天主之義怒者匹念罷德肋費寬斯彼利
多聖三之名或徒行俯躬之禮毫無恭敬之心或身背
挺然不作謙卑之態甚至左顧右聆神惛熟睡者亦有
之請速訴院長嚴治之處不然天主之重罰難逃也言
畢不見病者速起大堂求主跪于祭臺前流淚痛哭既
而昂首視之見一美女下降問曰爾認識我乎對曰否
曰吾即瑪利亞耶穌之母聞爾懇求見爾流淚特來安

慰爾心諒知宰爾之人今日受罰言訖聖母以衣袖拂
其面而忽然諸病皆痊明日修士奔告院長細陳一切
衆修友聞之莫不惕然自悔焉
一方濟各會修士死後現于同會鐸德鐸德問其處境
何如甘苦何如答曰因我生平多犯不忍耐之失與同
會修友未能以恭相接故在煉獄受重大之苦耐乎又
問曰我儕爲爾所行彌撒會能減爾苦乎對曰稍減然
使行彌撒時能倍切熱心則裨益于我必不若是其微
也

代補益歸何人
凡人親友去世多爲之哀矜求主僑知其功之益必歸
已亡親友非大慰于心乎乃今考超性學士之說分派
代補之益不隨天主之意而獻功之人之意聖多瑪
斯曰行功爲護其效亦歸于護固理所當然女可移多
補少奪此讓彼哉由是以推爲父哀矜者益歸于兒爲
子哀矜者益歸于父爲朋友爲衆靈哀矜者益歸朋友
與衆靈彼此分明并然各別但以功效有限一功而獨
讓于一靈則獲益多一功而分給于衆靈則獲益少矣

夫天主爲大公之主至善之根源吾等功德無不由天
主而來故使大主旨意欲以吾代補之功分與他人亦非不
公之擧但吾謂天主旨意既然無大故必不分效于他
友耳或問子孫行義祓其已亡親長倘其靈早已升天
則效歸何人曰學士之說不同或曰歸于在獄之
親友或曰歸于世人所忘棄之煉靈或曰歸于在世中
最苦之靈魂或曰歸于在世時肯救煉靈之人蓋生前救人而死
後反不見救斷非公道故天主以此餘剩之功減其困
庫

尼但煉靈相愛如一人故不拘何靈見助衆靈無不喜悅也。

故迹

按本篤會規凡有修士去世將其八一月之齎施之貧之以救亡人，管帳者爲人各嗇不肯濟貧。一日在堂所主忽見其管帳特去世之修士各齊現怒容責曰爾何等忍心哉因爾不肯施捨我等受苦至今該知三日後爾將被罰。務管帳者聞言墜地神惛如死旁觀者扶入房中久而始醒。第三日果然辭世。院長命仍照舊

解而卒旁人聞之咸謂斯人多過必然難望升天妄知是曰天主默示一大德人曰吾仁善之廣超人意想而暗眛之神靈多豪罪敍此以知將軍之靈蒙主敍免不下地獄也昔聖女多達聞某人惡終不勝悲痛求主曰吾主手聖女曰多違爾豈寃不覺悲痛而代祇豈非更美乎耶穌現曰凡痛悼亡人而有代求之美意眞悅樂吾心者也且悲感餓生代求乃切而祈禱之功始稱盡美聖女代補已久斯人之靈來現黑如煤色苦莫形容聖女一見憐告天主曰吾主何以不允我求釋有此

故迹

昔有一隱修士名如斯督被魔誘竊取金錢三夾及病將危顧病人入其室見此三錢而告之會長會長欲

靈耶穌又現曰吾愛汝眞切不特肯允所求赦此一靈即千萬人靈亦無不肯爲爾竟兇也聖女曰願主覺釋是靈。但不知于主公義合與不合耶穌曰此一言可知吾預見爾爲彼所禱已賜伊善終之恩。即此一言可知天主亦因爾後日之求先賜人臨終得寵。噫天主之慈衷誰可測量哉。

故迹

規爲彼施捨越時不久亡人亦現曰院長爲我濟貧于我無益必待他修士一一救出後縱能及我。

代補兇死之人

聖教宗厲列聖人之品定其已在天庭然未嘗斷一人之靈已下地獄今吾見信友中竟有斷人必下地獄者見一人不得善終即謂其靈魂已失不爲之行善獻功嗚呼人心之刻薄何其甚哉何不思天主至仁屢厲子臨終之候賜以上等痛悔以保神命昔大將軍名愛格而孟者素行不端教規失生一日自馬上墜下不得告

其知過其戒效尤禁同院之人與之交接姻婭督始知罪重眞悔而死會長命葬于院處拋三金錢于塲內曰爲求禱後會長察其悔罪之情知其可望上天之福因金錢隨之而去以增其死後之災匝月之間無一人代而一月中日行彌撒以救亡靈至第三十日如期督現于其弟曰自死迄今吾常困苦幸會長祭主求憐令日得寬苦楚而天堂萬福已在目前矣。

代補之責其嚴

十誡之中天主命愛人如己明人皆目擊此主命之意

他人之困愈大則救之之責愈嚴然地獄之死更無忍苦之人如煉獄靈魂者則救助之責亦更嚴于濟困施貧也特旦是世上之災動人耳且而煉靈之苦不入人心故養老育嬰施醫賜食者不少其人而祈禱誦經撫慰煉友者未可慨況此非先小而後大哉若夫爲人子女承先人之遺産者更當施捨代求以勁先人之靈魂非然者親恩罔極轉眼忘懷豈猶棄親于烈火窰中而已則拱手視之忍乎否乎更可恨者有不明之子父母死後徒行喪葬之虛文不念追思之聖禮卽或請人念經

亦不過終日閒談眈于酒食不特無益于煉靈而且致辱于天主若先人遺財命行衰矜則竊自私之雖曰有意補還而多延歲月查至數十年餘尚未全補便在獄靈魂久在火中不出益以補過之功未行則煉獄之刑不免要必全煉其罪而後能出也噫事之可痛者孰有過于此哉今吾子忍心以待人恐天主亦將忍心以待爾其爾其戒之庶無後悔。

故迹

昔一修士忍于行善不救煉靈及卒其靈出現曰我雖

第七篇論救靈善工

彌撒領主

有升天之望然在煉獄苦不堪言仰懇爲我代求消除煉苦或對旦吾儕生人會行彌撒等功有益于汝否曰否因吾在生不代煉靈祈禱故天主將汝單祈禱之功移與他人之靈惟懇再行神功以減吾苦乃可神益于吾矣。

彌撒之意有四欽敬天主一也感謝前恩二也求得新惠三也補贖往罪四也彌撒中作祭者司鐸而主祭者

耶穌所獻之犧牲非牛羊五穀如古教之祭乃係吾主聖體聖血與三十三載立表勸人多行靈蹟者同是一士其功無限其德無窮故代補人罪救援煉靈最有神力蓋天主聖父所鍾愛者莫如惟一聖子而彌撒中吾主獻已體血求聖父赦免煉靈聖父豈不允所求哉蓋撒之外惟善領聖體之益為最大所謂善領者恪恭盡敬謙愛皆誠之謂也蓋領聖體後與耶穌心相印念念相通賴聖心無限仁慈求賜煉靈出獄耶穌在吾胸中親聆吾禱必將垂允吾求昔辣札祿死已四日屍臭外聞聖女瑪爾大痛哭求憐吾主賜伊復活今煉獄之靈不特葬于地下而實埋于火中吾友盡亦于領主之後求吾主一念彼靈乎

故迹

昔多明我會鐸名俠偝者見一煉靈燄顯問其為誰答曰我卽近亡某修士之靈也今在煉獄忍受重刑十五年後方能脫免俠偝聞之急赴所穿祭服行彌撒彌撒中念此修友之刑淚流如雨手捧聖體而哀禱云嗚呼吾主乎前罷皮耶君拘執一伴其臣某恃其二十年服役之功請君有救而君許之況吾主至慈遂勝乎罷皮耶君我雖不破而殷勤事士亦已多年懇求俯視微功釋此修友數語再三流淚誦之是日之夜俠偝誦申正經後見修女之靈已出煉獄衣白如雪快樂非常謝曰我因天主仁慈已得升天享福皆頼汝切禱之功也

福女瑪加利一夕寐時一煉靈前來呼喚福女以為幻夢無懸毫不加察然煉靈再三摧迎不復能眠旣而問其求現之故對曰余乃一修女之靈一生待人多失責己未嚴詆毀同人秋評尊長故天主罰在煉獄補過消允悉偶普世修友咸知吾苦則必耶勉功修不敢忽矣焉加利恭領聖體一次講神父行彌撒一臺敬耶穌苦難纔得稍減斯靈之苦

誦經默禱

求主之則有二一日心禱一日口禱昔波彼皆跪在堂間謙冲求主日懇主憐我罪人此口禱也今之誦經者類此昔瑪達肋納口不出言惟内心求主且流淚洗耶穌之足此心禱也今之默求者類此二者皆可救助

煉靈刑脫罪聖奧斯定曰善人之求如天門之鑰又曰善人之祝禱上升則天主之慈祥下降聖德與陶來日全能哉萬事皆能也夫經言之中首重苦路經因人拜苦路時追念吾主耶穌苦難最能感主仁心矜憐亡者且聖教宗會加全赦神恩多不可計其次則玫瑰經爲足重因在天亞物二經一係耶穌所作一係天神與聖教向聖母之言皆寶貴之至最悅天主之心又其次惟加赦之經即教皇已加大赦誦之可得者也其餘如已亡日課等經聖教所定其于天主

前另有救助煉靈之神效究之功效全係熱愛之多寡若日內誦經而心思不在不惟無益于煉靈實亦獲罪于天主也或問聖教禮規如追思送葬聖水等有何益驗曰此等聖禮不如教中聖事自有必得之寵然觀行禮者德與不德以定其效驗之多寡旣爲聖教之定禮慘之別等經言更愜天主之意故裨益于煉靈亦更神異也。

故迹

昔耶穌會中有一幼年修士每日念玫瑰經一串以救

煉靈?一日未誦此經即往安歇睡不多時天神喚日煉獄諸靈待爾誦玫瑰經安慰其苦彼輩屬望甚殷汝何忍心安睡修士聞言速起補誦經文自是以後終身不復怠忽矣。

依斯巴國有一富家之女名强立山餓聞聖多明我請論玫瑰經效驗立志日誦以敬聖母其後一日二鄰人舊不顧身相爭斃死冤其故皆爲强立山一人也二人之親友知之忿恨不平必欲報怨將强立山狠擊一番至于殞死將終求請神父聽告解不許且斬其首而投之

井內時聖母現于聖多明我令其往救强立山值以聖人多事縈身不能即往待至十有餘日赴强立山家親往井畔呼名曰强立山起忽爾屍首出井而軀隨之立時身首相連死者復活跪在聖人足下痛告一生罪過告畢聖人問會行何善蒙此大恩强立山對曰吾一生別無善事惟誦玫瑰串經殷勤不怠故于臨終之時聖母賜我眞效得脫永刑今居煉獄七百年後方能脫免該居二百年也仰懇我神父及諸會友所禱誦之罪該居五百年也仰懇我神父及諸會友所禱誦經。

賜吾滅苦言訖復死聖人命同會之人多誦玫瑰經以滅死人之苦十五日後亞立山復現光耀非常升天國謝聖人轉禱之恩感會友代求之誼益因其念玫瑰經而七百年之苦刑減至十五日也且云玫瑰經甚悅吾主之心大愜衆神之音奇功靈效遠出他經助煉靈殊有神力吾願在世信人無不心維口誦也

納巴利府加大利納院中姊夕臥前衆修女跪于寢室公誦已亡日課一端以減煉靈之苦會有一夕衆修女不堪疲倦未誦此經而臥不多時衆皆熟睡惟一修女

聖女利未納一日與護守天神同入煉獄見一煉靈被剌長鑰形容苦憐聖女不勝驚懼憫隱頓生雖欲知其

然莫不知施捨可以救亡人也或曰吾家貧乏自濟不周奈何對曰如果力不從心天主慇之余不爲貧者設論而特于富者苦勸也且吾子不能多施財物豈不能著下分餘乎卽或形哀矜不能行豈神哀矜亦不能行乎深恐辭以不能者非力有所不及實心亦所未願耳故迹可不痛哉

古聖若伯有云哀矜之德可以救人脫罪古經又云水能滅火哀矜以敵罪先知大宜吉人曰誦以哀矜補爾罪以濟貧贖爾惡然則哀矜濟困之功可以代補煉爾罪之罰是以聖敎會自始迄今凡有死亡人每爲之施捨煉靈奧斯定在生時凡有信女辭世其親戚設席于墓上以宴貧乏之人今雖此禮已除不復彰然施食

尚未閉目忽見許多天神適如本院修女之數埒分二屯補唱經文翌且修女以所見告人聞者莫不動心也

哀矜濟困

姓氏而不敢問之天神禁天神巳知其意答曰昨日婦人懇爲其弟求主卹此靈魂也若爾有求天主必允聖女曰願去其長鑰之苦言畢卽有人抽去長鑰者是稍減翌且前婦人來謁問及其弟之事聖女曰倘我以所見告汝波必不堪憂苦婦人曰否請明以告我聖女乃以所見實對命婦人所禱哀矜以救其弟婦人一從命惟不願對命天主罰以重病著不堪當聖女復求天主赦罪免罰且代行補贖以援姊弟二人

依斯巴國有一貴人專務世俗不念救靈曾以房屋一

座贈聖女德肋撒改作聖母聖堂始胎修院因知死期
已近屢逼聖女建堂然聖女以他務紛紜未能圖及歷
時不久貴八辭世聖女不勝悲憐求主憐視此靈魂
現于聖女曰爾可寬心余視其獻屋之功已賜其上等
痛悔今在煉獄暫行補贖苟于所獻之屋舉行彌撒一
臺卽可救其出獄聖女速求主敎准行又請鐸德奉祭
彌撒中聖女領聖體時見貴人之靈感切五中喜形面
目上登永所榮榮非常。

克巳苦工

細之功。行之無難也儸吾友加意于此則煉靈之受爾
惠者不勝屈指矣。

故迹

天主降生後一千六百三十二年。在蒙瑪稜西省一謀
叛武員。罪應斬決賢女瑪加利聞之加功祈禱不止月
餘求主賜罪人甘死以補前非天主允之賜其八翻然改
化前後無異兩人臨刑愧悔恓怜人觀感死後第
三日顯現于瑪加利曰因我輕棄世榮甘心受死天主
減吾煉獄之苦賜吾今日升天享見聖容于永世。

古經云昔撒五爾王與其三子陣亡加拉亞人聞之嚴
齋七日以救亡人足見苦刻已身以救煉友固自古已
然也然今世之人或辭以年老或辭以力弱或辭以職
守。過多苦勞巳甚總之借端百出不肯以一鞭之痛一
日之齋救煉靈于萬苦之中然余曰雖不能舍一鞭一
日之齋。今克已之微功乎。譬之欲出一言將傷情誼然
以救靈之故偏以緘默自安。或過愛一物雖非重罪。究
能阻吾功。今爲救助煉靈割去斯情斯愛或受人
之辱懷恨不忘亦爲救援煉靈忘恕他人之辱此皆微

眞福瑪加利大嘗爲初學者神師。適有一初學者之父去
世其家人懇園院修女公同求主聖女額外加工苦身
哀禱。後初學者復懇聖女轉祈聖女答曰請勿多慮波
父已升天矣因其死前立一大功甚愜吾主之意故天
主未會嚴判其罪欲知所立何功。問之爾毋可也初學
者問言甚喜見其母而問之爾父未行他事惟于
臨終時司鐸送聖體至親友齊來而一鄰人亦到爾父
旣見鄰人請伊近牆握其手而求其寬恕因數日前曾
于言語中稍辱其人也出此觀之救仇求睦之功可减

煉獄之苦。
施讓大赦

吾主無窮之寶藏與諸聖餘剩之功存在教中。如成聖伯多祿其庫之鑰常在教皇之手。因耶穌會親許于聖伯多祿云吾將與爾以天國之鑰爾所釋者在天亦釋所縛者在天亦縛之今教宗所頒大赦即將聖庫中補過之效賜于信友也且信友得之亦可讓于煉靈但欲蒙大赦之恩必該保守聖寵立意得救教皇所定之工全行不缺夫聖教為眾友之慈親愛人至極所頒大赦之

恩多多莫義或賜于會中。如領報會聖衣會等是或賜于經言。如玫瑰經苦路經等是或賜于聖物。如聖臺聖像等是。或賜于定處。如聖堂聖地等是聞音八平日之工。如論道濟貧默想送死等皆有限定之赦得之可讓煉靈惜哉吾人忽忽不思失此至寶是猶江水在前而坐視他人渴死也吾友其忍乎哉。

故迹

聖女方濟加救助煉靈最為誠切維時本主教授以大赦十四笯皆教皇親賜者也主教謂聖女曰今有三主

教尚在煉獄爾可以三券讓之而其餘者任爾分與賢女如命讓三笯越三日二主教顯現謝其讓券之恩但剩下十一券尚未分給時煉靈接踵而來求讓餘券方濟加既分所有猶有不獲之靈異日報知本主教主教又給數券分散之後尚有二靈不得方濟加曰盡給無遺矣二靈對曰主教房中尚存二券請告主教搜索之可也聖女報之主教求之果得即授方濟加帶以讓二靈二靈既蒙此赦忻然而逝。

第八篇附論二章

論拯亡會規

數十年前教皇庇護弟九倍新准一修女會甘宗尚乃恒肆立功拯救已亡信友故名之曰拯亡會凡會者共分三等。一曰修道離俗棄家同居一院規絕衣食無不公同。絕色絕財絕意三願之外許願將一生功德謹讓煉靈觀其外務則專助貧乏之病人生則事之死則葬之。「無不竭誠盡力其次曰附修道惟婦女可守之規等仍在俗中只須以所得之赦盡讓煉靈而應守之規亦無得于俗人之責附修道者及其已亡親感可蒙拯

亡會及聖母助亡會佃通功效其沾大赦之恩此助亡
會在羅瑪有之其意亦為救助煉靈也又其次曰贊修
道此一等男女皆能入會惟富名登會冊收領照一
紙每年捐獻錢財助成會中善事每日念信望愛三德
誦各一遍又念誦句一遍曰呼吾仁慈耶穌又每月一
次到本會堂內為生死恩人恭瞻聖祭既入其營等亦可
與本會諸友相通功德。

論仁愛首功
所稱仁愛首功者愛人莫大之功也即立志願以一生

補過之功及苦死後他人代禱之益盡獻于仁慈聖母
任其分與他靈聖教皇恩賜立願之人大赦甚多司鐸
立願者雖皇彌撒可蒙全赦無异于持恩聖臺上祭主
凡教友立願如膽禮二日為煉靈堅彌撒拜聖堂求
主接教皇之意可得全赦且患病老年被囚者倘不能
于瞻禮二日與彌撒代之外此庇教中
恩赦本不可讓于煉靈者立願之人無不可讓也。

讓功祝文
無始無終者天主吾願悃爾聖意顯爾大榮將吾一生

補贖之功及苦死後人為我代補之效盡托于聖母之
手任其分與煉靈寬吾天主吾因耶穌之功仰懇納我
所獻堅我志願用以顯爾尊榮全我神命。亞孟。
須知此非真願不守無罪且立願之後仍可為親友
恩人代求天主此讓功祝文不誦亦可得赦但須心
中立意而已。

泉州故迹
泉州教友顏魁寶者年及耆崇禎庚辰七月初十日染
病居朋嶺館中至十四日午夜見一天神呼之曰。天

主召爾魁寶問命即往天神曰胡不告爾子孫魁寶曰
余久不豫家政生前死後之事全賴天主焉用告天神
曰善即偕行騰踏而上旁見天主耶穌正在高座威嚴
森肅天神環衛其衆時老少壯幼待審判者約有二萬
俱此日去世者各有一冊記其罪功總領天神彌額爾
奉上主命代行審問。一明晰罪惡者悉付地獄魔鬼
在傍即從而肆虐大德而升天者僅一發煉罪所者
天主見犯罪而受罰者多若有悲容至審判及魁寶日
顏爾揚聲而言曰爾奉教多年三大罪根未除魁寶曰

罪人凡過年月時季俱求告解求敢有失。天神曰爾不自知耳吾語汝貪吝也忿怒也魁寶曰是罪皆爲貪致天神曰貪吝爲貪忿怒亦爲貪耶此根漸不可長若不悔改爲善不速宜改圖勿綏惟爾在堂中効勞不謀利不計功顏魁寶善畫年來泉堂全不計功諸像失此一長可取今爾有二十四日之災嘅煉未滿善功多缺婚放爾囘另日再召宜定心立志洗滌前愆百倍前功以爲諸人倡將今所見傳之以顯揚天主全能寶曰我言輕恐人不我信奈何天神曰傳說錄爾疑信

錄人歸與鐸德言之可也乃命直日聖人指囘原路魁寶謝恩畢堂上有一聖人下階相見乃曰自爾領洗天主命我保護汝汝知之乎魁寶曰聖人何名聖人曰乃第二宗徒爲天主致命者領洗時所命魁寶汝生平頗有義氣我其嘉之茲幸放囘此天主洪恩萬中無一亦聖母所贊成也他日再會言耶卽有直日聖人施捨隨爾去忿怒切宜忍耐他日再會言耶卽有直日聖人施捨隨爾去引半姿俊稚魁寶問何名答曰張爾名彌格郎泉勤修聖敎積功累行以笑亥歲蒙召升天有彌格遺䞋魁寶曰欠飲芳名今日幸曚

彌格曰幸若得囘欲附一信家叔處令之速除三惡一貪二傲一起滅是非堅定前功勿自暴棄吾弟年少淫念須防舉家男女老幼俱入敎中惜乎二母欠和魁寶問曰尊翁何如寄對曰家丈閭省之最末免循俗耳行至中路束有地獄名曰永苦門不數此有一獄嶺曰暇煉所魁寶到囘見張爾谷丞春䅶世爹丁爾谷甚眞欲開門約之張彌格傳語曰無庸也天主令爾送之歸耳爾大喜曰若囘切傳語吾妻吾妻托吾甥周味薦轉求衆友代誦三十八百經救我出煉獄時敎友趙默益百斯多祿

郡奉敎數年俱在內愁苦無言張彌格又向魁寶曰近前棄世者王戶氏黏醫生世兼泉郡奉敎最誠懇者王去世以上五位俱無終俱已。旦獲息止安所須令其兒孫行敎禮許久焉默而逝。于衾服申吼加意爲言許忽甦時鷄鳴矣遂語其子孫維聖。稱讚天主無第仁慈歐命請鐸德告解欲受聖體大恩遐迄左。一望大哭備述前事艾老師曰此天神稍愈逆候道。欲傳天主之命以啟延天下人世因命維聖錄之以傳時。崇禎十三年事也。此一迹見景敎一斑。

색 인

가타리나(Catharina, 加大利納) 성녀 • 72, 75, 82, 97, 99, 100, 109, 110, 116, 148, 208, 211, 238, 241, 251

경교비(景敎碑) • 164, 312

그레고리오(Gregorius, 額吾畧/額我畧) 성인 • 49, 64, 68, 107, 179, 198, 248

톨렌티노의 니콜라오(Nicholas of Tolentino, 尼各老 島楞低諾) 성인 • 54, 185

다미아노(Damianus, 達彌盎) 성인 • 91, 104, 231, 246

다윗(David, 代爾斐) 성왕 • 47, 49, 53, 72, 77, 184

도미니코(Dominicus, 多明我) 성인 • 146, 147

도밍고 데 소토(Domingo de Soto) • 95, 235

디오니시오(Dionysius, 弟伍尼削) 성인 • 52, 183

라우렌시오(Laurentius, 老楞佐) 성인 • 82, 116, 220, 258

마르가리타(Margarita, 瑪加利) 성녀 • 58, 59, 71, 88, 143, 152, 153, 190, 228, 287

마르티노(Martinus, 瑪底諾) 성인 • 61, 194, 195

말라키(Malachy, 瑪拉加) 성인 • 88, 227

바르톨로메오(Bartholomaeus, 巴爾多祿茂) 성인 • 41, 170

바오로(Paulus, 保祿) 사도 • 49, 72, 112, 161, 180

바울리노(Paulinus, 保利諾) 성인 • 53, 184

베드로 다미아노(Petrus Damianus, 伯多祿 達彌盎) 성인 • 104, 246

베로니카(Veronica, 物老宜格) 성녀 • 67, 202

베르나르도(Bernardus, 伯納多) 성인 • 49, 109, 180

베르나르도 톨로메이(Bernardus Tolomei, 伯納多 到老滿) 성인 • 70

벨라르미노(Bellarmino, 伯辣彌諾) 추기경 • 44, 50, 106, 172, 248

보나벤투라(Bonaventura, 文多拉) 성인 • 82, 221

산타 마리아 마조레(Santa Maria Maggiore) 대성당 • 112, 113, 255

서광계(徐光啓) • 57, 189

아빌라의 데레사(Theresa of Avila, 德肋撒) 성녀 • 91, 230

아시시의 프란치스코(Franciscus Assisiensis, 方濟各) 성인 • 114, 119, 247

아우구스티노(Augustinus, 奧斯定) 성인 • 49, 53, 60, 65, 68, 82, 94, 97, 119, 127, 144, 149, 179, 185

아타나시오(Athanasius, 亞笪納西) 성인 • 53, 184

안드레아(Andreas, 安德肋) 성인 • 116, 258

알칸타라의 베드로(Pedro de Alcntara, 伯多祿 達而更德) 성인 • 91, 230

암브로시오(Ambrosius, 盎巴羅削) 성인 • 53, 185

에밀리아(Aemilia, 愛彼利) 성녀 • 66, 67, 96, 201

예로니모(Jerome, 日路宜莫) 성인 • 97, 237

오딜로(Odilo, 奧弟朗) 성인 • 128, 271

요안나(Joanna, 羅納) 성녀 • 120

요한 크리소스토모(Joannes Chrysostomus, 基所) 성인 • 53, 97, 184

줄리오 알레니(Giulio Aleni, 艾儒略) 신부 • 164, 311

이레네(Irene, 利未納) 성녀 • 149, 295

이시도로(Isidorus, 依西陶爾) 성인 • 53, 184

제노바의 가타리나(Catharina of Genova, 加大利納 日能西) 성녀 • 100, 109, 208, 238, 251

제르트루다(Gertrudis, 日多達) 성녀 • 110, 111, 136, 252, 280

제르트루다(Gertrudis, 日多達) 수녀 • 61, 62, 194

치릴로(Cyrillus, 濟利祿) 성인 • 53, 184

크리스티나(Christina, 格利斯低納) 성녀 • 84, 85, 222

클레멘스(Clemens, 格肋孟多) 성인 • 52, 183

테르툴리아노(Tertullian, 對而多愣) • 53, 183

테오도로(Theodorus, 德奧陶來) 성인 • 144, 289

토마스 아퀴나스(Thomas Aquinas, 多瑪斯) 성인 • 60, 61, 64, 71, 79, 80, 82, 102, 103, 133, 193

트리엔트 공의회(Council of Trent) • 44, 174

파니카(巴尼加) 성녀 • 55

팟지의 마리아 막달레나(Maria Magdalena de Pazzi, 瑪利亞 瑪達肋納 巴齊) 성녀 • 74, 211

페라라(Ferrara) 성(城) • 50, 181

프란치스카(Francisca, 方濟加) 성녀 • 124, 155, 302

프란시스코 수아레스(Francisco Suárez, 方濟各 蘇亞來治) • 221, 241